ENCYCLOPÉDIE
DE L'INGÉNIEUR.
III.

ENCYCLOPÉDIE
DE L'INGÉNIEUR,

OU

DICTIONNAIRE

DES PONTS ET CHAUSSÉES.

PAR J. R. DELAISTRE,

INGÉNIEUR PENSIONNÉ, ET ANCIEN PROFESSEUR A L'ÉCOLE MILITAIRE DE PARIS.

TOME TROISIÈME.

PARIS,

DE L'IMPRIMERIE DE J. G. DENTU.
1812.

ENCYCLOPÉDIE DE L'INGÉNIEUR.

N

Navigation. s. f. Lorsque l'Europe était morcelée en un nombre infini de petits États, il était presqu'impossible de pouvoir établir un ensemble de navigation générale : mais depuis que l'Europe est soumise à un nouveau système politique, depuis qu'un héros fort de ses victoires et de sa sagesse a réuni sous sa domination vingt peuples différens, depuis enfin, qu'une seule volonté bien prononcée semble déterminer la volonté générale, tout en ce genre devient possible ; les fleuves, les mers les plus opposés pourront se communiquer, et les productions céréales et industrielles des différentes parties de l'univers, circuleront paisiblement dans l'intérieur de la France.

Dès que le génie de l'empereur, planant, pour ainsi dire, sur ce vaste Empire, eut porté un regard pénétrant sur les richesses, les resources de notre agriculture et de notre industrie, on les vit bientôt s'augmenter : les cours des fleuves, des rivières furent nettoyés, resserrés, rendus navigables, des canaux furent creusés, projetés ; tous les obstacles qui s'opposaient à la liberté de la navigation intérieure furent levés; quelques années encore seront à peine écoulées, que nous pourrons jouir des effets inappréciables du plus bel ensemble de navigation ; nous n'aurons même plus à envier à nos éternels ennemis cette domination des mers qui dévore les richesses de leur nation, et qui coûte tant de larmes à l'humanité.

De tous temps, les chefs des nations ont si bien senti l'importance des communications par eau, qu'une partie des grands travaux de navigation dont on s'occupe aujourd'hui ont été commencés par les Romains, ou par les peuples conquérans qui leur ont succédé.

Les premières peuplades, persuadées de cet avantage des communications par eau, ont dû porter leur habitation de préférence sur les bords des fleuves et des rivières : ils y ont trouvé une grande facilité pour l'établissement des usines et le transport de tous les objets de nécessité ou de luxe ; la pêche leur offrait aussi une nourriture assurée, et la proximité de l'eau, des moyens de fertiliser leurs terres par des irrigations.

Ces premières idées doivent en faire naître une foule d'autres qui ont rapport à la navigation intérieure : on est tenté de connaître le degré d'intérêt que les villes, situées sur le bord des fleuves, peuvent avoir à se communiquer entr'elles ;

quelle espèce de spéculation peut intéresser plus vivement les riverains, et quels moyens mécaniques ils peuvent mettre en usage pour tirer le plus grand parti de leur industrie.

Un tableau qui présenterait l'ensemble des ramifications, d'où découleraient tous ces avantages du commerce et de l'industrie, serait sans doute très-utile : je l'ai entrepris, mais je n'en puis donner en ce moment que l'esquisse ; le tableau complet sera l'objet d'un ouvrage particulier.

Neuf grands fleuves arrosent l'Empire français: la Seine, la Loire, le Rhin, la Meuse, l'Escaut, la Garonne, le Rhône, le Pô et le Tibre. Je vais successivement suivre leurs cours, parcourir leurs principales ramifications, et chercher à établir l'importance de leur navigation.

La Seine qui prend sa source en Bourgogne, à quelques lieues de Dijon, passe à Châtillon, à Bar, et s'arrête, pour ainsi dire, à Troyes pendant quelques temps, pour y vivifier les usines et manufactures dont cette ville abonde : elle commence à s'y charger de quelques bateaux, mais elle n'est véritablement navigable qu'au-dessus de Mery, après avoir reçu les eaux de la rivière d'Aube : cette dernière a sa source dans le département de la Haute-Marne, près d'Auberive, passe à la Ferté, Clairvaux, Dampierre, Brienne, Arcis, et vient se jeter dans la Seine à Marcilly au-dessus de Mery : ce n'est donc qu'à cet endroit, ainsi que je l'ai déjà dis, que la Seine devient navigable ; mais l'empereur a ordonné des travaux depuis Troyes jusqu'à Marcilly, soit en dérivations partielles, formant un canal latéral, soit en barrages ou en écluses : deux de ces écluses doivent être déjà terminées, celle d'Anglure et celle de Plancy.

La Seine, grossie par les eaux de la rivière d'Aube, se charge des productions céréales et industrielles des villes de Pont, Nogent, Montereau, où l'Yonne se joint à elle. L'Yonne, qui déjà porte bateau depuis Auxerre, passe par Joigny, Sens, et reçoit le tribut des petites rivières de Serin et d'Armançon, avant sa jonction à Montereau. C'est alors que la Seine, accrue encore des eaux du Loing, présente un cours imposant : ce fleuve, après avoir enrichi les territoires de Melun et Corbeil, vient déposer dans Paris les approvisionnemens et les marchandises de toutes espèces des départemens qu'elle arrose.

De Paris, la Seine coule toujours au nord, ayant reçu à deux lieues au-dessus de la capitale, les eaux de la Marne, dont la navigation n'est pas moins importante que celle de la Seine ; la Marne a cela de remarquable, que près de sa source elle fait tourner un moulin, et se grossissant, dans sa course rapide, de plusieurs rivières, elle passe par Langres, Chaumont, Joinville, Saint-Didier, Vitry, Châlons, Epernay,

Château-Thierry, la Ferté-sous Jouarre, Lagny, et vient à Charenton mêler ses eaux avec celles de la Seine.

La Seine devient alors un fleuve imposant, sur-tout lorsqu'elle se trouve très-près de là, augmentée encore par l'Oise ; elle traverse les villes de Vernon, Pont de l'Arche, Rouen, Caudebec, Honfleur, et va au Hâvre se perdre dans l'Océan. Ce fleuve superbe, mais paisible, ne divague point dans son cours ; cependant quelques obstacles nuisent à sa navigation dans sa partie inférieure, sur-tout au Pont de l'Arche, à Isore et à Vernon ; on a paré, autant que possible, à cet inconvénient par la construction de trois écluses : la première au Pont de l'Arche, pour franchir la chute dangereuse qui effrayait les navigateurs ; la deuxième à Isore au-dessus du Pont de l'Arche, et la troisième à Vernon.

J'ai dis que la navigation de la Marne était importante, et liée par des considérations majeures avec celle de la Seine. L'empereur, persuadé de l'importance de cette navigation, a ordonné des travaux pour la rendre plus courte et plus facile. Ces travaux consistent en une dérivation de la petite rivière du Morin, près Condé ; d'une dérivation de la Marne près Chelles, et une coupure entre Saint-Maur et Charenton. Cette coupure en petit canal, dont le but est d'abréger de trois lieues la navigation de la Marne dans cette partie, aura aussi, je crois, l'avantage de donner la facilité ou les moyens d'élever une quantité suffisante d'eau pour abreuver la partie élevée du faubourg Saint-Antoine qui en manque presque totalement.

Avant de parler des communications établies entre la Seine et la Loire, je vais suivre le cours de ce dernier fleuve, comme j'ai suivi celui de la Seine.

La Loire a sa source dans le département de l'Ardèche, près le mont Gerbière-le-Joux : elle prend d'abord son cours vers le midi, puis tournant au nord, elle entre dans le département de la Haute-Loire, baigne le Puy, passe à Roane, où elle commence à être navigable : cette ville est l'entrepôt de toutes les marchandises de la France destinées pour Paris, Orléans, Nantes, et tous les départemens septentrionaux ; elle fait en outre, un commerce assez étendu de vins, charbons de terre, toiles et quincaillerie, produits de son territoire et de son industrie. De là la Loire, après avoir reçu le Barbinet qui vient de la Côte-d'Or, entre dans le département de la Nièvre, traverse Nevers, où elle se charge de vin, de fer, de faïence, de drap, de serge ; se grossit des eaux de l'Allier, qui lui apporte des productions en grains, vins et bois ; et, après avoir baigné les murs de la Charité, vient à Briare, où est le canal de communication : de

Briare, elle coule vers Orléans, ville célèbre, une des mieux situées pour le commerce, et où l'industrie déploie la plus grande activité : alors plus considérable, elle se charge de grains, vins, eau-de-vie, bois, laines, toiles peintes, porcelaines, etc. ; grossie encore des eaux du Cher, de l'Indre, de la Vienne, et augmentant ses richesses en proportion de ses eaux, elle prend les blés, les vins, les soieries de Tours, de Saumur, et toutes les denrées que la Sarthe vient encore lui apporter, et va se perdre dans l'Océan, après avoir auparavant enrichi Nantes de toutes les productions dont elle s'est chargée dans son cours.

L'empereur a ordonné beaucoup de travaux sur ce fleuve pour améliorer sa navigation, la construction de levées sur la rive gauche, depuis la levée d'Argentière jusqu'au Pont de la Charité, et le prolongement de la levée de la Loire jusque vis-à-vis Pouilly.

Entre la ville de Digoin, où débouche le canal du centre dont nous parlerons bientôt, et la ville de Briare où commence le canal de ce nom, on a proposé de creuser un canal latéral à la Loire.

Si on avait pu ouvrir ce canal sur la rive droite de la Loire, il eût communiqué directement avec ceux du centre et de Briare ; mais l'escarpement de cette rive bordée de montagnes et de vallons, rendait ce projet impossible. On a creusé ce canal sur la rive gauche, qui ne présentait aucun obstacle difficile. En général, ce fleuve peu encaissé, divague aux moindres crues : le Gouvernement emploie chaque année des sommes considérables, tant pour la construction et l'entretien des digues de la Loire, que pour le curage de son lit, afin de faciliter sa navigation importante.

Les rivières les plus remarquables qui ont leur embouchure dans la Loire, sont, comme je viens de l'indiquer, l'Allier, le Cher, l'Indre, la Vienne et la Sarthe.

L'Allier prend sa source dans le département de la Lozère, aux confins de celui de l'Ardèche, au pied du mont Lozère; elle coule au nord, traverse les départemens de la Haute-Loire et du Puy-de-Dôme, où elle se grossit des eaux de la Dore et de la Fioule, baigne les murs de Moulins, et va se jeter dans la Loire à une lieue au-dessus de Nevers : cette jonction s'appelle le *Bec d'Allier*.

Le Cher a sa source dans le département de la Creuze, près d'Auzance, et coulant vers le nord, passe à Montluçon, Saint-Amand, Château-Neuf, Vierzon; et, se reportant au couchant, arrose Villefranche, Saint-Aignan, Montrichard, et va se jeter dans la Loire au-dessous de Tours, où est le canal de communication avec la Loire.

On s'occupe de rendre le Cher navigable, et pour y parvenir dans la partie supérieure, on a ouvert un canal latéral depuis Montluçon jusqu'à

Pesquiens, sur une longueur d'à peu près deux lieues : ce canal se continuera jusqu'à St.-Agnan ; depuis ce lieu jusqu'à Saint-Avertin, on facilitera la navigation de la rivière par des extirpations de rochers et les recreusemens nécessaires. De Saint-Avertin, on construira un canal de communication entre le Cher et la Loire, qui se terminera au-dessus de Tours.

Cette navigation sera très-utile, sur-tout pour l'exploitation des mines de charbons de terre, qui, dans ces contrées, restent sans valeur, à cause de la difficulté des transports.

L'Indre a un cours moins étendu que la rivière du Cher ; elle se forme vers le département de la Creuse, et coule vers le nord-ouest, passe à la Châtre, Châteauroux, Châtillon, où elle commence à porter bateau ; ensuite à Loches, à Comey, et court se jeter dans la Loire, à deux lieues au-dessus de l'embouchure du Cher.

La Vienne prend sa source au nord du département de la Corrèze, à quelques lieues au-dessus de Treignac, passe à Saint-Léonard, Limoges, Saint-Ganien ; mais n'est point navigable, à cause de la quantité de rochers qui se trouvent dans son cours : elle prend une partie de ses eaux à Aixe, bourg situé à trois lieues de Limoges, où elle se précipite dans un gouffre qui est au milieu de son lit, comme les eaux du Rhin se perdent au-dessus de Bingt ; de là, elle sillonne les départemens de la Vienne et d'Indre et Loire, et ne commence à être navigable que deux ou trois lieues au-dessus de Châtellerault, reçoit ensuite la rivière de la Creuse, dont les eaux réunies aux siennes, vont se jeter dans la Loire à Caudes.

La Sarthe prend naissance dans la partie orientale du département de l'Orne, près l'ancienne abbaye de la Trape, à deux lieues de Mortagne ; elle coule vers le midi, arrose Alençon, Fresnay, le Mans, Suze, Malicorne, Sablé ; se grossit des eaux du Loir, et se jette dans la Mayenne un peu au-dessus d'Angers où elle perd injustement son nom, puisqu'elle est plus considérable que la Mayenne.

La Mayenne a sa source du côté du Calvados, et se jete dans la Toire peu à près s'être grossie des eaux de la Sarthe ; elle n'est navigable que depuis Laval par le secours des écluses.

Je ne m'étendrai pas sur le commerce particulier de chacune de ces rivières secondaires qui portent à peu près journellement les mêmes productions aux grands fleuves. J'en ai assez dit pour faire connaître l'importance de ce commerce et l'intérêt majeur qui commandait la réunion des deux fleuves, la Seine et la Loire, par des canaux.

C'est ici, je crois, le lieu de parler des canaux qui servent à réunir les deux fleuves, ce qui rentre dans l'ordre de mon travail.

Les premiers canaux, qui furent projetés pour joindre la Seine à la Loire, sont ceux de Briare et d'Orléans.

Sully, que son génie portait à entreprendre tout ce qui pouvait agrandir le commerce et illustrer le règne du bon roi dont il était ministre, fit creuser le canal de Briare pour réunir la Loire à la Seine, par le secours des eaux du Loing.

Ce fut en 1605, qu'on commença ce canal, sous la direction d'un ingénieur nommé *Crosnier*. La mort d'Henri IV suspendit l'exécution de ce travail déjà bien avancé ; mais il fut terminé en 1642.

Ce canal commence dans la Loire au-dessus de Briare, et remonte vers le nord par Onsoner, cotoyant la rivière de Trosée ; il continue ensuite par Vogni, Châtillon, Montargis, et finit dans la rivière de Loing à Espoy : la navigation suit le cours du Loing, jusqu'à une demi-lieue de Moret, où cette rivière se décharge dans la Seine. Ce canal a 28,299 toises (55155,778) de longueur.

On ne tarda pas à s'apercevoir qu'on ne tirait pas de ce canal tout l'avantage qu'on en avait d'abord espéré, et puisque la partie inférieure de la Loire n'ayant dans les temps de sécheresse que deux ou trois pieds d'eau, il devenait impossible de faire remonter les bateaux jusqu'au-dessus d'Orléans.

Ces inconvéniens firent naître l'idée de construire un canal qui prit la Loire à Orléans, en réunissant les eaux qui se répandaient de toutes parts dans la forêt.

Le duc d'Orléans, frère du roi, fut autorisé en 1679 à faire construire ce canal qui touche d'une extrémité à la Loire, et de l'autre à la rivière de Loing, sous Montargis, et dont la longueur est de 36610 toises (71354,219). Ce canal, se trouvant placé fort au-dessous du canal de Briare, reçoit pour Paris les bois de charpente des environs de la Loire au-dessous de Briare, et jusqu'à Orléans, les vins, eaux-de-vie, des départemens au-dessus, et toutes les marchandises qui peuvent se charger sur la Loire depuis Briare jusqu'à Nantes.

Pour compléter cette navigation, on fit le canal de Loing, qui n'est qu'une prolongation des deux précédens. Les deux canaux d'Orléans et de Briare aboutissaient à la rivière de Loing, près de Montargis ; mais, pour descendre cette rivière jusqu'à la Seine, on éprouvait des difficultés fréquentes dans les pertuis ou retenues d'eau, et chaque année plusieurs bateaux y faisaient naufrage. Pour obvier à ces inconvéniens, on proposa en 1718 de faire communiquer l'extrémité du canal de Briare au canal d'Orléans, et de continuer celui-ci jusqu'à la Seine, en côtoyant la rivière de Loing dans quelques parties, et se servant ailleurs de son cours. Ce projet fut exécuté en 1724 ; ce canal a 27243 toises (53097,596) de longueur, depuis Montargis jusqu'à la Seine, du côté de Fontainebleau ; il reçoit toutes les marchandises qui viennent des canaux de Briare et d'Orléans ; il procure de plus à la ville de Paris les bois de charpente et les bois à brûler, provenant de la forêt de Montargis et des autres cantons voisins du canal.

Avant l'exécution de ce dernier canal, on avait projeté d'en construire un autre entre la Loire et l'Yonne, jusqu'à Sargy, vers Cône, ville située sur la Loire. On devait se servir de la rivière d'Autrain ou de Nonain qui tombe à Cône, et de la Dray qui se jete dans l'Yonne : ce projet n'a point encore eu de suite ; mais un ingénieur nommé Chamberville proposa une autre communication entre la Loire et la Seine, par le moyen de la rivière de Pluviers ou de la Ferté-Aleps, et de rétablir en même temps la navigation de la Juine. Son plan a été discuté, les travaux ont été commencés, abandonnés, et enfin repris par les ordres de l'empereur. La concession de l'entreprise a été faite successivement à plusieurs particuliers qui n'ont pu la suivre, faute de moyens d'exécution : cependant ces travaux sont très-importans.

On avait encore entrepris pour une communication entre la Seine et la Loire le canal de Nivernais, qui fut entrepris sous le dernier roi et qui devait venir joindre la rivière d'Yonne. Le canal ne fut point entièrement exécuté à cause des difficultés que présenta la montagne de Colamelle qu'il fallait percer; mais l'empereur a ordonné l'exécution entière de ce canal, ce qui facilitera beaucoup l'exploitation des bois de Mervaux situés dans le département de la Nièvre, et augmentera l'approvisionnement de Paris de plus de 150,000 voies par an.

Aussitôt que la communication de la Seine à la Loire fut bien établie, on conçut des projets pour étendre cette communication, d'une part, de la Loire au Rhône, et de l'autre, de la Seine à la Meuse, à la Moselle, au Rhin. Je vais m'occuper de ces grandes communications conçues et commencées depuis des siècles, et qui vont enfin s'exécuter pour vivifier le plus grand empire du monde et donner au plus grand prince qui ait jamais existé le vrai type de l'immortalité, en lui attirant l'admiration et lui méritant la reconnaissance de la multitude des générations que l'avenir déroule devant nous. Ensuite je reviendrai à la navigation intérieure des petites rivières, navigation importante qui alimente, vivifie l'intérieur et réalise, pour ainsi dire, l'espérance des grandes communications.

Le Rhône a sa source dans le Vallais, aujourd'hui département du Simplon; il passe à Leuk, à Sion, et vient traverser dans toute sa longueur le lac de Genêve. Sa rapidité est telle, que ses eaux n'ont pas, dit-on, le temps de se confondre avec celles du lac. A quatre lieues au-dessous de Genêve, ce fleuve se perd entre des abîmes de rochers, et l'on ne voit plus qu'un brouillard épais qui couvre le gouffre pendant un quart de lieue ; le Rhône sort de cet abîme près d'un lieu appelé *Pontarlon*. C'est là qu'il commence à être navigable ; il porte à Lyon les richesses des pays qu'il vient de parcourir. Il s'accroît dans cette ville des eaux de la Saône, rivière importante dont nous allons parler ; après Lyon, il reçoit successivement les eaux de l'Isère, de la Drôme, de la Durance et d'une infinité d'autres petites rivières, et va se jeter dans la mer de Provence par plusieurs embouchures, après avoir arrosé dans son cours plusieurs villes renommées par leur commerce, telles que Vienne, Valence et Avignon.

La Saône, presque aussi importante par sa navigation que le Rhône, a sa source dans le département des Vosges, au-dessus de la petite ville de Darney, d'où prenant son cours vers le midi, elle vient arroser Châtillon, Pont, Auxonne, Saint-Jean-de-Laune, Verdun, Châlons, Tournes, Macon, et enfin Lyon où, comme je l'ai déjà dit, elle s'unit au Rhône.

Les travaux que l'empereur a ordonné pour l'encaissement d'un fleuve aussi considérable que le Rhône et pour faciliter sa navigation, sont immenses ; des quais, des contre-digues, des chemins de halage, des pavés pour la défense des berges, la conservation de la route de Lyon à Genève, et sur-tout des grands travaux pour défendre Condrieu des ravages du fleuve. Dans le département de l'Ardèche, on a aussi exécuté des travaux de défense contre les irruptions du Rhône ; dans le département de la Drôme, on a coupé dans le rocher un canal de dix mètres de largeur devant servir à la navigation. On a entrepris à Valence plusieurs ouvrages absolument nécessaires, sur-tout un chemin de halage sur la rive gauche du Rhône. Dans les départemens que le Rhône arrose jusqu'à son embouchure, on a fait aussi des travaux en réparation, entretien et défense : ainsi, le cours du Rhône amélioré présente un plus grand intérêt à sa communication avec la Loire et la Seine.

Pour communiquer la Loire à la Saône et par suite au Rhône, plusieurs projets furent successivement proposés. Celui de joindre la Saône à l'Yonne fut approuvé, et le canal commencé en 1775 sous la dénomination de canal de Bourgogne, avait été projeté même avant le règne de François Ier. Un même projet fut encore approuvé depuis pour le autre objet : le canal est connu sous le nom de *Charollais* ; il parassait moins long et plus facile à cause des étangs de

Longpendu qui sont au point de partage : nous allons les examiner l'un et l'autre.

Le premier commence dans l'Yonne auprès de Joigny, et côtoie la petite rivière d'Armançon, passe près de Tonnerre, ensuite à Buffon, Montbard, suivant toujours la rive gauche d'Armançon, et ne la quittant que pour la reprendre jusque près de Pouilly, où est le point de partage qui se trouve être de 888 pieds (288,458) au-dessus de l'Yonne, et 674 pieds (218,942) au-dessus de la Saône, à Saint-Jean-de-Laune.

De Pouilly, le canal descend à Château-Neuf, Plombières, Dijon, Aisery, et enfin à Saint-Jean-de-Laune, ville située sur la Saône. La longueur totale de ce canal, depuis Brisson ou la rivière d'Armançon devient navigable, jusqu'à Saint-Jean-de-Laune, est à peu près de cinquante lieues.

La partie entre Saint-Jean-de-Laune et Dijon est terminée depuis plusieurs années et livrée à la navigation.

Le commerce qui se fera par ce canal sera très-considérable ; c'est ainsi que le représentent les rapports de MM. Perronet et Chezy, chargés de vérifier la possibilité d'exécution et l'utilité de ce canal.

Les ports de Saint-Jean-de-Laune, de Châlons sur la Saône, et celui de Digoin sur la Loire, sont ceux qui doivent contribuer le plus essentiellement à ce commerce ; on peut ajouter ceux de Sens, de Verdun, de Mâcon, qui sont situés sur la Saône. Tous les grains, les vins, les fers, les épiceries, les bois de teintures, et toutes les matières premières ou employées, se distribueront au gré des négocians et des manufactures des départemens circonvoisins qui choisiront à leur gré les lieux les plus convenables à leur commerce.

Le second projet pour joindre la Saône et la Loire, dont l'exécution a été ordonnée sous différens règnes, et particulièrement sous Louis XIV, ferait commencer ce canal au port de Chavort, près de Verdun-sur-Saône; il suivrait la rivière de la Delume, en remontant jusqu'aux étangs de Longpendu, où serait le point de partage de 433 pieds (140,656) au-dessus de la Saône ; ce canal descendrait par la vallée de Bombime, et celle de l'Aroux jusqu'au port de Digouin sur la Loire, sur une longueur totale d'environ 62 mille toises (120840,252).

Ce canal ouvrirait, comme celui de Bourgogne, par Pouilly, la communication aux deux mers par la Seine et la Saône, en suivant les canaux de Loing et de Briare ; il aurait de plus, l'avantage d'être moitié moins long et de communiquer à la Loire; mais il y a plusieurs inconvéniens à considérer auxquels le canal de Bourgogne n'est point exposé.

Le canal de Briare manque souvent d'eau ; la partie de la Loire entre Briare et Digouin est difficile à remonter, tant à cause de la rapidité de son cours, que parce qu'il n'y a point de chemin de hallage. D'ailleurs, plusieurs difficultés que présentèrent la construction de ce canal, le peu d'eau, la mauvaise qualité du terrain par où il devait passer, et d'autres considérations, déterminèrent MM. Perronet et Chezy à donner la préférence au canal de Bourgogne, ce qui ne doit pas ôter l'espérance de voir un jour construire celui de Charollais.

La communication de la Seine à la Loire, et celle de la Loire à la Saône étant établie, on devait nécessairement chercher la communication de la Saône à la Moselle : cette communication fut connue par les Romains. Voici ce que dit, à ce sujet, Huet, dans son ouvrage sur le *Commerce et la Navigation des anciens :* « Le confluent du Rhône et de la Saône rendit Lyon, quoique situé au milieu des Gaules, une ville de très-grand commerce ; il s'étendait, pour ainsi dire, de la Méditerranée à l'Océan ; car la source de la Saône était si voisine de celle de la Moselle et de la Seine, qu'il était aisé de voiturer par terre les marchandises qu'on avait fait remonter par ces rivières ». C'est cette proximité qui fit naître aux Romains, sous le règne de Néron, l'idée de construire un canal pour joindre ces deux rivières : l'ouvrage ne fut point achevé. La Moselle, qui prend sa source dans les montagnes des Vosges, passe à Remiremont, Toul, Pont-à-Mousson, Metz, Thionville, Trèves, Coblentz, où elle se perd dans le Rhin.

Le Rhône reçoit beaucoup de marchandises par les fleuves navigables qui s'y joignent, et il les communique non seulement à la Saône, mais encore à la Loire par les chariots qui les allaient prendre à quelque distance au-dessus de son embouchure ; sa rapidité la rendant difficile à remonter. La Saône, après avoir reçu le Doubs, portait ses marchandises près de la Moselle, où ayant été voiturées, elles passaient à Trèves, qui était alors une ville puissante ; de là dans le Rhin, et ensuite dans l'Océan. Par là on peut juger de quelle importance il eût été de joindre la Saône à la Moselle, puisqu'une pareille jonction non seulement eût épargné tous les charrois, mais aurait encore établi une bien plus étroite correspondance entre les différens peuples qui auraient eu à naviguer sur toutes ces rivières, et qui auraient pu faire le commerce des deux mers.

Ce canal de jonction entre la Saône et la Moselle, unirait tous les départemens du nord au midi. La Saône avec le Rhône tiennent aux provinces de Bourgogne, Lyonnais, Dauphiné, Provence et Languedoc ; la Moselle passe dans la

Lorraine et l'électorat de Trèves, et va se réunir avec le Rhin vers l'électorat de Cologne et la Hollande. Or, la Seine et la Moselle, ne sont qu'à quelques milles l'une de l'autre du côté de Châtillon.

La possibilité de cette jonction et son utilité déterminèrent plusieurs princes lorrains à s'en occuper. M. Le Creux, ingénieur des ponts et chaussées, et M. De la Galaizière, intendant de Lorraine, ont cherché à faire réaliser ce projet, dont l'exécution était réservée au règne de Napoléon, en réunissant, non la Saône, mais la Seine à la Meuse, un décret du 24 mars 1808, ordonne l'exécution de ce projet, et les élémens qui lui ont servi de base, sont presque les mêmes que ceux du canal de Champagne.

La communication de Paris avec le pays de Liége, la Flandre et la Hollande, par l'intérieur des terres, était regardée comme très-importante, et facile à établir par un canal qui réunirait l'Aisne avec la Meuse par le secours de la Bar; elles ne sont éloignées que de trois à quatre milles du côté de Rhetel et de Sedan; l'Aisne vient par Soissons se jeter dans l'Oise, près de Compiègne, et la Bar tombe dans la Meuse, entre Sedan et Mezières.

Mais l'Aisne et la Bar ne sont pas navigables dans cette partie, cependant on tirerait un grand avantage de leurs eaux, en y réunissant les eaux de plusieurs autres petites rivières pour alimenter un canal qui pourrait assurer une navigation jusqu'à Pontavert, où l'Aisne commence à être navigable.

On s'est occupé aussi d'étendre la navigation de l'Aisne, en la rendant praticable : on pourrait par ce moyen tirer un grand parti des bois, charbons de terre, ardoises, et autres productions, que fournisent les terrains contigus à la Meuse, en les amenant à Paris.

Une jonction bien autrement importante, et qui avait attiré l'attention de M. de Vauban, c'est celle de la Meuse avec la Moselle ; elle pourrait se faire entre Toul et Paguy. M. Delalande, dans son ouvrage sur les *Canaux*, ne paraît point approuver ce projet, parce que ces deux rivières, vont, dit-il, se jeter dans le Rhin. C'est une erreur qui lui est échappée. Il est vrai que la Moselle se jette dans le Rhin auprès de Coblentz, mais la Meuse est un fleuve qui a son embouchure dans l'Océan, entre la Brille et Gravesende.

On conçoit bien que toutes les communications qui nous conduiront au Rhin et dans les départemens formés du territoire hollandais, ne peuvent qu'enrichir l'intérieur de l'Empire : ce pays a été et redeviendra l'entrepôt de l'univers.

Il ne s'agirait donc, comme je l'ai déjà dit, que de continuer la Bar jusqu'à l'Aisne, l'espace d'environ trois lieues, et de faciliter la navigation de ces petites rivières. Par ces moyens peu coûteux, on aurait une communication bien établie entre l'Océan et la Seine, par la Meuse, la Bar, l'Aisne et l'Oise.

Le Gouvernement qui a senti l'importance de cette communication du Rhin à la Meuse, l'a déterminée, mais sous un autre point, en étendant cette communication jusqu'à l'Escaut.

Ce projet doit être divisé en deux parties : la première est la jonction de l'Escaut à la Meuse, depuis Anvers jusqu'à Vanlo, en dirigeant le canal par la Campine ou la grande Néthe, ou plutôt par le Démur; la seconde est la jonction de la Meuse au Rhin, en se servant de la fosse eugénienne par Gueldres et Rhinberg, ou dirigeant le canal de Vanlo à Neuss. Le produit de l'exportation des grains, affecté particulièrement à ce canal, donnerait seul un revenu très-considérable.

La jonction de la Meuse à l'Escaut, amène naturellement celle de l'Escaut à la Somme et à la Marne. Néron conçut et exécuta le projet d'unir la Saône à la Moselle, et Henry IV projeta de joindre la Saône à la Meuse.

La Somme prend sa source dans le Vermandois, près de Fervagues, et après avoir traversé la Picardie, va se jeter dans la partie de l'Océan appelée *la Manche,* entre Trotoy et Saint-Valery.

Le roi Stanislas, protégea en 1751, un projet

pour joindre la Marne, la Meuse et la Saône, et M. le duc de Broglie s'occupa par la suite de ce même projet. On devait d'abord remonter par la Marne jusqu'à Vitry, de là, par la rivière d'Orney qui passe à Bar-le-Duc et à Ligny, remonter jusqu'à Danville-les-Forges, et barrant la rivière de Faussel auprès de Liffol, à cinq milles de Chermisey, conduire ses eaux à un point de partage non loin de Saint-Remy-la-Pucelle, et descendre la Meuse jusqu'au village des Gouttes.

Ensuite on devait remonter vers la célèbre abbaye de Morimont, près de la Marche, par un autre canal de cinq milles, réunir toutes les eaux de ces contrées, et principalement celles des étangs de Morimont qui sont inépuisables, et descendre par un canal de quatre milles jusqu'à la rivière d'Epense près d'Arnoncourt, barrer l'Epense pour alimenter un canal jusqu'à l'embouchure de cette rivière dans la Saône, près de Châtillon, et enfin descendre jusqu'à Cors ou Corré, où la Corré se joint à la Saône par un canal qui cotoie cette rivière.

Quoique la Saône ne soit pas regardée comme navigable depuis Corré jusqu'auprès de Gray, il serait facile de la faire servir à la navigation, en faisant quelques travaux à son lit, et en changeant la forme des moulins qu'elle met en activité.

Occupé de cette suite de jonctions, j'ai oublié de jeter un coup-d'œil sur le cours du Rhin, fleuve célèbre, qui autrefois semblait être la limite naturelle entre la France et l'Allemagne, et qui est devenu, par droit de conquête, un des plus beaux fleuves de l'Empire français, et un des plus importans pour son commerce.

Le Rhin prend sa source aux pays des Grisons, dans le mont Adula ou Gothard, qui occupe tout le pays nommé *Rhinwald.* La Glacière d'où il sort est un de ces monumens éternels de la nature, dont l'aspect inspire la terreur et l'admiration : c'est là qu'au milieu des roches suspendues, une foule de sources et de ruisseaux tombent en cascades, d'abîmes en abîmes, pour venir grossir ses eaux, dont le cours se porte vers Splugen, Tusis et Retzuns, où, après avoir reçu les eaux de plusieurs rivières, il coule vers le nord, et va traverser le lac Constance ; il en sort à Stein, dirige son cours par Schaffouse, et tournant vers le midi, tombe près de Lauffen par cataractes de plus de cent pieds de hauteur; de là il coule vers Bâle, et non loin de cette ville, il quitte la Suisse pour entrer en Alsace, passe à Mayence, au fort de Skent, à Arnheins, où autrefois Drusus fit creuser un canal pour communiquer avec l'Issel; ensuite il se dirige vers Utrecht, toujours partageant ses eaux en différentes branches, repandant, par cette division, l'abondance sur une grande étendue de pays, et devenant par-là moins à craindre dans son cours rapide et profond ;

car, malgré ce partage et cette division de ses eaux, le Rhin est encore terrible; il déracine, entraîne, détruit, et changeant son cours, rend la navigation difficile et dangereuse. Une des branches les plus considérables de ce fleuve, prend le nom de *Leck*, et va se perdre dans le Danube, à quelque distance de Dordrecht.

La Meuse, dont la jonction avec l'Escaut est très-importante, prend sa source dans le département de la Haute-Marne, près des villages de Meuse et de Montigny-le-Roi: ce fleuve commence à porter bateau à Saint-Thibault, et, après avoir arrosé Neuchâtel, Vaucoulent, Verdun, Stenay, Sedan, Mezières, Charleville, Namur, Liége, Maestricht, Ruremonde, Crevecœur, Dordrecht, Rotterdam, va se perdre dans l'Océan entre la Brille et Gravesende.

L'Escaut, autre fleuve considérable, prend sa source au village de Beaurevoir, département de la Somme, passe à Valenciennes, où il commence à être navigable, de là à Tournay, au-dessus de Gand; et se divisant en deux branches, l'une appelée *Escaut oriental* près de Berg-op-zoom, l'autre *Escaut occidental* du côté de Flessingue, vont se jeter dans la mer d'Allemagne.

On conçoit d'abord par la position des fleuves dont nous venons de parler, l'intérêt de les unir au Rhône par un canal, pour la communication de la mer d'Allemagne à la Méditerranée.

Ce canal projeté sous le nom de canal d'*Alsace*, et appelé aujourd'hui canal *Napoléon*, commence au-dessous de Dôle, à la Somme; il se lie au canal de Bourgogne, en s'abouchant avec lui à Saint-Jean-de-Laune; il remonte le Doubs en passant par Besançon jusqu'à Montbéliard, où il prend les eaux de l'Halène; il remonte ensuite le vallon de l'Outran, arrive à Valdière, point de partage; ensuite, il descend les vallées de la Largue et de l'Ill, passe à Mulhauzen; de cette dernière ville, un embranchement se dirige sur Huningue et Bâle, où se fait une prise d'eau dans le Rhin, et le canal principal se continue en passant à Neuf-Brissac, laissant à gauche le canal de ce nom, et à droite Markolshein; il passe à Kraff, et arrive à Strasbourg, où il entre dans la rivière d'Ill.

Ce canal a pour objet de faciliter, du côté du Rhin, le transport des denrées des contrées voisines, et des marchandises qui viennent par ce fleuve, que l'on ne peut remonter que très-difficilement depuis Strasbourg jusqu'à Bâle. Le commerce entre ces villes ne se faisant actuellement que par des charrois, les routes en seront beaucoup moins fatiguées.

L'exploitation des forêts qui appartiennent au Gouvernement en deviendra plus facile; les départemens du midi, ceux du Jura, du Doubs, de la Côte-d'Or, du Haut et Bas-Rhin y trouveront une très-grande ressource pour le transport des produits de leur sol et de leur industrie, par la communication avec la Suisse et l'Allemagne.

Un canal dont l'exécution est aussi d'un grand intérêt pour cette partie de l'Empire, est celui des Salines : il commence à la rivière de Seille ; son point de partage est entre Dieuse et Sarre-Albe : il se continue sur la Sarre, qui sera rendue navigable sur une longueur de dix à douze lieues par la construction d'écluses et de barrages.

Le canal artificiel sera alimenté par une rigole d'environ 50,000 mètres de longueur, qui amènera au bief de partage les eaux prises dans la Sarre, à une lieue au-dessus de Sarrebourg : cette rigole servira aussi de canal de flottage, et conduira jusqu'au point de partage les bois provenant des forêts domaniales qu'elle traverse ; ils pourront de là être embarqués, et expédiés par la Sarre.

Ce canal est déjà en partie exécuté ; il facilitera les communications des départemens de la Meurthe, de la Moselle, du Bas-Rhin et de la Sarre, sera très-utile pour les transports des bois et forêts qui couvrent ces pays, et fera diminuer sensiblement la dépense du transport des houilles que l'on tire de Sarrebruck pour être amenées aux salines de Dieuze, et qui servent aussi à l'approvisionnement des forges et verreries des bords de la Sarre et de la Seille.

Je ne fais qu'indiquer ici les autres canaux du

nord dont l'intérêt n'est que local, quoique lié au système général. Ces canaux sont le canal de la Haisne ; celui de Bruxelles à Charleroy; le canal du Rhin à la Meuse, dont on a suspendu l'exécution depuis que l'empereur a ordonné la continuation du canal de Lubeck à Hambourg, et qui, de cette dernière ville, viendra se terminer au Rhin ; le canal de Sedan qui établit une communication entre la haute et basse Meuse, en évitant un circuit qui retardait la navigation ; le canal de la Fère à Landrecies, auquel on se propose de faire l'application du système de M. Solages sur la *petite navigation*.

Le canal de Saint-Quentin, remarquable par la grandeur et la beauté des travaux, doit encore fixer notre attention, sous le rapport des avantages immenses qu'il doit procurer au commerce: ce canal réunit le Rhin, la Somme, l'Oise, la Seine, la Loire, et enfin le Rhône, par les canaux du midi dont je parlerai. Je vais textuellement rapporter ce que dit sur ce canal M. Courtin dans son ouvrage sur *les travaux des Ponts et Chaussées* depuis 1800. Il n'est pas possible de puiser à une meilleure source.

Le roi Louis XV ayant reconnu les avantages que plusieurs constructions de canaux avaient procurés au royaume, ordonna, par son édit du mois de septembre 1724, l'ouverture d'une communication de la Somme à l'Oise ; il voulut, par la jonction de ces deux rivières, favoriser les provinces de Flandres, de Hainault, d'Artois, de Picardie et du Soissonnais.

Il en accorda le privilége à une compagnie, qui lui avait offert de faire une navigation depuis Saint-Quentin jusqu'à Chaulny, et de rendre la Somme navigable depuis Saint-Quentin jusqu'à Amiens.

Une partie de ce projet fut exécutée, et la communication entre Chaulny et Saint-Quentin fut faite par le canal connu sous le nom de *Crozat*. Cette navigation fit naître l'espoir d'en avoir une beaucoup plus étendue par la jonction de la Somme à l'Escaut. L'ingénieur militaire Devic en présenta le projet.

Il avait eu d'abord l'idée d'établir un point de partage sur le plateau qui sépare les sources de la Somme, de l'Escault ; cependant, ayant reconnu qu'il ne pouvait être suffisamment alimenté pour la distribution des eaux néessaires à la navigation, il imagina un moyen plus sûr et beaucoup plus hardi, en traversant le plateau par un canal souterrain ; mais prévoyant en même temps les difficultés et les inconvéniens attachés à ce système, il rechercha les moyens d'en restreindre l'application, en profitant d'un vallon qui permettait de traverser le plateau par un canal à ciel ouvert d'à peu près 7,000 mètres, entre deux galeries souterraines, dont l'une de 1,400 mètres, et l'autre de 6,900.

Ce projet donna de la célébrité à son auteur ; on reconnut la possibilité de son exécution, mais on ne crut point avoir les moyens suffisans pour l'entreprendre ; on y renonça, et l'on ne pensa plus à l'auteur.

On le reprit plusieurs années après, et M. Laurent de Lyonne fut chargé, en 1769, de la direction de ce canal, dont il avait présenté un projet qui ne différait de celui de M. Devic, que par le percement entier du plateau par une galerie souterraine de 1,400 mètres de longueur.

Les travaux s'exécutèrent avec beaucoup d'activité ; la dépense se montait déjà à un million : ils furent suspendus pendant quelques années, par la mort de M. Laurent. En 1772, et d'après l'avis des académiciens d'Alembert, Condorcet et Bossut qui, sur le renvoi qui leur avait été fait du projet, proposèrent d'abandonner le canal Laurent, et d'en ouvrir un autre qui aurait joint l'Escaut à la Sambre, par la forêt de Mormal et Valenciennes.

Lorsque l'empereur Joseph II vint en France, il voulut voir les travaux du canal de Picardie ; il en examina toutes les parties avec la plus grande attention, et il rendit un bel hommage à la mémoire de l'auteur, en disant : Je suis fier d'être homme, en voyant un de mes pareils concevoir et exécuter un ouvrage semblable ; je sens que cette idée m'élève l'ame. Ces expressions sublimes de l'illustre voyageur, consignées dans les feuilles périodiques du temps, et répétées dans toutes les sociétés, furent pour le Gouvernement un reproche de l'inactivité des travaux et de leur suspension.

Louis XVI, en 1783, permit à M. Laurent de Lyonne, neveu du défunt, de les continuer, et pour l'encourager à cette entreprise, il lui fit plusieurs concessions; mais le parlement de Flandres reconnut quelques inconvéniens dans le privilége accordé à M. Laurent ; les travaux restèrent dans le même état jusqu'au commencement de ce siècle.

Au mois de Nivôse an 9, le premier Consul voulut reconnaître lui-même la position du canal de Saint-Quentin ; il se rendit sur les lieux, et donna des ordres pour que les anciens projets de direction fussent examinés de nouveau par des ingénieurs des ponts et chaussées.

L'assemblée des ponts et chaussées reconnut d'abord que tous les projets proposés devaient être écartés, à l'exception de ceux de MM. Laurent et Devic, qui lui parurent les seuls susceptibles d'une discussion approfondie.

Après avoir constaté, que par l'une et par l'autre direction, on obtiendrait une navigation sûre et des eaux abondantes, l'assemblée, sans donner l'exclusion au canal Laurent, présenta, comme deux puissans motifs, en faveur de celui de l'ingénieur Devic, une économie de plus d'un million, une réduction de moitié dans la navigation souterraine.

Le Gouvernement ordonna que le corps des ponts et chaussées prononçât affirmativement pour l'un ou l'autre projet. En conséquence, des opérations nouvelles furent faites sur le terrain ; et, après une discussion prolongée dans plusieurs séances, l'assemblée se prononça en faveur de la continuation du canal Laurent.

Mais sa Majesté voulant s'entourer de toutes les lumières, ordonna que l'Institut serait consulté.

L'Institut en reproduisant les motifs de préférence déjà énoncés par le conseil des ponts et chaussées, après un mûr examen, n'hésita point à prononcer que la direction proposée par l'ingénieur Devic, était plus avantageuse.

Le 11 thermidor an 10, un arrêté des Consuls confirma l'avis de l'Institut, et ordonna que le canal de Saint-Quentin à Cambrai fût dirigé par Omini, le Tronquoi, Bellinglise, Riqueval et Maquincourt.

C'est d'après cette direction qu'a été ouvert, après sept années de travaux, le canal qui joint maintenant la Somme et l'Escaut, entre Saint-Quentin et Cambrai, sur une longueur de 52,552 mètres (15 lieues) de développement : il est alimenté par la Somme et l'Escaut, indépendamment des eaux fournies par les filtrations souterraines.

La partie qui remonte de Saint-Quentin au bief de partage, présente une longueur de 7,600 mètres, depuis l'embranchement avec le canal Crozak, jusqu'à l'écluse du Tronquoi qui retient les eaux du bief de partage ; sa pente, qui est de 10 mètres 22 centimètres, est rachetée par cinq écluses placées à Saint-Quentin, au Moulin-Brûlé, à Omini, à la maison Pascal et au Tronquoi.

Le bief de partage où les eaux de l'Escaut sont retenues de niveau dans toute son étendue, se développe sur une longueur de 20,177 mètres (5 lieues). C'est dans cette partie que se trouvent les deux souterrains ; celui du Tronquoi de 1,090 mètres (559 toises 1 pied 6 pouces 1 ligne) de longueur, entièrement voûté en briques ; et celui de Riqueval de 5,677 mètres (2,912 toises 4 pieds 4 pouces), dont le tiers, à peu près, sera voûté.

La partie du canal qui descend du bief de partage à Cambrai, présente une longueur de 24,775 mètres (6 lieues), entre l'écluse du Bosquet qui retient les eaux du bief de partage, et le bassin de Cambrai ; la pente, sur cette longueur, est de 37 mètres 61 (115 pieds 9 pouces 4 lignes) ; elle est rachetée par dix-sept écluses placées au Bosquet, au Moulin-Lafosse, à Honnecourt, à Banteux, à Bantourelle, à Vauxcelles, à Vinchy, à Crèvecœur, à Saint-Wnast, à Marnières, à Bracheux, à Marcoing, à Talmes, à Noyelles, à Cantigneux et à Proville.

Toutes les écluses ont 37 mètres de longueur de sas, et 5,20 mètres de largeur. Les quatre écluses voisines des deux extrémités du bief de partage n'ont que 1,84 mètre de chute, afin de diminuer la dépense de l'eau.

Toutes les autres écluses ont de 2,18 mètres, à 2,30 mètres de chute.

Les dimensions des ponts et pontceaux, celles des aqueducs, ainsi que leurs formes, sont subordonnées aux localités et aux besoins.

Les souterrains ont 8 mètres d'ouverture, et sont terminés à leurs extrémités par deux entrées en pierre de taille, qui se ferment exactement pendant les gelées.

Le percement de ces deux galeries a éprouvé de grands obstacles d'exécution dont les principaux ont été produits par l'abondance des eaux souterraines qui, dans le point le plus élevé, se sont trouvées à 13 ou 14 mètres au-dessus du niveau déterminé par le fond du canal.

Ces difficultés ont été vaincues par des procédés très-ingénieux, dont l'invention et le succès sont dus à M. Gayant, inspecteur divisionnaire des ponts et chaussées, qui a dirigé les travaux du canal avec autant de sagesse que d'économie.

Le titre d'officier de la Légion d'honneur et une pension de 6000 fr. sont les témoignages honorables de satisfaction dont S. M. s'est plu à récompenser cet habile ingénieur ; il a été secondé par M. Besin, ingénieur en chef, et M. Lenglier, ingénieur ordinaire, qui ont fait preuve, sous ses ordres, de talens et de zèle.

Le canal de Saint-Quentin, à peu près achevé en 1809, a été livré à la navigation à la fin de 1810. Les six premiers bateaux partis de Cambrai, sont arrivés à Paris avec un chargement de charbon de terre, le 9 novembre 1810, anniversaire du 18 brumaire.

Quatre inscriptions, dont deux françaises et deux latines, ont été proposées par la classe d'histoire et de littérature ancienne de l'Institut, afin de consacrer l'époque où ce monument a été achevé, et de perpétuer d'âge en âge les sentimens de reconnaissance et d'admiration dus au souverain qui l'a fait exécuter.

On s'occupe dans ce moment d'un canal qui a pour objet la réunion des rivières de l'Escaut et de la Scarpe, et qui est, pour ainsi dire, un appendice du canal de Saint-Quentin, au système duquel il se rattache : ce canal portera le nom de canal de la *Censée*.

On travaille encore à d'autres canaux, tels que ceux de la haute et de la basse Somme, que sépare la ville d'Amiens : la partie de la Somme qui est au-dessus de cette ville, est connue sous le nom de canal de la *Haute-Somme*; et celle qui est au-dessous, porte le nom de canal de *Saint-Valery* ou de la *Basse-Somme*.

Le canal de la Haute-Somme est entièrement ouvert entre Saint-Simon et la bute de Formont, à l'exception de quelques bâtardeaux qui le traversent, et des parties où l'on doit construire des sas et des écluses; depuis Formont jusqu'à Bray, il n'est ouvert que partiellement : il doit, dans plusieurs endroits, être isolé du lit de la Somme; dans d'autres, il doit lui servir de lit.

Le canal de Saint-Valery ou de la Basse-Somme, est l'étendue de navigation que l'on doit perfectionner depuis Amiens jusqu'à la mer.

L'établissement du canal de Saint-Quentin rendra cette navigation très-importante.

Je dois maintenant jeter un coup-d'œil sur les canaux du midi, et chercher, en embrassant l'ensemble de la navigation de l'intérieur, à faire mieux sentir tous ses avantages.

Deux grands fleuves arrosent les départemens méridionaux, le Rhône et la Garonne.

J'ai déjà parlé des travaux que l'Empereur a ordonné de faire pour rendre le Rhône moins difficile dans sa navigation, mais je n'ai rien dit d'un projet qui n'est point exécuté, ce qui cependant n'en fait pas moins beaucoup d'honneur à l'ingénieur qui l'a conçu : je vais le retracer avant de parler de la Garonne.

On n'est point étonné de la rapidité du Rhône, quand on considère que le lac de Genève, selon les observations de M. Deluc, est élevé de 1,126 pieds au-dessus du niveau de la Méditerrannée.

Dans la partie supérieure du Rhône, où la navigation est très-dangereuse, on a proposé de faire un canal qui suivrait les bords du fleuve, dans le cas où le terrein serait assez solide; mais la fonte des neiges et les grandes pluies, entraînant des montagnes une quantité prodigieuse de terre et de graviers, rendraient inutiles les constructions qu'on tenterait d'y faire.

M. Ceard, habile ingénieur des ponts et chaussées, a proposé de barrer le Rhône à l'endroit où il commence à être navigable, c'est-à-dire au-dessus de Genissiac; là, il est encaissé entre des rochers à 60 pieds (19,490) de distance l'un de l'autre vers le bas où l'eau a 50 pieds (16,242) de profondeur; en donnant à ce barrage les 194 pieds (63,019) de hauteur qui équivalent à la pente du Rhône, alors il se trouverait de niveau tranquille et navigable sur une longueur de 7,600 toises (14812,676). A vingt pieds au-dessous du niveau du barrage, on creuserait un nouveau lit au Rhône sur 350 toises (682,163) de longueur, pour aboutir près du château de Genissiac, où les eaux se précipiteraient sur les rochers dans le lit actuel du

Rhône. Au-dessous de ce grand canal, il faudrait en dériver un second pour le passage des bateaux, et il arriverait à 100 toises (194,904) au-dessous de la cataracte dont je viens de parler.

Ce canal serait terminé par deux écluses à siphon, ouvrage qui paraît bien extraordinaire, et qui serait impraticable ailleurs que dans le rocher vif qui se trouve là : l'une aurait 107 pieds (34,758) de profondeur, et la seconde 97 (31,509), et les bateaux descendraient dans ces espèces de puits aussi tranquillement que dans le sas d'une écluse ordinaire.

Pour remplir l'écluse supérieure, l'on baisserait la porte du passage des bateaux au fond du sas (dont le poteau tourillon est horizontal), ainsi que les clapets de vidange par le siphon pratiqué à cet effet, pour éviter la difficulté d'ouvrir un seul clapet dans le fond du sas : l'on ouvrirait ensuite, pour introduire les eaux, la porte du siphon qui communique au fond du sas, jusqu'à ce que les eaux soient arrivées au niveau de celles du Rhône par le canal qui y aboutit; enfin, l'on ouvrirait la porte destinée à empêcher le Rhône de tomber dans le sas, pendant l'introduction des eaux, pour en faire sortir ensuite les bateaux.

Afin de vider l'écluse inférieure, l'on fermerait la porte destinée à l'usage dont on vient de parler, on fermerait le siphon et on leverait le clapet par le moyen d'un cric, pour faire écouler les eaux par le conduit ou siphon destiné pour les recevoir, jusqu'à ce qu'enfin les eaux étant parvenues au niveau du conduit, le clapet soit refermé; on leverait ensuite le second clapet, puis le troisième, etc.; et les eaux étant abaissées avec le radeau, on souleverait la porte de sortie sous laquelle le radeau doit passer pour se rendre au Rhône par le canal.

On a été obligé de supposer 25 pieds (8,121) de hauteur, sur 16 pieds (5,197) de largeur à la porte de sortie, à cause des crues du Rhône qui s'élève quelquefois de 10 pieds (3,248) pour en laisser 15 (4,873) de sortie aux bateaux dans le temps des grandes eaux.

Une des grandes difficultés que présente ce projet, est de donner assez de force aux portes de sortie pour résister à la pression des colonnes d'eau qu'elles auraient à supporter. M. Céard croit avoir levé cette difficulté, par la comparaison de la force qu'on peut donner à la porte de l'écluse inférieure qui est la plus grande en surface. Il trouve cette résistance double de la force de la pression de l'eau, en calculant la force des bois d'après les principes reçus.

J'ignore quels motifs ont empêché l'exécution de ce projet qui ne peut avoir été médité que par un homme de génie : s'il est peu d'hommes capables de l'avoir conçu, il en est aussi très-peu capables de juger de la possibilité de son exécution.

Je reviens à la Garonne dont je vais suivre rapidement le cours. C'est du pied des Pyrénées que sort ce fleuve qui, faible à son origine, ne devient propre à la navigation qu'au-dessus de Toulouse ; et c'est près de cette grande ville, qu'est placée l'embouchure du canal de Languedoc qui joint la Méditerrannée à l'Océan. La Garonne, après s'être grossie des eaux du Tarn et de l'Aveyron réunis, et de plusieurs autres rivières telles que le Lot, au-dessus d'Agen, passe à Bordeaux, de là au bec d'Ambes, où elle reçoit la Dordogne, et quitte son nom pour prendre celui de la Gironde jusqu'à la mer.

Le Tarn qui se jette dans la Garonne au-dessous de Moissac, a sa source au mont de Lozère, près de Florac, arrose les départemens de la Lozère, de l'Aveyron, du Tarn ; passe à Alby, à Gaillac, où il commence à être navigable, à Montauban, près duquel il reçoit les eaux de l'Aveyron ; et enfin à Moissac, où il a son embouchure dans la Garonne.

La Dordogne prend sa source au Mont-d'Or, département du Puy-de-Dôme ; elle arrose les départemens du Cantal, de la Corrèz de la Dordogne et de la Gironde. A Libourne, elle se grossit des eaux de la Drôme, et va se joindre à la Garonne au bec d'Ambèse.

Je dois dire un mot du Lot qui a sa source dans le Mende, département de la Lozère. Cette petite rivière commence a être navigable au-dessus de Cahors, et se jette dans la Garonne à Eguillon, s'étant chargée dans son cours des vins et des blés de ces fertiles contrées.

Le Rhône porte dans la Méditerranée les richesses du nord ; la Garonne conduit à l'Océan celles du midi. On conçoit que pour faire circuler ces richesses d'une mer à l'autre, il ne fallait que réunir le Rhône à la Garonne ; la communication entre les deux mers était établie par le Canal impérial. Mais du port d'Agde, où est l'embouchure du canal, jusqu'à l'embouchure du Rhône, une portion de la Méditerranée et les Bouches-du-Rhône présentaient encore une navigation dangereuse et difficile : pour obvier à ces inconvéniens, on a creusé différens canaux.

Le canal de Beaucaire, à Aigue-Morte, sur vingt-cinq mille de longueur, fait éviter à la navigation, les Bouches-du-Rhône, dont nous venons de parler, et sert en même temps au desséchement de plus de quarante mille arpens de marais qui couvrent ce pays depuis le Rhône jusqu'aux étangs de Saint-Gilles. Ces terres engraissées par le limon du Rhône, deviendront de la plus grande fertilité.

Ce canal forme avec celui de Lez et celui des Etangs, le complément du Canal du midi ; son utilité a été reconnue sous différens règnes ; Henri IV et Louis XIV, ordonnèrent successivement son exécution qui cependant n'eut pas lieu. Ce fut en 1740 que l'on revint à ce projet, et que M. Pitot fut nommé commissaire pour examiner les difficultés qui pourraient s'opposer au desséchement de ces marais, et proposer les moyens de les lever.

Je crois devoir placer, à la fin de cet article, son rapport, pour servir de modèle à ceux qui seraient chargés de semblables commissions.

Le canal des Etangs est pris au travers la plage et communique à la Méditerranée; c'est, comme je l'ai dit, un complément du grand canal, et qui sert de suite au canal de Lez ou de Graves : ce dernier commence près de Montpellier, au pont de Juvenal, sur le Lez, et passe à l'étang de Palavas ; il se joint ensuite au canal des Etangs qui va à Cette, de là traverse l'étang de Thau, et se prolonge jusqu'à Agde, où est l'embouchure du Canal impérial.

La ville de Narbonne a aussi un canal de douze milles, dont une partie appelée la *Robine*, faite du temps des Romains, est navigable. Ce canal tire ses eaux de la rivière d'Aude ; il se jette dans l'étang de Sijean, et débouche à la mer par le Grau de la Nouvelle : ce canal est joint au grand canal par un petit canal de communication d'environ trois lieues, canal très-utile qui épargne aux navigateurs des frais de transport très-considérables. Il fallait, avant son exécution, passer par le Grau d'Agde, trajet assez long et sur-tout dangereux : dans la crainte que la consommation d'eau du petit canal ne nuisît à la navigation du grand, on proposa et l'on fit exécuter un nouveau réservoir à peu près semblable à celui de Saint-Friol, pour subvenir à cette dépense. Ce bassin, connu sous le nom de bassin de *Lampy*, est construit dans la montagne Noire, et contient à peu près 500 mille toises cubes d'eau, quantité plus que suffisante pour remplacer la consommation de la branche du canal de jonction. J'ai dit que les Bouches-du-Rhône offraient de grandes difficultés à la navigation, on y a remédié sur la rive droite par la construction du canal de Beaucaire, et sur la rive gauche, par la construction du canal d'Arles, qui commence au-dessus et près de la ville d'Arles, et va jusqu'au port de Bouc, en parcourant une longueur de 43,300 mètr. Louis XIV et Louis XV se sont occupés du projet de ce canal, mais son exécution était réservée à notre siècle. L'Empereur qui en a connu toute l'importance, a ordonné qu'il fût fait, et il a été fait.

Les avantages qu'il présente sont de déterminer le rétablissement du port de Bouc, situé à l'entrée du grand étang de Mertigues. Ce port deviendra un asile sûr et commode pour les bâtimens de commerce, et même pour les vaisseaux de guerre ; en conséquence, S. M. a ordonné de faire les travaux nécessaires pour mettre le port en état de recevoir ces vaisseaux. Les marchandises nécessaires à un armement y parviendront sans danger et promptement par le Rhône, dont l'embouchure difficile retarde long-temps et expose à des périls les expéditions que l'on destine au port de Marseille ou de Toulon, et sur-tout à la foire de Beaucaire.

Ce port paraît être le seul refuge pour les vaisseaux, depuis les ports de Catalogne jusqu'à Marseille ; celui de Cette, par la difficulté de son entrée et par sa position, n'étant pas une ressource suffisante.

Le canal aura encore l'avantage de rendre à l'agriculture une grande quantité de terreins inondés dont il opérera le desséchement.

Nous avons encore, dans cette partie, des canaux assez importans, celui de Crapône et celui de Provence ; le premier sert seulement à l'arrosement de ces contrées arides, mais il pourrait être rendu navigable : il prend ses eaux dans la Durance, qui malheureusement ne peut pas toujours lui en fournir ; la prise d'eau est au-dessus de Cadenet, sous le rocher de Jauson, et va se terminer par deux embranchemens, l'un dans le Rhône, et l'autre à l'étang de Berre, qui communique à la Méditerranée par le port de Bouc.

Le second canal est celui de Provence, projeté pour aller de la Durance à Aix et à Marseille.

sur une longueur de 70 milles. Ce canal peut être compris dans la liste de ceux qui présentent le plus d'utilité : il pourrait servir à l'irrgation de ces climats brûlés par la chaleur du soleil, et à la navigation. Il se chargerait de toutes les denrées et marchandises venant de la mer, et reporterait à la mer toutes les richesses des départemens méridionaux.

Quand on est parvenu à la Garonne par ces divers canaux et le Canal impérial, on descend par ce fleuve dans l'Océan, mais ce n'est pas sans difficultés. La Garonne est peu encaissée ; ses eaux changent de lits aux moindres crues ; des rochers, des bancs de sable obstruent son cours, sur-tout depuis Toulouse jusqu'à Moissac. Pour obvier à ces inconvéniens, on a proposé de construire un canal qui longerait ce fleuve pour le reprendre à Moissac. Ce canal n'a point été approuvé ; d'ailleurs, il ne remédierait qu'à une partie du mal, car on pourrait alors descendre facilement, mais pour remonter la rapidité des eaux est un obstacle qu'on ne peut vaincre. Cette communication est donc imparfaite. J'ai proposé la construction d'un canal de Toulouse à Bayonne, ainsi qu'on le peut voir à l'article *Canal*, p. 275, ce canal rendrait parfaite la communication entre les deux mers.

Nous venons de suivre la navigation depuis la mer Baltique jusqu'à la Méditerranée, et de la

Méditerranée à l'Océan, en suivant, pour ainsi dire, les limites de l'Empire; mais il existe, outre ces communications, d'autres communications partielles dont j'ai déjà cité quelques-unes, et je vais indiquer rapidement les plus marquantes, me réservant de donner un plus grande ensemble, et plus de détails dans l'ouvrage dont je m'occupe sur la navigation.

Un projet présenté pour réunir le Rhône à la Loire offre un très-grand avantage, en étendant, pour ainsi dire, sans interruption la navigation dans toutes les parties intérieures de la France. Il ne s'agit que de réunir le Giers et le Feran, rivières, dont l'une tombe dans le Rhône, et l'autre dans la Loire, et cette réunion peut se faire par un canal de sept à huit lieues : mais le canal de Bourgogne et du Charollais remplissent le même objet.

On a cependant exécuté une partie de ce projet, en creusant le canal de Givors : ce canal commence près de Givors sur le Rhône, et va jusqu'à la rive de Giers, en suivant le cours de Giers.

Le canal de Lyon, dont le but est de joindre la Loire à la Saône, ce canal commencerait à Ause sur la Saône, vis-à-vis Trevoux; il suivrait le cours de la rivière d'Azergues jusqu'au-dessus de Chamelet : de là, par le moyen d'un point de partage dans la montagne de Goudran, huit milles au nord de Tarare, on joindrait cette rivière avec celle du Rius, près Magny, de là on continuerait de suivre le Rius jusqu'à la Loire, au-dessous, et près de Roanne en Forêt. Cette partie de canal abrégerait beaucoup la communication établie par le canal de Charollais.

Je ne m'étendrai pas davantage sur la nomenclature de tous les canaux exécutés ou à exécuter, les communications partielles viennent à l'appui des grandes ramifications, et contribuent à cet ensemble de navigation, qui fait circuler avec facilité et économie dans l'intérieur, toutes les richesses de l'agriculture et de l'industrie. La carte jointe à cette ouvrage, présente l'ensemble de cette navigation, et le renvoi qui y est joint, indique la situation des divers canaux qui la composent. Cependant je ne puis terminer cet article sans parler du Pô et du Tibre. Le Pô, l'un des fleuves les plus considérables de tous ceux qui sont dans cette partie de l'Europe, prend sa source au mont Viso, dans le ci-devant marquisat de Saluces, et, après avoir traversé une partie de l'Italie, va se jeter par plusieurs embouchures dans le golfe de Venise. Ce fleuve rapide et dangereux reçoit dans son cours plusieurs rivières assez considérables, telles que le Tanaro, le Tesino, l'Adda, etc., et arrose les villes de Villa-Franca, Turin, Verone, Valence, Plaisance, Crémone, Ferrare, et porte au golfe toutes les richesses des belles contrées qu'il vient de parcourir : mais ce beau fleuve n'est point encaissé, et il en coûte chaque année des sommes immenses pour la construction des digues qu'on est obligé d'opposer à ses débordemens. Le Tanaro prend sa source dans l'Appennin, et vient se joindre au Pô près de Balliguana. On a présenté un projet pour rendre cette rivière navigable depuis Alexandrie jusqu'à son embouchure.

Le Tesino sort du lac Majeur ; il serpente, et se divise en plusieurs branches dans le Milanez ; et, après avoir rassemblé ses eaux dans un même lit, il vient se réunir au Pô, près de Pavie : la navigation y est assez libre par-tout, excepté dans un endroit dit *du Pain Perdu*, où elle est très-difficile : c'est au-dessus de ce mauvais pas, vers Olegio, que l'on a dérivé du Tesino le canal appelé *Naviglio Grande*, qui a 15 mille de longueur (le mille de 950 toises) : il passe à Bussalora, à Biagresso, à Terano, et vient jusqu'à Milan.

Il y a un canal projeté entre Milan et Pavie ; ce serait le chemin le plus court pour joindre les deux canaux de Milan avec le Tesino, le Pô et la mer : ce travail est commencé, et non achevé.

L'Adda sort du lac de Come, appelé autrefois *Lacio ;* il forme, par l'expansion de ses eaux, premièrement, le lac Lecco, et ensuite le petit lac d'Olginate : un peu au-dessous, il y a une chute appelée vulgairement *Ravia ;* c'est le passage le plus dangereux pour la navigation ; comme il a ensuite peu de pente, on a soutenu les eaux par une écluse qui a 229 pieds de long, et qui forme le petit lac artificiel appelé de *Brivio*. A la distance d'environ 12 mille du lac de Come, le lit de l'Adda est tellement resserré, ensuite tortueux et rapide, qu'il n'est plus navigable pendant l'espace de 5 à 6 mille un peu au-dessous du château de Trezzo. C'est dans cet endroit que l'on a dérivé de la rive droite de l'Adda le canal appelé *Martezana*.

Le Tibre, devenu si célèbre, non par la grandeur de son cours, mais par les ressouvenirs qu'il rappelle à l'imagination, a sa source vers les montagnes de l'Appennin, et après s'être grossi des rivières de Tévérone, de la Nera, la Chianel, et avoir arrosé les villes de Saint-Sepulcro, Citta-di-Castello et Rome, va se jeter dans la Méditerranée entre Ortie et Porto. Les eaux de ce fleuve sont presque toujours troubles : je parlerai ailleurs des travaux entrepris par les Romains pour assujettir et utiliser le cours du Tibre.

Avant de terminer cet article, je crois devoir donner l'extrait d'une notice de M. Oreilly sur diverses méthodes nouvelles, pour faciliter la navigation intérieure dans les lieux où la pente est considérable, et je donnerai ensuite le rapport de M. Pitot, relatif au canal d'Arles.

Les canaux doivent leur existence aux progrès de la civilisation. Lorsque les rapports industriels, ou les besoins des provinces éloignées pour le transport des productions céréales se sont fait sentir, la navigation des rivières a dû se présenter comme le moyen le plus facile de faire passer des objets d'un lieu à un autre. Cette opération a dû faire naître l'idée des rivières artificielles ou canaux, dans les endroits où les rivières naturelles n'offraient pas leurs secours. Les deux nations plus anciennes en civilisation, se sont servies des canaux à des époques très-reculées. En Chine, en Egypte, l'art de percer des canaux a été poussé fort loin. Les Egyptiens ont appris aux Romains, leurs conquérans, ces moyens de communication si précieux, et de l'Orient, l'usage das canaux s'est étendu à l'Occident. On doit nécessairement présumer que la navigation à cette époque avait lieu, principalement dans les pays où l'on trouvait la possibilité de prolonger un seul niveau. Le transport dans l'intervalle, entre ces niveaux et les rivières placées sur un terrein plus élevé, ou à l'autre côté d'élévations quelconques, a du se faire par voitures. L'art de percer les montagnes n'était pas encore connu, et il est étonnant que les Romains, qui ont percé des montagnes pour le passage des eaux, tel que l'*Emissaire* du lac Albane, n'aient pas appliqué le même principe à la navigation intérieure.

Suivant M. Lalande, l'invention des écluses est due aux Italiens. Ce moyen de passer d'un biez inférieur, à un biez supérieur, a été mis en usage en 1488, sur la Brenta, proche de Padoue : peu après, les deux canaux de Milan, entre lesquels il se trouvait une différence de niveau de 34 pieds, ont été réunis par six écluses. Ce système d'écluses passa rapidement de l'Italie en Hollande, de là en France, et par toute l'Europe. Il y avait, avant cette époque, d'autres méthodes grossières de faire passer d'un biez à l'autre. Dans quelques endroits, le bateau était vidé, on le portait à bras, et cette méthode existe aujourd'hui vers les cataractes de Mohawk dans le nord de l'Amérique, et en Ecosse, entre Tarbet (1) et Larachar, pour réunir la navigation du lac Léman et du lac Long. Dans d'autres endroits, où la rapidité du courant s'opposait à la navigation d'un bateau chargé, on ôtait la cargaison, on la transportait par terre, jusqu'à l'endroit où la chute cessait. Dans quelques endroits on resserrait le lit de la rivière pour diminuer cet inconvénient, et alors on halait les bateaux à force de bras ; ailleurs, on formait des barrages sur la rivière, et cette méthode, sous le nom de *porte-à-bateau*, s'est conservée jusqu'à nos jours. C'est une poutre qui traverse la rivière avec des poteaux et des

---

(1) *Tarbet*, en langue celtique, signifie *halage* d'un bateau : cette dénomination seule prouve l'antiquité de l'usage.

planches appliqués contre : on élève le niveau de la rivière, et il ne s'agit que de tirer ces planches et ces potilles pour rétablir une communication facile pour les bateaux. A l'exception de cette dernière méthode, les canaux à écluse ont été généralement adoptés ; mais la dépense excessive de leur établissement, la nécessité de former des communications moins dispendieuses a été bien sentie par des hommes instruits, et depuis cinquante ans, on a vu nombre de projets nouveaux, dont plusieurs ont été exécutés avec succès.

La navigation par des plans inclinés paraît être une invention chinoise : cependant, cette idée a été publiée dans un ouvrage anonyme, il y a plus d'un siècle.

Ces plans inclinés devaient avoir des rouleaux placés de distance en distance, ce qui leur a fait donner le nom de *ponts à rouleaux*. Il est évident que dans cette méthode, les bateaux devraient être très-courts, afin d'avoir peu de point d'appui sur les rouleaux. Les Chinois évitent cet inconvénient en plaçant les bateaux sur un châssis. Suivant le traité que nous venons de citer, il existait une construction semblable sur le canal d'Amsterdam à Sardam.

En 1774, un ingénieur anglais, M. Leach, proposa l'adoption des plans inclinés avec des rouleaux semblables à ceux que nous venons de décrire, qu'il appelait fort modestement son invention. Les deux chemins pour l'ascension et la descente, étaient desservis par un grand rouet, mu par un cabestan. D'un côté l'équilibre était maintenu par un caisson rempli d'eau, égal au poids du bateau chargé. Les bateaux sur le biez inférieur étaient reçus dans ces caissons pour être remontés : alors le caisson inférieur était vidé de son eau, et le caisson supérieur sur l'autre chemin incliné, était rempli d'eau pour faire remonter l'autre bateau, ou bien on y faisait entrer un bateau destiné à descendre, et on l'équilibrait en faisant entrer la quantité d'eau nécessaire. Le dessus de ces caissons était horizontal et muni de rouleaux, de manière que lorsqu'ils arrivaient à la sommité des plans inclinés au bord du barrage des biez supérieurs, on les lançait à l'eau avec une grande facilité.

Nous ne croyons pas que cette méthode ait été employée.

Il n'en est pas de même du système de M. Reynolds, adopté avec le plus grand succès à Ketley dans le Shropshire : ce sont deux plans inclinés munis de deux chemins de fer parallèles, à l'aide d'une grande roue ou poulie placée à la tête du plan incliné, sur laquelle passe un fort cordage : il fait monter et descendre des bateaux de huit tonneaux sur des chariots : ces chariots arrivés à chaque extrémité, entrent dans le biez, et laissent les bateaux à flot. Le bateau chargé descendant, élève un bateau léger, ou, suivant l'occasion, à demi-chargé. Le commerce sur ce plan incliné est principalement en descendant; on l'évalue à 400 tonneaux par jour. Les bateaux sont des caisses rectangulaires de 20 pieds de long, 6 pieds de large, et 4 pieds de hauteur : un cheval sert au halage de quinze de ces bateaux remorqués l'un à l'autre par deux ou trois anneaux de chaîne.

La grande difficulté en passant d'un biez supérieur à un biez inférieur sans perte d'eau, consiste dans le passage du barrage ou retenue d'eau à l'extrémité du biez supérieur. Voici comment il a vaincu ces difficultés. Par la première méthode qu'il a exécutée, il y a environ quinze ans, il a évité l'ascension du biez supérieur à la surface du barrage d'eau en maintenant l'eau, au moyen de deux écluses parallèles à la tête du plan incliné. Dans une de ces écluses, le bateau chargé était flotté sur son chariot ; alors le bateau vide ou léger était introduit dans l'autre écluse, et remis à flot sur le biez supérieur; l'eau employée dans ces écluses, était vidée à chaque opération dans un réservoir latéral intérieur, et de là, lorsque la sécheresse rendait cette déperdition d'eau nuisible à la navigation, remontée par une pompe à feu au biez supérieur.

La seconde méthode de plan incliné qui a été établie, par M. Reynolds, à Broseley, au-dessous du pont de fer de Coalbrookdale, diffère de la précédente, en ce qu'il n'y a pas d'écluse ; les bateaux sont remontés sur le barrage ou tête de biez, au moyen d'une pompe à feu, munis de leurs chariots comme dans l'autre méthode. La différence qu'on observe dans l'effet de ces deux manières, est que la première peut s'appliquer à des descentes plus rapides et des bateaux plus longs, parce que le châssis du chariot peut être élevé, au bout où il descend, par-dessus le plan incliné à telle hauteur qu'on voudra, tandis que la dernière méthode fera nécessairement plonger le côté opposé du bateau en entrant ou en sortant du canal supérieur.

Une méthode à peu près semblable a été employée en Irlande par M. Dukart, ingénieur au service du roi de Sardaigne. Il l'a établie sur les houillières de Tyrone. Ces mines sont à un mille environ au nord de la ville de Dungamron, et à environ trois mille du grand bassin de la houillière établie à la tête d'un canal qui descend, au moyen de huit écluses, dans la rivière de Blakwater, près de sa jonction avec le lac Néagh. L'élévation de ce bassin jusqu'à la houillière est d'environ 200 pieds : on a essayé fort imprudemment pour un espace aussi court, d'établir une communication par des écluses ; on y a dépensé en pure perte des sommes considérables accordées par le Gouvernement. M. Dukart se décida à employer de petits bateaux et des plans inclinés.

Il en a construit trois réunis par des petits canaux. La descente de ces plans était, la première de 70 pieds de hauteur perpendiculaire ; la seconde de 60 pieds ; la troisième de 55 pieds, ce qui amenait les bateaux à 15 pieds de hauteur au-dessous du bassin : de là, au moyen d'un court chemin de fer, les bateaux ont été descendus sur des chariots jusqu'au port, où ils arrivaient sur une bascule qui rinçait à la fois toute leur cargaison, dans les grands bateaux de navigation. Les bateaux employés par Dukart étaient très-petits, et ne contenaient qu'une voie du pays, du poids de 27 quintaux environ ; ils ne tiraient que 18 pouces d'eau, afin de rendre les canaux guéables, entre les plans inclinés, et pour éviter la construction des ponts pour la communication des routes ; ils étaient à fond plat ; les côtés et un des bouts à angles droits ; l'autre bout, ou l'avant-bec, était pointu ; leur dimension était 10 pieds de long, 4 pieds et demi de large, et 2 pieds et demi de profondeur. M. Dukart avait essayé, dans le principe, l'idée que nous avons citée plus loin des ponts à rouleaux ; mais les inconvéniens de rouleaux qui ne tournaient point, parce qu'ils s'encrassaient bientôt, les lui fit abandonner. Il imagina aussitôt (et nous croyons que c'est lui qui est l'inventeur de cette méthode) un chariot à quatre roues, qu'il a nommé *berceau*, qu'il passait dessous ces bateaux. Ces chariots descendaient et remontaient sur un chemin de fer. La manœuvre de monter et descendre a été faite par une machine à mollettes, mise en mouvement par des chevaux. Ces travaux ont été exécutés à peu près vers la même époque que ceux de M. Reynolds en 1777. Il est même à peu près certain que la priorité appartient à Dukart. Après avoir essayé ces travaux avec succès, il lui manquait de l'argent pour compléter des niveaux intermédiaires et quelques travaux accessoires : il mourut dans l'intervalle de sa demande, et depuis sa mort, ses travaux entièrement abandonnés, ont été remplacés par un chemin de fer qui, en raccourcissant le chemin, a été trouvé plus économique.

Lord Stanhope proposa, en 1793, de réunir les deux niveaux d'un canal navigable, par des chemins de fer établis en plans inclinés, sur lesquels de petits bateaux doivent monter et descendre suspendus entre une paire de roues d'environ 6 pieds de diamètre, à peu près comme les roues fordiers, inventées par un habile officier d'artillerie, le colonel Grobert. On attribue aussi à lord Stanhope un moyen fort dispendieux : c'est de faire avancer des rouleaux sur un plan incliné, dans la même direction des bateaux, et pendant la moitié de leur longueur ; alors ces rouleaux retournent à leur première place, au moyen de contre-poids et de chaînes attachées au bout de chaque rouleau. Ce projet a le mérite incontestable d'éviter le frottement des rouleaux sur leurs tourillons ; mais aussi la dépense et la complication le rendent impraticable.

Le docteur Anderson, d'Edimbourg, a proposé une autre méthode en 1794 : il établit un mur perpendiculaire à l'extrémité du biez supérieur, traversé au milieu par un pilier en arcboutant, qui s'élève jusqu'à la hauteur du barrage, de manière à laisser deux ouvertures un peu plus larges que les bateaux, destinées à la navigation de ces canaux. Deux murs de terrasse soutiennent les terres ; sur le pilier du milieu est établie une grande roue ou treuil assez élevée pour que son axe laisse passer au-dessous les bateaux chargés sur le biez supérieur. Sur cet axe passent des chaînes roulées en sens contraire, afin que l'une soit élevée au biez supérieur, lorsque l'autre est sur le biez inférieur : ces chaînes s'attachent à deux caisses rectangulaires, dans lesquelles on fait flotter les petits bateaux. L'extrémité de chaque caisse s'ouvre en forme de tablier, de manière à laisser entrer le bateau sur le biez supérieur par un bout, et sortir le même bateau dans le biez inférieur par l'autre bout. Le docteur a imaginé des moyens fort ingénieux pour buter ces caisses contre la porte du biez supérieur, de manière qu'elle perde beaucoup moins d'eau. Supposons à présent le mécanisme disposé pour faire remonter un bateau vide et descendre un bateau chargé, et *vice versâ*. On ouvre la communication entre la caisse et le biez supérieur; la caisse remplie, la porte s'ouvre, le bateau entre dans la caisse, et déplace l'eau à proportion de son poids; le tablier s'élève, la porte du biez se ferme; pendant ce temps, on fait entrer de l'autre côté du pilier, dans la caisse inférieure, le bateau vide, et on ferme également le tablier pour maintenir l'eau. Alors on manœuvre la grande roue pour faire monter le bateau vide et descendre le bateau chargé. Si ce dernier ne descend pas facilement, on vide un peu d'eau de la caisse inférieure, et l'ascension s'établit aussitôt. Telle est à peu près l'idée du docteur Anderson, et avec quelque amélioration, nul doute qu'on ne pût l'employer avec succès pour de petits bateaux, comme il le recommande lui-même, de 4 pieds de large, sur 2 ou 3 pieds de profondeur, et 10 ou 12 pieds de long. Peu après, M. Rowland et Pickering, renchérissant sur cette idée, ont imaginé une autre méthode qu'ils ont employée sur le canal Ellesmère, proche Ruabon, dans le Denbighshire; ils ont établi à la tête de leur biez inférieur un puits, dont la profondeur égale la différence d'élévation des deux biez : plus l'épaisseur d'un grand caisson destiné à remplir les fonctions d'un flotteur. Le puits est entouré de maçonnerie en pouzzolane, pour résister à l'action de l'eau. Le caisson étant plongé dans l'eau dont le puits se remplit, doit soutenir une charpente égale à la différence de hauteur des deux niveaux. Cette charpente est couronnée d'une caisse avec deux portes à chaque bout; ces caisses doivent contenir suffisamment d'eau pour enfoncer les caissons flotteurs, au point de les maintenir au niveau du biez supérieur. Des déclites ou des verroux retiennent l'appareil dans sa position pendant la manœuvre de la caisse ; lorsque la surface est arrivée au niveau du biez supérieur, on presse l'extrémité du côté du canal, au moyen de deux vis, contre la charpente des portes de l'écluse; aussitôt on ouvre les portes de la caisse, près des portes de l'écluse, par les moyens ordinaires, et la communication est établie entre les eaux de la caisse et celles du canal. Le bateau chargé est introduit; les portes ou écluses du canal se ferment près des portes de la caisse, ou derrière les vis de pression qui servaient à empêcher la perte d'eau ; on laisse les déclites qui servaient à maintenir la caisse à sa place, et le poids du bateau ayant rompu l'équilibre, la caisse descend en enfonçant le flotteur dans le puits. Arrivé au biez inférieur, on ouvre les portes établies dans le derrière de la caisse ; on arrête l'appareil par les déclites ou verroux ; on fait flotter le bateau hors de la caisse, et on le remplace par le bateau destiné à monter au biez supérieur. Les ingénieurs ayant trouvé un peu de difficulté à établir et à rompre l'équilibre à volonté, à cause des déperditions d'eau, ont adopté une simple crémaillère établie à chaque extrémité de la caisse, et rendue mobile par un seul arbre ; par ce moyen, il remonte et descend avec une grande facilité. La chute où ils ont ce mécanisme est de 12 pieds ; les bateaux employés sur le canal, 7 pieds de large, et 70 de long.

Ces mêmes ingénieurs ont proposé depuis, l'usage des contre-poids, au lieu de la crémaillère ; nous ignorons s'ils l'ont employé.

Après cette méthode, nous voyons dans l'ordre chronologique des dates, une méthode semblable employée par M. Weldon, sur le canal dit le *Coal*, canal dans le Somersetshire ; il l'a établi à Monctoncomb, près de Bath ; la hauteur est de 45 pieds entre les deux biez : les bateaux employés dans cette navigation ont 72 pieds de long sur 7 de largeur, terme moyen ; le biez supérieur se termine contre un puits ou excavation semblable à celle que nous venons de décrire ; le biez inférieur communique avec la surface de ce point, au moyen d'un canal souterrain de très-peu de longueur. Le caisson ou plongeur de M. Weldon est cylindrique, et d'une force suffisante pour soutenir la pression d'une colonne d'eau de 54 pieds, à cause du diamètre du caisson et de la charpente établie dessus. Ce plongeur est tellement balancé, que, lorsqu'il y a dans la caisse, en haut de la charpente de l'appareil, assez d'eau pour le faire flotter, il se trouve de la même gravité spécifique que le milieu dans lequel il nage ; ainsi, un très-léger accroissement ou diminution de poids le fait monter ou descendre. Cette manière de rompre l'équilibre est opérée en faisant entrer ou sortir une portion quelconque d'eau. Vis-à-vis chaque biez du canal, se trouve une ouverture avec des portes à écluses à peu près semblables à celles que nous avons décrites plus haut. Une différence entre la méthode de M. Weldon et la méthode précédente, c'est que l'eau qui remplit la caisse à flot est munie de communications latérales ; la charpente et la maçonnerie présentent une feuillure, contre laquelle vient aboutir l'extrémité de la caisse à flot ; la communication est ouverte entre les deux biez : par ce moyen, le poids de l'eau du canal supérieur le tient pressé contre cette feuillure, ainsi que les portes opposées, de manière à empêcher une grande perte d'eau. M. Fulton publia ensuite, en 1796, son ouvrage sur la *Navigation des petits canaux, et l'établissement des plans inclinés* : cet ouvrage est déjà traduit en français ; ainsi, nous nous dispenserons d'entrer dans des détails. M. Fulton propose de fixer des roues au-dessous de ces bateaux ; chaque bateau, en montant ou en descendant, se tient dans sa route particulière, et ne se meut pas dans des directions opposées, comme dans les méthodes précitées, employées à Dungannon et à Coalbrookdale, ou dans celle proposée par M. Leach et le docteur Anderson. Les bateaux de M. Fulton sont de forme rectangulaire, de 2 à 4 pieds de large ; ceux de 4 pieds ont 20 pieds de long sur 2 pieds 10 pouces de profondeur, mesure anglaise, et doivent porter 4 tonneaux. On doit les construire de bordage de sapin, de 3 pouces, renforcés au coin avec deux varangues de chaque côté exactement au-dessus des roues, et à environ 5 pieds de chaque bout, ce qui laisse 10 pieds de cintre. Au-dessous de chaque bateau, il propose d'établir deux paires de roues en fonte, de 6 à 10 pouces de diamètre ; l'essieu de chaque paire de roues doit être d'un seul morceau : chaque paire de roues ne prend que 2 pieds de voie, de manière à être entièrement indépendant du côté du canal, et afin d'empêcher que les essieux ne puissent opposer quelque obstacle à la navigation. A cet effet, ces essieux sont recouverts de planches qui forment un faux fond d'un essieu à l'autre. Un bateau ainsi décrit, sera égal (non compris le châssis au-dessus du fond qu'on présente aussi pour maintenir l'équilibre des roues) à une masse solide de bois de sapin, qui aura la longueur et la largeur du bateau, et 8 pouces de profondeur : ce bateau tirera 6 pouces d'eau à vide, et sans ses rouages, chargé de 4 tonneaux, 2 pieds 3 pouces $\frac{1}{2}$. Ainsi, en ajoutant les roues 6 pieds au-dessous de leur fond, nous aurons 2 pieds 9 pouces $\frac{1}{2}$, ce qui exigera pour le moins 3 pieds d'eau dans les canaux de navigation. Cette profondeur est un peu trop pour des gués, et ne dispensera pas de l'usage des ponts.

M. Chapman a proposé des bateaux à roulettes d'une autre construction, et dont nous avons rendu compte dans le tome 5, page 327 de nos Annales, ce qui nous dispense de le répéter. MM. Bossu et Solages ont proposé, il y a cinq ans, des écluses à sas mobiles, munies de flotteurs, et qui rentrent dans le genre de celles de MM. Rowland et Pickling. Ils ont établi un très-grand modèle pour le roi d'Espagne ; nous l'avons vu, et on nous a fait espérer la communication des détails et principes de sa construction pour les rendre publics. Il est impossible d'avoir prévu avec plus de sagesse que n'ont fait les auteurs, les difficultés de ce genre de construction. Cependant nous devons observer que les écluses à plongeur ont des limites qui bornent l'étendue de leur construction. M. Weldon a rencontré de très-grandes difficultés à Monctoncomb, près de Bath, à cause de la profondeur de son puits. Le plongeur, pressé par le poids d'une colonne d'eau de 54 pieds, avait besoin d'éternelles réparations. On nous a assuré même, depuis que nous l'avons visité, qu'on avait été forcé d'y renoncer. Il n'en est pas de même de celui établi sur le canal d'Allismère, qui n'a que 12 pieds d'élévation : ce mécanisme continue toujours un service très-actif. On ne rapporte ici que les principales remarques et observations que M. Pitot a faites pendant le cours de la vérification.

Toute la côte de la mer du bas Languedoc, principalement du côté d'Aigues-Mortes, est un pays plat et bas, dont une grande partie est encore en étang, une autre partie en marais, et le reste en terres labourables ou terres cultes, très-basses, et, pour cette raison, fort sujettes aux inondations.

A la première inspection de ce pays, il m'a paru que ces terres labourables et ces marais n'ont été formés que par les dépôts des sables, des limons et crémens des rivières du Rhône, du Vistre, du Vidourle, etc. Les dépôts presque continuels de ces rivières ont comblé et reculé les bords de la mer. Tout le monde sait que Saint-Louis s'embarqua à Aigues-Mortes pour la Terre-Sainte, l'an 1269 ; ce qui a fait penser que depuis ce temps, la mer s'était retirée et avait baissé : mais il est aisé de reconnaître et de voir évidemment que les sables et les limons entraînés par les rivières, ont formé une nouvelle plage, distante de celle du temps de Saint-Louis, de 3 à 4000 toises ; à cette nouvelle plage, les vagues et les agitations des hautes mers ont amoncelé les sables, et ont formé les dunes : on voit encore près d'Aigues-Mortes les dunes de l'ancienne plage.

Presque tout l'espace que la mer a laissé entre l'ancienne et la nouvelle plage, est resté d'abord en étang : tels sont les étangs d'Aigues-Mortes, de Maugnio, etc. Les dépôts de sable et de limon des rivières, dans le temps de leurs grandes eaux, diminuent continuellement ces étangs, tant en étendue qu'en profondeur : les étangs d'Aigues-Mortes n'ont guère qu'environ 3 pieds de profondeur, et l'étang de Maugnio 3 à 4 pieds.

Les parties comblées de ces étangs sont changées d'abord en marais, et ces marais deviennent dans la suite des terres labourables ou des prairies. On ne trouve pas dans toutes ces terres la moindre petite pierre, ce qui est encore une preuve que ces terres ne sont que des limons et crémens des rivières.

Dès que je vis en général, la situation des étangs d'Aigues-Mortes et de Pécais, leur communication des uns aux autres et avec la mer, je jugeai que leurs niveaux devaient être à peu près les mêmes que le niveau ordinaire de la mer, ce que je vérifiai par des coups de niveau que je donnai de la surface de la mer à celle des étangs, et de la surface des étangs, des uns aux autres. En effet, les eaux de tous ces étangs se tiennent, pour ainsi dire, en équilibre entr'elles et avec celles de la mer.

Cet équilibre ou ce niveau est souvent interrompu par les vents de terre ou de mer, par les eaux plus ou moins abondantes que la grande robine d'Aigues-Mortes amène dans ces étangs, et par leurs communications étroites aux pêcheries et aux martelières.

Les eaux de la grande robine d'Aigues-Mortes viennent ordinairement en partie de la rivière de Vidourle, par le canal de la Rudelle, des eaux de la rivière du Vistre, et de celles du canal de Bourgidou ; c'est aussi par la grande robine que les eaux d'une partie des marais s'écoulent dans les étangs et à la mer.

Comme il n'y a presque point de pente, les eaux de la grande robine coulent d'ordinaire fort lentement du côté de la mer; elles sont quelquefois dormantes, et alors leur niveau est le même que le niveau de la mer ; mais lorsque la mer est élevée par les vents marins, la grande robine coule en sens contraire; les eaux de la mer viennent à Aigues-Mortes, d'où elles vont se répandre et inonder une grande partie des marais, jusqu'à environ 15 mille toises de la mer.

Les différens marais qu'on se propose de desscher, sont nommés *marais supérieurs, marais inférieurs, marais de la Souterane, du Courtel,* **de Saint-Laurent,** *du Cailar, de l'Aloüa, de* **Lunel,** etc.

Les marais supérieurs commencent à environ 5 mille toises au-dessous de Beaucaire, et à 22 mille toises de la mer ; leur longueur est à peu près de 6 mille 5 cents toises, leur largeur est fort inégale depuis 500 jusqu'à 3 mille toises. Les marais inférieurs ont environ 6 mille toises de longueur, et 2 mille de largeur moyenne ; la Souterane 9 mille toises de long, et 7 à 8 cents de large.

C'est dans ces marais inférieurs qu'il y a de ces terres tremblantes qu'on nomme *trantatières* et *levrons*, dans lesquelles on enfonce sans peine des perches de 15 à 20 pieds de long ; et où l'on dit qu'il s'enfonce quelquefois des bœufs qui disparaissent entièrement.

Nous avons nivelé la hauteur de la surface des eaux de ces marais au-dessus du niveau ordinaire de la mer, et la pente des rivières, avec un bon niveau de M. Huyghens. Quoique ce niveau soit à double lunette, pour donner en même temps les coups de niveau de l'avant et de l'arrière, nous avons préféré de ne nous servir que d'une seule lunette, en renversant le niveau à chaque station. On ne peut se servir de deux lunettes qu'avec des attentions extrèmement pénibles et délicates, au lieu qu'avec une seule lunette, on ne risque rien en prenant certaines précautions. La principale de ces précautions est de donner les coups de niveau de l'avant et de l'arrière à des distances parfaitement égales, car, par ce moyen, on sauve les erreurs causées par les réfractions, et on n'a pas besoin de corriger et réduire le niveau apparent au vrai niveau. Il y a plus, en mettant les points de mire, de l'arrière et de l'avant à des distances parfaitement égales, on sauve même l'erreur de l'instrument, supposé que l'axe prolongé de la lunette ne soit pas parfaitement dans la direction du niveau apparent ; car la lunette restant dans sa même suspension, si son axe hausse ou baisse d'un côté, il haussera ou baissera de la même quantité de l'autre côté, à distance parfaitement égale. Nous avons donné, autant qu'il nous a été possible, chaque coup de niveau de 150 ou 200 toises de chaque côté ; ainsi, chaque station du niveau était de 3 ou 400 toises.

Comme il n'y a pas de niveau plus parfait que celui de l'eau tranquille et dormante, je souhaitais de trouver les marais pleins d'eau, afin d'abréger considérablement les opérations du nivellement, en marquant des points ou repaires autour des bords de l'eau des marais. Heureusement, une grande pluie presque continuelle du 25 au 28 mai, causa une inondation ; le 29, au matin, je me rendis à la tour Carbonnière, à une demi-lieue d'Aigues-Mortes, pour voir l'effet des eaux, leurs cours ou chute dans les marais.

Je vis que les eaux débordées de la rivière du Vidourle, venant des brèches du côté de Tramaniguière et de la Gare-du-Roi, coulant sur les marais de St.-Laurent, étaient de 3 à 4 pieds par seconde : après quoi, ces mêmes eaux rencontrant celles de la rivière du Vistre, faisaient, pour ainsi dire, rebrousser chemin aux eaux du Vistre, en les refoulant avec elles dans les marais de la Souteranne, et se répandaient sur une étendue de marais de plus de 4 mille de longueur, ce que j'observai encore l'après-midi du haut de la tour de Constance à Aigues-Mortes avec une bonne lunette.

Le lendemian, 30 mai, les eaux avaient cessé de couler ; elles étaient tranquilles et dormantes. Dans cet état, je jugeai qu'elles étaient parfaitement de niveau ; mais pour nous en convaincre, nous nivelâmes l'intervalle entre les eaux au pont d'Artois à Aigues-Mortes, et celles des marais à la tour Carbonnière : cet intervalle est de 1620 toises. Nous ne trouvâmes qu'une ligne de différence, et les eaux du Bourgidou au pont d'Artois étaient au-dessus de celles des marais à la tour Carbonnière : en effet, les eaux ne coulant d'aucun côté, étaient, ce jour-là, dans une espèce d'équilibre, et une ligne de différence n'est point sensible sur une si grande distance. Or, au moyen de notre repaire au pont d'Artois, qui marque la hauteur du niveau ordinaire de la mer, nous reconnûmes qu'au moment de notre nivellement, les eaux étaient à ce pont à 26 pouces au-dessus du niveau de la mer ; donc le niveau des eaux des marais à la tour Carbonnière était le même jour à 26 pouces au-dessus du niveau ordinaire de la mer.

Voici un moyen dont je me servis pour abréger les nivellemens. Depuis l'écluse de Sivéréal jusqu'à Aigues-Mortes, il y a plus de 10 mille toises de canaux, ou plutôt deux canaux qui communiquent ensemble ; savoir : le canal de Sivéréal, et celui du Bourgidou. Je demandai de tenir l'écluse fermée un certain temps, pour rendre les eaux de ces canaux dormantes, et par conséquent de niveau, ce qui donnait tout d'un coup le nivellement de plus de 10 mille toises d'intervalle ; mais je n'ai fait aucun usage de ce nivellement, parce que les portes d'écluses laissaient échapper un peu d'eau ; je n'en parle ici, que comme d'un moyen dont on peut se servir utilement dans quelques autres occasions.

L'un des principaux objets de notre vérification a été celui de la rivière du Vidourle, tant par rapport à la sûreté des salins de Pécais, que par rapport à la possibilité du desséchement des marais. Cette rivière descend des montagnes des Cévennes du côté de Saint-Hyppolite, ses eaux se répandent dans les marais et les étangs. Dans le temps des grandes pluies, elle amène un si grand volume d'eau, et avec tant de rapidité, qu'en sept à huit heures, ces eaux s'élèvent quelquefois au pont de Lunel et au-dessous jusqu'à Saint-Laurent, à plus de 20 pieds de hauteur au-dessus du niveau de ses basses eaux ordinaires ; et, quoiqu'elle soit retenue dans son lit par des digues de 20 à 25 pieds de hauteur, elle inonde souvent les terroirs des communes de Lunel, Mouillargues et de Saint-Laurent.

Pour connaître toute la pente du Rhône depuis Beaucaire jusqu'à Aigues-Mortes et à la mer, à cause du canal proposé de navigation, nous avons nivelé l'intervalle entre Aigues-Mortes et Beaucaire, en marquant et constatant des marques ou repaires de distance en distance, dont les hauteurs relatives des uns aux autres nous ont fait connaître les hauteurs entre les repaires extrêmes. Au moyen de la différence de hauteur entre les repaires extrêmes, on peut connaître à tout moment la hauteur des eaux du Rhône à Beaucaire au-dessus du niveau ordinaire de la mer.

La distance de Beaucaire à Aigues-Mortes est de 23 mille toises ; nous avons trouvé que la hauteur du couronnement du quai de Beaucaire au-dessus du point qui marque le niveau ordinaire de la mer, au pont d'Artois à Aigues-Mortes, est de 24 pieds 8 pouces 6 lignes.

Plus les eaux d'un fleuve sont hautes, et plus la pente de ses eaux jusqu'au niveau de la mer est grande : ainsi, lorsque l'on dit que la pente d'un fleuve, depuis un tel endroit jusqu'au niveau de la mer est de tant, il faut savoir si l'on prend cette pente dans le temps des grandes ou des moyennes, ou des basses eaux de ce fleuve.

La différence entre la hauteur des grandes et des basses eaux du Rhône à Beaucaire, est d'environ 16 pieds, ayant trouvé par notre nivellement que le couronnement du quai de Beaucaire était élevé au-dessus du niveau de la mer de 24 pieds 8 pouces 6 lignes : lorsque les eaux du Rhône sont à cette hauteur à Beaucaire, leur pente jusqu'à la mer est aussi de 24 pieds 8 pouces 6 lignes ; mais les basses eaux sont à environ 9 pieds au-dessous du couronnement du même quai, et les grandes eaux à 6 ou 7 pieds au-dessus ; donc la pente du Rhône de Beaucaire à la mer dans le temps des basses eaux, n'est que d'environ 15 pieds 8 pouces, et au contraire dans le temps des plus grandes eaux, cette pente est d'environ 31 pieds.

Le Rhône n'a presque plus de pente vers ses embouchures. On sait que c'est le fleuve le plus rapide que nous ayons en France ; mais il perd cette rapidité au-dessous d'Arles, où ses eaux se divisant en deux et en trois branches, s'étendent et coulent à la mer sur une pente presqu'insensible : or, comme elles ne sont pas resserrées dans un lit trop étroit, elles ne s'élèvent pas beaucoup dans le temps des plus grandes eaux.

Nous avons trouvé à l'écluse de Silvéréal, que

la différence entre les plus basses et les plus grandes eaux du petit Rhône, n'était que de 6 pieds et demi, pendant que cette différence est à Beaucaire de 16 à 17 pieds.

M. Pitot finit son mémoire par quelques considérations générales sur le cours des eaux, dont nous parlerons à l'article *Théorie des Fleuves*.

Niche. s. f. Renfoncement pratiqué dans l'épaisseur d'un mur, pour placer une statue, un groupe : on lui donne ordinairement en hauteur, deux fois et demie, ou deux fois trois quarts de sa largeur. La décoration doit être relative à l'ordre dans lequel elle est, pour ainsi dire, enchassée : elles peuvent servir à l'ornement des ponts. Chez les Romains, les ponts Senatorius et Fabricius en étaient décorés. *Voyez* Pl. XXXVII, fig. 3 et 6.

Niveau. s. m. Instrument propre à tirer une ligne parallèle à l'horizon, et à la continuer à volonté, ce qui sert à trouver la différence de hauteur de deux endroits, lorsqu'il s'agit de conduire de l'eau de l'un à l'autre endroit, de dessécher des marais, de tracer des chemins, etc.

On a imaginé des instrumens de plusieurs espèces et de différentes matières pour perfectionner le nivellement ; ils peuvent tous, pour la pratique, se réduire à ceux dont je vais parler.

Le niveau d'eau est celui qui montre la ligne de niveau, par le moyen d'une bulle d'air enfermée avec quelque liqueur dans un tuyau de verre d'une grosseur et d'une longueur indéterminées, et dont les deux extrémités sont scellées hermétiquement, c'est-à-dire, fermées par la matière même du verre, qu'on a fait pour cela chauffer au feu d'une lampe. Lorsque la bulle d'air vient se placer à une certaine marque pratiquée au milieu du tuyau, elle fait connaître que le plan sur lequel la machine est posée est exactement de niveau; mais lorsque ce plan n'est point de niveau, la bulle d'air s'élève vers une des extrémités. Ce tuyau de verre se place ordinairement dans un autre tuyau de cuivre qui a dans son milieu une ouverture, par laquelle on observe la position et le mouvement de la bulle d'air. La liqueur dont le tuyau est rempli, est ordinairement ou de l'huile de tartre, ou de l'eau seconde, parce que ces deux liqueurs ne sont sujettes ni à se geler, comme l'eau ordinaire, ni à la raréfaction et à la condensation, comme l'esprit de vin.

Il est facile de donner plus d'étendue à cet instrument, en l'adaptant à une petite lunette d'approche LD, dont l'axe doit être exactement parallèle à l'axe du tube AB (Pl. LXVIII, fig. 4.)

Le tube et la lunette pourront avoir pour support une petite boule de cuivre P enfermée dans deux hémisphères, convenablement échancrés, le tout soutenu par un pied.

Ce niveau à bulle d'air a été perfectionné par M. de Chesy, et est fort en usage dans les opérations journalières relatives aux ponts et chaussées.

Le niveau propre aux grands nivellemens, est celui d'Huyghens : il est composé d'un télescope, en forme de cylindre, qui passe par une virole où il est arrêté par le milieu : cette virole a deux branches plates *bb* (Pl. LXVIII, fig. 2), l'une en haut, l'autre en bas ; au bout de chacune de ces deux branches est attachée une petite pierre mouvante, en forme de pince, dans laquelle est arrêtée une soie assez forte, et passée en plusieurs doubles dans un anneau ; l'un de ces anneaux sert à suspendre le télescope en équilibre dans la boîte *s* qui est remplie d'huile de lin, de noix, ou d'autres matières qui ne se figent pas aisément, afin de mieux arrêter les balancemens du poids et du télescope. Cet instrument est chargé de deux télescopes, fort près l'un de l'autre, et exactement parallèles, et placés à contre sens l'un de l'autre, afin qu'on puisse voir des deux côtés, sans retourner le niveau. Au foyer de l'objectif de chaque télescope, il doit se trouver un petit cheveu tendu horizontalement, et qui puisse se lever et s'abaisser, suivant le besoin, par le moyen d'une petite vis. Si le tube du télescope ne se trouve pas de niveau lorsqu'on le suspend, on y met au-dessus un anneau ou virole 4, et on l'y fait couler jusqu'à ce qu'il soit de niveau ; le crochet auquel l'instrument est suspendu, est attaché à une croix plate de bois, laquelle porte à l'extrémité de chacun de ses bras, d'autres crochets qui servent à garantir les télescopes d'une trop grande agitation dans les différens usages qu'on en peut faire, ou quand on les transporte d'un lieu à un autre. Cette croix de bois est renfermée dans une autre croix qui sert comme de caisse à l'instrument, mais dont on laisse les deux extrémités ouvertes, afin que le télescope puisse être garanti des injures du temps, et qu'il soit toujours en état de servir. Le pied de l'instrument est une plaque de cuivre ronde, à laquelle sont attachées trois viroles à charnière, dans lesquelles sont placés trois bâtons qui forment le pied sur lequel se place la boîte.

Ce niveau est embarrassant, et même peu sûr; son huile, ses crochets, ses poids, toute cette complication dans l'instrument peuvent rendre incertaines les opérations les plus exactes.

Le niveau hydraulique me semble le meilleur pour les grandes opérations, et le niveau d'eau à simples pinnules pour les opérations ordinaires. Je vais, d'après l'abbé Picard, donner l'explication de ces deux niveaux.

Il n'est que deux moyens donnés par la nature, pour déterminer ce que l'on appelle le *niveau;* et ces deux uniques moyens sont la direction centripète que suivent les solides, quand ils sont isolés, et paisiblement livrés à leur seule gravitation, et l'équilibre hydrostatique que prennent les liquides, dans leur libre et tranquille communication entr'eux :

1° Dans l'équilibre hydrostatique, on a une infinité de points de niveau entr'eux, qui sont donnés par la nature elle-même, et d'après lesquels on pourra géométriquement déterminer tels autres points de niveau que l'on voudra ;

2° Dans la direction centripète des solides isolés et librement abandonnés à leur force gravitante, direction toujours et par-tout perpendiculaire à l'horizon sensible du point terrestre où elle existe, ou vers lequel elle est dirigée (121), on a par-tout une ligne droite, donnée et déterminée par la nature elle-même, à laquelle, d'après les principes et les règles de la géométrie, on assortit d'autres lignes idéales, par le moyen desquelles on fixe et on détermine le niveau apparent et le niveau vrai ;

3° Puisqu'il n'y a réellement que deux moyens donnés par la nature, du moins qui soient connus, pour déterminer le niveau, il s'ensuit qu'il ne peut y avoir proprement que deux espèces d'instrumens propres à niveler, qui seront le niveau d'eau, et le niveau à perpendicule.

Telles sont les deux espèces de niveaux que nous allons tâcher de montrer sous une forme nouvelle, et avec un nouveau genre de perfection.

Le niveau d'eau, sous une construction nouvelle.

Observation. Le niveau d'eau, tel que nous allons le montrer, est le plus simple, le plus commode, et peut-être le plus exact et le plus sûr de tous les instrumens que peut mettre en œuvre l'art scientifique du nivellement.

Ouvrage de la nature, beaucoup plus que de l'art, il est comme indépendant de tout ce qu'il peut y avoir d'incertain, d'inexact, de fautif, de variable, dans les opérations et dans les productions de l'industrie humaine.

C'est une double surface d'eau tranquille, en R et en V, qui, conformément aux lois éternelles et invariables de la nature, quand rien ne gêne et ne trouble son action, se met toujours nécessairement en équilibre sur toutes ses colonnes, prend toujours indéfectiblement par elle-même un même niveau, dans toute son étendue, et sous toute position possible, et devient par-là, une règle sûre et fixe, d'après laquelle l'industrie humaine pourra aisément chercher et trouver une suite quelconque d'autres points de niveau entr'eux, quand cette connaissance pourra lui être utile.

Description. Le niveau d'eau, tel que nous allons le décrire d'après l'idée que nous nous en sommes formée, et que nous ne devons à personne, consiste dans un grand tube prismatique d'étain AMB; dans deux petits tubes prismatiques de verre BV et AR; dans deux pinnules de laiton *pp*, destinées à diriger le rayon visuel; dans une assez grande lunette d'approche *ab*, ordinaire ou acromatique; dans deux vis mobiles au sein de leur écrou G et E, et dans un pied, ou dans un support PDKN, sur lequel cet instrument puisse avoir facilement toutes les évolutions possibles.

1° Le tube prismatique AMB sera d'étain et de figure quadrangulaire, à angles droits : il aura 3 pieds $\frac{1}{2}$, et au plus quatre pieds de longueur, sur 1 pouce $\frac{1}{2}$ de diamètre : et dans ses deux extrémités, il sera recourbé à angles droits : la partie recourbée en A et en B au-dessous des tubes de verre, sera d'un volume un peu plus gros que celui de la partie AMB : cette partie recourbée et plus volumineuse aura environ 2 pouces $\frac{1}{2}$ de hauteur sur 2 pouces de diamètre.

La capacité vide, autour de l'axe de ce tube, sera cylindrique, et d'un pouce de diamètre, jusqu'à l'endroit où doivent être placés et fixés les deux tubes prismatiques de verre, qui seront de figure quadrangulaire : là, cette capacité vide du tube d'étain, formée au ciseau, s'il le faut, sera un carré d'un pouce et demi de diamètre : du milieu du tube d'étain, dans sa surface inférieure, sortira une petite boule P de même métal, d'environ 15 lignes de diamètre adhérente à ce tube, et jetée en fonte avec le tube lui-même. Cette petite boule est destinée à servir de support à toute la partie supérieure de l'instrument, et à avoir elle-même pour support, la partie contiguë PD, qui sera composée, non d'étain, comme le tube et la boule du niveau, mais d'un cuivre bien solide, bien poli, et qui doit être fait en forme de globe concave, à deux hémisphères convenablement échancrés par le haut, et en forme de cylindre concave par le bas, comme on le voit dans les graphomètres ordinaires, où la boule adhérente au demi-cercle est interceptée entre deux hémisphères concaves, qu'une forte vis O presse avec plus ou moins d'énergie contre la boule qu'ils embrassent.

Dans ce solide à concavité cylindrique PD, auquel on donnera une force convenable, sera reçue la partie supérieure *cd* du pied de l'instrument, laquelle sera un petit cylindre saillant de cuivre d'environ un pouce de diamètre, immobilement établi et fixé en K sur le pied IKC; une assez forte vis H, de même métal, pressera suffisamment ce petit cylindre contre la surface intérieure du tube où il est reçu, et dont il emplit à infiniment peu près toute la capacité, pour rendre bien fixe la position de tout l'instrument;

2° Les deux tubes de verre seront des prismes quadrangulaires, à angles droits, tant dans leur partie solide, que dans leur capacité vide. Sous la figure rectangulaire, ils donneront la ligne du niveau, mieux marquée et mieux déterminée qu'ils ne la donneraient sous la figure circulaire. Ils seront placés en *d* et en B dans la partie recourbée du tube d'étain, sur une petite surface rectangulaire, qui y aura été formée exprès au-dessus du canal de communication AMB. Là, ils seront fixés à demeure, par le moyen de quelqu'excellent mastic qui soit inattaquable à l'eau, dans une direction à peu près perpendiculaire à la direction AMB du tube d'étain.

Ces deux tubes AR et BV doivent être l'un et l'autre, d'un verre assez fort, bien poli, bien transparent, bien homogène : leur hauteur AR ou BV sera d'environ 3 pouces ; leur diamètre vide, d'environ 14 lignes, et leur épaisseur, d'une bonne ligne et demie. Ils seront ouverts l'un et l'autre, et dans leur partie inférieure, qui restera toujours ouverte, pour avoir toujours une libre communication avec le tube d'étain ; et dans leur partie supérieure R et V, que l'on pourra fermer, quand on voudra, avec un bouchon de liége, ou même avec un bouchon de verre semblable à ceux qu'on fait pour les flacons à eaux de senteur : par ce moyen, la même eau qui aura servi pour une opération du nivellement, servira pour les opérations suivantes, restant toujours en même quantité dans les tubes RA et BV : ce qui rendra les opérations plus simples et plus expéditives, comme on le sentira aisément ;

3° Les deux pinnules sont deux petites plaques de laiton, d'environ deux pouces de hauteur, sur un peu plus d'un demi-pouce de largeur ; leur milieu est un rectangle vide, où seront fixés en croix deux fils de soie ou d'argent, l'un horizontal et l'autre vertical.

Ces deux pinnules p et p sont destinées à être placées au-dessus des deux extrémités A et B du tube d'étain ; en telle sorte que le fil horizontal de l'une et de l'autre, réponde exactement à la hauteur précise R et V qu'aura la surface aqueuse dans le tube, à côté duquel elles seront placées chacune. Par-là, elles serviront pour diriger le rayon visuel, parallèlement aux deux surfaces aqueuses R et V ;

4° A côté des deux pinnules pp, sera placée, dans un canon de fer-blanc assez fort, la lunette d'approche ab, de même longueur que le tube d'étain ab, et on lui donnera une direction exactement parallèle à celle du rayon visuel qui passe par les deux points où s'entrecoupent les fils en croix des pinnules.

Cette lunette d'approche pourra être une lunette acromatique à un seul oculaire, telle qu'on la voit représentée dans la 2e figure : elle aura pour objectif, deux verres convexes séparés par un verre concave ; et au foyer commun de l'objectif et de l'oculaire seront placés et fixés, une fois pour toutes, les fils en croix qui doivent diriger le rayon visuel le long de l'axe de la lunette. Par ce moyen, le rayon visuel s'étendra tout aussi loin que l'on pourra le désirer, et l'objet AB, par exemple, sera vu en fort grand et fort près, et très-clairement en *ba* hors de la lunette, dans une situation renversée, sous l'angle optique MHN ou *b* HA.

Il sera même à propos de ne faire jeter en fonte le tube d'étain, qu'après avoir bien choisi et bien déterminé la lunette d'approche que l'on veut y placer et y fixer, afin que le tube et la lunette aient précisément l'un et l'autre une même longueur d'environ quatre pieds, ce qui rendra cet instrument, et plus élégant dans sa construction, et plus commode dans son usage.

Tout l'art consistera ici, à faire en sorte que la lunette, les pinnules et les deux surfaces aqueuses R et V soient toujours bien exactement, quand on nivelle avec cet instrument, dans une même direction précise, et c'est à cela même que nous allons penser;

5° Les deux vis mobiles dans leur écrou E et G sont destinées, l'une, à élever ou à abaisser convenablement le tube MB; l'autre, à abaisser ou à élever convenablement la pinnule G*p*; mais, pour que ces divers mouvemens puissent avoir lieu, il faut d'abord supposer que les deux faces extrêmes et opposées A et B du tube d'étain, auront un prolongement solide et saillant, d'environ deux pouces et demi, sous la lunette et sous les pinnules, dont elles doivent être le support, et que ce prolongement solide et saillant A*a* et B*b*, qui aura été jeté en fonte avec le tube lui-même, dont il fera partie, et qui aura environ un demi-pouce d'épaisseur, sera intérieurement creusé en forme de coulisse rectangulaire.

D'après cette supposition, on placera et on fixera invariablement dans la coulisse B une plaque de cuivre, convenablement échancrée, d'environ une ligne et demie d'épaisseur, pour servir de support immobile à l'une des pinnules et à la partie de la lunette d'approche, où est l'objectif. En fixant ainsi et cette pinnule et cette partie de la lunette d'approche, on fera en sorte que l'axe de la lunette et l'intersection des filets de la pinnule, puissent toujours se trouver exactement et conjointement dans le même plan horizontal, où se placeront et où se mettront de niveau par elles-mêmes les deux surfaces aqueuses R et V.

Ensuite on placera dans la coulisse A une autre plaque de cuivre, de même forme et de même hauteur, pour servir de support mobile à l'autre pinnule et à la partie de la lunette où est l'oculaire.

Cette plaque mobile pourra être élevée ou abaissée dans sa coulisse, par le moyen d'une vis à écrou G : elle pourra par là même, mettre l'axe de la lunette et le centre de la pinnule à la hauteur précise de la surface aqueuse R. Enfin, à la partie PD du pied, sera fixée une baguette de fer DE, dont l'extrémité E portera une autre vis à écrou EF : cette vis élevera ou abaissera convenablement la partie MB du tube d'étain, pour faire en sorte que la surface aqueuse V corresponde exactement et précisément à l'intersection des fils en croix de la pinnule et à l'axe de la lunette ;

6° Le pied de ce niveau, assez semblable à celui des graphomètres ordinaires, sera composé de trois espèces de bâtons INC, d'un bois dur et ferme, qui s'assembleront à charnière en K, et qui auront environ quatre pieds et demi de hauteur; dans leur partie inférieure, ils seront garnis d'une petite virole de fer, qui se terminera en pointe, et qui aura un fort crochet de même métal, par le moyen duquel on pourra, en le pressant avec le talon, faire entrer plus ou moins les bâtons dans la terre, quand on le jugera convenable.

On pourrait aussi donner à ce niveau, un pied semblable à celui qui est représenté en YZ ; et alors, en posant ce pied YZ sur une table ferme et solide, et en l'y fixant immuablement, par le moyen d'une forte vis z, dont l'écrou à double levier serait par-dessous la table, on opérerait tout aussi bien qu'avec le pied dont on vient de parler, et quelquefois même avec plus de facilité et plus d'aisance.

Remarque. Il est visible que le niveau pourra prendre sur son pied, tel qu'on le voit représenté en KN dans la 2⁰ figure, toute position et toute direction quelconque comme la prennent les graphomètres ordinaires, en se mouvant en tous sens, ou autour de la boule ou autour du cylindre qui leur sert de support. Ici, à la vérité, les évolutions de la boule entre ses deux hémisphères, sont gênées en partie par la baguette DE et par la vis EF ; mais comme on n'y a aucunement besoin que la boule tourne sur elle-même, entre ses deux hémisphères, pourvu qu'elle puisse s'y mouvoir un peu, à droite ou à gauche, en avant ou en arrière, on conçoit aisément qu'en donnant à la vis E un trou un peu lâche et un peu évasé en entonnoir, on laissera à la boule, entre ses deux hémisphères convenablement échancrés, tout le jeu possible dont elle peut avoir besoin dans cet instrument.

Usage et rectification de ce niveau.

Explication. Quand on aura bien saisi la description du niveau d'eau, sous la construction nouvelle que nous lui donnons ici, il sera très-facile de concevoir en quelle manière on peut et on doit s'en servir :

1° Après avoir déterminé un point quelconque X, dont on veut connaître le niveau, on choisira une station convenable MN, où l'on placera le niveau d'eau, en le pointant vers le point X, et en lui donnant d'abord une direction à peu près horizontale. Après quoi, on l'emplira d'eau, jusqu'à ce que les deux surfaces aqueuses s'élèvent suffisamment dans les deux tubes de verres BV et RA;

2° Le niveau d'eau étant ainsi disposé en gros, on lui donnera successivement toute la précision nécessaire à tous égards.

D'abord, on commencera par donner à tout l'instrument, une direction suffisamment verticale, afin que les deux surfaces aqueuses puissent correspondre suffisamment à toute la longueur des filets horizontaux de la lunette d'approche et des deux pinnules. Par-là, la vraie ligne horizontale de ces deux surfaces aqueuses, sera plus facile à bien saisir et à bien déterminer.

Ensuite, par le moyen de la vis E, on haussera et on baissera la partie MB du tube d'étain, jusqu'à ce que l'on voie la surface aqueuse V dans la même ligne, précisément, que le fil horizontal de la pinnule contiguë et immobile.

Enfin, par le moyen de la vis G, on haussera ou on baissera la plaque qui sert de support mobile à l'autre pinnule, jusqu'à ce que le fil horizontal de cette autre pinnule, coïncide exactement avec la surface aqueuse R;

3° Après ces opérations, il est visible que la ligne RVX qui passe par les deux fils horizontaux des pinnules, parallèlement aux deux surfaces aqueuses R et V, est exacatement dans l'horizon sensible ou dans le niveau apparent du point R où est placé l'œil.

Remarque. Dans le niveau dont il est ici question, l'axe de la lunette d'approche doit avoir exactement la même direction qu'ont les deux intersections des fils en croix, dans les pinnules de cuivre, quand ces deux intersections conviennent parfaitement de part et d'autre, avec la hauteur de ces surfaces aqueuses.

La raison en est, que cette lunette d'approche, par le moyen des fils en croix qu'on aura convenablement placés à son foyer, doit donner précisément au rayon visuel qu'elle dirige, la direction même des surfaces aqueuses R et V, et qu'il faut qu'elle soit exactement, pour l'œil aidé de son secours, ce que sont les pinnules pour la vue simple. Il s'agit donc ici d'examiner si, dans le niveau d'eau qu'on met en œuvre, la lunette d'approche a parfaitement une telle direction, et de la lui donner, si elle ne l'a pas ; et c'est en cela uniquement que consiste toute la vérification et toute la rectification de ce niveau.

Explication deuxième. Le niveau d'eau restant exactement disposé comme on vient de le voir dans l'explication précédente, placez successivement devant les pinnules et devant la lunette d'approche, à différentes distances, le carton qui doit servir de mire ;

1° Si le rayon visuel que dirige l'intersection des fils en croix dans la lunette, et l'autre rayon visuel que dirige l'intersection des fils en croix dans l'une et dans l'autre pinnule, aboutissent toujours à une même hauteur sur le carton qui sert de mire, à 10 toises, à 20 toises, à 50 toises, à 100 toises de distance, et ainsi du reste, il est clair que les pinnules et la lunette ont, sur leur commun support, la position précise qu'elles doivent avoir, et que la ligne menée par l'axe de la lunette est parfaitement parallèle à la ligne menée par les deux intersections des filets des pinnules, du moins relativement à la direction horizontale, dont il est ici uniquement question;

2° Si le rayon visuel que dirige l'intersection des fils en croix dans la lunette, et l'autre rayon visuel que dirige l'intersection des fils en croix dans l'une et dans l'autre pinnule, n'aboutissent pas toujours à une même hauteur sur le carton où l'on vise successivement à différentes distances, il est clair que la lunette et les pinnules, au lieu d'avoir une direction parallèle, on une direction divergente et antiparallèle, qu'il faudra corriger et rectifier.

Or, pour faire cette correction ou cette rectification, il ne s'agira que d'élever ou d'abaisser convenablement une des extrémités de la lunette, celle qui porte l'oculaire, jusqu'à ce que l'on trouve qu'à toute distance où l'œil peut atteindre, le rayon visuel dirigé par la lunette, et le rayon visuel dirigé par les pinnules, atteignent toujours, et par-tout à une même hauteur précise sur le carton qui sert de mire;

3° Quand on aura ainsi suffisamment vérifié et rectifié cet instrument, et qu'on aura enfin bien déterminé la position respective que doit avoir chaque pinnule avec la partie de la lunette à laquelle elle est unie, il faudra rendre stable en telle manière qu'on voudra, cette même position respective ; et l'un des moyens que l'on pourra choisir pour cet effet, parmi une foule d'autres, ce sera de souder ensemble, sur la partie qui leur sert de support commun, la partie inférieure de la pinnule et la partie adjacente du canon de la lunette.

Il est visible que par là, on aura un niveau toujours vérifié par lui-même, à chaque station et à chaque opération : puisqu'il ne s'agira, pour être assuré de la justesse de cet instrument, que de rappeler que le niveau y est donné par la nature ; et qu'ici tout l'art du nivellement consiste à bien voir si le fil horizontal des pinnules répond exactement de part et d'autre de la surface aqueuse ; et si le rayon dirigé par la lunette, atteint sur la mire, à la même hauteur que le rayon dirigé par les pinnules.

Remarque première. Dans les autres niveaux, la

vérification se conclut, et ne se voit pas ; dans le niveau d'eau, la vérification se voit, et n'a pas besoin d'être conclue.

Dans le niveau à perpendicule, je ne vois pas que le rayon visuel, dirigé par la lunette, soit dans l'horizon sensible de l'œil : il faut que je m'en assure par le raisonnement, et par voie d'induction.

Dans le niveau d'eau, tel que nous venons de le montrer, je n'ai pas besoin de raisonner et de tirer des inductions, pour savoir que le rayon visuel dirigé par la lunette et par les pinnules, est dans l'horizon sensible de l'œil, horizon donné et déterminé par les deux surfaces aqueuses; je n'ai besoin pour cela, que de bien faire usage de ma vue.

Dans le niveau d'eau, pour décider si les fils horizontaux des pinnules répondent bien parfaitement aux deux surfaces aqueuses correspondantes, il ne me faudra rien de plus que pour décider, dans le niveau à perpendicule, si le fil du perpendicule répond bien parfaitement aux deux centres sur lesquels il doit passer.

Remarque deuxième. D'après l'idée qu'on vient de se former du niveau d'eau, il est facile de concevoir comment, après l'avoir bien fixé et bien établi sur son pied dans une station, on pourra aisément, sans qu'on en déplace aucunement le pied, le tourner successivement vers tout autre point quelconque du même horizon sensible, vers le nord ou vers le midi, vers l'orient ou vers l'occident.

1° Pour pointer ce niveau, d'un terme à un autre terme sans en déplacer aucunement le pied, il ne s'agira que de faire tourner convenablement le cylindre concave PD autour du cylindre solide *cd*, qu'il embrasse et qu'il renferme, en desserrant un peu la vis H, s'il le faut, pour la resserrer de même ensuite, quand l'instrument aura pris la position nouvelle qu'on avait en vue;

2° Il est visible que, par ce moyen, l'horizon sensible de l'œil étant supposé en M à égale distance des deux surfaces aqueuses R et V, on pourra aisément trouver le vrai niveau de tout point quelconque que l'on voudra déterminer, au levant ou au couchant, au nord ou au midi, au-dessus ou au-dessous de ce même horizon sensible MVX de l'œil, sans avoir aucunement besoin de déplacer le pied de l'instrument, ce qui est d'un avantage inestimable dans les opérations du nivellement, sur-tout dans celles où l'on place le niveau à égale distance à peu près entre les deux termes à niveler; par exemple, entre les deux termes B et C de la 9ᵉ figure, ou entre les deux termes C et D de la 10ᵉ figure;

3° Quand on aura pointé le niveau d'eau, vers un nouveau terme, il ne s'agira plus que de mettre exactement les deux pinnules à la hauteur précise des deux surfaces aqueuses, ce qui sera l'ouvrage d'un seul instant.

Le niveau d'eau à simples pinnules.

Description. On sent aisément qu'il est possible, qu'il est même facile de rendre plus simple le niveau d'eau ; mais en le rendant moins précis, moins étendu, moins parfait. Par exemple, pour vous procurer, à très-peu de frais, un niveau d'eau aisé à transporter, et qui vous sera très-utile dans une foule de petits nivellemens :

1° Faites construire un simple tube recourbé AB de fer-blanc (Pl. LI, fig. 2 et 3) de figure cylindrique, d'environ trois pieds de longueur sur dix lignes de diamètre, et faites-y souder en MP, un autre tube cylindique de fer-blanc, par où vous puissiez poser et fixer cet instrument, sur un pied tel que IKCN, ou sur un simple bâton pointu PN, armé d'un petit crochet de fer par le bas, que vous planterez à peu près verticalement, en le pressant avec le talon, dans le terrein que vous aurez pris pour station ;

2° Dans la partie recourbée du tube AB, posez et mastiquez deux petits tubes cylindriques de verre, ouverts par le haut et par le bas, d'environ deux pouces et demi de hauteur, sur huit ou dix lignes de diamètre.

En versant de l'eau par l'un de ces deux tubes, vous verrez cette eau s'élever de part et d'autre jusque vers le milieu de leur hauteur, où vous aurez deux surfaces aqueuses de niveau entr'elles ;

3º Faites construire, en forme de zône ou d'anneau, deux petits tubes de laiton assez solides, d'environ un demi-pouce de hauteur, et de même diamètre précisément que celui des deux tubes de verre, qui doivent être insérés dans leur capacité ; et sur ces deux tubes de laiton, assez semblables à un dez à coudre qui serait ouvert par les deux bouts, faites souder, parallèlement à leur axe ou à leur hauteur, deux petites pinnules de même métal ;

4º Après cela, faites couler ces deux tubes mobiles de laiton, sur les deux tubes fixes de verre, qu'ils doivent embrasser et presser, en telle sorte que les deux fils horizontaux des pinnules que vous pourrez toujours élever ou abaisser convenablement de part et d'autre, le long des tubes de verre, correspondent exactement aux deux surfaces aqueuses.

Par ce moyen, votre rayon visuel, dirigé par les pinnules parallèlement aux deux surfaces aqueuses, vous donnera, assez exactement, d'une station à l'autre, dans de petites distances, le niveau apparent, d'où il vous sera facile de déduire le niveau vrai ; et, en aidant votre vue, s'il le faut, par une bonne lorgnette d'Opéra, sur-tout par une de celles qui sont acromatiques ou à triple objectif, vous pourrez encore tirer un plus grand parti ou faire un usage un peu plus étendu, de ce niveau d'eau à simples pinnules.

Nivellement. s. m. C'est trouver avec un instrument deux points également distans du centre de la terre ; et l'objet du nivellement est de savoir précisément combien un endroit est élevé ou abaissé au-dessus de la superficie de la terre.

Il y a deux sortes de niveau, le vrai et l'apparent.

Le vrai niveau est une ligne courbe, puisqu'elle parcourt une partie de la superficie du globe terrestre, et que tous les points de son étendue sont également éloignés du centre de la terre.

Le niveau apparent est une ligne droite qui doit être corrigée sur le vrai niveau, dont je donne une table ci-après ; en sorte que dans trois cents toises de longueur, on trouve un pouce d'erreur, et près d'un pied sur 1000 toises.

On évite l'obligation de corriger le niveau apparent sur le vrai niveau, en se retournant d'équerre sur les deux termes d'un nivellement, et c'est ce qu'on appelle *un coup de niveau compris entre deux stations.* On donne rarement des coups de niveau de 300 toises de longueur d'une seule opération ; la portée de la vue est trop faible pour s'étendre si loin, à moins qu'on applique au niveau une lunette à longue vue.

Table des haussemens du niveau apparent par-dessus le vrai, jusqu'à la distance de 4000 toises (7796,145).

DISTANCES.	HAUSSEMENS.			
Toises.	Pieds.	Pouces.	Lignes.	Mèt. millim.
50	0	0	0½	0,001
100	0	0	1½	0,003
150	0	0	3	0,007
200	0	0	5½	0,012
250	0	0	8½	0,019
300	0	1	0	0,027
350	0	1	4⅘	0,037
400	0	1	9½	0,048
450	0	2	3	0,061
500	0	2	9	0,074
550	0	3	6	0,095
600	0	4	0	0,108
650	0	4	8	0,126
700	0	5	4	0,144
750	0	6	3	0,169
800	0	7	1	0,191
850	0	7	11½	0,215
900	0	8	11	0,242
950	0	10	0	0,271
1000	0	11	0	0,298
1250	1	5	2½	0,466
1500	2	0	9	0,670
1750	2	9	8½	0,913
2000	3	8	0	1,192
2500	5	8	9	1,861
3000	8	3	0	2,680
3500	11	2	9	3,647
4000	14	8	0	4,765

Dans cette table, la première colonne marque en toises, les distances entre la station où l'on fait le nivellement, et le lieu où l'on pointe le niveau.

Les autres colonnes contiennent les pieds, pouces, lignes, ou leur réduction en mètres et millimètres, dont le niveau apparent est plus élevé que le vrai, pour les distances qui sont désignées dans la première colonne : en sorte que l'on doit abaisser le niveau apparent de la quantité des pieds, pouces, lignes, ou mètres et millimètres des colonnes suivantes, suivant les distances qui leur sont correspondantes, pour avoir le vrai niveau.

La règle qui sert à faire trouver les haussemens du niveau apparent par-dessus le vrai, est de *diviser le carré de la distance par le diamètre de la terre*, qui, selon notre mesure, est de 6538594 toises ; et c'est pour cette raison que *les haussemens du niveau apparent, sont entr'eux comme les carrés de distances*, ainsi qu'on peut le voir dans la table précédente.

Le calcul est aisé, puisque pour trouver ces haussemens, il ne faut que diviser le carré de la première distance, et le carré de la seconde par le diamètre de la terre, auquel on donne, comme nous venons de le voir, 6538594 toises, et qui en a 1375 de plus sous Paris.

Mais puisque les diamètres de la terre, qui font ici la fonction de diviseurs, quelle qu'en soit la grandeur, sont égaux pour l'une et pour l'autre distance, il est clair que les *deux quotients* seront entr'eux comme les dividendes, et que l'on peut s'épargner la peine de faire la division.

Tout le calcul se réduira donc à élever à son carré la première distance, que nous supposerons de 300 toises; à élever de même à son carré la première distance plus grande, que nous supposerons de 100 toises, et à comparer entr'eux les deux carrés 9000 et 100000, qui seront entr'eux, par la réduction, comme 9 est à 100, et environ comme 1 est à 11.

Il y a deux sortes de nivellement, le simple et le composé : le nivellement simple est celui qui se fait d'un lieu peu éloigné d'un autre, et d'une seule opération.

Le nivellement composé s'entend de celui qui demande plusieurs opérations de suite dans une distance considérable. Je vais extraire ce que j'ai à dire pour l'une et l'autre de ces opérations, du *Traité de nivellement* de M. Picard. Ceux qui voudront un traité plus complet et plus savant, pourront se procurer le *Traité de nivellement* de M. Puissant.

Le nivellement simple.

Explication première. **Dans** le nivellement simple, on cherche à connaître la hauteur respective de deux points donnés sur la surface, ou auprès de la surface terrestre : pour juger s'ils sont de niveau entr'eux, ou s'ils ne le sont pas; pour juger de combien l'un est plus élevé que l'autre, au-dessus du niveau vrai, c'est-à-dire, au-dessus d'un lac parfaitement tranquille, dont la surface aboutirait précisément à celui de ces deux points qui est le plus bas, et s'étendrait au loin au-dessus de celui qui est le plus haut.

Il faut remarquer ici qu'étant donnés deux points à niveler, le niveau peut avoir une triple position, différente à l'égard de ces deux points; car il peut ou être successivement placé sur l'un et sur l'autre, ou être placé entre l'un et l'autre, à égale distance de chacun, ou être placé encore entre l'un et l'autre, mais à inégale distance de l'un et de l'autre.

De ces trois positions du niveau, à l'égard des deux points à niveler, résultent comme trois méthodes de nivellement, dont la première, savoir: celle où l'instrument est successivement placé sur l'un et sur l'autre terme, et où les stations et les termes du nivellement ne sont qu'une même chose, est à la fois et la plus simple et la plus sûre; et c'est à celle-là que nous réduirons bientôt, à raison de sa simplicité et de sa sûreté, toutes les principales opérations du nivellement composé.

Explication deuxième. Etant donnés deux points à niveler, et le niveau étant supposé successivement placé sur ces deux points A et B, fig. 9, Pl. I.J.

1° Les points A et B, dont on cherche à connaître le vrai niveau, seront les termes du nivellement;

2° Les points D et R, où aboutira de part et d'autre le rayon visuel RD et DR, en enfilant l'axe de la lunette, seront des points de niveau entr'eux ;

3° La ligne RD, qui est le double rayon visuel ou la double ligne de visée, sera la ligne du nivellement ;

4° Les distances BD et AR interceptées de part et d'autre entre les termes et la ligne du nivellement, donneront la différence du niveau vrai, entre ces deux termes du nivellement.

Explication troisième. Etant donnés deux points à niveler, il peut arriver que ces deux points soient ou tous les deux au-dessous, ou tous les deux au-dessus, ou l'un au-dessus et l'autre au-dessous de la ligne du nivellement.

Dans le premier cas, qui est le plus commun, leur différence du niveau vrai, est leur différence BE de hauteur au-dessous de la ligne du nivellement GH, fig. 7.

Dans le second cas, leur différence de niveau vrai, est leur différence BE de hauteur au-dessus de la ligne du nivellement GH, fig. 8.

Dans le troisième cas, leur différence de niveau vrai, est toute la hauteur BE, au-dessus et au-dessous de la ligne du nivellement GH, fig. 6.

Problème premier. Faire un nivellement simple, en plaçant successivement le niveau sur l'un et l'autre terme du nivellement, fig. 9.

Explication. Etant donnés deux termes D et B à niveler, on placera successivement le niveau d'eau, ou le niveau à perpendicule, si la chose est possible ; sur chacun de ces deux termes, et sur le terme opposé à celui où l'on nivelle, on fera élever successivement le jalon et la mire BK et AR.

La différence des deux hauteurs AR et BD, au-dessous de la ligne du nivellement RD, sera leur différence de niveau vrai; et si la ligne BD est plus haute exactement de 26 pouces que la ligne AR, le point B sera exactement de 26 pouces au-dessous du niveau du point A.

1° Dans cette première méthode, ou dans le nivellement réciproque, on n'a besoin, pour avoir la hauteur relative des deux termes à niveler, ni de mesurer la distance des termes A et B, ni de s'assurer de la justesse de l'instrument NM. La raison en est, qu'ici les stations et les termes du nivellement n'étant qu'une même chose, les distances des termes A et B sont nécessairement égales; et que, dans les distances égales AB et BA. le haussement du niveau apparent, ainsi que l'erreur de l'instrument, ajoutent ou retanchent nécessairement des quantités égales aux hauteurs trouvées AR et BD, ce qui ne change aucunement l'égalité ou la différence de ces deux hauteurs.

Par exemple, supposons que l'instrument MN baisse la mire de 7 pouces sur le jalon BD : étant placé ensuite en BD, il baissera également la mire de 7 pouces, sur le jalon AR et BD, dont la différence, si elles ne sont pas égales, donne la différence du niveau que l'on avait à chercher et à trouver.

On peut dire la même chose du niveau apparent : ce qu'il donne d'abord de trop en hauteur au jalon BD, il le donne de même ensuite au jalon AR ; et la même différence de hauteur subsiste ;

2° On voit ici que cette méthode n'entraîne aucune correction à faire, d'après le nivellement, dans les résultats qui en dérivent ; et c'est ce qui doit principalement la faire préférer à toute autre, sur-tout dans le nivellement composé, où il est si facile de l'admettre, et où il est si important d'éviter la complication des choses et des idées.

Problème deuxième. Faire un nivellement simple, en supposant le niveau placé à égale distance des deux termes à niveler.

Explication. Dans le nivellement simple, quand il n'est pas possible de placer successivement le niveau sur les deux termes, on pourra chercher à le placer exactement à égale distance de l'un et de l'autre terme. Dans ce cas, après que l'on se sera bien assuré de cette égalité de distance entre l'un et l'autre terme, le nivellement deviendra tout aussi facile et tout aussi peu compliqué que dans le cas précédent.

1° Etant donnés deux termes B et C à niveler,

et le niveau étant placé en AR, à égale distance de l'un et de l'autre, il est indifférent que les deux lignes de visée, menées de la station où est le niveau, soient dans un même plan vertical, et ne fassent que comme une même ligne droite ; ou que ces deux lignes RD et RE, dirigées l'une vers le couchant, par exemple, et l'autre vers le nord-est, ou vers le nord-ouest, fassent entr'elles un angle quelconque, aigu ou obtus, dont la station R sera le sommet.

La raison en est, que l'on cherche uniquement dans le nivellement, à connaître la hauteur respective des deux points donnés B et C, au-dessous ou au dessus de la ligne du nivellement, et que l'on a également cette hauteur respective des deux points à niveler, soit que ces points ne fassent qu'une même ligne droite, soit qu'ils fassent un angle quelconque avec le point d'où l'on nivelle ;

2° Etant donnés deux termes B et C à niveler, et le niveau étant placé à égale distance de l'un et de l'autre, en telle sorte que les lignes RE et RD, si elles ne font pas une même ligne droite, fassent l'angle d'un triangle isocèle quelconque, il est indifférent que le niveau soit juste ou qu'il ne le soit pas.

La raison est que, dans l'hypothèse où le niveau est à égale distance des deux termes, ainsi que dans celle où il est successivement sur l'un et sur l'autre terme, si ce niveau hausse ou baisse, la ligne du visée au-dessus ou au-dessous de l'horizon sensible de l'œil, lorsqu'on le pointe vers le terme et vers le jalon CE, il haussera ou il baissera également la ligne de visée au-dessus ou au-dessous du même horizon sensible de l'œil, quand on le pointera ensuite vers l'autre terme et vers l'autre jalon BD.

Problème troisième. Faire un nivellement simple, en supposant le niveau placé à inégale distance des termes à niveler.

Explication. Dans le nivellement simple, il arrive très-fréquemment que le niveau ne peut être placé, ni sur les deux termes à niveler, ni à égale distance de ces deux termes, quoiqu'il se présente à inégale distance de ces deux termes, une station très-commode pour ce double nivellement.

Dans ce cas, il faudra connaître exactement la distance interceptée entre la station où l'on nivelle, et l'un et l'autre terme du nivellement, pour que l'on puisse faire ensuite, à loisir et à tête reposée, après le nivellement fini, sur chaque terme du nivellement, les corrections géométriques qu'exige nécessairement l'inégal haussement du niveau apparent, dans les distances inégales ; et dans ces mêmes distances inégales, l'inégale erreur de l'instrument, si l'instrument n'est pas parfaitement juste.

Remarque. Quand il s'agira de faire quelque

grand nivellement de cette dernière espèce, il sera de la plus grande importance, pour simplifier les opérations, de ne se servir que d'un niveau parfaitement vérifié et rectifié.

Quand le niveau est parfaitement juste et exact, il n'y a plus d'autre correction à faire dans les hauteurs trouvées sur les jalons, que celle qu'exige l'inégal haussement du niveau apparent, relativement à l'inégale distance des termes qu'on vient de niveler.

Dans ce cas, c'est-à-dire, quand le niveau est parfaitement vérifié et rectifié, on évite l'embarras et le cahos que met dans les opérations du nivellement, la complication résultante de l'erreur de l'instrument, toujours proportionnelle aux simples distances, et du haussement du niveau apparent, toujours proportionnel aux carrés de ces mêmes distances.

Le nivellement composé.

Problème premier. Faire un grand nivellement composé de A en E, par exemple, fig. 10.

Le nivellement composé n'est autre chose qu'une suite de nivellemens simples, tous liés entr'eux depuis le premier terme jusqu'au dernier.

Je vais indiquer les connaissances et les opérations préliminaires qui sont nécessaires pour parvenir à bien faire ce nivellement.

Explication première. L'entreprise d'un grand

nivellement composé, exige nécessairement de la part de celui qui en sera chargé en chef, certaines connaissances, certaines instructions, certaines opérations préparatoires, dont nous allons donner une succinte idée. L'ingénieur qui est chargé de l'entreprise, doit d'abord la considérer dans ses préparatifs :

1° Il faudra qu'il parcoure, qu'il étudie par lui-même, tout le terrein à niveler, depuis le premier terme A jusqu'au dernier terme F, afin qu'il y choisisse et qu'il y détermine les points ABCDEF qu'il trouvera les plus propres à lui servir de stations, et à lier le premier terme au dernier;

2° Il faudra encore que sur ces points bien choisis et bien déterminés, qu'il aura pris, autant que la chose est possible, dans la ligne la plus courte par où l'on puisse aller en nivelant du premier au dernier terme, il fasse planter de gros piquets de 3 ou 4 pieds de longueur, qui ne soient saillans que de quelques pouces hors de terre, tels qu'on puisse aisément les retrouver, et qu'on ne puisse que fort difficilement les arracher.

L'alignement de ces piquets, que l'on nomme *repères*, et qui sont destinés ici à fixer et à faire retrouver au besoin les stations du nivellement, sera assez souvent à angles saillans et rentrans, suivant l'exigence du terrein à niveler; et la distance de l'un et l'autre sera communément d'environ cinq ou six cents toises, au moins, pour ne pas trop multiplier les stations, et au plus de mille ou douze cents toises, pour éviter l'inconvénient ou le danger des réfractions ;

3° Il faudra enfin qu'il soit muni d'un bon niveau, bien vérifié et bien rectifié, pour éviter la complication des corrections à faire quand le nivellement n'est pas réciproque ; qu'il soit muni d'un bon graphomètre, pour mesurer géométriquement la distance d'une station à l'autre, quand cette distance ne peut pas être mesurée avec la perche ou avec la chaîne ; et qu'il ait sous ses ordres un nombre suffisant d'aides intelligens, pour concourir avec lui au succès de toute l'opération.

Explication deuxième. Tout étant ainsi préparé et disposé, on procédera au nivellement, en plaçant d'abord le niveau sur la première station A, d'où l'on nivellera la seconde B, en plaçant ensuite le même niveau sur la seconde station B, d'où l'on nivellera et la première A et la troisième C, et ainsi de suite, jusqu'à la dernière station F, ce qui réduit tout le nivellement composé à une suite liée de nivellemens réciproques, et ce qui revient, comme on le voit, à garder la marche alternative entre le niveau et le jalon, pendant tout le nivellement.

1° Il faudra, à chaque station, avoir un très-grand soin de bien établir et de bien caler le pied du niveau, afin qu'il soit et qu'il reste bien immobile, pendant que l'on nivelle d'une station à l'autre, et pour cela, on emploiera, s'il le faut, et la pioche et la pelle et la massue, pour unir ou pour affermir le terrein. On y plantera même, en cas de besoin, des piquets propres à servir de points d'appui ; et en cas de besoin encore, on emploiera le marteau pour concasser un peu la pierre ou le roc, et pour y former un point d'appui convenable.

Quand une même station D, par exemple, sert pour deux nivellemens successifs de D en C et de D en E ; si on nivelle avec le niveau d'eau, il n'y aura rien à changer dans la position de ce niveau, que l'on se bornera à faire tourner convenablement sur lui-même.

Mais si l'on nivelle avec le niveau à perpendicule, après avoir nivelé un premier terme C, il faudra pour niveler le terme suivant E, que le pied de ce niveau change de position et d'aspect, en restant cependant dans la même place, et en répondant toujours par son profil à-plomb, au même point de la même station D, ce qui exigera qu'au temps où l'on travaille à établir et à caler l'instrument pour le nivellement du terme C, on pense aussi à ce qu'exigera le nivellement du terme E ;

2° Dans chaque station particulière du nivellement composé, laquelle fait ici en même temps la fonction de terme, il y aura trois choses à faire, qui consisteront :

A mesurer exactement la distance d'une station à l'autre, non pour faire des corrections sur les résultats du nivellement qui n'en auront ici aucun besoin, mais pour conserver une idée exacte de tout le terrein nivelé ;

A prendre exactement la hauteur respective de chaque station, au-dessus ou au-dessous de la ligne du nivellement actuel ;

A tenir un registre exact, à double colonne, de ces distances et de ces hauteurs, après chaque nivellement particulier, en telle sorte que chaque colonne de ce registre ait toujours un terme commun avec l'autre colonne, en genre de hauteur respective, ou que la hauteur d'une station, après avoir été écrite dans la première colonne, soit toujours écrite, immédiatement après, dans la seconde colonne, comme on le voit dans la table suivante, qui est relative à la 5e figure, et dans laquelle nous supposerons que les hauteurs et les distances que l'on y trouve marquées, sont exactement celles que l'on a trouvées dans toute l'opération du nivellement.

Registre du nivellement ABR (fig. 5.)

COLONNE A.				COLONNE R.				DISTANCES.	TOISES.
hauteurs.	pieds.	pouces.	lignes.	hauteurs.	pieds.	pouces.	lignes.		
$Aa =$ 46		8	6	$Bb =$	4	6	0	ab :	650
$Bb =$	4	6	0	$Cc =$	37	9	6	bc :	1272
$Cc =$	4	6	0	$Dd =$	43	0	6	ds :	834
$Dd =$ 18		3	8	$Ee =$	4	6	0	et :	1316
$E =$	4	6	0	$Ff =$	48	4	8	fe :	924
$F =$	4	6	0	$Rr =$	53	2	6	rc :	673
somme.. 83		0	2	somme. 191		5	2	somme. 5669 toises.	
				Otez-en 83		0	2		
A sera donc plus haut que R. de 18 toises cinq pouces.				Reste 117		5	0		

Problème deuxième. Faire un autre grand nivellement composé de A en R ; par exemple, à travers d'assez hautes montagnes.

Solution. Après qu'on aura bien choisi et bien déterminé les différentes stations **ABCDEFR**, où l'on pourra successivement placer le niveau d'eau ou le niveau à perpendicule, ce second nivellement composé se réduira, ainsi que le précédent, à une suite liée des nivellemens réciproques de A en B, et de B en A, de B en C, et de C en B, et ainsi du reste; et il s'effectuera précisément de la même manière.

Remarque. Dans un grand nivellement composé, il arrive quelquefois qu'une station nécessaire B, que l'on ne peut se dispenser de choisir, se trouve trop élevée au-dessus d'une autre station nécessaire A, pour que l'on puisse élever sur celle-ci des jalons qui atteignent à l'horizon sensible *ba* de celle-là : dans ce cas particulier pour effectuer le nivellement, fig. 5 :

1° On pourra chercher, au voisinage de la station A, plus ou moins loin vers le nord ou vers le midi, vers le levant ou vers le couchant, quelqu'autre station plus élevée, que l'on puisse substituer à celle-ci, après avoir cherché et déterminé exactement leur différence de niveau vrai. Quelque haute éminence, une terrasse ou un belvéder de quelque château fort élevé, pourront devenir cette station substituée, d'où il faudra que l'on puisse voir la station B.

Par ce moyen, en plaçant successivement et le niveau et le jalon sur la station que l'on substituera à la station A, on réduira cette partie du nivellement à un simple nivellement réciproque; et si la station substituée se trouvait encore trop basse, on pourrait y placer une grande et forte échelle de jardinier, dont le plus haut échelon servirait de support au jalon, et même au niveau d'eau, en supposant à ce niveau un pied semblable à celui que représente YZ dans la 2ᵉ fig. Il est clair qu'on pourra dire la même chose de toute station semblablement posée ; par exemple, de la station D, par rapport à la station C ou E ;

2° En supposant que cette double ressource manque ou soit insuffisante, on pourra tenter de niveler à parties brisées, par le moyen d'un niveau d'eau, à simples pinnules, tout l'espace A*m*B, en tenant un registre exact, après chaque coup de niveau particulier, de la quantité dont on monte ou dont on descend, en passant successivement d'une petite distance à une autre.

On pourra dire encore ici la même chose de tout l'espace *nop* qui se trouve intercepté entre la station B et la station C, et ainsi du reste ;

3° Au défaut de toutes ces ressources, on pourra, par le moyen d'un bon graphomètre, et d'après les règles géométriques, mesurer le triangle AVB, dans lequel on cherchera d'abord la distance ou la base *vb*.

Cette base étant bien connue, on mesurera avec le graphomètre *v* l'angle *avb*, intercepté entre la base *vb* et le côté *va*, qui est le perpendiculaire à l'horizon du point *v*. On mesurera de même l'angle *abv*, intercepté entre la base *ab* et le niveau apparent *ba*, qu'il faudra prendre ici avec un instrument parfaitement vérifié et rectifié ; après quoi, dans le triangle *avb*, on connaîtra géométriquement les trois côtés.

On connaîtra par conséquent la hauteur A*va*, qui sera la différence de niveau vrai, entre la station A et la station B, quand on aura retranché à cette hauteur A*va*, ce qu'y met de trop le haussement du niveau apparent *ba*, à la distance connue qu'il y a de *b* en *a*.

On pourra, si la nécessité l'exige, faire une toute semblable opération géométrique, pour trouver la hauteur D*d*, ou *f*F, et ainsi du reste.

Problème troisième. Trouver de combien le point A d'une rivière est plus haut ou plus bas que le point R d'une autre rivière, et déterminer les points où pourrait être fait un canal de communication entre les deux points A et R de ces deux rivières.

Solution. Nous supposons ici que les deux rivières A et R n'ont rien de commun avec celles du nivellement précédent, non plus que le terrein qui se trouve situé entre l'une et l'autre.

1° S'il ne s'agissait ici que de chercher et de trouver la différence de niveau entre les deux points donnés A et R, on opérerait, dans ce troisième nivellement composé, précisément comme l'on a opéré dans les deux précédens, c'est-à-dire, en prenant d'abord, dans la route la plus courte et la plus commode, les différentes stations qui doivent lier le premier terme au dernier, et qui vraisemblablement ne seront pas toujours celles où doit être tracé et placé le canal, en réduisant ensuite toutes les opérations successives du nivellement, à une suite liée de nivellemens réciproques, et en tenant toujours un registre exact de chaque nivellement particulier;

2º Mais comme il s'agit ici de faire un grand canal d'arrosage ou de navigation, par où l'eau de l'une de ces deux rivières puisse avoir son libre écoulement dans l'autre, et qu'il est possible qu'il n'y ait guère d'autre différence de niveau entre les deux points donnés A et R de ces deux rivières, que celle qui est indispensablement nécessaire pour l'écoulement des eaux, il est clair que ce troisième nivellement doit exiger, de la part de celui qui en sera chargé en chef, quelques attentions et quelques opérations particulières, dont il est à propos de donner au moins une idée générale.

Il faudra d'abord qu'il fasse planter de forts gros piquets, à fleur d'eau, sur les deux points A et R des deux rivières, où doit commencer et où doit finir le canal projeté, et qu'il trouve préalablement, s'il le faut, par le moyen d'un nivellement préliminaire, l'exacte différence de niveau entre ces deux points, pour qu'il puisse décider, avant toute autre chose, si l'entreprise est possible ou si elle ne l'est pas, en faisant attention que le libre et facile écoulement de l'eau, dans un grand canal, abstraction faite des sauts et des chutes, exige environ un pied de pente continue, sur mille toises d'étendue en ligne droite ou en ligne anguleuse et sinueuse, d'un terme à l'autre.

Il faudra ensuite qu'il se munisse d'un bon niveau d'eau à simples pinnules ou à bulle d'air, et que, ce niveau en main, il parcoure et il examine fort attentivement tout le terrein qui se trouve intercepté entre les points A et R, pour y déterminer en gros la ligne droite ou anguleuse DGHIKLMNOPQR sur laquelle doit être creusé ou construit le canal projeté, en ménageant avec la plus grande économie, si la chose est nécessaire, d'une station à l'autre, la pente successive qu'il aura à distribuer.

Il faudra encore qu'en traçant l'alignement successif du canal, dans tous ses angles saillans en rentrant, il lève assez exactement le plan du terrein sur lequel doit passer ce canal, afin qu'il puisse y marquer les endroits où le canal peut exiger des coupures, pour lui donner passage, et des chaussées pour l'élever ou pour le fortifier.

Il faudra enfin, si la chose demande une plus grande précision, qu'après avoir déterminé en gros tous ces objets, il recommence avec un niveau plus étendu et plus parfait, à niveler exactement toutes les stations AG et GA, GH et HG, et ainsi de suite, par la raison que, jusqu'à présent, il n'a encore pris qu'en gros le niveau relatif de ces différentes stations, et que souvent il est de la plus grande importance d'avoir ce niveau relatif dans une précision parfaite.

Le profil du nivellement.

Problème. Tracer le profil d'un nivellement composé.

Solution. Cette opération, qui est principalement la rectification de la ligne anguleuse du nivellement, consiste à placer et à dessiner au-dessus et au-dessous d'une même ligne droite indéfinie, que l'on supposera être une vraie ligne de niveau, toutes les différentes stations d'un même nivellement, avec les distances et les hauteurs respectives non seulement de ces stations, mais encore de tous les terreins qui se trouvent interceptés entr'elles, ce qui n'exige guère d'autre connaissance scientifique que celle qui a pour objet la ligne des parties égales ou proportionnelles, par le moyen de laquelle ont réduit les figures géométriques du grand au petit.

1º Si toutes les stations du nivellement composé étaient par hasard dans un même plan vertical, dirigé du midi vers le nord, ou du levant vers le couchant, pour en tracer le profil, on mènera d'abord la ligne droite indéfinie AX, qui représentera la ligne du niveau de la station la plus haute ou la plus basse, et sur cette ligne on marquera et on dessinera la station A.

Après quoi, en jetant les yeux sur le registre

NIV

du nivellement, on verra quelle est la distance de ces deux stations, et de combien la seconde est plus haute ou plus basse que la première. Supposons que leur distance soit de 476 toises, et que la seconde soit plus haute que la première de 25 pieds; on prendra sur la ligne des parties proportionnelles, avec le compas, une ouverture de 476 parties, et on la portera sur la ligne AX, en allant de A en B; et au-dessus du point B, à une hauteur perpendiculaire qui sera proportionnelle à 25 pieds ou à 4 toises $\frac{1}{6}$, on marquera un point B, qui, dans le profil, sera la vraie position de sa station B : entre ces deux stations, seront dessinés les terrains et les principaux objets qu'elles interceptent avec leurs élévations et leurs enfoncemens convenables.

D'après le même registre du nivellement, on verra quelle est, et la distance et la différence de niveau des deux stations B et C ; et on opérera pour ces deux stations, tout de même que pour les deux précédentes ; et ainsi de suite, jusqu'à la dernière ;

2° Mais il est infiniment rare que les stations du nivellement soient toutes dans une même direction; elles sont, au contraire, presque toujours à angles irrégulièrement saillans et rentrans. Par exemple, les trois stations ABC, au lieu de former comme une ligne droite dans un même plan, peuvent former un triangle quelconque, par exemple, un triangle dont le côté AB sera de 476 toises, le côté BC de 454 toises, et le côté antérieur AC de 520 toises; et ainsi du reste.

Ainsi, quoique la distance AC, sur le terrain, ne soit que de 520 toises dans le profil, qui rectifie la ligne anguleuse, AB et BC, et qui en fait comme une même ligne droite, la distance AC sera de 476+454 toises; et ainsi du reste.

Par conséquent, quoiqu'il n'y ait peut-être sur le terrain que mille ou douze cents toises de distance entre les deux termes A et F, il pourra se faire que dans le profil ABCDEF, le terrain représenté et dessiné soit réellement de trois ou quatre mille toises d'étendue.

3° Il est clair que la ligne de niveau AX, qui n'est destinée qu'à servir de directrice dans le profil à tracer, au lieu de passer en A sur la station la plus basse, pourrait également passer en E sur la station la plus haute, et alors toutes les stations du nivellement seraient proportionnellement au-dessous de cette ligne, ou passer en D sur une station prise entre la plus haute et la plus basse, et alors une partie des stations serait proportionnellement au-dessus, et l'autre partie proportionnellement au-dessous de cette même ligne.

On conçoit aisément qu'il serait possible de s'y prendre de plus d'une autre manière pour tracer le profil d'un nivellement composé; mais on concevra de même qu'il serait difficile de donner sur cet objet des idées plus nettes et plus lumineuses, une méthode plus simple et plus sûre; et que quand on est heureusement parvenu à bien présenter à l'esprit humain les vraies idées et les vrais principes des choses, il est du moins inutile de trop s'appesantir sur les différentes applications et sur les diverses transformations dont elles sont arbitrairement susceptibles.

Obélisque. s. m. Espèce de pyramide quadrangulaire, longue et étroite, qui est ordinairement d'une seule pièce, et qu'on élève dans une place pour y servir d'ornement. La proportion de la hauteur à la largeur est presque la même en tous les obélisques. La hauteur est neuf fois à neuf fois et demie, et même dix fois la largeur de la base; la largeur du sommet n'est jamais au-dessous de la moitié, ni au-dessus des trois quarts de celle de la base; et on place un ornement sur la pointe, qui est émoussée.

Oblique. adj. Se dit en géométrie de ce qui s'écarte de la situation droite ou perpendiculaire.

Angle oblique en un angle qui est ou aigu ou obtus, c'est-à-dire, toutes sortes d'angles, excepté l'angle droit.

Ligne oblique est une ligne qui, tombant sur une autre, fait avec elle un angle oblique.

Une ligne qui tombe sur une autre obliquement, fait d'un côté un angle aigu, de l'autre un angle obtus; et la forme de ces angles est égale à deux angles droits.

Octaèdre. s. m. Nom qu'on donne en géométrie à l'un des cinq corps réguliers, qui a huit faces égales, dont chacune est un triangle équilatéral.

On peut regarder l'octaèdre comme composé de deux pyramides quadrangulaires, qui s'unissent par leur base; ainsi, on peut trouver la solidité de l'octaèdre, en multipliant la base carrée d'une de ces pyramides par le tiers de sa hauteur, et en doublant ensuite le produit.

Octogone. s. m. Se dit en géométrie d'une figure de huit côtés et de huit angles.

Quand tous les côtés et les angles de cette figure sont égaux, on l'appelle octogone régulier, ou octogone inscriptible dans un cercle.

Odomètre. s. m. Est un instrument pour mesurer les distances par le chemin qu'on a fait.

L'avantage de cet instrument consiste en ce qu'il est d'un usage fort facile et fort expéditif: sa construction est telle, qu'on peut l'attacher à une roue de carosse : dans cet état, il fait son office, et mesure le chemin sans causer le moindre embarras.

L'odomètre le plus commode est celui représenté pl. XLIII, fig. 1, 2 et 3. Il consiste en une roue de deux pieds sept pouces et demi de diamètre, dont la circonférence est par conséquent d'environ huit pieds trois pouces ; à un des bouts de l'axe, est un pignon de trois quarts de pouce de diamètre, divisé en huit dents, qui viennent, quand la roue tourne, s'engrener dans les dents d'un autre pignon C, fixé à l'extrémité d'une verge de fer, de manière que cette verge tourne une fois, pendant que la roue fait une révolution: cette verge, qui est placée le long d'une rainure pratiquée sur le côté de l'affût B de cet instrument, porte à son autre bout un trou carré, dans lequel est placé le bout B du petit cylindre P; ce cylindre est disposé sous un cadran à l'extrémité de l'affût B, de telle manière qu'il peut se mouvoir autour de son axe; son extrémité est faite en *vis sans fin*, et s'engrène dans une roue de trente-deux dents, qui lui est perpendiculaire; quand l'instrument est porté en avant, la roue fait une révolution à chaque sixième perche; sur l'axe de cette roue est un pignon de six dents, qui rencontre une autre roue de soixante dents, et lui fait faire un tour sur cent soixante perches ou un demi mille.

Cette dernière roue porte un index ou aiguille, qui peut tourner sur la surface du cadran, dont le timbre extérieur est divisé en cent-soixante parties répondantes aux cent-soixante perches, et l'aiguille indique le nombre des perches que l'on a faites; de plus, sur l'axe de cette dernière roue est un pignon de vingt dents, qui s'engrène dans une troisième roue de quarante dents, et lui fait faire un tour sur trois cent-vingt perches ou un mille : sur l'axe de cette roue est un pignon, lequel s'engrenant dans une autre roue qui a soixante-douze dents, lui fait faire un tour en douze milles.

Cette quatrième roue porte un index qui répond au timbre intérieur du cadran; ce timbre est divisé en douze parties pour les milles, et chaque mille est subdivisé en moitiés, en quarts, etc., et sert à marquer les révolutions de l'autre aiguille, ainsi qu'à connaître les demi-milles, les milles, etc., jusqu'à douze milles, que l'on a parcourus.

La manière de se servir de cet instrument est indiquée par sa construction; il sert à mesurer les distances dans les cas où l'on est pressé, et où l'on ne demande pas une si grande exactitude.

Il est évident qu'en faisant agir cet instrument, et observant les tours des aiguilles, on a la longueur de l'espace qu'on veut mesurer, comme si on arpentait à la toise ou à la chaîne.

Cet odomètre est destiné à mesurer le chemin par les tours de roue d'un carosse ou d'une voiture quelconque.

OEil de pont, s. m. Ouverture pratiquée dans les récits des arches, qui rend l'ouvrage plus léger et facilite le passage aux inondations. Il en existe au pont de Toulouse et au pont Saint-Esprit en Languedoc : ceux du pont de Toulouse sont ronds, et ceux du pont Saint-Esprit ont la forme de niche ou de passage.

M. Gauthey observe, dans son *Traité des Ponts*, en parlant des œils, que dans les ponts dont les arches sont décrites par une anse de panier, et sur-tout par un plein cintre, la largeur du débouché diminue à mesure que l'eau s'élève, et ce fluide éprouve une contraction d'autant plus forte, que sa profondeur est plus considérable, tandis qu'il serait à désirer que le contraire pût arriver. On a cherché à remédier à ce défaut, en ouvrant, au-dessus des piles, les passages qu'on nomme *œils de pont*.

Les œils de pont ont encore d'autres avantages ; ils diminuent le poids dont les bases des piles sont chargées, quelquefois même celui qui est supporté par les voûtes, et il y a des cas où cet objet devient très-important.

OEuvre. s. m. Ce terme a plusieurs significations dans l'art de bâtir. Mettre en œuvre, c'est employer quelque matière pour lui donner une forme et la poser en place ; dans œuvre et hors d'œuvre, c'est prendre des mesures du dedans et du dehors d'un bâtiment. On dit qu'un bassin a dans œuvre tant de toises, pour exprimer qu'il tient entre ses murs tant de superficie d'eau. Sous œuvre ; on dit reprendre un bâtiment sous œuvre, quand on le rebâtit par le pied.

Ordre. s. m. C'est un arrangement régulier de parties saillantes, dont la colonne est la principale, et qui sert à la décoration d'un bâtiment. Quoique ces sortes de décorations ne se trouvent guère applicables dans la construction des travaux d'art projetés par les ingénieurs, cependant il y a des circonstances où on peut s'en servir : plusieurs ponts des anciens étaient ornés de colonnes, de pilastres : tel était à Rome le pont Publicius, etc. etc.

Un ordre a trois parties principales, qui sont le piédestal, la colonne et l'entablement. Cependant, suivant que les circonstances le demandent, on fait des colonnes sans piédestal, et on y substitue une plinthe : cela n'empêche pas qu'on ne dise qu'un bâtiment est construit selon un tel ou tel ordre, quoiqu'il n'y ait point de colonnes, pourvu que sa hauteur et ses membres soient proportionnés aux règles de cet ordre. On ne compte que quatre ordres, le toscan, le dorique, l'ionique et le corinthien : ils furent inventés par les Grecs; les Romains en ont ajouté un cinquième, qu'ils ont composés de l'ordre ionique et corinthien, et qu'ils ont nommé pour cela *composite*.

L'ordre toscan est le premier, le plus simple et le plus solide de tous les ordres; la hauteur de sa colonne est de sept diamètres pris par le bas. Cette solidité ne comporte ni sculpture, ni autres ornemens ; aussi son chapiteau et sa base ont peu de moulures, et son piédestal, qui est fort simple, n'a qu'un module de hauteur: on n'emploie cet ordre qu'aux bâtimens qui demandent beaucoup de solidité, comme sont les forteresses, les ponts, etc.

Ordre dorique. La hauteur de la colonne est de huit diamètres ; elle n'a aucun ornement ni dans son chapiteau, ni dans sa base, et la frise est ornée de triglyphes et de métopes.

On trouve toujours de grandes difficultés sur la division exacte qu'on doit observer dans cet ordre, parce que l'axe de la colonne doit l'être en même temps du triglyphe qui est au-dessus, et que les entriglyphes ou métopes doivent toujours former un carré exact.

L'ordre ionique n'est ni si mâle que le dorique, ni si solide que le toscan ; sa colonne a neuf diamètres de hauteur; son chapiteau est orné de volutes, et sa corniche de denticules. Dans son origine, cet ordre n'avait que huit diamètres de colonne, parce qu'on avait eu l'idée d'assimiler ses proportions à celles du corps de la femme, comme on avait suivi dans l'ordre toscan la proportion du corps de l'homme. Poussant plus loin l'imitation, on imita les boucles des cheveux, ce qui donna lieu aux volutes ; et enfin, on cannela les colonnes, pour représenter les plis des vêtemens.

L'ordre corinthien est la proportion la plus délicate; son chapiteau est orné de deux rangs de feuilles d'acante, et de huit volutes qui en soutiennent le tailloir; sa colonne a dix diamètres de hauteur, et sa corniche est ornée de modillons.

L'ordre composite est ainsi nommé, parce que son chapiteau est composé de deux rangs de feuilles de corinthien et des volutes de l'ionique; sa colonne a dix diamètres de hauteur, et sa corniche est ornée de denticules ou modillons simples.

Ovale. s. f. Est une figure curviligne oblongue, dont les deux diamètres sont inégaux, ou une figure renfermée par une seule ligne courbe, d'une rondeur non uniforme, et qui est plus longue que large, à-peu-près comme un œuf, *ovum*, dont lui est venu le nom d'*ovale*.

L'ovale, proprement dite, et vraiment semblable a un œuf, est une figure irrégulière, plus étroite par un bout que par l'autre, en quoi elle diffère de l'ellipse, qui est une ovale mathématique, également large à ses deux extrémités.

Le vulgaire confond ces deux espèces d'ovale; les géomètres appellent l'ovale proprement dite, *fausse ellipse*. Voici la méthode la plus en usage parmi les ouvriers, pour décrire l'ovale appelée communément *ovale du jardinier*, et qui n'est autre chose qu'une ellipse. On prend une corde E*f*, dont la longueur soit égale au grand diamètre de l'ovale, et dont on attache les extrémités aux deux points ou clous EF, qui sont sur le grand diamètre; ensuite, par le moyen d'un style M, on conduit la corde autour de ces deux points : l'ovale est d'autant plus oblongue que les deux points ou clous EF sont plus éloignés l'un de l'autre. Voyez *Ellipse*.

Voici une manière de décrire une espèce d'ovale : ayant décrit (Pl. LV, fig. 2) les deux cercles

AC, soient tirées deux lignes AE, CE, telles que CE=AE+AB−CD, il est constant que AE+AB sera=CE+CD, et qu'ainsi du centre E et du rayon ED, on pourra décrire un arc BD, qui touchera les deux cercles en B et en D : si l'on en fait autant de l'autre côté, on aura l'ovale complète BD, *db*.

Si les deux cercles AC sont inégaux, alors l'ovale sera plus large à une extrémité qu'à l'autre. S'ils sont égaux, elle sera également large à ses deux extrémités.

Ove. s. m. Moulure formée par un quart de circonférence, que les ouvriers appellent, par cette raison, *quart de rond*.

Palplanche. s. f. Dosse assurée par un bout, pour être pilotée, et entretenir une fondation, un batardeau, etc. Cet affutement est tantôt à moitié de la planche, et tantôt en écharpe, et tout en un biais ou en un sens, pour être mieux serrées l'une contre l'autre : on les coupe en onglet et à chanfrein, pour les couler aisément dans la rainure l'une dans l'autre entre les joints des longueraines. Quand on les couche dans la longueur du batardeau, on les appelle *vannes.*

Palée. s. f. Est un rang de pieux espacés assez près les uns des autres, liernés, moisés, boulonnés de chevilles de fer, et enfoncés avec le mouton, suivant le fil de l'eau, propre à porter quelque fardeau de maçonnerie, et plus souvent destiné à servir de piles pour porter les travées d'un pont de bois.

Panneau. s. m. C'est l'une des faces d'une pierre de taille. On appelle *panneau de douelle*, un panneau qui fait en dedans ou en dehors, la curvité d'un voussoir ; *panneau de tête*, celui qui est au-devant ; et *panneau de lit*, celui qui est caché dans les joints.

On appelle encore *panneau* ou *moule*, un morceau de fer-blanc ou de carton, levé ou coupé sur l'épure pour tracer une pierre.

Pantographe. s. m. Est un instrument dont on se sert pour copier le trait de toutes sortes de dessins, soit de la même grandeur, soit en les réduisant ou les augmentant. Il est composé de quatre règles, deux grandes et deux plus petites, jointes ensemble par des charnières à pivot, lesquelles forment toujours un parallélogramme entr'elles : l'une de ces règles porte une pointe, qui parcourt tous les traits du dessin original, tandis que le crayon porté par une autre de ces règles, trace ces mêmes traits de la même grandeur, ou plus grands ou plus petits, sur une surface quelconque.

Cet instrument n'est pas seulement utile aux personnes qui ne savent pas dessiner, il est encore très-commode pour les plus habiles, qui, par là, se procurent promptement des copies fidèles du premier trait, et des réductions qu'ils ne pourraient avoir sans cela qu'en beaucoup de temps, avec bien de la peine, et vraisemblablement avec moins de fidélité.

Le pantographe de perspective est un instrument par le moyen duquel on trace en perspective sur telle surface que l'on veut, plane, courbe ou mixte, le trait d'un dessin géométral quelconque ou de toutes sortes d'objets naturels, même les figures, sans faire aucune des opérations de géométrie qui sont en usage à cet effet. La Pl. LV, représente en perspective cet instrument. La table *abcd*, avec son pied, est totalement indépendante de l'instrument ; elle n'a été faite que pour pouvoir mettre l'intrument dans les différentes positions avec plus de facilité ; par le moyen de la manivelle 9, on la fait monter ou descendre, et les demi-cercles NRP, MQO servent à l'incliner en avant ou en arrière.

Le pantographe posé sur la table, est composé d'un axe *ab*, retenu dans deux poupées *n* et *o*; cet axe passe dans une espèce de petit moyeu *t*, qui réunit la branche de section *sx*, et la branche de l'équerre *tq*, comme les deux jambes d'un compas.

Ce moyeu est encastré dans un support I*p*, qui porte les deux extrémités d'un demi-cercle I*sp*, lequel passe à traver la branche de section, pour le fixer à telle inclinaison que l'on veut, par le moyen de la vis *s*.

La branche de section *sx* est terminée à son sommet par une fleur de lys, dans laquelle est ajustée une petite poulie, dont on verra l'usage ci-après.

Il est aisé de concevoir que cet instrument peut être éloigné ou approché de l'opérateur, en changeant de place les poupées *n* et *o*.

On fixe le point de l'œil où l'on veut, par le moyen de la visière *dcef* qu'on place à volonté ; cette visière est composée d'une base *ef* cylindrique creuse, dans laquelle glisse une baguette cylindrique *ecd*, portant à son sommet une pinnule *d*, et en *c*, un demi-ellipsoïde concave, au centre duquel est un trou extrêmement petit.

Sous la main de l'opérateur est le projecteur, dont on voit la pointe en I.

Voilà toutes les pièces de cet instrument ; mais pour s'en servir, il faut l'équiper de cordons et d'un fil de soie en cette manière :

En t on attache l'extrémité d'un cordon qu'on fait passer autour d'une petite poulie renfermée dans la poupée en u, de là en z, autour d'une autre petite poulie sous la main gauche de l'opérateur ; ensuite on fait passer ce cordon autour d'une autre poulie en o, de là autour de la poulie n, et on joint les deux extrémités de ce cordon en t. Ces cordons servent à faire mouvoir l'instrument vers la droite ou vers la gauche sur l'axe ab ; on prend ensuite un fil de soie noire, à l'extrémité duquel on attache le contre-poids y ; on le fait passer sur la poulie en x, de là on le fait descendre le long de la branche de section, au bas de laquelle on le passe sous le moyeu t, et on attache son autre extrémité au projecteur i ; enfin, on fait un petit nœud, avec de la soie blanche, sur le fil de soie noire en Io.

L'instrument ainsi monté et équipé, si l'on veut, par exemple, tracer en perspective le cube *efhikm*, il faut trouver la perspective de chacun de ces points : or, la manière d'en trouver une est la même pour toutes les autres. Je suppose donc qu'il faille trouver la perspective du point i ; je tire le cordon z ou d, pour amener le fil de soie noire dans le plan de la ligne *im*, vue du point *c*; ensuite je tire ou je lâche le fil de soie noire qui est attaché au projecteur *i*, jusqu'à ce que le petit nœud de soie blanche se trouve en *et*, dans la direction du rayon visuel *c* et *i*, observant que le fil noir soit parallèle à la branche de l'équerre *tq*; alors le point *i* est le point perspective du point *i* du cube.

Parabole. s. f. Est une figure qui naît de la section du cône, quand il est coupé par un plan parallèle à un de ses côtés.

Parallèles. adj. Se dit des lignes et des surfaces qui sont par-tout à égales distances l'une de l'autre, ou qui, prolongées à l'infini, ne deviennent jamais ni plus proches ni plus éloignées l'une de l'autre.

Ainsi, les lignes droites parallèles sont celles qui ne se rencontrent jamais, quoique prolongées à l'infini. La ligne OP, fig. 3, est parallèle à QR.

Les lignes parallèles sont d'un très-grand usage en géométrie, soit spéculative, soit pratique. En tirant des parallèles à des lignes données, on forme des triangles semblables, qui servent merveilleusement à résoudre des problèmes de géométrie : dans les arts, il est presque toujours question de parallèles.

Les géomètres démontrent que deux lignes parallèles à une troisième ligne, sont aussi parallèles l'une à l'autre ; et que si deux parallèles OP et QR sont coupées par une ligne transversale ST en AB : 1° les angles alternes internes $x y$ sont égaux ; 2° l'angle externe u est égal à l'un des internes opposés; z et y sont aussi égaux à la somme de deux angles droits.

On décrit des lignes parallèles, en abaissant des perpendiculaires égales sur une même ligne, et en tirant des lignes par l'extrémité de ces perpendiculaires.

Règles parallèles ; c'est un instrument composé de deux règles de bois, de cuivre AB, CD, Pl. III, fig. 37, également larges par-tout, et jointes ensemble par des lames de traverse EF et GH, de manière qu'elles peuvent s'ouvrir à différentes intervalles, s'approcher et s'éloigner, et rester néanmoins toujours parallèles entr'elles.

L'usage de cet instrument est bien sensible; car l'une des règles étant appliquée sur RS, si on éloigne l'autre jusqu'au point donné A, une ligne droite AB tirée le long de son bord par le point A, est parallèle à la ligne RS, Pl. LV.

Parallélepipède. s. m. C'est un corps solide compris sous six parallélogrammes, dont les opposés sont semblables, parallèles et égaux (Pl. LV, fig. 5.). Tous les parallélepipèdes, prismes, cylindres, etc., dont les bases et les hauteurs sont égales, sont égaux entr'eux.

Un plan diagonal divise un parallélepipède en deux prismes triangulaires égaux; c'est pourquoi un prisme triangulaire n'est que la moitié d'un parallélepipède de même base et de même hauteur.

Tous les parallélepipèdes, prismes, cylindres, etc., sont en raison composée de leur base et de leur hauteur ; c'est pourquoi, si leurs bases sont égales, ils sont en raison de leur hauteur ; et si les hauteurs sont égales, ils sont en raison de leur base. Tous les parallélepipèdes semblables, c'est-à-dire dont les côtés et les hauteurs sont proportionnels, et dont les angles correspondans sont les mêmes, sont en raison triplée de leur côté homologue ; ils sont aussi en raison triplée de leur hauteur.

Tous les parallélepipèdes, prismes, cylindres, etc. égaux en solidité, sont égaux en raison réciproque de leur base et de leur hauteur.

Pour mesurer la surface et la solidité d'un parallélepipède, déterminer les aires des parallélogrammes ILMK, LMON, OMPQ (voyez *Parallélogramme*), faites-en une somme, et multipliez-la par deux, le produit sera la surface du parallélepipède. Ensuite si on multiplie la base ILMK par la hauteur MO, le produit sera la solidité. Supposons par exemple :

$$LM=36, MK=15, MO=12$$
$$ILMK=36+15=540$$
$$\text{Alors } LMON=36+12=432$$
$$OMKP=15+12=180$$

dont la somme est 1152, laquelle multipliée par 2,

produit 2304 pour la surface du parallélepipède proposé; et en multipliant par 12 la face ILMK= 540, l'on aura 6480 pour la solidité.

Parallélisme. s. m. C'est la propriété ou l'état de deux lignes, deux surfaces, etc., également distantes l'une de l'autre.

Parallélogramme. s. m. C'est une figure rectiligne de quatre côtés, dont les côtés opposés sont parallèles et égaux. Voyez *Quadrilateur.*

Le parallélogramme est formé, ou peut être supposé formé par le mouvement uniforme d'une ligne droite toujours parallèle à elle-même.

Quand le parallélogramme a tous ses angles droits, et seulement ses côtés opposés égaux, on le nomme *rectangle* ou *carré long;* quand les angles sont tous droits et les côtés égaux, il s'appelle *carré.* Voyez *Carré.*

Si tous les côtés sont égaux et les angles inégaux, on l'appelle *courbe* ou *lozange.*

S'il n'y que les côtés opposés qui soient égaux, et les angles opposés aussi égaux, mais non droits, c'est un rhomboïde. Voyez *Rhomboïde.*

Tout autre quadrilatère, dont les côtés opposés ne sont ni parallèles, ni égaux, s'appelle un *trapèse.*

Tout parallélogramme, de quelque espèce qu'il soit, par exemple, celui ABCD (Pl. LV, fig. 6) est divisé par la diagonale en deux parties égales; les angles diagonalement opposés BC et AD sont égaux, les angles opposés au même côté CD et AB sont ensemble égaux à deux angles droits, et deux côtés pris ensemble sont plus grands que la diagonale.

Deux parallélogrammes ABCD et ECDF, sur la même ou sur une égale base, et de la même hauteur IC, ou entre les mêmes parallèles AF, CD sont égaux, d'où il suit que deux triangles CDA et CDF sur la même base et de la même hauteur, sont aussi égaux.

Il s'ensuit aussi que tout triangle CFD est moitié du parallélogramme ACDB sur la même ou sur une égale base CD, et de la même hauteur, ou entre les mêmes parallèles ; et qu'un triangle est égal à un parallélogramme qui a la même base et la moitié de la hauteur, ou moitié de la base, et et la même hauteur. Voyez *Triangle*.

Les parallélogrammes sont en raison composée de leur base et de leur hauteur. Si donc les hauteurs sont égales, ils sont comme les bases, et réciproquement.

Dans les parallélogrammes et les triangles semblables, les hauteurs sont proportionnelles aux côtés homologues : de là les parallélogrammes et les triangles semblables sont en raison doublée de leurs côtés homologues, aussi bien que de leur hauteur et de leur base ; ils sont donc comme les carrés des côtés, des hauteurs et des bases.

Dans tout parallélogramme, la forme des carrés

des deux diagonales est égale à la forme des carrés des quatre côtés.

Parapet. s. m. Est en général une élévation de maçonnerie ou de terre, qu'on pratique au bord d'un terrein escarpé, comme aux deux côtés d'un pont de pierre, sur un mur de quai, etc.

Parement. s. m. C'est ce qui paraît d'une pierre ou d'un mur au-dehors, et qui, selon la qualité des ouvrages, peut être layé et poli au grès. Les anciens, pour conserver les arêtes des pierres, les posaient à parement brut, et les retaillaient ensuite sur le tas.

— *dans la coupe de pierres*, est la surface de pierres qui doit paraître lorsque la pierre est en place : c'est la douelle dans les voûtes, et la douelle est un joint de tête dans les plate-bandes et arcades. Le lit de pierre ne doit jamais être en parement ; c'est une mal-façon lorsqu'on en trouve.

Parpain. s. m. Se dit d'une pierre de taille qui traverse toute l'épaisseur d'un mur; en sorte qu'il ait deux paremens, l'un en dedans, l'autre en dehors. On dit qu'une pierre fait parpain, quand elle fait face des deux côtés, comme celle des parapets.

Pas. s. m. Est en général une mesure déterminée par l'espace qui se trouve entre les deux pieds d'une personne qui marche. Le pas ordinaire est de deux pieds et demi ou trois pieds ;

le pas géométrique est de cinq pieds, comme le pas allemand.

Patin. s. m. Est en général toute pièce de bois méplat couchée sur la terre.

— est aussi toute pièce de bois couchée sur un terrain qui n'est pas solide, et sur laquelle on pose des plate-formes ou madriers, pour établir les fondemens d'un bâtiment.

Pavé. s. m. Ce mot a deux significations : d'abord c'est l'aire pavée sur laquelle on marche, et en second lieu, la matière qui l'affermit, comme le caillou, le gravois avec mortier de chaux et sable, le grès et la pierre dure.

— *de briques,* pavé qui est fait de briques posées de champ et en épis : les banquettes des ponts et des quais, à Toulouse, ont été pavées ainsi.

— *de grès,* est un pavé qu'on fait de quartier de grès de huit à neuf pouces, presque de figure cubique, dont on se sert en France pour paver les grands chemins.

Les Romains eurent deux manières différentes de paver leurs grands chemins, les uns se pavaient de pierres, et les autres étaient cimentés de sable et de terre glaise; les premiers étaient à trois rangs, comme on a pu le voir par les vestiges qui en sont restés ; le chemin du milieu qui servait aux gens de pied, était un peu plus élevé que les deux autres, de façon que les eaux ne pouvant s'y arrêter, on le pavait à la rustique, c'est-à-dire, de gros carreaux de pierre à joints incertains, au lieu que nos pavés sont équarris ; les deux autres rangs étaient couverts de sable lié avec des terres grasses, sur quoi les chevaux marchaient fort à l'aise.

Les chemins pavés de la seconde manière, c'est-à-dire, seulement de sable et de terre glaise, étaient en dos d'âne, tellement que l'eau ne s'y pouvait arrêter. Voyez *Chemin*.

Paver. v. a. C'est asseoir le pavé, le dresser avec le marteau, et le battre avec la demoiselle. On dit paver à sec, lorsqu'on assied le pavé sur un fond de sable de rivière ; paver à bain de mortier, lorsqu'on se sert de mortier de chaux et sable, ou ciment, pour asseoir et maçonner le pavé.

Pendentif. s. m. Portion de voûte suspendue, de figure triangulaire, entre les arcs doubleaux et les angles d'une voûte d'arête, ou en arc de cloître.

Pentagone. s. m. Figure qui a cinq côtés et cinq angles.

Si les cinq côtés sont égaux, et que les angles le soient aussi, la figure s'appelle un pentagone régulier.

La propriété la plus considérable d'un pentagone, est qu'un de ses côtés, par exemple DE, est égal en puissance aux côtés d'un angle et d'un décagone inscrit dans le même cercle ABCDE, c'est-à-dire, que le carré du côté DE est égal à la somme des carrés des côtés D*a* et D*b*.

Sur une ligne droite AB, construire un pentagone.

Elevez pour cet effet au point A la ligne AC, égale et perpendiculaire à la ligne AB, et divisez le quart de cerle qui les joint en cinq parties égales ; cela fait, portez la distance qu'il y a entre la quatrième de ces parties et l'extrémité C de l'arc de C en D sur l'arc continué, et tirez la ligne AD, ce sera un côté du pentagone ; faites en autant à l'extrémité B pour avoir le côté BE ; enfin, des points DE comme centres et de l'intervalle d'une de ces lignes, faites des arcs se coupant en E, d'où l'on tirera des lignes en D et E.

Si, au lieu d'un pentagone, on proposait de faire un eptagone ou octogone, etc., sur la ligne AB, il faudrait diviser le quart de cercle BC en autant de parties égales qu'on voudrait que le poligone eût de côtés. Voyez *Poligone*.

Perche. s. f. Mesure qui est ordinairement de 22 pieds de long ; dans certains endroits elle n'a que 18 à 20 pieds.

Périmètre. s. m. C'est le contour ou l'étendue qui termine une figure ou un corps.

Les périmètres des surfaces ou figures sont des lignes ; ceux des corps sont des surfaces.

Dans les figures circulaires, le périmètre est appelé périphérie ou circonférence.

Les géomètres démontrent que l'aire ou la surface du cercle est égale à celle d'un triangle, dont la base est égale à la périphérie, et la hauteur au rayon.

Il suit de là que les cercles sont en raison composée de leurs périphéries et de leurs rayons, autant que figures semblables; ils sont aussi en raison doublée de leur rayon; donc les périphéries des cercles sont entr'elles comme leur rayon, et, par conséquent, comme leur diamètre.

Perpendiculaire. s. f. Est une ligne qui tombe directement sur une autre ligne, de façon qu'elle ne penche pas plus d'un côté que de l'autre, et fait par conséquent de part et d'autre des angles égaux.

Ainsi, la ligne IG (Pl. LV, fig. 7) est perpendiculaire à la ligne KH; c'est-à-dire qu'elle fait avec cette ligne KH des angles droits et égaux. De cette définition de la perpendiculaire, il suit:

1° Que la perpendiculaire est mutuelle et réciproque, c'est-à-dire, que si une ligne IG est perpendiculaire à une ligne KH, cette ligne KH est aussi perpendiculaire à cette même ligne IG;

2° Que d'un point donné, on ne peut tirer qu'une perpendiculaire à une ligne donnée;

3° Que si on prolonge une ligne perpendiculaire à une autre, de manière qu'elle passe de l'autre côté de cette ligne, la partie prolongée sera aussi perpendiculaire à cette même ligne;

4°. Que si une ligne droite qui en coupe une autre, a deux points qui soient chacun à égale distance des extrémités de la ligne qu'elle coupe, elle sera perpendiculaire à cette ligne ;

5°. Qu'une ligne perpendiculaire à une autre ligne, est aussi perpendiculaire à toutes les parallèles qu'on peut tirer à cette ligne ;

6°. Que la perpendiculaire est la plus courte de toutes les lignes qu'on peut tirer d'un point donné à une ligne droite donnée.

Donc, la distance d'un point à une ligne droite se mesure par la perpendiculaire même de ce point sur la ligne, et la hauteur d'une figure, par exemple d'un triangle, est une perpendiculaire même du sommet de la figure sur la base.

Pour élever une perpendiculaire d'un point C pris à volonté sur une ligne droite AB :

Prenez de part et d'autre de ce point C, les grandeurs égales CE et CF; ensuite, des points E et F pour centre et de l'intervalle ED, pris à volonté, faites deux arcs qui se coupent en D, d'où vous tirerez une ligne droite en C.

Que si le point donné était à l'une des extrémités de la ligne droite, comme en H, il faudrait de ce point et d'un intervalle à volonté, comme HI, faire un arc IKL, sur lequel on porterait deux fois la grandeur HI, de I en K et de K en L : si ensuite des points K et L, pris pour centre et du même intervalle ou d'un intervalle à volonté, on décrit deux arcs qui se coupent en M, d'où l'on tire une ligne droite en H, elle fera un angle droit avec HG.

Ou bien prenez un point à volonté, tel que C, hors de la ligne donnée, duquel, comme centre et de l'intervalle CB, qui est l'extrémité la plus près de la ligne donnée, vous décrirez un cercle coupant AB en E, d'où vous tirerez une ligne par le centre C, qui ira couper la circonférence en D ; si on tire la ligne droite DB, elle fera un angle droit avec AB.

D'un point A donné au-delà d'une ligne droite BC, en tirer une autre AD qui lui soit perpendiculaire.

Tirez une ligne de A en B ou en C, que vous diviserez en deux également en E, d'où, comme centre et de l'intervalle EA ou EC, faites un arc coupant BC en D ; si vous tirez AD, elle sera perpendiculaire à BC.

On peut se servir de la pratique suivante sur le terrein : prenez sur l'alignement AB, une grandeur AC de quatre toises, et mettant au point A un cordeau de trois toises, et au point C un de cinq toises, prolongez-les jusqu'à ce qu'ils se rencontrent ; ce ne peut être qu'au point D, qui fera DA perpendiculaire à BA.

Perspective. s. f. C'est l'art de représenter sur une surface plane les objets visibles, tels qu'ils paraissent à une distance ou à une hauteur donnée, à travers un plan transparent, placé perpendiculairement à l'horizon entre l'œil et l'objet. La perspective est ou spéculative ou pratique.

La spéculative est la théorie des différentes apparences ou représentations de certains objets, suivant les différentes positions de l'œil qui les regarde.

La pratique est la méthode de représenter ce qui paraît à nos yeux, ou ce que notre imagination conçoit, et de le représenter sous une forme semblable aux objets que nous voyons.

La perspective, soit spéculative, soit pratique, a deux parties, l'ichnographie, qui est la représentation des surfaces, et la scénographie, qui est celle des solides.

La perspective s'appelle plus particulièrement perspective linéaire, à cause qu'elle considère la position, la grandeur, la forme, etc., des différentes lignes ou des contours des objets.

On appelle plan géométral un plan parallèle à l'horizon, sur lequel est situé l'objet qu'on veut mettre en perspective ; plan horizontal, un plan aussi parallèle à l'horizon et passant par l'œil ; ligne de terre ou fondamentale, la section du plan géométral et du tableau; ligne horizontale, la section du plan horizontal et du tableau ; point de vue ou point principal, le point du tableau sur lequel tombe une perpendiculaire menée de l'œil ; ligne distante, la distance de l'œil à ce point, etc.

L'apparence d'une ligne droite est toujours une ligne droite ; ainsi les deux extrémités de l'apparence de cette ligne étant données, l'apparence de toute la ligne est donnée ; si une ligne FG, placée dans le tableau qu'on suppose vertical (Pl. LV, fig. 8) est perpendiculaire à quelque ligne droite VI, tirée sur le plan horizontal, elle sera perpendiculaire à toute autre ligne droite, tirée par le même point sur le même plan ; et la hauteur du point apparent sur le plan, est à la hauteur de l'œil comme la distance du point objectif au plan est à la somme de cette distance et de la distance de l'œil au tableau.

Lois de la projection des figures planes. Représenter l'apparence perspective h d'un point objectif H, fig. 2. Du point donné, tirez HI perpendiculairement à la ligne fondamentale DE, c'est-à-dire, à ligne de base du tableau ; de la ligne fondamentale DE, retranchez IK=IH, par le point de vue F, c'est-à-dire, par le point où tombe la perpendiculaire menée de l'œil O au tableau, tirez une ligne horizontale FP ; faites EP égale à la distance SL de l'œil ; enfin, du point I au point de vue F, tirez FI, et du point K au point de distance P, la ligne PK, l'intersection h est l'apparence du point objectif.

En effet, 1° il est facile de voir que l'apparence du point H doit être dans la ligne FI, puisque cette ligne FI est la section du plan OHI, avec le plan du tableau ; 2° si on tire par les points NS et H la ligne HMS, on aura, à cause des triangles semblables, FP ou SL est à KI ou HI, comme Nh est à hM; par conséquent SM est à MH, comme Nh est à hM; d'où il s'ensuit que SH est à MH, comme la somme de Nh et de hM, c'est-à-dire, NM est à hM, donc VH : IH : : FI : hI, d'où l'on voit que les points O, h, H, sont dans la même ligne, et qu'ainsi h est l'apparence ou l'image de l'objet H.

C'est pourquoi, 1° puisque l'apparence des extrémités d'une ligne droite étant donnée, l'apparence de toute la ligne est donnée, on peut avoir, par cette méthode, la projection ichnographique d'une figure quelconque rectiligne ; 2° puisque l'on peut avoir par ce moyen la projection d'un nombre quelconque des points d'une courbe sur le plan du tableau, on peut avoir pareillement la projection des lignes courbes, en suivant la même méthode ; 3° ainsi, puisque cette méthode s'étend aux figures mixtilignes, elle est par conséquent universelle.

Je vais éclaircir cette méthode par quelques exemples.

Trouver l'apparence perspective d'un triangle ABC (Pl. LV, fig. 9), dont la base AB est parallèle à la ligne fondamentale DE.

A la ligne fondamentale DE, tirez une parallèle HR à un intervalle égal à la hauteur de l'œil ;

prenez le point de vue ou un point principal V au point K : des différens angles du triangle ACB, abaissez les perpendiculaires A1, C2, B3; transportez ces perpendiculaires sur la ligne de terre ou fondamentale DE de l'autre côté du point de distance K; des points 1, 2, 3, tirez des lignes droites au point fondamental ou principal V1, V2, V3; des points ABC, de la ligne fondamentale DE, tirez au point de distance ces autres lignes droites AK, BK, CK.

Par la construction précédente, les points a, b, c, sont les apparences des points A, B, C ; donc ayant tiré les lignes droites, ca, ab, bc, acb sera l'apparence du triangle ACB.

On fait de même la projection d'un triangle sur un plan, quand le sommet C est opposé à l'œil ; il n'est besoin que de changer la situation du triangle sur le plan géométral, et de tourner le sommet C vers la ligne de terre ED.

Représenter l'apparence perspective d'un carré ABCD, vu obliquement (fig. 11), et dont un des côtés AB, est sur la ligne de terre DE, puisque le carré est vu obliquement. Prenez dans la ligne horizontale HR le point principal V, de manière qu'une perpendiculaire à la ligne de terre puisse tomber au-dehors du côté du carré AB, ou qu'au moins elle ne le coupe pas en deux parties égales, et soit VK la distance de l'œil au tableau ; transportez les perpendiculaires AC et BD

PER

sur la ligne de terre DE, et tirez les lignes droites KB, KD, comme aussi AV, VC; alors les points A et B seront eux-mêmes leurs propres apparences; *c* et *d* les apparences des points C et D ; par conséquent A*c dB* est l'apparence du carré ABDC.

Si le carré ACDB était à quelque distance de la ligne de terre DE, il faudrait aussi transporter sur la ligne de terre les distances des angles A et B, ainsi qu'il est évident par le problème précédent.

Représenter l'apparence d'un carré ABCD (fig. 12), dont le diagonale AC est perpendiculaire à la ligne de terre.

Prolongez les côtés DC et CB jusqu'à ce qu'ils rencontrent la ligne de terre aux points 1 et 2, du point principal V; transportez la distance de l'œil en K et en I, de K aux points K et I, tirez les droites KA et KI; et de I aux points A et 2, les lignes droites *i*A*i*2, les intersections de ces lignes représenteront l'apparence du carré de ABCD, vu par l'angle.

Représenter l'apparence d'un carré ABCD (fig. 13), dans lequel on en a inscrit un autre IMGH, le côté du plus grand AB étant sur la ligne de terre, et la diagonale du plus petit, perpendiculaire à cette même ligne. Du point principal V, transportez de part et d'autre, sur la ligne horizontale HR, les distances VL et VK; tirez VA et VB, KA et LB ; alors A*cd*B sera l'apparence du carré ACDB ; prolongez le côté du carré inscrit IH, jusqu'à ce qu'il rencontre la ligne de terre au point I, et tirez les lignes droites KI et KL, alors *ihgm* sera la représentation du carré inscrit IHGM ; d'où l'on conçoit aisément la projection de toutes sortes de figures inscrites dans d'autres figures.

Mettre en perspective un plancher fait de pierres carrées vues directement. Divisez le côté AB (fig. 4); transportez sur la ligne de terre DE, autant de parties égales qu'il y a de pierres dans un rang du carré ; des différens points de division, tirez des lignes droites au point principal V ; de A au point de distance K, tirez une ligne droite AK ; et de B à l'autre point de distance L, tirez une autre ligne LB ; par les points des intersections des lignes correspondantes, tirez des lignes droites parallèles à AB, que vous prolongerez jusqu'aux lignes droites AV et BV ; alors A*fg*B sera l'apparence du plancher AFBG.

Mettre en perspective un cercle. Si le cercle est petit, circonscrivez lui un carré. Après avoir tiré les diagonales du carré et avoir mené, outre cela, dans le cercle les diamètres (*ha* et *de*, fig. 16), qui s'entrecoupent à angles droits, tracez les lignes droites *fg* et *be*, parallèles au diamètre ; par les points *b* et *f*, de même que par les points *c* et *g*; tirez des lignes droites qui rencontrent la ligne de terre DE aux points 3 et 4; au point principal V, tirez les lignes droites V1, V3, V4, V2, et aux points de distance L et K, menez les lignes droites L2 et K*i*; enfin, joignez les points d'intersection *abdfhgec*, par les arcs *ab*, *bd*, *df*; de cette manière *abdfhgeca* sera l'apparence du cercle.

Si le cercle est considérable, sur le milieu de la ligne de terre AB (fig. 16), décrivez un demi cercle, et de différens points de la circonférence CFBHI, etc., que vous prendrez en assez grand nombre, abaissez sur la ligne de terre les perpendiculaires C1, F2, G3, H4, I5; des points A1, 2, 3, 4, 5, etc., tirez des lignes droites au point principal V; tirez en une aussi de B au point de distance L, et une autre de A au point de distance K; par les points d'intersection communs, tracez des lignes droites comme dans le problème précédent; par là vous aurez les points *acfghi*, qui sont les représentations des points AFGHI, et en les joignant comme ci-dessus, ils donneront la projection du cercle.

Il est à remarquer qu'on peut se tromper en joignant par des arcs les points trouvés suivant les méthodes que nous venons d'enseigner; car ces arcs ne sont point des arcs de cercle, mais des arcs d'une autre courbe connue par les géomètres sous le nom d'ellipse, et dont la description géométrique n'est pas fort facile, sur-tout lorsqu'il est question de la faire passer par plusieurs points : c'est pourquoi il est presqu'impossible que la perspective du cercle soit parfaitement juste, en la traçant suivant les règles que nous venons d'indiquer ; mais ces règles suffisent dans la pratique.

Au reste, la méthode que nous venons de proposer pour mettre un cercle en perspective, a cela de commode, qu'elle peut être employée également pour mettre en perspective une courbe ou une figure curviligne quelconque ; car il n'y a qu'à inscrire et circonscrire à cette figure des carrés ou des rectangles, si la figure n'est pas fort grande ; ou si elle l'est, mettre en perspective plusieurs de ses points, que l'on joindra ensuite par des lignes courbes.

Représenter en perspective un pentagone régulier, ayant un bord ou limbe fort large et terminé par des lignes parallèles : 1° des différens angles du pentagone extérieur BCDE, fig. 19, abaissez sur la ligne de terre TS les perpendiculaires B1, C2, D3, E4, que vous transporterez comme ci-dessus, sur la ligne de terre ; après quoi, des points 1, 2, 3, 4, tirant des lignes au point principal V, et de ces mêmes points tirant d'autres lignes au point de distance K, les communes intersections de ces lignes représenteront l'apparence du pentagone extérieur. Maintenant, si des angles intérieurs GHLI, vous abaissez pareillement les perpendiculaires G6, H5, K6, I7, et que vous acheviez le reste comme dans le premier cas, vous aurez la représentation du pentagone intérieur ; ainsi ce pentagone ABCDE sera représenté en perspective avec son bord.

On doit observer ici, que si les grandeurs des différentes parties d'un objet étaient données en nombres avec la hauteur et la distance de l'œil, on doit, 1° en construire la figure avec une échelle géométrique, et y déterminer, par le même moyen, le point fondamental et le point de distance.

Il n'est pas toujours nécessaire que l'objet soit tracé sous la ligne de terre, quand on fait la projection des carrés ; il est mieux de s'en passer ; mais quand cela est nécessaire, et que l'espace manque, on le trace en particulier, et après avoir trouvé les divisions dont on a besoin, on les transporte sur la ligne de terre qui est dans le tableau.

Si l'on attache des fils au point principal et au point de distance, et qu'on les étende au point de division sur la ligne de terre, la commune section de ces fils donnera très-distinctement la projection des différens points, et cette méthode peut souvent être employée avec succès ; car il est fort difficile d'éviter la confusion quand on est obligé de tracer un grand nombre de lignes. Voyez *Pantographe*.

La perspective scénographique, ou la projection des corps sur un plan, est la représentation d'un corps sur un plan avec toutes ses dimensions, tel qu'il paraît aux yeux. Voyez *Scénographie*.

Toute la difficulté se réduit au problème suivant : sur un point donné C, fig. 18, élever une hauteur perspective correspondante à la hauteur objective PQ donnée.

Sur la ligne de terre élevez une perpendiculaire PQ, égale à la hauteur objective donnée ; des points P et Q, menez à un point quelconque, tel que T, les lignes droites PT et QT ; du point donné C, tirez une ligne CK, parallèle à la ligne de terre DE, et qui rencontre en K la ligne droite QT ; au point K, élevez une perpendiculaire IK sur KG ; cette ligne IK, ou son égale CB, est la hauteur scénographique que l'on demandait.

De la perspective d'un bâtiment. Dans la pratique de cette perspective, on considère deux choses, le plan et l'élévation du bâtiment : le plan est ce qu'on appelle autrement *ichnographie*. On trace ce plan de manière que les parties les plus éloignées soient plus petites, suivant la proportion qu'on y veut mettre, et qui dépend de la position du point de vue ; et on élève ensuite sur ce point les perpendiculaires qui marquent les hauteurs correspondantes des différentes parties du bâtiment ; après quoi, on ajoute à la figure de la carcasse du bâtiment, les ornemens des différentes parties. Ainsi, on voit que ce problème, qui consiste à mettre un bâtiment en perspective, se réduit à mettre en perspective des surfaces ou des solides placés à des distances connues.

Pente. s. f. Est l'inclinaison plus ou moins forte qu'on donne à un terrein ou à un ouvrage quelconque. D'une route, par exemple, on dit qu'elle a tant de lignes de pente par toises. La descente s'appelle *pente*, la montée se nomme *rampe*.

Pertuis. s. m. C'est un passage étroit, pratiqué dans une rivière aux endroits où elle est basse, pour en augmenter l'eau de quelques pieds, afin de faciliter ainsi la navigation des bateaux qui montent et qui descendent. Cela se fait en laissant entre deux batardeaux une ouverture qu'on ferme avec des aisles ou avec des planches en travers, ou enfin avec des portes à vannes. Ces passages sont dangereux pour la navigation. M. Trésaguet, chargé des travaux sur la Charente, a cherché les moyens d'améliorer ces passages, et l'on trouvera dans le Mémoire que je vais rapporter, tout ce qui peut compléter cet article; car quoiqu'il ne se soit occupé que des pertuis sur la Charente, ses observations et ses travaux sont applicables à toutes les rivières.

Les pertuis sont appelés, dans diverses provinces, *pas, demi-écluses, écluses simples, portières, portes marinières, portes de garde, pas de-roi, passelys* ou *passelis;* ce sont des passages d'une rivière où l'eau est retenue, et que l'on ouvre pour faire passer les bateaux : ils descendent à l'aide du courant, et ils remontent contre le courant, par le moyen des machines, des chevaux ou des bœufs. On ne peut pratiquer des pertuis que dans les endroits où la chute est peu considérable ; quand les chutes ont plus de 3 pieds, il faut des écluses à bassins ou à sas : on est aussi obligé d'employer les sas quand on a très peu d'eau, parce que les pertuis en dépensent beaucoup plus, restant ouverts tout le temps que les bateaux employent à monter ou à descendre, au lieu que les sas ne prennent exactement que ce qu'il faut pour les remplir.

Dans des rivières peu rapides, comme la Charente, qui traversent des prairies placées à fleur d'eau, il y a plusieurs avantages à se servir de pertuis : le plus souvent ces rivières sont déjà soutenues, d'espace en espace, par des digues de moulins, et l'on s'en sert en y pratiquant seulement des ouvertures plus avantageuses. Lorsque les chutes de ces moulins, comme il arrive le plus souvent, sont entre 2 pieds et demi et 3 pieds et demi, il est facile d'y placer des pertuis commodes.

Si l'on voulait substituer à ces pertuis des sas d'écluses, on les placerait à de plus grandes distances, pour ne pas multiplier les dépenses ; il faudrait supprimer une grande partie des moulins avec leurs digues ; celles qu'on conserverait auraient une grande hauteur d'eau à soutenir ; il faudrait les faire beaucoup plus épaisses et plus élevées, les construire avec une grande solidité, et les fonder avec beaucoup de précautions ; tout cela serait encore excessivement cher.

D'ailleurs, la construction d'une écluse coûte plus que le triple de celle d'un pertuis ; et si le nombre des sas à construire était le tiers de celui des pertuis, la dépense pour la maçonnerie serait à-peu-près égale dans les deux méthodes, et l'on ne trouverait aucune économie, même sur cette partie, qui pût dédommager de l'augmentation de dépense provenant de la construction des digues et de la suppression des moulins.

La Charente est trop rapide pour être navigable sans art ; mais elle ne l'est pas assez pour qu'on ait besoin de faire par-tout des écluses à bassins : son cours est rempli de moulins, dont les chutes sont presque toutes au-dessous de 3 pieds et demi, et dont les intervalles forment de très-beaux canaux, suffisamment fournis d'eau en tout temps ; enfin, son cours, depuis Sivray jusqu'à Cognac, est continuellement bordé de prairies qui forment tout le fonds d'un vallon très-plat, ayant 1,000 ou 1,200 toises de large. En conséquence, M. Trésaguet ne se servit que des pertuis pour la rendre navigable, à l'exception de trois endroits où la chute est de plus de 4 pieds, savoir ; vers la forge de Ruffet, à la digue du moulin Minotte, et à celles de Lezai et Refons.

Les pertuis, tels qu'ils sont en usage sur la plupart des rivières navigables, et qu'ils étaient en particulier sur la Basse-Charente, sont des passages très-difficiles et souvent dangereux, soit pour les bateaux, soit pour les hommes qui manœuvrent ; d'abord par la chute précipitée d'une cascade qui a 3 ou 4 pieds de hauteur, dangereuse à descendre, et très-difficile à remonter ; secondement, parce qu'ils sont placés au milieu des digues, ce qui en rend la manœuvre difficile dans les grandes eaux, tant pour les éclusiers qui ont beaucoup de peine alors à les ouvrir et à les fermer, que pour le passage des bateaux qui se trouvent beaucoup trop loin du rivage, où cependant l'on est obligé de placer tous les attelages de bœufs destinés à leur faire franchir et remonter la chute de l'eau ; troisièmement, la direction du courant contre le rivage, est un inconvénient des pertuis : les matelots, obligés de faire tourner subitement le bateau, entraînés par un courant rapide, ont peine à bien gouverner au milieu des bouillonnemens que l'eau forme dans sa chute et dans le détour subit auquel elle est forcée ; ce qui occasionne des accidens fréquens, et fait périr chaque année plusieurs bateaux. Enfin, les pertuis avaient besoin d'être perfectionnés relativement à la manière de les fermer : l'usage des aiguilles perpendiculaires ou des poutrelles horizontales, a le désavantage de laisser en tout temps échapper une très-grande quantité d'eau, d'exiger beaucoup de temps pour ôter et replacer ces pointeaux qui risquent leur vie, et y périssent très-souvent.

M. Trésaguet, dans ses nouveaux pertuis sur la Charente, remédie à tous ces inconvéniens par la manière de les placer, par la direction des canaux qui y aboutissent, par la construction des bajoyers qui modèrent la chute, et par des portes-battantes et des vannes d'une construction nouvelle.

Quant à la situation des pertuis, il fallait nécessairement se servir des canaux de dérivation creusés vers les moulins existans sur la rivière, pour épargner les frais d'ouverture de nouveaux canaux. La Charente coule dans des prairies où le terrein est précieux, depuis Sivray jusqu'à Cognac, sur une longueur d'environ cent milles; mais comme la rivière a presque par-tout sur ses bords la même profondeur, à-peu-près, que dans le milieu de son cours, M. Trésaguet a profité de cette circonstance pour placer le plus souvent les pertuis sur le bord même de la rivière, au point le plus haut des digues et le plus éloigné des moulins; cette position réunit plusieurs avantages, 1° le passage des gabares cause moins d'incommodité aux moulins, et les fait chômer moins long-temps ; 2° la manœuvre et le service de l'écluse en deviennent infiniment plus faciles, puisqu'un des bajoyers tenant toujours au rivage, les matelots et les éclusiers n'ont aucune peine à aborder et à se placer sur les bajoyers pour ouvrir commodément les portes. On place le cabestan qui sert à remonter les bateaux, dans l'endroit du rivage le plus avantageux, pour que le cable fasse avec la direction de l'eau et la longueur du bateau, le plus petit angle possible ; il est aussi beaucoup plus facile d'attacher et de détacher les cables qui servent à tirer les bateaux, d'atteler et de detteler les animaux qui servent au hallage. Si, au contraire, les pertuis étaient au milieu de la rivière, ils ne seraient abordables que par des digues étroites, sujettes à être couvertes d'eau pour peu que la rivière grossît, de façon que les difficultés et les dangers du service des pertuis augmenteraient dans le temps où la rivière invite le plus à la navigation.

La situation des pertuis de la Charente procure encore plus de facilité, plus d'économie et plus de solidité dans la construction ; on a le plus souvent l'avantage de pouvoir construire et fonder en terre ferme la totalité, ou du moins la moitié de l'ouvrage. Mais il faut que le canal soit continué de manière que la direction de l'eau ne jette pas les bateaux contre les bords ; car non seulement il se fait des affouillemens à l'opposite des pertuis, dans les héritages qui sont exposés au cours de l'eau, mais les bateaux, entraînés par la rapidité du courant, sont dans un danger évident d'être brisés ou renversés par le choc qu'ils y éprouvent. Si, comme on ne peut s'en dispenser, on entreprend de les faire tourner précipitamment pour éviter un choc terrible, et pour enfiler la direction du canal inférieur, ils ne courent pas des risques moins grands dans cette opération, où la rapidité de l'eau et les bouillonnemens occasionnés par sa chute, peuvent submerger le bateau pendant qu'il tourne. M. Trésaguet a observé que l'excès de vîtesse occasionné par une chute de 3 à 4 pieds, est encore très-sensible à la distance d'environ 60 toises, et que ce n'est qu'à cette distance que les matelots peuvent, sans courir de risque et sans éprouver une trop forte résistance, gouverner les gabares et les faire tourner, s'il est nécessaire, pour ne point frapper les bords. D'après cette expérience, il a placé tous les pertuis de façon que le canal inférieur fût toujours continué dans la direction du bajoyer, sur un alignement au moins de 60 à 80 toises de longueur, et plus encore lorsqu'il a été possible. Au moyen de cette précaution, il a prévenu entièrement des dangers qui occasionnent souvent la perte des gabares. Relativement à ce choix dans la direction des pertuis, et la position des pas, il y avait eu des projets de flottage pour M. le comte de Broglie, où la distance des pertuis au rivage n'avait pas même la longueur ordinaire des gabares, qui ont communément, sur la Basse-Charente, de 95 à 98 pieds de longueur, y compris le gouvernail, en sorte que la proue toucherait le bord avant que la poupe fût sortie du pertuis. Il est évident que ces travaux, qui ont pu suffire au flottage, ne peuvent jamais servir à la navigation, et que pour rendre celle-ci facile et sûre, les canaux ne sauraient être continués sur une trop grande longueur dans la direction de l'alignement des bajoyers.

M. Trésaguet a voulu aussi éviter les chutes trop rapides, en faisant couler l'eau entre de longs bajoyers. La plus grande partie des pertuis, sur la Basse-Charente et sur les autres rivières navigables, ne sont que de simples ouvertures pratiquées avec les digues ; et lorsqu'on ôte les aiguilles ou les poutrelles qui ferment ces ouvertures, l'eau se précipite sans obstacle dans le canal inférieur, de toute la hauteur de la chute, et forme une véritable cascade; la direction de l'eau, qui est presque verticale, produit des bouillonnemens au bas de la chute ; ces bouillonnemens creusent le fond, et occasionnent plus loin des ensablemens qui deviennent encore un nouvel embarras, lorsque le bateau franchit avec rapidité ces espèces de cascades ; la proue, nécessairement très-inclinée, se plonge dans l'eau, et souvent il en entre dans le bateau, au point qu'il n'est pas sans exemple que des gabares aient coulé à fond par cette seule cause ; et tout au moins le marinier qui est sur la proue pour gouverner, est en grand danger d'être renversé et noyé. Ces bouillonnemens, qui s'étendent assez loin, sont encore un obstacle à ce que les mariniers puissent gouverner la gabare et la faire tourner ; ce qui augmente infiniment le danger dont on a parlé à l'article précédent, lorsque le canal, au-dessous du pertuis, n'est pas continué en ligne droite sur une assez grande longueur.

Les bateaux courent un autre risque dans ces cascades, soit lorsqu'ils descendent, soit lorsqu'ils remontent les pertuis : il y a un moment où la moitié de la gabare se trouvant portée sur l'eau du canal supérieur, et l'autre moitié n'étant pas soutenue par l'eau qui se précipite au-dessous de la chute, cette moitié est, pour ainsi dire, en l'air. On conçoit que, dans cette position, une gabare de 95 à 98 pieds de longueur, et chargée de 60 tonneaux ou 120 milliers, tend à se rompre dans son milieu, ou du moins à s'arquer considérablement.

Le remède à ces inconvéniens consiste à rendre la chute moins précipitée, en retenant l'eau des deux côtés par deux bajoyers d'une longueur suffisante ; l'eau déterminée à passer entre ces deux bajoyers qui s'opposent à son écoulement latéral, et coulant sur un radier de niveau, cesse de former une cascade, et sa surface forme un plan incliné, dont la pente est plus ou moins sensible, à raison de la longueur des bajoyers, combinée avec la hauteur de la chute, et du temps plus ou moins long qui se passe, après que l'eau a commencé de s'écouler. Les bajoyers doivent être d'autant plus longs que les chutes sont plus hautes : au Pas de Condat, dont la chute est de 38 pouces, on a donné 40 pieds de longueur aux bajoyers, et les eaux y prennent une pente sur laquelle les gabares peuvent remonter à l'aide d'un seul cabestan tourné par six hommes, tandis que pour des chutes beaucoup moins considérables, on employait, dans la navigation de la basse Charente, jusqu'à trente ou même trente-cinq paires de bœufs. On peut sans inconvénient sensible employer des bajoyers de la même longueur, pour des chutes dont la différence est médiocre, et M. Trésaguet à pris ce parti, parce qu'autrement il aurait été obligé de faire autant de devis et de détails qu'il y a de pertuis à construire ; il a seulement distingué les pertuis, à raison de leurs différentes hauteurs, en quatre classes, entre lesquelles la longueur des bajoyers varie de 30 à 40 pieds dans l'ordre suivant :

1° Les plus courts bajoyers, pour des chutes de 12 à 15 pouces, ne peuvent avoir moins de 30 pieds, afin qu'on puisse trouver dans la partie supérieure, la place de l'enfoncement destiné à recevoir les portes, et dans la partie inférieure au-dessous du seuil, une longueur de radier suffisante pour empêcher les affouillemens qu'occasionnerait la vitesse de l'eau en sortant d'entre les bajoyers : ceux du Pas de Comporté seront de cette longueur ;

2° Les bajoyers des pas où les chutes auront depuis 26 jusqu'à 31 pouces de hauteur, auront 33 pieds : tels sont ceux du pertuis de l'île ;

3° Les chutes depuis 32 jusqu'à 37 pouces auront des bajoyers de 36 pieds de longueur, comme ceux du pertuis de Bridet ;

4° Enfin, les chutes depuis 38 jusqu'à 45 pouces (la plus forte chute des simples pertuis), auront 40 pieds de bajoyers : on donnera cette longueur à ceux du pertuis d'Alidan.

495. La manière de fermer les pertuis est une chose essentielle que M. Trésaguet a sur-tout perfectionnée pour ses travaux de la Charente. Jusqu'ici on les fermait par des aiguilles verticales, ou des poutrelles horizontales, ou avec des vannes : il a substitué des portes, qui ont déjà, sur la Charente, eu tout le succès qu'on s'était promis.

Une des méthodes les plus ordinaires pour fermer les pertuis, consiste à placer verticalement, les unes contre les autres, de longues aiguilles de bois, dont l'extrémité inférieure s'appuie contre un seuil qui traverse le pertuis, et l'extrémité supérieure contre une poutre posée horizontalement sur les deux jambages qui forment l'ouverture.

Pour ouvrir le pertuis, les éclusiers se placent sur la poutre transversale, et enlèvent à la main les aiguilles l'une après l'autre, non sans beaucoup de peine, et même sans quelque danger. Ces aiguilles étant poussées violemment par le courant, dans leur partie inférieure au moment où elles quittent le seuil, il arrive souvent que l'homme qui veut lever l'aiguille, ne peut résister à cet effort du courant, et tombe dans l'eau. Quand toutes les aiguilles ont été enlevées l'une après l'autre, on ôte la poutre transversale, et alors le passage est libre pour les bateaux; quand ils sont passés, on replace la poutre transversale, et l'on remet l'une après l'autre chaque aiguille. Ces opérations pénibles exigent beaucoup de temps, et font par conséquent perdre inutilement beaucoup d'eau; d'ailleurs, il est impossible que ces aiguilles ferment jamais très-exactement, ce qui fait perdre une quantité d'eau dont l'on a souvent grand besoin en été : c'est cette méthode qui était en usage pour la navigation de la basse Charente.

Sur d'autres rivières, on ferme les pertuis avec des poutrelles qu'on fait tomber horizontalement le long de deux rainures pratiquées dans les deux bajoyers; ces poutrelles étant mises l'une sur l'autre, le poids de celles qui sont au-dessus force les inférieures à descendre jusqu'au fond de l'eau, pour lui fermer le passage. Cette espèce de fermeture est un peu plus exacte que celle des aiguilles ; la manœuvre est aussi un peu moins dangereuse pour les éclusiers ; mais l'opération de lever les poutrelles n'est guère moins longue que celle de l'enlèvement des aiguilles. En effet, il faut que deux hommes placés à chaque bout, les saisissent l'une après l'autre, avec des crochets pour les enlever, ce qui exige beaucoup d'adresse de leur part, quelquefois beaucoup de temps, et par conséquent du retard pour les marchandises, et une grande consommation d'eau ; d'où résulte, dans les basses eaux, un grand préjudice aux moulins, et un préjudice encore plus grand à la navigation du canal supérieur, que cette perte d'eau interrompt quelquefois, tandis qu'elle se serait soutenue si l'eau eût été mieux ménagée.

Sur quelques rivières on ferme ces pertuis avec des vannes de la largeur du pertuis ; mais cette méthode ne peut être bonne, lorsqu'il s'agit d'une navigation telle que celle de la Charente, où les pertuis devant donner passage à des gabares de 18 pieds de largeur, doivent avoir au moins 20 pieds : il y aurait un poids énorme d'eau sur des vannes de cette espèce, auxquelles on serait obligé de donner 7 pieds de hauteur dans les chutes de trois pieds et demi : il serait impraticable d'ouvrir et de fermer de pareilles vannes. Quant à l'usage des portes pour fermer les pertuis, il serait sujet à un grand inconvénient par le poids de l'eau, et par les dépôts de sable qui, se formant derrière les portes, empêcheraient de les ouvrir, à moins qu'on n'eût enlevé le sable par des draguemens longs et pénibles.

M. Trésaguet a remédié à ces inconvéniens par la nouvelle forme de ses portes; elles sont composées de deux venteaux de charpente, mais la traverse ou entre-toise d'en bas de chaque venteau, au lieu d'être établie précisément au bas de la porte, est placée six pouces plus haut que l'extrémité des poteaux, afin de laisser un vide par-dessous; la partie supérieure de ces portes, depuis l'entre-toise du milieu jusqu'à celle d'en haut, est remplie par des bordages disposés suivant l'usage ordinaire; la partie qui est au-dessous reste vide, et n'est fermée qu'au moyen de deux vannes de fond placées sur chaque venteau; il y a un cric à chacune de ces vannes, pour les lever et les baisser sans peine. Les vannes étant baissées, elles descendront à l'arrasement du radier supérieur, lequel sera de trois pouces plus bas, pour former une feuillure, contre laquelle elles battront, pour fermer plus exactement le pertuis. Cette feuillure n'est pas nécessaire pour leur donner un appui, car elles sont, d'ailleurs, appuyées à six pouces de leur extrémité inférieure contre l'entre-toise d'en bas, ce qui suffit pour les empêcher de fléchir par la poussée de l'eau; mais en s'appliquant sur cette feuillure contre laquelle l'eau les pousse, elles ferment à l'eau tout passage, et c'est la vraie destination de cette feuillure.

Quoique le radier inférieur commence trois pouces plus haut que le supérieur, le bord de la feuillure n'est cependant élevé que de 2 pouces; cette feuillure est formée par un plan incliné qui part du busc, et qui l'excède de toute l'épaisseur des portes: cette inclinaison est d'un pouce sur la largeur de ce plan incliné, en sorte qu'il reste deux pouces pour la feuillure destinée à soutenir les vannes.

Le busc est en pierres de taille encastrées sous le seuil et les semelles qui forment un châssis triangulaire. Il est de niveau avec le radier inférieur, à l'exception de trois forts dés aussi en pierres de taille, qui excèdent de six pouces en hauteur le surplus de la superficie; le dé du milieu est taillé en chanfrain, suivant l'angle que doivent former les deux venteaux, afin de recevoir les deux poteaux busqués; les deux autres dés sont placés vis-à-vis des poteaux du milieu de chaque venteau pour leur servir d'appui.

Il doit régner sur toute la longueur du busc, un plan incliné, dont la largeur doit s'étendre à toute l'épaisseur des poteaux des portes, jusqu'à la rencontre des vannes appliquées sur le parement extérieur, et auxquelles l'extrémité de ce plan incliné doit servir de feuillure ou d'appui ; ainsi, les bouts inférieurs des poteaux des portes ont à passer sur le plan incliné, pour parvenir au dé du busc sur lequel ils s'appuyent. A cet effet, les bouts sont coupés en chanfrain sur le même angle, de façon que les portes étant fermées, ils portent sur le plan incliné. Par ce moyen, les portes trouvent dans leur repos un appui ferme ; leur poids, lorsqu'elles sont fermées, ne tend point à les faire fléchir, et soulage les colliers et l'assemblage même des portes ; car on ne peut pas craindre que ce poids tende à les faire glisser en fléchissant sur ce plan incliné, attendu que la force de l'eau, qui les pousse par leur partie inférieure, l'emporte toujours sur le poids qui tend à les affaisser. Cela fait aussi que lorsque les portes s'ouvrent, elles ont aussitôt 2 pouces de jeu au-dessus du radier, et par conséquent, l'on n'a aucun frottement à craindre ; il en résulte encore que l'assemblage des portes ne souffre point par l'effet de leur poids, si ce n'est dans le peu de temps qu'elles restent ouvertes, ce qui doit beaucoup contribuer à les faire durer. Pour éviter l'inconvénient des sables ou des vases qui pourraient s'introduire dans les creux des crapaudines, et gêner les mouvemens des pivots, M. Trésaguet renversé la situation de ces pièces ; il a placé le pivot en bas, en le scellant dans le seuil ; c'est la crapaudine qui est attachée au bas du poteau, et qui sert d'axe pour faire tourner les portes. Par ce moyen, il ne peut point s'amasser d'immondices entre la crapaudine et le pivot; l'on y trouve encore l'avantage de pouvoir simplifier la forme de la crapaudine, qui se réduit à une simple concavité sphérique d'un rayon un peu plus grand que la convexité du pivot sur lequel elle doit porter.

Pour ouvrir les portes, on commence par lever les quatre vannes jusqu'à la hauteur de la traverse d'en bas seulement ; il reste un vide vis-à-vis des vannes entre les dés du busc : il est évident que tout le poids de la colonne d'eau, soutenue jusque-là par les vannes, porte sur ce vide, et l'eau y coulera avec la vitesse qu'elle aurait acquise en tombant de la hauteur qu'avaient les eaux supérieures. Cette vitesse entraîne nécessairement toutes les immondices qui auraient pu être déposées derrière les portes, et qui ne peuvent jamais être bien considérables, attendu que ces portes ferment très-exactement, qu'il n'y a aucun courant qui puisse y apporter du gravier ou autre corps pesant, et qu'il ne peut par conséquent s'y trouver que la vase très-fine, telle que l'eau en dépose dans les endroits où elle est la plus tranquille.

Quand le radier supérieur a été ainsi lavé par un courant rapide, il ne doit plus rien y rester qui puisse faire obstacle au passage des poteaux, dont le bout inférieur a 2 pouces de jeu au-dessus du radier supérieur. Si ensuite on continue de lever les vannes jusqu'à la hauteur de l'entre-toise du milieu, comme cette entre-toise est placée à-peu-près à la hauteur à laquelle les eaux se tiendraient, s'il n'y avait pas de portes, les eaux s'écoulent très-vite par cette ouverture, et se mettent très-promptement à la hauteur qu'elles doivent avoir pour le passage des gabares, c'est-à-dire, à 4 pieds de hauteur au-dessus du seuil. Alors la partie pleine des portes se trouve, ou à très-peu près, au-dessus de l'eau, et ne fait plus qu'une faible résistance à l'ouverture des portes. Quand on supposerait que l'extrémité des vannes friserait encore la superficie de l'eau; comme la plus grande partie de la résistance vient du poids de la colonne d'eau, et par conséquent de sa hauteur, cette première superficie ne résisterait que très-peu à l'ouverture des portes. Il reste celle qu'oppose le courant de l'eau à l'épaisseur des deux poteaux, sur 4 pieds de hauteur, et à celle de la traverse d'en bas; on surmonte sans peine des résistances aussi médiocres, par le moyen de la bascule ou flèche, qu'il est d'usage d'appliquer à ces portes, et qui, formant un bras de lévier de 20 pieds de longueur, donne la facilité d'ouvrir et de fermer ces portes, à-peu-près avec autant de promptitude qu'on ouvre ordinairement les sas d'écluse : il suffit d'un ou de deux hommes.

Ainsi, ces portes des pertuis de la Charente diffèrent des portes ordinaires qui servent à fermer les sas, par leur partie inférieure, et il y a six attentions nouvelles qui en font l'avantage.

1° L'entre-toise est placée 6 pouces plus haut que le bout des poteaux ;

2° Il y a quatre vannes de fond destinées à ouvrir et à fermer à volonté la partie inférieure des portes ;

3° Le busc est découpé pour laisser des vides, et donner passage aux dépôts de sable et de vase, lorsqu'on élève de quelques pouces les vannes de fond ;

4° Ces mêmes vannes se lèvent jusqu'à la hauteur moyenne des eaux pour les faire écouler avant le moment de l'ouverture des portes, et diminuer la résistance qu'opposerait le courant à leur ouverture ;

5° Un plan incliné, pratiqué en avant du busc, donne aux portes un appui dans leur repos sans nuire à leur jeu, lorsqu'il faut les ouvrir ;

6° Le renversement du pivot et de la crapaudine en facilite le mouvement.

Au moyen de cette application des portes à la fermeture des pertuis, et des autres précautions que nous venons d'expliquer d'après M. Trésaguet, le service de la navigation pourra se faire avec autant de facilité que de promptitude; et l'on en a fait déjà l'expérience. Les chutes des pertuis se trouvant réduites à une pente très-alongée, les gabares descendent sans risque, et elles remontent en quelques minutes à l'aide d'un seul cabestan ; par conséquent, la navigation de la Charente devient aussi sûre, aussi commode et aussi peu dispendieuse qu'il était possible, en se bornant à de simples pertuis.

Pesanteur. s. f. Est cette propriété en vertu de laquelle tous les corps que nous connaissons tombent et s'approchent du centre de la terre, lorsqu'ils ne sont pas soutenus. Il est certain que cette propriété a une cause, et on aurait tort de croire qu'un corps qui tombe, ne tombe point par une autre raison, que parce qu'il n'est pas soutenu ; car qu'on mette un corps pesant sur une table horizontale, rien n'empêche ce corps de se mouvoir sur la table horizontalement et en tout sens; cependant il reste en repos : or, il est évident qu'un corps, considéré en lui-même, n'a pas plus de penchant à se mouvoir dans un sens que dans un autre, et cela, parce qu'il est indifférent au mouvement ou au repos ; donc, puisqu'un corps se meut toujours de haut en bas, quand rien ne l'en empêche, et qu'il ne se meut jamais dans un autre sens, à moins qu'il n'y soit forcé par une cause visible, il s'ensuit qu'il y a nécessairement une cause qui détermine, pour ainsi dire, les corps pesans à tomber vers le centre de la terre. Mais il n'est pas facile de connaître cette cause; et sans m'arrêter à citer tout ce que les savans ont dit là-dessus, je me contenterai de rapporter les effets connus.

1° La force qui fait tomber les corps est toujours uniforme, et elle agit également sur eux à chaque instant;

2° Les corps tombent vers la terre d'un mouvement uniformément accéléré;

3° Leurs vitesses sont comme les temps de leur mouvement;

4° Les espaces qu'ils parcourent sont comme les carrés des temps, ou comme le carré des vitesses; et par conséquent les vitesses et les temps sont en raison sous-doublée des espaces;

5° L'espace que le corps parcourt en tombant pendant un temps quelconque, est la moitié de celui qu'il parcourrait pendant le même temps d'un mouvement uniforme avec la vitesse acquise, et par conséquent, cet espace est égal à celui que le corps parcourrait d'un mouvement uniforme, avec la moitié de cette vitesse;

6° La force qui fait tomber ces corps vers la terre, est la seule cause de leur poids; car, puisqu'elle agit à chaque instant, elle doit agir sur les corps, soit qu'ils soient en repos, soit qu'ils soient en mouvement; et c'est par les efforts que ces corps font sans cesse pour obéir à cette force, qu'ils pèsent sur les obstacles qui les retiennent.

Nous avons déjà dit qu'il faut distinguer avec soin la pesanteur des corps, de leur poids. La pesanteur, c'est-à-dire cette force qui anime les corps à descendre vers la terre, agit de même sur tous les corps, quelle que soit leur masse ; mais il n'en est pas ainsi de leur poids ; car le poids d'un corps est le produit de la pesanteur par la masse de ce corps. Ainsi, quoique la pesanteur fasse tomber également vite dans la machine du vide les corps de masse inégale, leur poids n'est cependant pas égal.

Les différens poids des corps d'un volume égal dans le vide, servent à connaître la quantité relative de matière propre et de pores qu'ils contiennent ; c'est ce qu'on appelle la *pesanteur spécifique des corps*.

Les corps abandonnés à eux-mêmes, tombent vers la terre, suivant une ligne perpendiculaire à l'horizon. Il est constant par l'expérience, que la ligne de direction des corps graves est perpendiculaire à la surface de l'eau ; or, la terre étant démontrée à-peu-près sphérique par toutes les observations géographiques et astronomiques, le point de l'horizon vers lequel les corps graves sont dirigés dans leur chute, peut toujours être considéré comme l'extrémité d'un des rayons de cette sphère. Ainsi, si la ligne selon laquelle les corps tombent vers la terre, était prolongée, elle passerait par son centre, supposé que la terre soit parfaitement sphérique. Mais la terre est un sphéroïde applati vers les poles, et alors la ligne de direction des corps graves n'étant point précisément au centre de la terre, leur lieu de tendance occupe un certain espace autour de ce centre.

Mais rapprochons-nous de l'application. On donne le nom de centre de gravité à un certain point dans le corps, où il peut être de tout côté en équilibre, lorsqu'il repose dessus, ou qu'il y est suspendu.

On a coutume de concevoir toute la pesanteur d'un corps dans ce seul centre, sans qu'il y ait aucune pesanteur dans toutes les autres parties ; soit le cube ABFECDEH (Pl. xxxix, fig. 19); qu'on conçoive une ligne tirée de A en G et une de E en D, elles se couperont réciproquement en un point, au milieu du cube : qu'on conçoive ensuite que la pesanteur de toutes les parties tombe sur ce point, le corps aura bien alors la même pesanteur qu'il avait auparavant, mais elle se placera toute dans ce point; de sorte que ce point étant soutenu ou suspendu à quelque chose, toute la pesanteur du corps sera aussi soutenue ou suspendue. Le centre de pesanteur tend par conséquent à tomber en bas en ligne perpendiculaire à l'horizon, de la même manière que toutes autres pesanteurs. Si l'on soutient ce point, ou si on l'appuie à quelque endroit de cette ligne perpendiculaire, on soutient alors tout le corps; mais dès qu'on cesse d'appuyer ce point, le corps cesse aussi dès-lors d'être soutenu, et il faut nécessairement qu'il tombe et qu'il s'affaisse d'autant plus que ce point tombe davantage en bas.

Soit le plan incliné AB, situé sur l'horizon BC; qu'on mette sur ce plan le corps S, dont le centre de pesanteur soit S, d'où, en tirant la perpendiculaire SP, on trouvera qu'elle passe par le point P du corps où il touche le plan AB, ce qui soutient de cette manière le poids du corps S, de sorte qu'il ne peut tomber en se renversant, mais seulement glisser en bas le long du plan AB. Supposons le globe R, dont le centre de pesanteur soit D, ce globe touche le plan AB au point F; mais la ligne perpendiculaire tirée de D sur l'horizon, est DG, laquelle fait voir que le globe n'est pas appuyé sur cette ligne du plan; ainsi, le corps doit culbuter vers K, et tombera de cette manière en bas en se renversant ou en roulant sur le plan.

Il en est de même à l'égard du corps T, dont le centre de pesanteur est O, duquel on tire la ligne perpendiculaire ON, qui n'est soutenue en aucun endroit par la surface; en sorte que le corps devra aussi culbuter, et tomber par conséquent de L en B tout en roulant de la même manière que le globe, mais pourtant sans glisser comme le corps S.

Il y a un centre de pesanteur dans deux corps joints l'un à l'autre, ou dans un plus grand nombre. Supposons, par exemple, une ligne droite AB, son centre de pesanteur est dans le milieu sur C; qu'il y ait aux deux extrémités deux corps de même grandeur comme A et B, leur centre de pesanteur restera en C; si ils s'avancent tous deux avec une égale vitesse vers C, ou s'ils s'éloignent de C, ce centre de pesanteur C continuera de rester en repos, ou au même endroit; mais si A et B s'approchent l'un de l'autre, ou s'ils s'éloignent avec des vitesses inégales, alors C ne restera pas en repos; car C doit rester toujours au milieu entre A et B. Soient deux corps inégaux, comme D et E, joints ensemble par la ligne DE, le centre de pesanteur sera en C, quand la distance DC est à CE, comme la pesanteur E est à celle de D : si donc on soutient cette ligne en C, les deux corps resteront en repos et en équilibre, et ils pourront même y rester toujours, et être tournés sans tomber autour du point C.

Soient les trois corps HKL, on pourra trouver le centre de pesanteur de la manière suivante : Qu'on joigne H et K par une ligne droite HK, et qu'on cherche le centre de pesanteur M, en posant M en cet endroit, que HN soient à MK comme la pesanteur de K est à H, on doit alors concevoir que toute la pesanteur de ces deux corps réside en M; en sorte qu'il ne leur en reste point de tout : qu'on tire la ligne droite ML, et qu'on la divise en C, afin que LC soit à CM comme la pesanteur en M est à L, alors C sera le centre de pesanteur de ces trois corps.

Ces remarques sur ce centre de pesanteur sont d'une grande utilité dans la mécanique, et l'application nécessaire dans la construction des voûtes. Voyez *Pont*.

Pic. s. m. Instrument de fer un peu courbé, pointu et acéré, avec un long manche de bois qui sert aux maçons terrassiers à ouvrir la terre, ou à démolir les vieux bâtimens. Les carriers s'en servent aussi pour déraciner et découvrir les pierres dont ils veulent trouver le blanc. Cet outil ne diffère de la pioche pointue, qu'en ce que le fer en est plus long, plus fort et mieux acéré.

Pierre. s. f. Substances terreuses endurcies par le temps; plus les parties qui les composent sont atténuées, et plus elles sont étroitement liées les unes aux autres. Parmi les pierres, les unes sont tendres, d'autres ont acquis une telle dureté, qu'elles ne peuvent être travaillées qu'avec l'acier.

Les pierres varient beaucoup pour la figure, la densité, la grandeur des masses, les couleurs, etc.

On peut considérer les pierres selon la nature des matières qui entrent dans leur formation; et en général, elles ne diffèrent entr'elles que par la dureté et la liaison des parties, toutes circonstances qui sont l'effet du temps et du hasard.

Les pierres acquièrent de la densité à raison de la finesse de la matière, et elles sont formées par *juxta-position*.

Il me semble que l'abondance ou la rareté des pierres sont toujours relatives à leur densité. Ainsi, la pierre franche est plus commune que le marbre, le marbre moins rare que le granit, le granit plus abondant que le porphire, et le porphire se trouve à son tour en plus grande quantité que les pierres précieuses.

Il me semble aussi que la pesanteur des pierres est toujours relative à leur densité ; de manière que pour connaître l'ancienneté relative d'une pierre, je n'ai besoin que de connaître sa pesanteur. Sa pesanteur m'indique sa densité ; sa densité, sa résistance et l'usage que j'en puis faire.

On peut donc dire des pierres comme des bois, que leur force est proportionnelle à leur pesanteur. Mais il n'en est pas de même pour le temps de la croissance ; le bois qui a crû le plus vite est le plus fort ; la pierre qui a mis le plus de temps à se former, est la meilleure, et aussi celle qui offre le plus de résistance.

Je crois qu'il serait possible de fixer, à-peu-près, par analogie, l'âge des pierres ; il est vrai que les élémens sont tellement confondus, et que la vie de l'homme est si éphémère, qu'il est difficile de rassembler des données sur lesquelles on puisse établir un système; cependant j'ai fait une expérience qui, si elle avait été suivie de quelques autres, aurait pu conduire à des vérités importantes.

J'ai pris une pierre calcaire formée dans un moulin par l'écoulement continuel des eaux au travers des fentes du plancher dudit moulin; cette concrétion pierreuse était très-dure; le bâtiment était bâti depuis quatre cents ans, et, par conséquent, ces pierres ne pouvaient avoir une formation antérieure. J'observai que les différens amas de concrétion pierreuse étaient plus ou moins dures, selon l'ancienneté de leur formation; j'ai pris un échantillon de cette pierre, la plus dure, comme étant la plus ancienne, et je l'ai taillé et réduit à un pouce cube. J'ai pris ensuite un échantillon de pierre calcaire renfermant des belemnites pétrifiées; je l'ai réduit aussi en un dé d'un pouce cube; le premier cube pesait 14 gros; le second, 21 gros. J'ai chargé le premier dé de plusieurs poids, et il s'est écrasé lorsqu'il a été chargé de 215 livres; j'ai chargé le second, et il n'a cédé qu'à la charge de près de 2,080 livres. J'ai répété plusieurs fois cette expérience, dont les résultats ont été, à très-peu près, les mêmes, et j'ai trouvé ce rapport: si une pierre qui cède à un poids de 215 livres, toute chose égale d'ailleurs, a mis quatre cents ans à se former, combien celle qui ne cède qu'à un poids de 2,080, a-t-elle mis d'années à se former ; cette proportion donne près de trois mille neuf cents ans, singulier rapprochement avec l'époque de la catastrophe, qui doit avoir donné lieu à la formation de la dernière pierre. On conçoit bien qu'on ne peut avoir là-dessus que des résultats très-incertains ; mais on pourrait faire des expériences plus étendues, qui, je crois, donneraient plus de poids à mon opinion.

Rien de plus varié que la figure des pierres. On en voit qui affectent constamment une forme régulière et déterminée, tandis que d'autres se montrent dans l'état de masses informes et sans nulle régularité ; quelques-unes, en se cassant, se partagent toujours. soit en cubes, soit en trapezoïdes, ou autres figures ; d'autres se cassent en fragmens informes et irréguliers ; quelques pierres se trouvent en masses détachées ; d'autres se présentent sous la forme de bancs ou de couches immenses ; d'autres, enfin, sont des blocs énormes et des montagnes entières. De toutes ces pierres, les unes donnent des étincelles lorsqu'elles sont frappées avec le briquet, d'autres n'en donnent pas ; quelques pierres se calcinent et perdent leur liaison par l'action du feu ; d'autres se durcissent au feu, y entrent en fusion ; il y en a qui se dissolvent dans les acides, d'autres qui n'en reçoivent aucune altération.

C'est au milieu de toutes ces variétés que l'ingénieur est obligé de choisir les pierres les plus propres à l'usage des travaux dont il est chargé.

Les pierres peuvent se diviser, selon leur essence, en cinq classes principales :

La première renferme les pierres argileuses qui durcissent au feu, et ne sont point attaquées par les acides ;

La deuxième comprend les pierres calcaires, qui se dissolvent dans les acides, et se réduisent en chaux par le moyen du feu ;

La troisième contient les pierres gypseuses ou à plâtre : elles forment le plâtre par l'action du feu, et ne se dissolvent point dans les acides ;

La quatrième contient les pierres vitrifiables, qui ne sont pas non plus attaquables par les acides ; mais on en tire des étincelles en les frappant d'un briquet ;

La cinquième renferme les pierres fusibles par elles-mêmes, au degré du feu où les précédentes ont résisté : elles ne font point de feu avec le briquet ; elles sont très-pesantes.

Nous ne devons considérer ici les pierres que dans leur rapport avec l'emploi qu'on en doit faire : je donnerai un extrait du Mémoire de M. Rondelet sur les *Pierres de taille;* on ne peut citer un auteur qui ait plus de connaissances en ce genre dans la partie de l'architecture : j'y joindrai une notice sur les différentes espèces de pierres de taille qui se trouvent en France.

Des pierres de taille.

On peut diviser l'emploi des pierres en deux classes : la première comprend les pierres dures, c'est-à-dire, celles qui ne peuvent se débiter qu'à la scie à eau et au grès, comme les marbres ; la seconde comprend les pierres tendres, c'est-à-dire, celles qui peuvent se débiter à la scie à dents, comme les pierres de Conflans et de Saint-Leu, dont on fait usage à Paris.

Les bonnes qualités des pierres, tant dures que tendres, sont d'avoir le grain fin et homogène : la texture uniforme et compacte ; de résister à l'humidité, à la gelée, et de ne pas éclater au feu, dans le cas d'incendie.

Il y a peu de pierres qui réunissent toutes ces qualités ; c'est pourquoi le premier soin d'un architecte chargé de l'exécution d'un édifice, doit être de s'assurer des qualités des différentes espèces de pierres dont on fait usage dans le pays où cet édifice doit être situé, afin de les employer chacune aux ouvrages auxquels elles sont les plus propres.

Pour y parvenir, il faut, si ce sont d'anciennes carrières, visiter les édifices construits avec les pierres qui en proviennent, examiner l'état où elles se trouvent, afin de connaître si elles résistent aux fardeaux, aux intempéries de l'air, à l'eau ou à l'humidité ; la manière dont elles sont mises en œuvre ; si elles sont sujettes à se déliter, et si elles peuvent être posées autrement que sur leurs lits de carrière.

Lorsque ce sont de nouvelles carrières que l'on exploite, il est bon d'en tirer des blocs dans toutes les saisons de l'année ; d'en exposer à l'air, à l'eau, à l'humidité, à la gelée, et même à l'action du feu.

L'expérience a fait connaître que les pierres scintillantes, c'est-à-dire qui font feu avec le briquet, résistent mieux à toutes ces épreuves que les pierres calcaires : elles sont ordinairement plus dures et plus difficiles à travailler.

Les pierres calcaires qui sont moins dures, se travaillent plus facilement ; mais elles sont moins fortes, et résistent moins aux intempéries de l'air : elles sont sujettes à éclater au feu dans le cas d'incendie.

On remarque dans les pierres de même espèce, que celles dont la couleur est moins foncée sont ordinairement plus tendres.

Les pierres dont la cassure est remplie d'aspérités et de points brillans, se travaillent plus difficilement que celles qui ont la cassure lisse et le grain uniforme.

Lorsqu'on mouille une pierre, si elle absorbe l'eau promptement, et qu'elle augmente de poids, elle est peu propre à résister à l'humidité.

Les pierres qui rendent un son plein lorsqu'on les taille, ont beaucoup de consistance.

Enfin, dans les pierres de même espèce, les plus dures et les plus fortes sont aussi les plus pesantes.

Des différentes espèces de pierres de taille qui se trouvent en France.

Dans la description que nous allons faire de ces différentes espèces de pierres, nous allons suivre l'ordre des départemens, en allant du nord au midi.

Nous avons préféré cet ordre, parce que c'est un moyen de parcourir toute l'étendue de la France d'une manière uniforme et régulière.

Dans les départemens réunis et ceux qui les avoisinent, la majeure partie des constructions est en briques. Les pierres qui s'y trouvent étant dures, leur taille devient coûteuse, et c'est pourquoi on n'en met qu'aux endroits où elles sont absolument nécessaires, par raison de solidité ou de décoration, comme pour les jambages de portes ou croisées, pour les lintaux, les appuis, les marches d'escalier, les corniches, pilastres, colonnes et autres ornemens d'architecture :

1° Les plus belles pierres se tirent dans le département de Jemmapes; elles sont d'une couleur bleuâtre; leur grain est fin; elles se taillent bien, et sont même susceptibles d'être polies ; elles résistent à l'air, à l'eau et à la gelée ; on en peut tirer des blocs assez grands pour en faire des colonnes d'une seule pièce de sept à huit mètres de haut. Les bonnes qualités de cette pierre font qu'elle est employée dans tous les départemens voisins, et qu'on en transporte jusqu'en Hollande, où elle est fort estimée. Les carrières d'où l'on tire ces pierres sont celles de Soignes, d'Arque-Sorel et Felvil ;

2° Autre pierre de même espèce, mais inférieure en qualité, de Nivelle, dans le département de la Dyle ;

3° Dans le département de la Meuse, les deux bords de ce fleuve, au-dessous de Namur jusqu'au delà de Huy, sont remplis de carrières de cette espèce de pierre bleuâtre, dont le grain est plus ou moins fin. On remarque que celles qu'on tire près de Namur s'éclatent plus facilement, et qu'il s'en trouve qui ne résistent pas à la gelée, quand on la tire dans l'arrière-saison ;

4° On trouve de cette espèce de pierre bleue dans le département du Nord, à Gassinié, près le Quesnoy ;

5° Dans le département de la Roër, près d'Aix-la-Chapelle, dans les carrières de Cornelimunster, Busbach, Hahn et Breinich ;

6° Pierre blanche des environs de Bruxelles, département de la Dyle ; c'est une espèce de grès moyennement dur, qui se taille facilement, et qui durcit beaucoup à l'air. Cette pierre s'exploite par petits quartiers, qui forment un bel appareil; elle s'unit fort bien au mortier, et a toutes les qualités désirables, même pour les ouvrages qui se construisent dans l'eau;

7° A Douai, dans le département du Nord, on fait usage d'une pierre blanche et tendre, que l'on tire de Harden;

8° Celles qu'on tire des environs d'Arras, dans le département du Pas-de-Calais, sont d'une qualité médiocre;

9° On préfère une espèce de grès à bâtir, qui se trouve en plusieurs endroits de ce département;

10° A Trèves, dans le département de la Sarre, on se sert pour la construction des édifices, de pierres blanches et rouges qui sont moyennement dures, et d'une autre qui est plus ferme, que l'on débite en dalles pour le pavé des églises et des rez-de-chaussée des maisons particulières et édifices publics;

11° La pierre de taille en usage à Coblentz, département de Rhin et Moselle, est noire, de nature volcanique, fort dure et difficile à tailler lorsqu'elle a été exposée à l'air pendant quelques jours;

12° A Mayence, département du Mont-Tonnerre, on fait usage d'une pierre bleuâtre, de même espèce que celles dont nous avons parlé;

elle est très-compacte et difficile à tailler : on ne s'en sert que pour paver ;

13º Pour la construction des édifices, on se sert de grès, dont il se trouve de trois sortes ; la première est rougeâtre et d'une dureté moyenne ; on la tire de Richterhausen sur le Mein, à 15 myriamètres de Mayence : son grain est assez fin, il se taille proprement ; il résiste à l'air, à l'eau, n'est pas sujet à se déliter ; on en peut extraire des blocs d'une grandeur considérable. On tire de ces mêmes carrières des dalles pour paver les rez-de-chaussée ;

14º La seconde espèce est blanchâtre, son grain est beaucoup plus fin ; on la réserve pour les ouvrages les plus délicats et pour la sculpture ; elle se trouve dans le département, à un myriamètre de Worms, dans un lieu appelé Vakeinheim, sur la rivière de Pfrim ; elle est d'une dureté moyenne, mais elle durcit à l'air, résiste à toutes les intempéries de l'air et à l'eau ; on en peut extraire des blocs aussi grands que de la première espèce ;

15º La troisième espèce est à gros grain ; elle se décompose à l'air ; on ne l'emploie que pour les ouvrages dans l'eau, où elle se maintient ; elle vient de Flonheim, distant de trois myriamètres de Mayence ;

16º On tire d'Allemagne une espèce de pierre calcaire ou spath pesant, dont on forme des tuyaux pour les latrines, parce qu'elle a la propriété de ne pas s'imprégner d'humidité ni d'odeur fétide. Ces pierres arrivent à Mayence par petits blocs de forme cubique, dont les côtés sont de 29 centimètres (10 pouces trois quarts), percés d'un trou rond de 20 centimètres, ou 7 pouces et demi, avec des feuillures pour s'emboîter l'un dans l'autre;

17° On fait usage à Mayence de deux espèces de tufs qui sont des productions volcaniques, venant d'une montagne près d'Andernarch, département de Rhin et Moselle. Celui qui est le moins poreux sert à faire des carreaux, dont on forme l'aire des fours de boulangers;

18° L'autre, qui est très-poreux, est presque aussi léger que la pierre ponce; on en forme des espèces de briques, dont on se sert pour faire des cloisons de séparation sur les planchers.

Cette seconde espèce de tuf pulvérisée, forme une pouzzolane, que les Hollandais appellent *trass* d'Andernach, dont on se sert avec succès, au lieu de sable ou de ciment, pour faire, avec de la chaux, un mortier qui durcit dans l'eau;

19° Dans le département du Haut-Rhin, dont le chef-lieu est Colmar, on trouve des pierres de taille plus ou moins dures, d'une médiocre qualité; c'est pourquoi on leur préfère le grès;

20° La pierre de taille que l'on emploie dans le département des Vosges, est une espèce de grès tendre, dont le meilleur se trouve proche le village de Forges, près de la route d'Epinal à Mirecourt ;

21º A quatre lieues de la ville de Saint-Diey, sur le penchant de la montagne de Bon Homme, on trouve des carrières d'une fort belle pierre. Il s'en trouve de même qualité pres de Senones ;

22° Dans le département de la Meurthe, les pierres dont on fait usage sont celles des carrières de Norroy et d'Einville ;

23° La pierre tendre se tire d'un endroit appelé *Balin*, à une demi-lieue de Nanci ;

24°. On fait aussi usage de pierre de roche ;

25° A Metz et dans le département de la Moselle, les pierres de taille dures se tirent de Jaumont et d'Amanvillier, à trois lieues de Metz : elles sont jaunâtres, d'un grain assez fin, et de bonne qualité ;

26° La pierre dure de Servigny, à quatre lieues de Metz, est bleuâtre : on s'en sert pour les marches d'escalier et les bornes ;

27° On tire encore de fort belles pierres des carrières de Longueville, à six lieues de Metz ;

28° Sur les confins des départemens de la Marne et de la Haute-Marne, entre Vitry-le-Français et Saint-Dizier, on trouve les carrières de Faremont, Chevillon et la Sablonnière, qui fournissent des pierres d'un blanc roux, et d'une dureté moyenne ;

29° On trouve encore le long de la Marne, les carrières de Mareuil, d'Ay, de Dizy et d'Epernay, qui sont à-peu-près de même nature ;

30° A deux myriamètres de Châlons-sur-Marne, dans un lieu appelé *Faloise*, on trouve une espèce de pierre tendre à gros grain, qui ne soutient pas bien les arêtes, mais qui est très-bonne dans l'eau où elle durcit, et elle ne gèle jamais ;

31° Dans le département de la Meuse, dont Bas-sur-Ornain est le chef-lieu, on trouve les carrières de pierres tendres de Brillon et de Saronnière, qui sont estimées, et dont on fait usage dans les départemens voisins, pour les ouvrages précieux d'architecture et de sculpture ;

32° La pierre que l'on tire du mont Sainte-Marie, près de la ville de Saint-Michel, est assez belle, et de bonne qualité ;

33° Les carrières de Ville-Issey, près de Commercy, fournissent des pierres coquilleuses ;

34° Dans les environs de Mezières, département des Ardennes, on trouve des carrières d'une espèce de pierre dure bleuâtre, qui ne porte que 12 à 15 pouces de hauteur de banc, ou de 32 à 40 centimètres ;

35° Dans le même département, à une lieue de Sedan, il existe, dans un lieu appelé *Saint-Mange*, une carrière de pierre de taille qui est fort belle ;

36° Dans le département de la Haute-Marne, à quatre lieues de Chaumont, on trouve sur les côteaux de Vignon, des carrières de pierres dures coquilleuses, de même qu'à Choine et à Lunouveau, situés à quatre lieues de Langres. On trouve encore des pierres remplies de coquillages à Roquigny ;

37° Les pierres de taille qui s'emploient dans le département de l'Aube, dont Troyes est le chef-lieu, viennent des départemens voisins ;

38° Dans le département de Seine et Marne, il ne se trouve que des carrières de grès, dont on se sert pour paver et pour bâtir.

Département de la Seine.

Quoique ce département soit le moins étendu en superficie, c'est cependant un de ceux où il se trouve un plus grand nombre de carrières, qui occupent presque toute son étendue. La partie méridionale de cette grande ville, et les plaines au-dehors depuis la rivière jusqu'à Meudon, renferment des carrières, dont une grande partie est déjà exploitée. Les pierres qu'on en tire sont calcaires, disposées par lits ou bancs de différentes épaisseurs et duretés. Leur couleur est généralement d'un blanc roux, tirant sur le gris, dont la teinte est plus ou moins foncée. On les distingue en cinq espèces propres à être employées comme pierres de taille, qui sont le liais, le cliquart, la roche, le banc-franc et la lambourde;

39° Le liais paraît réunir toutes les qualités des plus belles pierres; son grain est fin, sa texture compacte et uniforme; il se taille bien, et peut résister à toutes les intempéries de l'air, quand il a été tiré de la carrière dans un temps convenable; car il est sujet à geler, lorsqu'il est employé dans l'arrière saison, avant d'avoir essuyé son eau de carrière. On en peut tirer des blocs de six à sept mètres de longueur, sur deux ou trois de largeur;

L'épaisseur du vrai liais n'étant que d'environ deux décimètres ou sept à huit pouces, son usage se trouve borné à des marches d'escaliers, des cimaises, des tablettes, des balustrades, des chambranles de cheminée, et autres ouvrages qui exigent peu d'épaisseur.

Le beau liais se tirait des carrières qui étaient auprès de la barrière Saint-Jacques et derrière le clos des Chartreux; mais elles sont épuisées;

40° On a substitué au liais une espèce de bas appareil ou de cliquart, qui se trouve dans plusieurs carrières des plaines de Bagneux et de Mont-Rouge. Ce nouveau liais porte depuis 10 jusqu'à 12 pouces d'épaisseur, ou de 27 à 33 centimètres. En général, on donne le nom de liais à toutes les pierres fines de bas appareil, dont on fait usage à Paris; ainsi, il y a le liais de Meudon, de Maisons, de Saint-Cloud, de Saint-Leu, etc.

Le liais, relativement à sa qualité, est de trois espèces, qui sont le liais dur, le liais ferault et le liais tendre. Le premier est celui que l'on tire des carrières d'Arcueil, de Bagneux et des plaines de Mont-Rouge; le liais ferault est de mauvaise qualité, et extrêmement dur; le liais tendre se tire des carrières de Maisons, au-dessus de Charenton et de Saint-Cloud : on distingue ce dernier, sous le nom de *liais rose*.

Cliquart.

41° La pierre que l'on désigne actuellement sous le nom de *cliquart*, est une pierre dure, moins fine que le liais. Le cliquart qui se tire d'Arcueil, de la plaine de Bagneux et du Val-de-Meudon, porte environ 12 pouces de hauteur de banc, ou 33 centimètres. On en tire des plaines de Mont-Rouge et de Vaugirard, qui porte depuis 14 pouces jusqu'à 22, c'est-à-dire, depuis 38 jusqu'à 60 centimètres : ce dernier est rougeâtre, et a le grain moins fin.

Roches.

42° Les pierres auxquelles on donne le nom de *roches*, sont dures et coquilleuses. La plus belle et la plus pleine est celle qui se tire du fond de Bagneux : elle ne porte que 15 pouces de hauteur de banc, ou 41 centimètres;

43° La roche de la Butte-aux-Cailles, près la barrière des Gobelins, à le grain plus gros que la précédente, et elle est moins coquilleuse : elle a 24 pouces de hauteur de banc, ou 66 centimètres ;

44° La roche du fond d'Arcueil a le grain plus fin, mais elle est plus coquilleuse : elle porte 18 pouces de hauteur de banc, ou 50 centimètres environ ;

45° La roche de Châtillon est à-peu-près de même genre, et un peu plus grise : elle porte de 22 à 24 pouces de hauteur de banc, c'est-à-dire, de 60 à 66 centimètres ;

46° La roche de Passy est plus blanche, a le grain plus fin, mais elle est sujette aux fils : elle porte de 18 à 22 pouces de hauteur de banc (49 à 60 centimètres) ;

47° On tire du village de Saint-Maur une roche moins belle et de meilleure qualité, qui porte 18 pouces, ou 49 centimètres de hauteur de banc ;

48° Roche de Saint-Cloud, rousse et coquilleuse, mais de bonne qualité : elle porte depuis 18 pouces jusqu'à 2 pieds de hauteur de banc. On en peut tirer des colonnes d'une seule pièce de 5 à 6 mètres de hauteur (15 à 18 pieds), qui résistent à toutes les intempéries de l'air, quoique posées en délit, ainsi qu'on le voit par celles des façades de la cour du Louvre et des Tuileries.

Banc franc.

La pierre désignée sous ce nom est celle qui va, pour la finesse du grain et la dureté, après le cliquart.

49° La meilleure est celle d'Arcueil, qui porte environ 12 pouces d'épaisseur. Les parties inférieures de l'édifice du Panthéon français, jusqu'à 3 mètres de hauteur, sont construites de cette pierre;

50° On en tire des carrières des plaines de Bagneux et de Mont-Rouge, qui porte de 12 à 15 pouces de hauteur de banc;

51° Les pierres qu'on tire des plaines de l'Hôpital, d'Ivry et de Vitry, sont de même qualité: elles portent depuis 12 jusqu'à 18 pouces de hauteur de banc. Les plus fines sont celles qui ont le moins d'épaisseur;

52° Les pierres de Creteil, de Saint-Maur et de Charenton sont de même espèce: elles portent de 12 à 15 pouces de hauteur de banc. Les plus belles sont celles de Creteil;

53° La pierre que l'on tire de la vallée de Fécamp, sous Saint-Denis, est encore de la même espèce: elle est aussi fine, aussi pleine que les pierres des carrières de Bagneux et de Mont-Rouge, et porte la même hauteur de banc. Celle qu'on désigne sous le nom de *banc royal*, est aussi belle que le liais;

54° Il se trouve dans les plaines de l'Hôpital et du faubourg Saint-Marcel, une espèce de pierre appelée *haut banc*, dont le grain n'est pas si beau que celui du banc franc, et qui porte depuis 20 jusqu'à 24 pouces de hauteur ;

Lambourde.

La lambourde est une espèce de pierre tendre qui porte depuis 24 jusqu'à 36 pouces de hauteur, ou depuis 66 centimètres jusqu'à un mètre. Son grain est grossier.

55° La moins laide est celle qui se tire des carrières de Saint-Maur ; c'est aussi celle qui est de meilleure qualité, et dont le banc porte le plus de hauteur ;

56° La lambourde qu'on tire de Gentilly est la plus grossière ; sa hauteur de banc est de 24 à 26 pouces, ou 65 à 70 centimètres.

On parlera des autres pierres dont on fait usage à Paris, lorsqu'il s'agira de celles des départemens d'où elles se tirent.

Département de Seine et Oise.

57° Une des plus belles pierres de ce département est celle de Saint-Nom, qui est d'un blanc roux : elle se tire du parc de Versailles, où il s'en trouve de plusieurs qualités. Celle qu'on appelle *roche fine*, ressemble beaucoup, pour le grain et la couleur, à la roche de la plaine de

Bagneux : elle porte 49 centimètres, ou 18 pouces de hauteur de banc ;

58° La roche ordinaire, dont le grain est un peu moins beau, porte de 54 à 59 centimètres, ou de 20 à 22 pouces ;

59° Les pierres qu'on tire de Montesson, près de Saint-Germain, sont de trois espèces. Celle qu'on appelle *banc du diable*, est une pierre moyennement dure, à gros grain, qui porte de 49 à 65 centimètres de hauteur de banc ;

60° On tire de la même carrière une lambourde qui porte même hauteur de banc : elle est plus blanche ; son grain est grossier, et ne soutient pas l'arête ;

61° Il se trouve une autre carrière auprès de Nanterre, dont la pierre est fort blanche et d'un beau grain : elle ne porte que 24 à 27 centimètres de hauteur de banc (9 à 10 pouces). On ne l'emploie que pour les ouvrages délicats ;

62° La pierre de la chaussée se tire des carrière qui sont près de Bougival et de Saint-Germain-en-Laye : c'est une espèce de roche coquilleuse qui ressemble à celle qu'on tire des plaines de Mont-Rouge et de Châtillon : elle porte jusqu'à 20 pouces de hauteur de banc, ou 54 centimètres. Il s'en trouve qui a le grain presqu'aussi fin que le liais, mais elle est sujette aux moises, c'est-à-dire, des parties tendres dans les lits, qui obligent de réduire son épaisseur à 40 ou 54 centimètres (15 ou 20 pouces);

63° On tire de Poissy, près de Saint-Germain, une espèce de pierre calcaire appelée *roche*, qui porte environ 18 pouces ou 50 centimètres de hauteur de banc. Cette pierre est aussi belle que le liais que l'on tire du fond de Bagneux; elle est de même couleur, et a le grain aussi fin;

64° Le banc franc de Poissy a le grain plus gros et plus rude que la roche du numéro précédent; il est aussi moins dur, et porte de 18 à 20 pouces de hauteur de banc;

65° La pierre de l'Isle-Adam sur l'Oise, à huit ou neuf lieues de Paris, est une espèce de roche coquilleuse rougeâtre, qui porte environ 15 pouces ou 40 centimètres de hauteur de banc;

66° Celle qui se tire de l'abbaye du Val, dans le même pays, est d'une dureté moyenne, plus blanche: elle a le grain très-fin, et porte 22 pouces de hauteur de banc, ou 60 centimètres.

Les carrières de Saillancourt qui sont aux environs de Pontoise, contiennent quatre espèces de pierres dont on peut tirer de très-grands blocs. On en a fait usage pour le pont de Neuilly, et autres. Le grain de cette pierre est grossier, composé de parties hétérogènes, dont quelques-unes sont calcaires. Lorsqu'on verse dessus de l'acide nitrique, les parties calcaires se dissolvent en faisant une forte effervescence, et il ne reste plus qu'un tissu aride, sur lequel l'acide n'a plus de prise.

67° La première qualité, qu'on appelle *banc vert*, est extrêmement dure; sa couleur est grise, mêlée de blanc, avec des points noirs. Cette pierre n'est pas belle, mais elle est d'une bonne qualité ;

68° La seconde espèce a le grain plus gros et la couleur plus foncée ; elle est moins dure : elle porte 24 pouces ou 65 centimètres de hauteur de banc ;

69° La troisième qualité est d'une couleur rousse ; son tissu paraît aride : elle est encore moins dure que la précédente, et d'une moindre épaisseur, qui est de 18 pouces, ou 50 centimètres environ ;

70° La quatrième espèce a le grain fort gros, et ne porte que 14 pouces de hauteur de banc : c'est la moindre de toutes.

Les carrières de Conflans-Saint-Honorine, à six lieues de Paris, auprès du confluent de la Seine et de l'Oise, fournissent les plus belles pierres tendres qu'on emploie à Paris : il s'en trouve de trois espèces d'un blanc un peu roux ;

71° Le banc royal, dont le grain est le plus beau, porte depuis 4 pieds jusqu'à 7 pieds de hauteur, c'est-à-dire, depuis 13 décimètres jusqu'à 2 mètres $\frac{1}{4}$: on peut en tirer des blocs de toute grandeur. Les deux pierres qui forment les angles du fronton du Panthéon français, ont été prises dans les blocs qui avaient 3 mètres en carré, sur 2 mètres de haut, et qui pesaient environ 53 milliers, ou 24,600 kilogrammes;

72° Il se rencontre dans ce banc des parties extrêmement dures, qu'on désigne sous le nom de *Conflans-Ferré*;

73° Le banc au-dessous a le grain un peu plus gros et plus tendre : c'est celui dont on fait le plus d'usage;

74° On en trouve encore une autre espèce, appelée *lambourde de Conflans*, dont le grain est aussi fin que celui du banc royal; mais elle est beaucoup plus tendre et de moindre qualité, sujette même à se décomposer à l'eau et à l'humidité.

Pierres du département de l'Oise.

75° La plus belle est celle qu'on appelle *liais de Senlis*, qui se tire de la carrière de Saint-Nicolas : elle a le grain aussi beau que le liais de Paris, mais elle est moins dure, et sa couleur est moins foncée : elle porte depuis 12 jusqu'à 16 pouces de hauteur de banc, c'est-à-dire, de 32 à 42 centimètres;

76° La pierre dure ordinaire, dont le grain est un peu moins fin, porte de 18 à 20 pouces, c'est-à-dire, de 49 à 54 centimètres : elle ressemble, pour le grain et la couleur, à celle qu'on tire de la plaine d'Ivry près Paris.

Les carrières des environs de Compiègne fournissent des pierres à-peu-près de même espèce ;

77° Celle qui se tire de Verbery, à trois lieues de Compiègne, est aussi belle que le liais de Senlis : elle porte depuis 20 centimètres jusqu'à 65 de hauteur de banc, c'est-à-dire, de 15 à 24 pouces ;

78° La pierre qui se tire de la carrière du Roi, à une lieue de Compiègne, est moins belle, plus grise et coquilleuse : elle porte 65 centimètres de hauteur de banc (24 pouces) ;

79° Les pierres de Gamelon, à même distance de Compiègne, sont plus blanches et moins dures ; leur grain, qui est assez beau, ressemble à celui de la pierre de Passy ;

80° La pierre qui se tire dans la forêt de Compiègne, de la montagne dite *de la Princesse*, est grise, et ressemble à du grès ; son grain est assez fin, mais rude ; son épaisseur ou hauteur est de 65 centimètres, ou 24 pouces ;

81° Auprès de Beauvais, on tire des pierres dures de Mérare et de Rousselon, qui sont d'une qualité inférieure aux précédentes ;

82° On emploie aussi, comme pierre de taille, une espèce de grès.

Les pierres tendres de ce département, sont celles de Saint-Leu, de Trossy, de Vergelée et de Beauvais ;

83° Les plus estimées sont celles de Trossy ;

il s'en trouve d'aussi belles que les Conflans ;

84° La pierre de Saint-Leu est d'une qualité inférieure ; son grain est plus gros, et sa texture inégale ; il s'en trouve depuis 65 centimètres de hauteur de banc jusqu'à un mètre ;

85° La pierre de Vergelée est de deux espèces ; l'une plus dure est d'une bonne qualité, quoique grossière, résistant bien à l'air et à l'eau ;

86° L'autre, presqu'aussi tendre que le Saint-Leu, et portant même hauteur d'assise, mais d'un grain plus gros ;

87° Dans le département de l'Aisne, on trouve la pierre de Soissons, de Crony et de Saint-Pierre-d'Aigle ;

88° La pierre de Saint-Pierre-d'Aigle ressemble à celle de Senlis, mais elle est coquilleuse : elle porte 49 centimètres de hauteur de banc ;

89° La pierre de Crony est moins dure et plus blanche ; son banc porte jusqu'à 84 centimètres de haut, ou 30 pouces : elle ressemble à celle qui se tire de Gamelon près de Compiègne ; son grain est cependant un peu plus rude ;

90° Dans le département de l'Eure, on trouve la pierre dure de Vernon, qui est d'une très-belle qualité, d'un grain fin et compacte, comme le beau liais auquel elle ressemble ; sa couleur est un peu plus grise. Cette pierre porte depuis 65 centimètres de hauteur de banc jusqu'à un mètre, ou de 24 à 36 pouces ;

91° A Evreux, on fait usage de la pierre dure de Louviers, qui est d'une bonne qualité;

92° Et d'une pierre tendre qu'on tire de Beaumont-le-Roger.

Les principales pierres du département de la Seine-Inférieure sont celles de Caumont, à cinq lieues au-dessous de Rouen, dont il se trouve de cinq espèces, qui sont:

93° Le bas appareil;

94° Le gros liais;

95° Le banc franc;

96° Le libage;

97° Et la bize.

Ces pierres sont séparées dans la carrière par des couches de silex;

98° Dans le département du Calvados, on fait usage d'une pierre coquilleuse, qui est d'une assez bonne qualité.

On emploie cette même pierre dans le département de la Manche;

99° A Quimper, dans le département du Finistère, on fait usage d'une espèce de pierre de taille dure et quartzeuse, qui se tire de Penacreach;

100° De Querhouenec;

101° En Deporsmoulic, aux environs de Quimper, il s'en trouve de différentes nuances, dont le grain est plus ou moins fin. On peut en tirer des blocs de toutes grandeurs;

102° Dans le département du Morbihan, on trouve la pierre de Burgo près de Grandchamp, à trois lieues de Vannes, dont le grain est beau : elle est d'une dureté moyenne ;

103° La pierre de Kiboular, qui se tire à deux lieues de Vannes, a le grain plus dur ;

104° La pierre dure qui se tire d'Arradon, près la côte, a le grain fin ;

105° Les pierres de Besso, qui se tirent à deux lieues Dinan, département des Côtes-du-Nord, sont pleines de coquillages ;

106° La pierre de taille dont on fait usage à Rennes, dans le département d'Ille et Vilaine, est une espèce de granite qu'on appelle *pierre de grain*; il est gris, et susceptible de poli ;

107° On tire de Fontenai, à deux lieues de Rennes, une pierre qui est très-belle ;

108° Il y en a une autre espèce, qu'on nomme *grison* ou *roussière* ;

109° Pierre de Sacé, qui se tire à trois lieues de Laval, département de la Mayenne; c'est une espèce de granite d'un gris bleuâtre, tacheté de blanc ;

110° Dans le département de l'Orne, la pierre dure est aussi une espèce de granite : il s'y trouve de la pierre tendre qui est blanche, et qui se tire des carrières de Vilaine, près d'Alençon;

111° Pierre d'Ecomois, à cinq lieues du Mans, département de la Sarthe : c'est une pierre bleuâtre, qui est fort belle, et de bonne qualité ; son grain est fin et compacte ;

112° On fait aussi usage pour bâtir, de grès dont le grain est très-fin, et qui se taille bien ;

113° Pierre de Berchères, à deux lieues et demi de Chartres, sur la route d'Orléans, département d'Eure et Loire ;

114° Dans le département de Loir et Cher, à deux lieues au-dessous de Vendôme, près du village de Thoré, de l'autre côté de la rivière du Loir, on trouve une carrière coupée perpendiculairement, qui n'a pas été exploitée ; on y voit onze couches ou bancs de pierre, faisant ensemble 10 mètres 40 centimètres, ou 32 pieds ;

115° On se sert à Blois d'une pierre très-dure, qui est d'une bonne qualité, mais qui n'est pas susceptible d'être taillée proprement ;

116° Pierre tendre de Saint-Aignan, qui est fort belle, dont le grain est fin et serré : elle est d'un blanc roux ;

117° Pierre de Bouré, près de Montrichard, ressemble à celle de Saint-Aignan ; elle est plus tendre et plus légère que la précédente ;

118° Dans le département du Loiret, on trouve les carrières des Murds, près Saint-Memin ;

119° De Lignerolles ;

120° Des Crottes ;

121° De Briare ;

122° De Bonny;

123° De Beaugency;

124° La pierre de Tonnerre, dans le département de l'Yonne, est une des plus belles pierres tendres connues; son grain est extrêmement fin et compacte: elle porte depuis 43 jusqu'à 49 centimètres, ou depuis 16 jusqu'à 18 pouces. Cette pierre, qui est d'un beau blanc, est réservée pour la sculpture et les ouvrages précieux d'architecture.

Dans le département de la Côte-d'Or, on fait usage de deux espèces de pierres dures calcaires qui se travaillent bien, et sont même susceptibles du poli;

125° Celle appelée *banc franc*, est susceptible de geler, lorsqu'elle est employée dans l'arrière-saison, avant d'avoir essuyé son eau de carrière;

126° Les pierres des environs de Salins et de Lons-le-Saulnier, département du Jura, paraissent composées de détrimens de coquilles;

127° Pierre dure de Colombe, près de Vesoul, département de Haute-Saône: cette pierre, qui est calcaire, se taille bien, et peut recevoir le poli;

128° Les pierres dont on fait usage dans le département de Saône et Loire, sont blanches et rougeâtres; ces dernières sont les plus dures: elles se tirent des environs de Tournus;

129° Les blanches sont d'une dureté moyenne;

130° Les pierres de Givry, auprès de Châlons-sur-Saône, sont de même nature, mais d'une qualité inférieure : la rouge est la plus dure ;

131° La blanche est d'une dureté moyenne ;

132° La pierre dure des environs de Nevers, dans le département de la Nièvre, est d'une bonne qualité, mais elle est sujette à des veines bleues qui n'ont pas de consistance : sa dureté augmente à l'air, où elle se maintient bien, lorsqu'on a la précaution de ne l'employer qu'après qu'elle a essuyé son eau de carrière ;

133° Les pierres qu'on tire près de la ville de Bourges, département du Cher, ressemblent à celles d'Arcueil, près Paris ;

134° On trouve dans le bois de Boulaise, département de l'Indre, à trois lieues de la Châtre, une espèce de pierre de taille fort dure, dont le grain est fin ;

135° Dans le village de Sarvigné, on tire une espèce de pierre qui résiste au feu le plus violent. On s'en sert pour faire des fourneaux de forges et de verreries : sa nature paraît être un grès cristallisé ;

136° Pierre de taille tendre et calcaire qui se tire des carrières d'Ambrault, à quatre lieues de Châteauroux, assez belle, mais sujette à la gelée ;

137° Pierre dure d'Athé, à trois lieues de Tours, département d'Indre et Loire : elle est coquilleuse et persillée ;

138° La pierre de Sainte-Maure, à onze lieues de Tours, est assez belle et moyennement dure; elle a le grain fin et compacte, se taille proprement, et soutient bien ses arêtes;

139° La pierre de Chinon a un grain moyennement gros et rude, mêlé de coquillages.

Dans le département de la Mayenne et Loire, on trouve les carrières de Fourneux et de Champigny, à deux lieues de Saumur;

140° La pierre de Fourneux est d'un gris roussâtre, coquilleuse, est très-dure;

141° Celle de Champigny est de même qualité, mais plus coquilleuse;

142° La pierre de Roirie, près Durtal, est d'une couleur jaunâtre, d'une dureté moyenne, se taille bien, et soutient ses arêtes; mais elle est sujette à s'exfolier lorsqu'on la délite;

143° On fait usage, en plusieurs endroits de ce département, pour les marches d'escalier, les bornes et le pavé, d'un grès qu'on tire de Soncelles;

144° On tire des environs de Nantes, département de la Loire-Inférieure, une pierre très-dure appelée *roussin*: elle est d'un gris foncé;

145° Dans le département de la Vendée, on trouve, à une lieue de Fontenai-le-Peuple, une pierre roussâtre, pesante et sonore, qui résiste à toutes les intempéries de l'air, excellente pour les grandes constructions;

146° Et une autre pierre blanche moins dure, pour les constructions ordinaires ; mais elle est sujette à geler, quand on l'emploie trop verte ;

147° On trouve dans les environs de Niort, département des Deux-Sèvres, une pierre de même couleur et de même qualité que la précédente, sujette aussi à la gelée ;

148° Et une pierre rousse, moins tendre, d'une bonne qualité, qui ne se gèle point, et qu'on emploie pour les soubassemens, les marches d'escalier et pour le pavé ;

149° Les carrières de Bonnillet, près de Poitiers, dans le département de la Vienne, fournissent de belles pierres blanches et calcaires ; mais il faut choisir les bancs ;

150° Et une autre espèce de pierre tendre, appelée *louchard;*

151° Dans le département de la Haute-Vienne, la pierre de taille est une espèce de granite qui se tire des montagnes de Grammont, à quatre lieues de Limoges. Il y en a de deux espèces ; l'une a le grain fin et serré, susceptible d'être taillé proprement et à vives arêtes. Le plus beau vient des carrières de Fanel ;

152° L'autre espèce, qui a le grain plus gros, ne soutient pas les arêtes ;

153° On se sert pour bâtir, dans plusieurs endroits du département de la Creuse, d'un granite bâtard qui se fend et se débite comme le grès ;

154° A Moulins, dans le département de l'Allier, la pierre de taille dont on fait usage est une espèce de grès facile à tailler, dont les carrières ne sont éloignées de Moulins que d'une lieue environ ;

155° A Clermont-Ferrand, chef-lieu du département du Puy-de-Dôme, on se sert d'une pierre de taille qui se tire de Volvic, à quatre lieues de Clermont ; c'est un produit de volcan, d'un gris blanc, qui est très-dur et très-solide.

Dans le département de la Loire, la pierre de taille est une espèce de marbre bâtard qui est difficile à tailler.

Les pierres de taille qui se trouvent dans le département du Rhône, sont les pierres ;

156° D'Anse ;

157° De Lucenay ;

158° De Pomiers, qui sont à-peu-près de même qualité ; elles sont d'un blanc roux, d'une dureté moyenne, et d'un beau grain. La plus belle est celle de Pomiers ; elle est pleine et sonore. La plupart des anciennes églises de Lyon sont construites avec cette espèce de pierre. On en fait des chambranles de cheminées ;

159° La pierre de Chessy est d'un blanc jaunâtre, dont le grain est aussi fin que celui des précédentes ;

160° On tire des environs de Saint-Fortunat, au pied du Mont-d'Or, à trois lieues de Lyon, une espèce de pierre très-dure et coquilleuse, avec des veines rouges et bleuâtres, dont on fait des plafonds, des jambages de portes, des parpains, des murs d'échiffre et des marches d'escaliers : elle peut se poser en délit.

La pierre de Saint-Cyr, dans le même pays, est d'un jaune rouge; elle est moins belle et moins forte que la précédente, on ne l'emploie que dans les bâtimens ordinaires construits en moellons. Les carrières d'où l'on tire cette espèce de pierre sont à bouche : on y remarque quatre masses de pierre, distinguées par leurs couleurs et leurs qualités;

161° La première, qui a dix pieds d'épaisseur, est souci foncé; ne s'emploie que comme moellons, et les autres comme pierres de taille;

162° La deuxième, qui a sept pieds d'épaisseur, fournit une pierre dont le grain est plus fin et la couleur plus foncée;

163° La troisième, qui a dix-huit pieds d'épaisseur, fournit une pierre dont la couleur tire sur le rouge;

164° La quatrième, ne diffère de la troisième que par la teinte qui est un peu plus rousse, et parce qu'elle est remplie de coquillages;

165° Les carrières de Couson, qui sont à peu de distance des précédentes, fournissent des pierres jaunes de deux qualités. L'une s'emploie comme pierre de taille pour les jambages de portes, croisées, chambranles de cheminées et encoignures des murs en moellons.

L'autre, qui est remplie de geodes et de veines de silex, se débite en moellons ;

166° Dans le département de l'Ain, il y a des carrières de pierres dures d'une excellente qualité, connues sous le nom de *pierres de Choin;* on en fait beaucoup d'usage à Lyon, sur-tout de celle qui se tire de Villebois, qui en est éloigné de douze lieues. Cette pierre est d'une couleur grise ; son grain est fin, homogène et compacte ; elle résiste bien au fardeau et à toutes les intempéries de l'air : elle a une si forte consistance, qu'on en forme des lintaux de portes d'une seule pièce, des limons d'escaliers, et des plafonds de 5 ou 6 mètres de longueur, qui ne sont soutenus que par leurs extrémités ;

167° Le choin de Fay a les mêmes qualités que le précédent ; il a le grain plus fin, il est d'une couleur moins foncée, et susceptible d'un aussi beau poli que le marbre. On en peut tirer des blocs d'une grandeur considérable, et d'un mètre d'épaisseur ; mais il est sujet à se déliter quand il n'est pas bien choisi, et il s'y trouve des cristallisations qui le rendent difficile à travailler.

Dans plusieurs autres endroits de ce département, il se trouve des pierres de taille d'une dureté moyenne, et des pierres tendres dont on fait usage pour les constructions ordinaires ;

168° A Genève, dans le département du lac Leman, la pierre de taille dont on se sert pour bâtir, est une espèce de roche calcaire qui est d'une très-bonne qualité;

169° Il s'y trouve aussi du grès;

170° Et une espèce de pierre sableuse, appelée *mollasse*;

171° A Chambéry, département du Mont-Blanc, on fait usage de pierres de même nature que celles dont on se sert à Genève, c'est-à-dire, de roche calcaire, de grès et de mollasse;

172° A Grenoble, dans le département de l'Isère, on emploie pour bâtir la pierre dure de Fontanil, dont les carrières sont à environ deux lieues de la ville. Cette pierre, qui est d'un gris tirant sur le bleu, se taille proprement; mais elle est sujette à se décomposer quand elle n'a pas été bien choisie et ébouzinée;

173° La pierre de Sassenage, qui est d'un blanc roux, est de très-bonne qualité, se travaille bien; mais on ne peut s'en procurer que des blocs d'une grandeur médiocre;

174° Il se trouve un rocher auprès d'une des portes de la ville de Grenoble, dont on tire des pierres d'une grandeur considérable, qu'on emploie pour les rez-de-chaussée;

175° On fait aussi usage d'une espèce de grès tendre, appelée *mollasse*, que l'on tire de Vorrèpe, à trois lieues de Grenoble : on l'emploie principalement pour les jambages des portes et croisées ;

176° A Gap, dans le département des Hautes-Alpes, la pierre de taille est une espèce de marbre d'un gris noir, facile à tailler ;

177° Dans les départemens du Var et des Alpes-Maritimes, on trouve une espèce de pierre dure grise, qui est d'une fort bonne qualité ;

178° Et une espèce de pierre blanche d'un bleu grisâtre, qui est calcaire, dont on peut tirer des blocs d'un mètre de hauteur de banc sur autant de largeur, et un mètre et demi de longueur ;

179° Dans le département des Bouches-du-Rhône, il y a deux espèces de pierres dures calcaires ; l'une désignée sous le nom de *pierre froide*, se tire de Gassis, près d'Aix ;

180° L'autre, plus fine, est appelée pierre de *Callisanne;*

181° Une autre espèce moins dure, dite de *Saint-Leu d'Arles;*

182° Et la pierre tendre de la Couronne ;

183° A Avignon, dans le département de Vaucluse, il y a une espèce de pierre moyennement dure, d'un blanc roux, qui est d'une très-belle qualité, dont on fait usage pour les beaux ouvrages d'architecture et pour la sculpture.

Il se trouve dans le département du Gard plusieurs espèces de pierres, qui sont toutes d'une bonne qualité ;

184° La pierre qu'on tire sur le chemin de Nîmes à Alais, est très-dure ; elle ne se taille qu'à la pointe, mais elle est belle et susceptible du poli ;

185° Les Arènes de Nîmes ont été construites avec la pierre de Barutel, dont les carrières sont à une lieue de la ville ;

186° On fait encore usage de cette pierre, ainsi que de celle appelée *Roque-Maillères*, pour les escaliers. Cette dernière est moins dure, et résiste à la gelée ;

187° Ce beau temple antique, connu sous le nom de *maison carrée de Nîmes*, est construit avec de la pierre de Lens, situé sur le chemin de Russau, à environ trois lieues de Nîmes ; c'est une fort belle pierre, qui résiste bien à toutes les intempéries : elle est d'un gris blanc ;

188° La pierre tendre de Beaucaire est d'un gris blanc ; elle durcit à l'air, conserve son poli : elle est belle, et propre pour les moulures et autres ornemens d'architecture ;

189° On tire du même endroit, une pierre jaunâtre un peu dure ;

190° Une autre grisâtre de même qualité ;

191° Les pierres de Roque-Partide sont de meilleure qualité que les précédentes, et résistent mieux aux injures de l'air. Les carrières de ces dernières sont à quatre lieues de Nîmes ;

192° On trouve encore dans ce département,

les pierres de Mus ou d'Aigevives, qui sont d'un gris très-bleu, et remplies de coquillages. Ces pierres ont la propriété de résister au feu, et craignent l'humidité; elles se tirent à quatre ou cinq lieues de Nîmes;

193° Dans le département de l'Ardèche, à Privas, on fait usage de grès qui se taille facilement;

194° Et d'une pierre calcaire qu'on tire de Charnarac, qui approche de la beauté du marbre;

195° La pierre dure de Crussol, sur la rive droite du Rhône, est aussi très-belle, et susceptible du poli;

196° Dans le département de la Drôme, à Valence et aux environs, on emploie la pierre de mollasse de Château-Neuf d'Isère, qui se taille facilement, et durcit à l'air: on en fait les jambages des portes et croisées, et les âtres de cheminées;

197° La plus dure, qu'on nomme *rachat*, sert à faire des dalles, dont on pave les rez-de-chaussée;

198° Pierre blanche de Cambouin, calcaire, et d'une belle qualité; elle a l'apparence du marbre, et elle est susceptible du poli. On la réserve pour les ouvrages précieux d'architecture et de sculpture;

199° Dans le département de la Haute-Loire, qui a pour chef-lieu le Puy, la pierre de taille dont on fait usage est de grès. On en distingue de deux espèces, l'un gris blanc à gros grains, qui ne soutient pas ses arêtes;

200° L'autre, qui est bleuâtre, a le grain très-fin et très-dur, susceptible d'être poli;

201° Une autre pierre de taille, qui est une espèce de poudingue volcanique, qui se tire du Mont-d'Anis, elle a la propriété de résister au feu;

202° Dans le département de la Lozère, dont Mende est le chef-lieu, la pierre de taille que l'on emploie est extrêmement dure;

203° La pierre de taille dont on fait usage à Aurillac, chef-lieu du département du Cantal, est une espèce de basalte qu'on trouve dans les montagnes qui entourent cette ville. On le débite en morceaux d'environ un mètre, ou 3 pieds de longueur, sur 30 centimètres (11 pouces) de largeur, et 21 centimètres (8 pouces) d'épaisseur. Cette pierre est d'une dureté moyenne; sa couleur n'est pas agréable;

204° Il se trouve aussi une pierre calcaire; mais, outre qu'elle est difficile à tailler, elle n'est pas d'une bonne qualité;

205° Pierre de taille blanche, qui se tire à deux lieues de Tulle, département de la Corrèze. Cette pierre, qui est fort dure, est un schiste granité qui se travaille bien;

206° Il y en a une autre espèce, qui est un schiste noir fort dur;

PIE

207° A Périgueux, département de la Dordogne, on se sert d'une pierre dure calcaire, qui est d'une fort bonne qualité.

A Angoulême, dans le département de la Charente, on emploie de la pierre tendre calcaire, qui durcit à l'air en peu de temps;

208° Il y en a de deux sortes; celles qu'on tire des carrières de Larche sont moyennement dures;

209° Celle des carrières du Lion sont plus tendres.

Dans le département de la Charente-Inférieure, les carrières qui sont aux environs de Saintes, fournissent de fort belles pierres, sur-tout celles de Saint-Vivien, qui sont composées de cinq bancs;

210° Le premier est d'une pierre douce et tendre;

211° Le second est formé d'une pierre dure et raboteuse;

212° Le troisième, qu'on appelle *brodé*, est rempli de cailloux et de coquilles;

213° Le quatrième est mélangé;

214° Et le cinquième, qu'on appelle *rapin*, est de peu d'usage;

215° Près de l'église de Saint-Eutrope-les-Saintes, est une semblable carrière, dont les pierres sont remplies de pétrifications;

216° La pierre de Saint-Vaizé est la meilleure

et la plus belle de ce département, celle qui résiste le mieux à la gelée. Les carrières sont au bord de la Charente, à une lieue de Saintes ;

217° et 218° Les pierres blanches de Bresane et de Saint-Sorlain, qui se tirent à deux lieues de Saintes, de l'autre côté de la Charente, sont très-belles, ont le grain très-fin, et peuvent être employées pour les ouvrages les plus délicats de l'architecture et de la sculpture ;

219° On trouve encore des pierres blanches d'un grain très-fin, à Saint-Savinien, près de Taillebourg, à trois lieues de Saintes ;

220° Dans le village de Saint-Même, qui en est à sept ;

221° Et dans celui de Retos, qui n'en est qu'à deux ;

222° Dans le village d'Arcicos, on trouve une espèce de pierre singulière, dont les pores s'ouvrent au soleil et se ferment à l'humidité.

Les pierres qu'on emploie le plus ordinairement à Bordeaux, département de la Gironde, se tirent des bords de la Garonne, en la remontant depuis environ quatre lieues, jusqu'à dix ;

223° Les carrières les plus proches sont celles de Langoiran ;

224° Au-dessus sont celles de Rions ;

225° Celles de Cerons ;

226° Celles de Condillac, dont la pierre est un peu fière ;

227° De Barsac, qui est de bonne qualité;

228° Et de Saint-Macaire, qui sont les plus éloignées.

Ces pierres se débitent en petits blocs, et se conduisent par eau jusqu'à Bordeaux ; mais on en peut faire débiter exprès d'un plus grand échantillon ;

229° Les pierres dures qu'on tire de St.-Michel, sur la Dordogne, sont propres à faire des marches d'escaliers ;

230° Celle qu'on tire de Rausans est plus belle et d'une aussi bonne qualité. C'est de ces deux dernières espèces de pierres dures qu'on s'est servi pour la construction du grand théâtre de Bordeaux ;

231° La pierre de Bourg, auprès du Bec-d'Ambez, est d'une dureté moyenne ;

232° Les pierres tendres sont celles qui se tirent des carrières de Roque-du-Tau, Combes et Baurech. On les distingue sous le nom de *petite roque* et de *grande roque ;*

233° La grande roque est moins tendre : on en fait usage pour les murs de refend ;

234° Les pierres de taille qui se trouvent dans le département de Lot et Garonne sont d'une dureté moyenne ;

235° Dans le département du Lot, la pierre de taille est très-dure, et sujette à la gelée, lorsqu'elle n'est pas bien choisie ;

236° Il s'en trouve de blanches moins dures; la plus belle est celle qui se tire de Fumel, dont on fait des chambranles de cheminées qu'on envoie à Bordeaux;

237° Il y a une autre espèce de pierre roussâtre plus commune, qui se trouve par assises.

Dans le département du Gers, dont Auch est le chef-lieu, on se sert de deux espèces de pierres de taille;

238° L'une grise est de la nature du tuf;

239° L'autre, qui est tendre, est calcaire.

Les pierres de taille dont on se sert dans le département de Haute-Garonne, et sur-tout à Toulouse, viennent du département de l'Aude;

240° Aux environs de Carcassonne, dans le département de l'Aude, on trouve deux espèces de pierres dures, une qui paraît être de la nature du grès;

241° L'autre qui vient de Roquefort, est de trois qualités différentes : la première, qui est blanche, est la plus dure;

242° La deuxième est d'un gris bleuâtre;

243° La troisième est la plus belle; son grain est très-fin : on la réserve pour les beaux ouvrages d'architecture et de sculpture.

Dans le département de l'Hérault, dont le chef-lieu est Montpellier, on trouve deux espèces de pierre dure;

244° L'une, qui est grise et blanche, se tire de

Vandargue, à environ deux lieues de Montpellier;

245° L'autre, qui est d'un gris roux, vient de Saint-Jean-de-Véda; elle est un peu coquilleuse;

246° La pierre qu'on tire des carrières de Pignan, est une espèce de grès qui se débite en morceaux de peu d'épaisseur;

247° On tire des environs du port de Cette une autre espèce de pierre dure, dont le grain est fin et bien lié, fort belle, et susceptible d'être polie, qui résiste à l'eau, à la gelée, et à toutes les intempéries de l'air;

248° La pierre de Rocaule, qui se tire près d'Agde, est bonne pour les ouvrages qui se construisent dans l'eau : c'est une espèce de lave d'un gris cendré;

249° Les pierres tendres se tirent des carrières de Saint-Genies et de Castries;

250° On tire aussi des carrières de Bresine et de Nissan, près de Beziers, des pierres tendres;

251° Dans le département des Pyrenées orientales, il se trouve des pierres moyennement dures et poreuses, qui se tirent des carrières de Las-Fons et de Baicas, à trois lieues de Perpignan : elles sont difficiles à tailler, mais elles sont de bonne qualité, et résistent à toutes les intempéries de l'air. On s'en sert pour faire les jambages de portes et croisées, et les encoignures;

252° A Foix, dans le département de l'Arriège, la pierre de taille dont on se sert est une espèce de grès de couleur grise, qui se tire de Marseillon;

253° A Tarbes, dans le département des Hautes-Pyrénées, on emploie pour pierre de taille, des marbres qu'on tire des carrières de Lourdes, qui sont blancs et gris veiné de noir, de bonne qualité, et susceptibles d'un beau poli;

254° Dans le département des Basses-Pyrénées, dont le chef-lieu est Pau, on fait usage des pierres dures qu'on tire de Box-d'Arros et de Gan;

255° On y trouve des pierres tendres; mais elles sont de mauvaise qualité, et sujettes à geler. On ne peut en faire usage qu'à l'intérieur.

Je terminerai cet article par la description de la machine inventée par Perronet, pour produire de grandes pressions, et connaître la résistance absolue des pierres, des bois et des métaux employés dans les grandes constructions.

Cette machine étant fort simple, peut être employée dans tous les cas où l'on a de très-grandes pressions à produire, puisque le *maximum* du poids total peut être porté jusqu'à trente-neuf milliers. Elle consiste en un levier ou barre de fer AA, dont une des extrémités B ne peut tourner qu'autour d'un axe fixé à un très-fort montant en fer C, invariablement scellé dans un massif de maçonnerie, sous le carreau et au mur vertical, contre lequel tout le système de la machine est adossé. (Pl. LIII.)

La barre qui forme le levier est composée de deux parties, dont une mobile sur l'autre dans le sens de sa longueur, permet d'allonger ou de raccourcir le bras du levier : elles portent l'une et l'autre des traits de divisions qui servent à mesurer l'allongement ou la diminution du bras du levier, et sont liées par deux étriers en fer DD : on fait action sur ce levier, lorsqu'une pièce quelconque est mise en expérience, au moyen de poids posés avec précaution et sans secousses, sur un fort plateau de bois E, qui est suspendu par quatre cordes, et un fort anneau de fer placé dans un échancrure F faite exprès à l'extrémité du bras du levier supposé à-peu-près horizontal.

Lorsqu'on veut se servir de cette machine pour produire de grandes pressions, on place d'abord l'objet à comprimer sur le sommier en bois de chêne N qui sert de base à toute la machine, et ensuite sous le centre du mouton, ou masse de fer G, au moyen de celles de bois et de fer de différentes épaisseurs. Ce mouton, qui a la forme d'un parallélepipède rectangle, surmonté d'un prisme triangulaire, dont les arêtes sont horizontales et perpendiculaires à la longueur du levier ; ce mouton est mobile, seulement dans le sens de sa hauteur, de manière à pouvoir transmettre la pression qu'il reçoit du levier à l'objet mis en expérience. Lorsqu'il n'y a pas d'objet mis sous le mouton, un petit boulon de fer le traverse dans son milieu, et l'empêche de tomber.

Connaissant le poids du mouton, celui du levier et du plateau, et la distance du point d'application de ce poids au centre de pression et à celui de rotation, on calculera la mesure du premier effort produit par les élémens de la machine elle-même ; considérant ensuite le poids mis dans le plateau, en multipliant ce poids par le rapport des distances du point de suspension du plateau et du centre de pression à l'axe de rotation du levier, on aura la mesure du deuxième effort produit par la charge employée. La somme de ces deux efforts donnera l'expression de la pression communiquée à l'objet dont on veut connaître la résistance. Cette résistance aura pour limite la charge sous laquelle il s'écrase ou change sensiblement de forme. La même machine peut encore servir à faire connaître la résistance que les corps opposent à la flexion. Pour cela, on y a adapté une espèce d'échafaud en fer H, très-solide, et destiné à supporter horizontalement le corps par ses extrémités, au moyen de traverses en fer I, droites ou courbées, qu'on pose dessus : le mouton porte alors sur le milieu de la longueur de la pièce mise en expérience.

On a fait différens changemens à cette machine. Je ne les rapporte pas, parce que chaque ingénieur peut de lui-même faire ceux qu'il jugera convenables, et que l'usage seul de la machine peut lui indiquer.

Pieu. s. m. Pièce de bois pointue et ferrée, enfoncée en terre au refus du mouton, pour former les palées des ponts de bois, les crêches des piles et culées des ponts et des murs de quai, les files de pieux qui retiennent les terres, les digues et les batardeaux. La différence du pieu au pilot, est que le pieu n'est pas enfoncé tout-à-fait en terre comme le pilot, et que ce qui en reste en dehors, est ordinairement équarri et recouvert d'un chapeau.

Je vais renfermer dans cet article tout ce qui concerne les pieux, pilots et pilotis, et je crois ne pouvoir mieux faire que de rapporter l'article entier du mémoire de M. Perronet.

Un pieu destiné à être exposé à l'eau et à l'injure du temps, doit être formé de la pièce la plus forte que l'on puisse tirer d'un arbre, et ce sera l'arbre même, s'il est d'un droit fil et sain : tout équarrissage trancherait les fibres, et tronquerait par segmens les corps ligneux, annulaires, dont la contexture, plus serrée que des insertions qui se trouvent de l'un à l'autre de ces corps ligneux, pourra mieux résister : ces corps ligneux étant conservés en leur entier, on doit se contenter d'abattre les nodosités, d'équarrir et former en pointe pyramidale le bout destiné à la fiche. Quelquefois on ne fait que durcir le pieu au feu, quand il est destiné pour un terrein qui n'est pas ferme ; mais ce moyen est reconnu insuffisant. Le pieu doit être armé d'une lardoire ou sabot de fer à trois ou quatre branches ; on équarrit aussi le bout vers la tête, lorsqu'il est trop gros, et qu'il pourrait excéder la largeur des sommiers que l'on pose et assemble horizontalement à tenons et mortaises sur la tête des pieux.

On a le même intérêt à conserver les bois dans toute leur force pour les pilots ; ils doivent pour cet effet être également ronds, de droit fil et sans nœuds excédans.

La grosseur des pieux dépend donc de celle des arbres que l'on peut employer : l'on se propose communément de leur donner environ 10 pouces de grosseur mesurés au milieu de leur longueur de 15 et 18 pieds, et 2 pouces de plus pour chaque toise excédant cette première longueur. Ainsi, un pieu de 33 à 36 pieds, par exemple, devrait avoir environ 16 pouces de grosseur réduite sans écorce. *Voyez* article *Bois*.

Il n'est pas nécessaire que les pilots d'une certaine longueur aient leur grosseur en proportion de celle des pieux : les premiers étant presque toujours enfoncés entièrement dans le terrein, sont moins exposés à plier sous le fardeau, et à être usés par le frottement de l'eau et des corps qu'elle charie ; on doit, pour cette raison, choisir les arbres les plus jeunes et les plus menus.

Il suffit que ces pilots aient environ 9 pouces de grosseur, jusqu'à 10 et 12 pieds de long, et un pouce de plus pour chaque toise excédant cette première longueur. Ainsi, un pilot de 28 à 30 pieds aurait un pied de grosseur réduite, mesurée aussi sans l'écorce; ce qui donnerait à-peu-près 10 pouces à la pointe, et 14 à la tête.

Lorsqu'on n'a point des arbres assez longs, ou que les pieux et pilots, ayant pris plus de fiches qu'on ne croyait, se trouvent trop courts, on peut les enter et les assembler exactement en X sur deux à trois pieds de longueur, après quoi on doit les lier fermement avec deux fretes de fer, observant, pour les pieux, de disposer ces entes de façon qu'elles puissent être recouvertes par les moises qui les doivent embrasser, et en liaison alternativement de l'une à l'autre moise.

On trouve dans le *Traité de Charpenterie* de Mathurin Jousse, que les pilotis doivent être équarris; on donne à ceux de 12 pieds, 10 à 12 pouces de grosseur, et à ceux de 30 pieds, 16 à 21 pouces, au lieu de 9 pouces, et de 12 réduits de grosseur, que l'on a proposés ci-devant, et qui suffisent, d'après ce qui se pratique avec succès sur les plus grands travaux, pour ces différentes longueurs.

Mathurin Jousse, en proposant d'équarrir les pilots et de donner des dimensions inégales pour leur grosseur, avait suivi ce qui se pratique pour les bâtimens, où cela est nécessaire, et où il convient de donner plus de hauteur que de largeur aux pièces que l'on pose horizontalement : c'est ce que M. Parent a fait aussi connaître dans les *Mémoires de l'Académie des sciences* de 1708, où il est démontré que la pièce la plus forte que l'on puisse tirer d'un arbre, pour porter, étant placée dans ce sens, doit être telle que le carré de l'un de ses côtés soit double de celui de l'autre côté ; ce qui revient à-peu-près au rapport de 7 à 5.

Il n'en est pas de même pour les pieux qui sont destinés à porter de bout, quant à l'équarrissement et à l'inégalité de leurs côtés.

Ces réflexions ne doivent cependant pas empêcher d'employer des pieux ou des pilots équarris, dans certaines circonstances. On place quelquefois, par exemple, des pilots de cette espèce au pourtour extérieur des fondations, pour que les palplanches que l'on chasse entre ces pilots, puissent leur être plus adhérentes.

On doit ôter l'écorce en entier, et laisser l'aubier aux pieux et aux pilots, pour les parties qui se trouvent sous l'eau.

L'écorce ne donne pas de force au bois ; elle augmente beaucoup le frottement par son épaisseur et son aspérité, lors du battage des pieux ou pilots, et empêche qu'ils ne prennent autant de fiches sous la même percussion.

L'aubier n'est point vicieux sous l'eau ; il s'y conserve lorsqu'il est continuellement submergé. Le chêne s'emploie de préférence pour les ouvrages construits dans l'eau ; il a plus de force lorsque la sève en est retirée, comme on peut en juger par les expériences de M. de Buffon, suivant lesquelles il a reconnu que la force de l'aubier était seulement de $\frac{1}{51}$ ou environ, moindre que celle du bois pris au cœur du même chêne : ce qui se trouvait être aussi à-peu-près le rapport des densités du bois intérieur avec l'aubier. Les circonstances sur la longueur, grosseur, et sur la façon de charger les bois et aubier, étaient d'ailleurs les mêmes ; ainsi, il paraît que l'on peut, sans inconvénient, laisser l'aubier aux pilotis.

Les pieux et pilotis battus dans les rivières, doivent toujours être placés dans le sens du cours de l'eau ; ils doivent être posés d'équerre entr'eux, autant que cela se peut, et à-plomb, excepté le cas dont on va parler.

Une file de pieux battus pour porter un pont de charpente, se nomme *palée* ; et une même palée est quelquefois composée de plusieurs files de pieux posés parallèlement, et à-peu-près suivant le plan des piles des ponts de maçonnerie.

Les deux ou trois pieux du milieu de ces palées doivent être battus à-plomb, et les autres, de chaque côté obliquement ; on en décharge en sens opposé sur la longueur des palées, pour empêcher le déversement de l'édifice construit sur ces pieux.

On bat quelquefois des pieux plus petits de part et d'autre des palées, pour les affermir à la hauteur des basses eaux, lorsque les principaux pieux ont beaucoup de longueur au-dessous de ces basses eaux, au fond du lit de la rivière, ou bien aussi pour les préserver contre le choc latéral des glaces : on les nomme *pieux de basses palées;* ils doivent être battus à-plomb, à quelques pieds des grands pieux, que l'on nomme aussi *pieux d'étape;* et au droit du vide ou intervalle d'entre ces pieux, on les coîffe de chapeaux qui sont retenus entr'eux et contre les pieux d'étape, avec des blochets moisés et assemblés à queue d'aronde sur les chapeaux.

Les pilots des batardeaux et ceux des crêches que l'on place quelquefois au pour-tour des piles, et au-devant des culées et murs pour plus de sûreté contre les affouillemens, doivent aussi être battus à-plomb.

On est pareillement dans l'usage de battre les pilots de fondation à-plomb ; cependant, lorsque le terrein est de peu de consistance, il est à propos d'incliner un peu les pilots du pourtour des paremens extérieurs, vers le massif de la fondation : par ce moyen, on peut empêcher le déversement des pilotis, qui ne pourrait avoir lieu sans le redressement de ceux qui seraient inclinés ; et le poids de la maçonnerie du dessus doit s'opposer à cet effet. Ce sont les pilots des culées et murs de quai qui sont le plus exposés au déversement par la poussée des terres du derrière.

Les pilots sont ordinairement présentés et posés par le petit bout ; ils entrent, dit-on, plus aisément dans ce sens, et sont mieux battus au refus, ce qui est le but essentiel que l'on doit se proposer pour les ouvrages de maçonnerie à fonder, à cause de leur poids beaucoup plus considérable pour l'ordinaire que celui des édifices que l'on établit sur des pierres au-dessus des grandes eaux : cependant des expériences faites avec soin, nous ont fait connaître que les pilots ferrés et battus, le gros bout en bas, comparés avec ceux de même longueur et grosseur, battus en sens contraire dans le même terrein, et avec le même équipage, étaient d'abord entrés avec plus de difficulté, mais toujours assez également, et qu'ils sont parvenus plutôt, d'environ un quart de temps, au refus du mouton de 510 livres de pesanteur, à la même profondeur de 19 et 20 pieds, ce qui paraît devoir provenir de ce que le frottement qu'éprouvent ces derniers pilots, est à-peu-près égal, lorsqu'au contraire il augmente toujours à ceux qui sont chassés le petit bout en bas.

On croit cependant qu'il convient de s'en tenir à l'usage ordinaire de battre les pilots, le petit bout en bas ; cette disposition, en plaçant la tête directement sous le fardeau, doit les rendre plus forts et moins vacillans.

A l'égard des pieux, le bout par lequel il convient de les mettre en fiche, dépend de la hauteur à laquelle les basses eaux et les glaces doivent arriver contre ces pieux.

L'espacement des pieux et des pilots est en raison de leur grosseur, de leur longueur, et du fardeau qu'ils doivent porter, en les supposant d'ailleurs d'une même espèce et de même qualité de bois.

Suivant les expériences de Musschenbroeck (*Essais de Physique*), les forces des pièces de bois, rondes ou carrées, chargées sur leur bout, sont entr'elles comme les cubes de leur diamètre ou grosseur, pris directement, et le carré de leur longueur, pris réciproquement.

On peut trouver l'espacement qu'il faudra donner aux pieux et aux pilots, en divisant le poids dont ils devront être chargés par la force de l'un de ceux que ces circonstances pourront permettre d'employer.

Un pieu de 36 pieds de longueur et 16 pouces de grosseur réduite, qui aurait 27 pieds au-dessus de la fiche, et serait moisé de 9 en 9 pieds, pourrait porter 73,458 livres, moitié de la force résultante des calculs des expériences faites par M. de Buffon.

La travée du pont de charpente qui aurait 36 pieds de long ou d'ouverture d'une palée à l'autre, et ce serait une des plus grandes travées que l'on soit dans l'usage de construire, peserait, pour une partie de 4 pieds et demi de largeur qu'aurait à porter un pieu d'entre ceux qui seraient espacés à cette distance, à-peu-près 41 milliers, compris le pavé et le sable; il resterait à ce pieu une force excédante de 32,458 liv., pour résister d'une part aux voitures chargées, dans le cas même où leurs essieux viendraient à se casser, et pour compenser d'autre part la diminution de force sur les pieux qui auront été chassés obliquement; car on sait que la force des pieux ainsi inclinés, est à celle des pieux posés de bout, comme les cosinus de l'angle que forme la direction de la charge avec les pieux inclinés, est au sinus total.

Il est bon de remarquer que les nœuds et de certains vices inévitables sur la qualité des bois, doivent en diminuer encore la force; mais cela pourra se trouver compensé en rapprochant les liernes et les moises jusqu'à 6 pieds de distance entr'elles, ainsi que l'on est assez dans l'usage de le faire au-dessus des basses eaux; car, pour ce calcul, on ne doit compter la longueur des pieux que par la distance qui se trouve d'une moise à l'autre. Un pilot de 12 pieds 9 pouces de gros, que l'on supposera excéder de 3 pieds le dessus du terrein, pourrait porter 111,018 livres ou environ, moitié plus que le précédent, ce qui devient assez bien proportionné, à cause du plus grand fardeau que les pilots sont destinés à porter. La partie qui a pris fiche, et qui est entretenue par le terrein, ne pouvant plier, elle ne doit pas entrer en considération sur la diminution de force qu'occasionne la longueur des pieux.

En supposant les pilots espacés de 4 pieds de milieu en milieu, et la maçonnerie du poids de 160 livres le pied cube, ils pourraient porter un mur de près de 47 pieds de hauteur, ce qui viendrait assez bien à ce que donne l'expérience par rapport à la construction des ponts de maçonnerie de moyenne grandeur.

Si l'on voulait faire porter un plus grand fardeau sans changer un certain espacement convenu pour les pieux ou les pilots, il faudrait augmenter leur grosseur en raison sous-triplée des poids; ainsi, pour une charge octuple, par exemple, il suffirait de doubler leur diamètre, au lieu d'augmenter leur superficie dans la raison du poids dont ils devront être chargés, comme il semblerait, à la première inspection, que cela devrait être pratiqué.

Cette règle que donne l'expérience est aussi conforme à ce qui arrive pour les bois inclinés ou posés horizontalement, leur résistance étant en raison du carré de leur hauteur; ainsi, dans l'un et l'autre cas, on voit que pour des pièces qui auraient même longueur, et dont la grosseur de l'une serait double de celle de l'autre, la quantité du bois employé dans la plus grosse pièce ne serait que quadruple, lorsque sa force, pour porter un fardeau de toute sorte de sens, serait octuple ; d'où il suit qu'il y aura de l'économie à employer par préférence de grosses pièces, lorsque leur prix augmente en moindre raison que la superficie de ces pièces prises dans le sens de leur grosseur.

On n'a parlé jusqu'à présent que des pieux ou pilots de chêne, mais on peut employer d'autres bois plus ou moins forts ; c'est à quoi il faudra avoir égard dans le calcul. Pour cet effet, on va donner le rapport de la force de différentes espèces de bois, d'après les expériences qui en ont été faites pour les rompre, ces pieux étant chargés sur leur bout :

Le chêne.	$12\frac{1}{5}$	Le saule.	$9\frac{3}{5}$
Le sapin.	$9\frac{2}{3}$	Le peuplier.	$7\frac{2}{3}$
Le frêne.	$7\frac{3}{8}$	L'aune.	7

On voit par ces expériences que le bois de chêne est le plus fort ; que le sapin l'est moins, quoique pour porter, étant chargé dans une position horizontale, il soit plus fort à-peu-près d'un cinquième que le chêne.

Les calculs que l'on vient de donner sur la

force des pieux et des pilots pour déterminer leur espacement entr'eux, paraissent assez bien convenir aux applications qu'on en a faites ; mais l'on ne doit pas toujours s'en rapporter au calcul, dans un genre comme celui-ci, où l'on manque d'expériences faites assez en grand, sur la force des bois chargés debout, et où de certaines considérations physiques, et encore peu connues, pourraient induire en erreur ; il faut donc consulter en même temps, comme on voit, l'expérience de ce qui se pratique avec le plus de succès.

On est dans l'usage d'espacer les pieux des ponts de bois depuis 4 jusqu'à 5 pieds, et les pilots de fondation, depuis 3 jusqu'à 4 pieds, et quelquefois quatre et demi ; le tout, de milieu en milieu. M. Gauthier, ingénieur des ponts et chaussées, qui avait acquis de la réputation pour ce genre de construction, dit qu'il faut mettre environ 18 à 20 pilots dans la toise carrée des fondations.

Ce qui se pratique dans les plus grands ouvrages fait connaître qu'il suffit d'espacer ces pilots à 3 pieds pour le plus près, de milieu en milieu ; il n'en entrera, pour lors, que 9 dans le premier cas ci-devant cité, et seulement 4, dans le second, ce qui est bien suffisant, au lieu de 18 ou 20 proposés ci-dessus.

Les pieux, et les pilots sur-tout, doivent être

enfoncés jusqu'au roc ou tuf, et autre terrein assez ferme et solide pour porter le fardeau dont on aura à les charger, sans pouvoir jamais s'enfoncer davantage sous ce fardeau; il faut par conséquent pénétrer les sables et les terres de peu de consistance, et qui seraient d'ailleurs susceptibles d'être affouillées par le courant de l'eau.

On doit pour cet effet commencer par reconnaître les différentes couches de terrein et leur épaisseur, au moyen d'une sonde de fer d'environ 2 pouces de grosseur, battue et chassée au refus, jusque sur le roc ou terrein solide, afin de savoir la longueur et grosseur que l'on aura à donner aux pieux ou aux pilots, pour chaque endroit où il conviendra d'en battre.

On se sert pour battre les pilots, d'une machine nommée *mouton*; ce nom se donne plus particulièrement à la pièce de bois ou de fonte qui sert à battre le pilot; et l'équipage employé pour faire mouvoir le mouton, se nomme le plus ordinairement *sonnette*. Pl. XLI.

On fait les moutons plus ou moins pesans, suivant la force des pieux, la fiche que l'on doit leur donner, et la nature du terrein. Cela varie depuis 400 jusqu'à 1200 livres, et plus. On emploie ordinairement un mouton de 6 à 700 livres pour les pilotis; il est tiré par la force de vingt-quatre à vingt-huit hommes, qui l'élèvent 25 à

30 fois de suite en une minute, jusqu'à 4 pieds et demi de hauteur; ces hommes se reposent après autant de temps alternativement.

Les moutons de 1200 livres sont tirés par la force de quarante-huit hommes : on s'en sert pour le fort pilotis ou les pieux ordinaires; mais les plus gros pieux exigent un mouton plus pesant.

On emploie pour lors une machine différente de la sonnette : six ou huit hommes sont appliqués avec des bras de levier à mouvoir un treuil horizontal, sur lequel est placée la corde qui porte le mouton; étant élevé au sommet de la machine, un crochet à bascule ou un déclic, font lâcher le mouton; on descend la corde en déroulant le treuil pour le reprendre, ou bien, plus commodément et par un échappement, la corde redescend immédiatement après le mouton, qu'elle reprend par une espèce de tenaille de fer qui lui est attachée, et cette corde, qui est placée sur une lanterne dont l'axe est vertical, se dévide seule en lâchant un déclic, sans être obligé de retourner le treuil, comme dans le premier cas, ce qui est bien plus commode et expéditif; ces deux sortes de façons de battre les pieux, se nomment également *battre au déclic* : on s'en sert souvent aussi pour les moutons qui pèsent au-dessous de 1200 livres, tant à cause de la difficulté d'avoir assez d'hommes, dans de certaines circonstances, pour équiper les grandes sonnettes, que parce qu'ils se nuisent, et qu'en tirant obliquement par les vingtaines ou petites cordes qui sont attachées à la corde principale, comme cela est inévitable, quoique ces petites cordes soient quelquefois attachées autour d'un cercle placé horizontalement pour diminuer l'obliquité, il y a toujours une partie assez considérable de la force qui se trouve perdue.

Il est vrai, d'un autre côté, que le déclic est moins expéditif, puisque le mouton est moins grand; ainsi, supposez que pour lever un mouton de 1200 livres, on se serve de huit hommes appliqués à la sonnette à déclic, au lieu de quarante-huit qu'il faudrait à la sonnette ordinaire sans déclic, on emploiera six fois plus de temps, le reste d'ailleurs étant supposé égal. On pourra donc préférer pour le battage des pieux ou des pilots, celle de ces deux machines qui pourra le mieux convenir pour le lieu et la circonstance, sans devoir se flatter que ce choix puisse épargner la dépense, et c'est là le résultat de toutes les machines simples, telles qu'elles soient.

Un pilotis ne doit être considéré avoir été battu suffisamment, et à ce que l'on appelle *au refus du mouton*, que lorsque l'on est parvenu à ne le plus faire entrer que d'une ou de deux lignes par volée de 25 à 30 coups, et pendant un certain nombre de volées de suite; à l'égard des pieux, comme ils doivent être moins chargés, on peut se contenter d'un refus de six lignes, ou même d'un pouce par volée, suivant les circonstances.

Lorsque les pieux ou pilots sont ferrés, il faut avoir l'attention d'en couper le bout carrément, sur 2 à 3 pouces.

La tête doit aussi être coupée carrément sur la longueur du pieu, un peu en chanfrein au pourtour, ensuite fretée de fer, quelques pouces plus bas, s'il est besoin, pour empêcher qu'elle ne s'écrase ou ne se fende.

Le choc du mouton, aidé de la pesanteur du pilot, le fait d'abord entrer sensiblement; le terrein qui se resserre pour lui faire place, forme ensuite une plus grande résistance.

Ce terrein est aussi ébranlé par la secouse et la réaction des fibres du pilot jusqu'à une certaine distance circulairement, et de plus en plus, à mesure que le pilot s'enfonce. On conçoit qu'il doit se trouver un terme auquel ces résistances et perte de force employées pour mettre en mouvement le terrein qui environne le pilot, pourront le mettre en équilibre avec la percussion; le pilot n'entrera plus, et au lieu d'un refus absolu, on n'aura qu'un refus apparent.

Si on vient à rebattre ce pilot au bout de plusieurs jours, il pourra encore entrer; le terrein qui le pressait latéralement aura comprimé et repoussé, de proche en proche, chaque portion circulaire de terre qui l'environne ; la résistance se trouvera diminuée, et la même percussion employée de nouveau, sera capable d'un même effet ; c'est aussi ce qui se trouve confirmé par l'expérience.

On a grand intérêt de reconnaître le refus absolu. Pour cet effet, indépendamment de l'expédient précédent, et de ce que l'on pourrait employer un mouton plus pesant en seconde reprise, le moyen le plus certain sera de faire préliminairement les sondes qui ont été proposées ci-devant, puisqu'elles feront connaître d'avance la profondeur et la nature du fonds sur lequel les pilots devront s'arrêter.

L'expérience donne aussi quelquefois à connaître ce refus absolu. Dans un terrein gras, lorsque le pilot est arrivé au refus apparent ou de frottement, l'élasticité de ce terrein fait remonter le pilot autant qu'il a pu entrer par le choc : si le pilot est au contraire parvenu au roc ou terrein ferme, le coup sera plus sec, et le mouton sera renvoyé avec plus de roideur par l'élasticité même de la réaction des fibres comprimées du pilot.

Lorsqu'on se propose de battre plus d'une ou deux files de pieux ou pilots, comme quand il est question de fonder la pile ou la culée d'un pont, il faut commencer par ceux du milieu, nommés *pilotis de remplage*, s'éloignant successivement du milieu, et finissant par ceux du pour-tour extérieur, que l'on nomme *pilotis de bordage* : par ce moyen, on donne au terrein la facilité de se porter de proche en proche, vers le dehors de l'enceinte que l'on a à piloter, et on peut les enfoncer plus avant que si l'on suivait une marche contraire ; car ce terrein se trouverait pour lors de plus en plus serré vers le milieu de la fondation, et les pilotis y entreraient beaucoup moins.

Il est présentement question d'examiner qu'elle est la force de la percussion du mouton que l'on emploie à chasser les pieux, afin de connaître jusqu'à quel point il faudra les battre, pour qu'ils soient en état de porter une certaine charge déterminée, indépendamment de la résistance du terrein solide, lorsqu'ils y seront parvenus : on aura pour lors une sûreté de plus, vu l'incertitude où l'on peut quelquefois se trouver, d'avoir atteint le roc, ou autre terrein ferme.

Suivant des expériences faites sur le battage des pilots dans les travaux des ponts et chaussés, il paraît que la force du choc du mouton est proportionnée à la hauteur de sa chute, laquelle hauteur est comme le carré de la vitesse acquise à la fin de cette chute.

Le temps employé par les hommes pour lever le mouton, est en effet proportionné à son élévation, et on a lieu d'en attendre une quantité de mouvement qui soit proportionnée à la hauteur de la chute : ces expériences sont aussi conformes à celles faites sur la chute des corps dans la cire et la glaise où ils se sont enfoncés, en proportion de la hauteur des chutes. Voyez *Percussion*.

On voit, suivant ces expériences, que la force d'un seul coup de mouton sera équivalente à celle de plusieurs autres, dont la somme des chutes lui serait égale : ainsi, deux coups d'un même mouton, par exemple, tombant chacun de 2 pieds de hauteur, ou dont l'un viendrait de 3 pieds et l'autre d'un pied, seront, pour l'effet, égaux à un seul coup, dont le mouton serait élevé de 4 pieds de hauteur.

Ce principe mérite cependant une exception dans la pratique, à cause de la perte occasionnée par l'ébranlement du terrein, et autres causes physiques, qui pourraient rendre la percussion de nul effet, si le mouton était plus élevé : aussi est-on dans l'usage de donner 4 pieds, et plus, d'élévation ou de chute au mouton. Ce que l'on vient de dire à l'article précédent, n'aura donc lieu que pour le plus grand effet que l'on doive attendre de la percussion, dans le battage des pilots, et il en résultera toujours que le déclic, qui donne la facilité d'élever le mouton beaucoup plus haut que la sonnette, n'éprouvera que peu d'avantage à cet égard, et que ce sera de la pesanteur seule du mouton, que l'on aura lieu d'attendre le plus d'effet pour battre les gros pieux ; aussi voit-on que l'on a été obligé quelquefois d'avoir recours à des moutons de 4000 livres, pour des pieux de 45 à 50 pieds de long, et de 20 à 24 pouces de grosseur à la tête. La force d'un mouton ordinaire de 1200 livres de pesanteur suffit à peine sur un tel pieu, pour en ébranler la masse ; il y a une perte inévitable d'une partie considérable de la force, celle qui est employée à la compression des fibres, et à résister à leur élasticité ou réaction, avant qu'elle puisse arriver à la pointe du pieu, et percer le terrain. Cette perte se trouve encore augmentée en raison de la longueur du pieu, et du plus ou moins de rectitude, par la difficulté de placer la percussion verticalement dans la direction de son axe ; l'obliquité presqu'inévitable de cette percussion, occasionne un balancement nommé *dardement*, qui augmente son élasticité, et diminue d'autant l'effet du choc.

On voit par une expérience de M. Mariotte, que le choc d'un corps de deux livres deux onces tombant de sept pouces de hauteur, est équivalent à la pression qu'occasionnerait un poids de quatre cents livres ; ainsi, la force d'un même poids de deux livres deux onces, tombant de quatre pieds de hauteur, qui est celle à laquelle on élève communément le mouton, sera, en raison de cette hauteur, de 2742 liv. $\frac{6}{7}$, et pour un mouton de 600 livres, de plus de 773 milliers pour le cas du refus; car lorsque le pilot entre encore, il s'échappe en partie à l'effet de la percussion.

En matière de construction, il convient de rendre la résistance toujours supérieure; ainsi, en la faisant double, il paraît que l'on pourrait charger un pieu chassé de la sorte, d'un poids de plus de 380 milliers, supposé qu'il soit assez fort par lui-même pour le porter. On a vu qu'un pilot de 9 pouces de grosseur, excédant de 3 pieds par sa tête le terrein dans lequel il est chassé, ne doit être chargé que d'un poids d'environ 111 milliers; un pilot d'un pied de grosseur réduite, qui est un des plus forts que l'on emploie, porterait, dans la raison du cube de son diamètre comparé à celui du diamètre du pilot précédent, environ 264 milliers; ainsi, la percussion d'un mouton de 600 livres, pourrait donner plus de force qu'il n'est nécessaire pour le poids que doit porter un tel pilot.

Les petits pilots sont battus à la sonnette; il convient de chasser les gros pilots, ainsi que les pieux, au déclic; la hauteur de l'élévation du mouton dans le premier cas, est d'environ 4 pieds, et celle pour le déclic, depuis 4 pieds jusqu'à 12, ou environ; ce qui donne 8 pieds de hauteur réduite.

Si l'on veut présentement savoir quel sera le poids du mouton, et la hauteur nécessaire à sa chute, pour donner à un pieu ou à un pilot chassé au refus, une percussion équivalente au double du poids qu'il pourra porter ;

En supposant le mouton seulement d'une livre de pesanteur, sa force de percussion sera pour élévation à la sonnette, suivant l'expérience de M. Mariotte, de 2290 livres ; et celle pour le déclic, de 2580 livres : cette connaissance rend le calcul que l'on se propose fort facile ; il suffit pour cela de diviser le poids qu'un pilot de moyenne grosseur peut porter, dans le cas de l'équilibre, par 1290 livres, lorsqu'il s'agira d'un gros pilot et d'un pieu qui devra être chassé au déclic, afin de conserver la résistance double dans tous les cas.

On vient de voir, par exemple, qu'un pilot de 12 pouces de grosseur peut porter 264 milliers ; divisant le double de ces poids par 1290 livres, il viendra pour le poids du mouton qu'il faudra employer, avec la sonnette seulement, 409 liv. ; mais, à cause des frottemens et de la perte d'une partie de la force, occasionnée par le mouvement que ce pilot communique sur une certaine étendue du terrein qui l'environne, il convient de donner au moins 600 livres de pesanteur au mouton.

Je crois devoir revenir à la machine à battre les pilots, inventée par M. Valhoué, et en donner une explication plus précise. *Voyez* Pl. XXXII.

Le cabestan est composé de deux parties V et Z; la première est un arbre tournant, ayant en bas un pivot et une crapaudine encastrée dans le patin *i*, et ayant au sommet un essieu, autour duquel peut tourner librement la seconde partie Z, nommée *tambour*, sur lequel se roule la corde répondant au mouton, lorsque, par intervalle, ce tambour se trouve arrêté à l'arbre, de la manière que nous le dirons; autrement il peut agir d'un sens contraire, et dévider la même corde, bien entendu que l'essieu qui joint ces deux pièces, est retenu dans la sablière *n*. Comme le tambour doit être le plus léger qu'il est possible, pour tourner facilement, j'ajouterai qu'il convient de le faire creux, en lui donnant la forme d'une lanterne, c'est-à-dire, composée de deux tourteaux liés par des fuseaux.

Cela posé, l'on saura que le merveilleux de cette machine se réduit à deux pièces remarquables: la première est une tenaille ACED (fig. 1 et 6), servant à accrocher le mouton, laquelle s'ouvre d'elle-même, pour l'abandonner à son propre poids, aussitôt qu'il est parvenu au sommet de la sonnette; la seconde est un déclic ménagé dans l'arbre du cabestan, dont la propriété est que les manœuvres appliqués aux leviers, tournant toujours du même sens, sans jamais rétrograder, la tenaille descend, et suit immédiatement le mouton pour l'accrocher de nouveau, ce qui se fait avec une promptitude qui ne laisse presque point d'intervalle entre sa chute et sa montée; et ainsi alternativement de la manière du monde la plus simple, sans aucune sujétion que de faire tourner le cabestan. A ces deux pièces près, tout le reste ne comprend rien qui ne soit commun aux autres sonnettes : on observera seulement que le mouton est compris entre les deux coulisses ST; ses oreilles répondent au milieu de son épaisseur, parce que les mêmes coulisses servent aussi à renfermer celles de la tenaille qui saisit le crampon F. Cette tenaille, qui peut avoir 18 pouces de hauteur, et que les figures 2, 3, 4, 5, 6 représentent en grand, est renfermée dans une chape de fer ou de bronze IKLM (fig. 6), où elle est maintenue par le boulon B qui lie ces branches; en ce même temps, l'écharpe BRB (fig. 4) est suspendue à la corde DR (fig. 3) qui passe sur les poulies dg, et de là va aboutir au tambour z du cabestan.

Pour que la tenaille se maintienne fermée, il y a entre ces deux branches ACDB (fig. 4) un ressort GH attaché à l'endroit G, qui contraint les extrémités AD de se tenir écartées, ce qui ne peut arriver sans que les pièces C et E ne se serrent, à moins qu'une cause plus forte que l'action du ressort ne survienne pour les séparer, ce qui arrive en deux manières différentes.

Quand la tenaille monte avec le mouton, et

qu'elle approche du sommet de la sonnette, les branches, recourbées comme elles le sont, entrent d'abord sans difficulté dans une lunette Y pratiquée au milieu du chapiteau *abc;* mais peu après la lunette se trouvant trop étroite, elles sont forcées de se rapprocher en faisant fléchir le ressort, et ouvrent les pinces CE, qui abandonnent alors le mouton : mais à peine a-t-il donné sa percussion, qu'un des manœuvres lâche le déclic ; à l'instant le tambour n'étant plus accroché à l'arbre, pirouette subitement, parce que la corde attirée par le poids de l'équipage de la tenaille l'y contraint ; ce qui se fait si promptement, que ce poids d'environ quarante livres, tombe avec assez de violence pour que les pinces CE s'ouvrent aussitôt qu'elles viennent à rencontrer le crampon F du mouton, qu'elles saisissent en se refermant tout de suite, dès que le ressort, qui avait fléchi, se débande. Dans ce moment le manœuvre qui gouverne le déclic lui laisse reprendre sa situation naturelle, qui est d'unir l'arbre avec le tambour, et le mouton monte de nouveau.

L'ingénieur du pont de Westminster ayant reconnu le mérite de cette machine, l'avait fait construire avec beaucoup de soin, et posé sur les bords de deux grands bateaux, dont le leste était distribué de façon à rendre l'échafaud flottant aussi solide qu'il pouvait l'être. Comme le mouton pesait mille sept cents livres, il éprouva d'abord que n'employant que deux chevaux, il frappait quarante-huit coups par heure, en tombant d'une hauteur de vingt pieds, prise moyennement, et soixante-dix en y appliquant trois chevaux, avec un effet qu'il trouva supérieur à celui de toutes les autres machines à cet usage. Mais ayant fait polir avec plus de soin qu'on ne le fait ordinairement, toutes les parties qui frottaient les unes sur les autres, il arriva, au bout de quelque temps, que les cordes étant devenues plus flexibles, l'action de cette machine devint bien plus considérable, sur-tout lorsque la chute du mouton n'était que de huit à dix pieds ; alors trois chevaux, qui n'allaient que leur pas ordinaire, donnaient lieu à cinq coups par minute.

Il nous reste, pour compléter cet article, à donner la manière de récéper les pilots au fond de l'eau.

Le battage des pilots étant avancé, on commence ordinairement par le côté d'aval, à les récéper avec la scie, en forme de prisme triangulaire, qu'on a composée pour cet usage, à laquelle on peut appliquer jusqu'au nombre de vingt-huit hommes.

La fonction de cette scie est de couper les pilots de chaque rang, les palplanches, et les poteaux du bâtis du grillage successivement, le tout précisément de niveau à l'affleurement du dessus du grillage sur lequel la lame, qui pesera environ deux cent cinquante livres, doit porter et glisser sur le plat ; elle pourra avoir quatre pouces de largeur, sept lignes d'épaisseur sur le devant, réduite à quatre ou cinq lignes au derrière (Pl. XL, fig. 4, 5, 6.).

Description de la scie.

Presque toutes les parties qui composent cette machine sont en fer forgé ; le centre de gravité passe par l'anneau placé au milieu de la traverse de la partie supérieure qui lie les deux grands montans, et qui sert, au moyen d'un palan, à enlever tout le système, afin de pouvoir faire passer le collet inférieur par la tête du pieu que l'on veut scier. Ces deux montans sont soutenus dans leur milieu par six contre-fiches coudées par le bas.

La lame de la scie est fixée, à ses extrémités, par deux vis à écrou, à un châssis mobile composé de trois tringles parallèles, dont une coudée dans son milieu ; les quatre branches passent librement dans des trous carrés, et se meuvent horizontalement sur quatre petits rouleaux en cuivre, pour en diminuer le frottement.

Ce châssis mobile est retenu à ses extrémités par deux espèces d'entre-toises, auxquelles sont fixées quatre poulies verticales en cuivre, recreusées pour recevoir les cordes qui coulent le long des gorges du grand châssis inférieur adhérent aux quatre montans servant de support.

Les cordes passent sur les deux poulies fixées aux entre-toises du milieu, et ensuite sur deux autres poulies placées à l'extrémité supérieure des deux grands montans, et vont se réunir à l'anneau du contre-poids qui tend à faire avancer la scie d'une pression égale et uniforme, à mesure qu'elle entre dans le pieu.

Aux extrémités inférieures du châssis principal sont deux grands rouleaux en bois, tournant sur leur axe, et sur lesquels passent les cordes qui servent à faire manœuvrer la scie, dont le mouvement de va et vient, est imprimé par deux hommes placés au-dessus de l'axe, sur un échafaud ou espèce de radeau de service.

Tout le sytème de la scie est fortement fixé au pieu que l'on veut récéper, au moyen de deux forts collets, l'un placé dans la partie supérieure des montans avec des écrous, et l'autre dans la partie inférieure, au moyen d'un long levier qui presse le pieu contre le collet.

Le sciage d'un pieu de 14 à 15 pouces (0 mèt. 38 à 0 mèt. 41 centi. de diamètre), dure ordinairement près de deux minutes.

Explication de la planche xl.

A. Anneau placé dans la verticale du centre de gravité de tout le système, et servant à l'élever pour faire passer la tête du pieu dans le collet inférieur.

BB, CC. Montans.

DD. Collets dans lesquels passe la tête du pieu.

EEE. Contre-fiches coudées pas le bas, en soutenant les montans dans leur milieu.

FGHI. Châssis mobile auquel la scie ab est fixée par deux vis à écrou.

KKK. Branches du châssis qui se meuvent librement dans des trous carrés, et sur quatre petits rouleaux en cuivre.

LM. Entre-toises retenant le châssis, et aux extrémités desquelles sont quatre poulies verticales en cuivre.

NN. Cordes fixées en c, passant en même temps sur les poulies des entre-toises, sur les quatre autres poulies de fg, et servant à retenir le contre-poids P, qui, par son action, fait presser d'une manière égale et uniforme la scie, à mesure qu'elle entre dans le pieux.

OO, QQ. Rouleaux en bois tournant sur leur axe, et sur lesquels glissent les cordes hk, qui servent à faire mouvoir la scie.

RS. Levier dont le point d'appui est en l, et dont m presse le pieu contre le collet inférieur.

TU. Autre levier plus petit, dont le point d'appui est en T, et qui sert à maintenir le premier dans la position qu'on lui a donnée.

Pilastre. s. m. Colonne carrée, à laquelle on donne la même mesure, le même chapiteau, la même base et les mêmes ornemens qu'aux autres colonnes, et cela, suivant les ordres. Le pilastre est quelquefois isolé; mais il est plus souvent engagé dans le mur : dans ce second cas, on le fait sortir du tiers, du quart, du sixième, ou de la huitième partie de sa largeur, selon les ouvrages. On cannelle les pilastres comme les colonnes, et on leur donne sept cannelures dans chaque face du fût : on peut les employer pour la décoration des ponts.

Pile. s. f. Massif de forte maçonnerie, dont le plan est presque toujours un hexagone allongé, qui sépare et porte les arches d'un pont de pierre, ou les travées d'un pont de bois. On construit ce massif avec beaucoup de précaution. D'abord, son fondement est relevé en talus par recoupement, retraites et degrés, jusqu'au niveau de la terre du fond de l'eau;

En second lieu, la première assise est toute de pierres de taille, composée de carreaux et de boutisses, ceux-là ayant deux pieds de lit, et les boutisses au moins trois pieds de queue; ces pierres sont coulées, fichées, jointoyées, mêlées de chaux et de ciment.

On cramponne celles qu'on appelle *pierres de parement,* les unes avec les autres, avec des crampons de fer scellés en plomb; outre cela, on met à chaque pierre de parement un crampon pour la lier avec des libages, dont on entoure la première assise. Ces libages, de même hauteur que les pierres de parement, sont posés à bain de mortier, de chaux et de ciment, et on en remplit bien les joints, d'éclats de pierre dure : on bâtit de même les autres assises de pierres.

La construction d'une pile, quoique importante, n'est pas cependant la chose la plus essentielle ; c'est sa proportion qui est difficile à déterminer. Selon M. Bergier, les anciens donnaient aux piles des ponts, la troisième partie de la grandeur des arches, et même la moitié. Aujourd'hui on pense que les piles doivent avoir moins, comme un quart et un cinquième : mais sur quoi cette règle est-elle fondée ? on n'a encore rien de bien concluant sur cette matière. M. Gauthier croit que l'expérience seule peut fixer les dimensions des piles.

Cette expérience consiste à savoir, selon lui, quelle est la force des matériaux qu'on trouve sur les lieux, qui supportent plus ou moins le fardeau dont on les charge, suivant le plus ou le moins qu'ils sont compactes et serrés. Il suppose que les piles supportent la moitié de la maçonnerie des arches qui sont à leurs côtés, à les prendre depuis le milieu des clefs. Admettant la vérité de cette assertion, il est évident que, connaissant les qualités des pierres, la solidité d'une arche et celle des piles, on saura comment on peut régler les dimensions de piles, en égalant ces deux solidités. Mais, n'y a-t-il pas quelqu'autre condition à examiner : par exemple, celle de la forme qu'il convient de leur donner.

On trouve dans les *Recherches sur la construction la plus avantageuse des digues*, de MM. Bossut et Viollet, la solution d'un problème, dont l'objet est de déterminer la forme la plus convenable à donner à la tête d'une jetée.

La tête d'une jetée et l'avant-bec d'une pile, sont des constructions assujetties aux mêmes conditions : il s'agit également de défendre ces édifices contre l'action du fluide qui les frappe sans cesse; et il paraît que la forme qui convient à l'un, doit convenir à l'autre. M. Bossut suppose que chaque face de la tête de la jetée est frappée par des filets de fluide, dont les directions sont parallèles, et dont les vitesses sont égales. Il cherche ensuite, d'après la théorie ordinaire du choc des fluides, quelle doit être la forme de la base de chaque face, pour que ce choc soit le moindre possible. Il trouve que la ligne droite résout le problème, et que si la base est un triangle, ce doit être un triangle isocèle, dont les deux angles égaux seraient de 50 degrés.

M. Gauthey, dans son *Traité des Ponts*, observe que cette solution est sujette à beaucoup de difficultés; il prétend, avec raison, que la question n'est pas bien posée. Il semble inutile que la tête d'une jetée, ou l'avant-bec d'une pile, reçoive le moindre choc possible de la part du courant, parce qu'on n'a point à craindre que le courant en déplace la masse toute entière ; mais quand le parement de la tête d'une jetée est bien construit, elle ne peut jamais être emportée qu'autant que l'eau fouille au pied, et c'est seulement ce dernier effet qu'il est essentiel de prévenir.

Il paraît au premier coup-d'œil, dit M. Gauthey, que si le débouché d'un pont est réglé de manière que le rapport, marqué par le régime de la rivière, entre la résistance du sol et la vitesse moyenne du courant, ne soit pas sensiblement altéré, il est impossible qu'il se produise aucun affouillement; et cela serait vrai, si cette vitesse moyenne se distribuait uniformément dans toute la masse des eaux auxquelles le pont donne passage. Mais les obstacles que les piles et les naissances des arches opposent au courant, nuisent à cette égale répartition de la vitesse, et tandis qu'il se forme des courans particuliers très-rapides, on voit, dans d'autres endroits, les eaux tournoyer et revenir sur elles-mêmes. Il est donc important de donner aux piles la forme la plus propre à prévenir ces effets, dont les suites sont plus ou moins dangereuses.

Cette forme, non plus que l'épaisseur des piles, ne peuvent être déterminées d'une manière bien précise. Toutes les expériences faites pour la meilleure forme à leur donner, ne sont point parfaitement exactes, et ne peuvent être assujetties à des formules algébriques.

On conçoit ici qu'en parlant de la forme des piles, nous entendons celle des avant-becs, destinés à diviser les eaux et à briser les glaces, et qui doivent toujours s'élever jusqu'au niveau des plus grandes crues.

La forme des arrière-becs n'est pas aussi importante que celle des avant-becs; il y a même des anciens ponts où ils sont entièrement supprimés; cependant ils sont nécessaires, en ce qu'ils dirigent les eaux, les éloignent des piles, et empêchent les affouillemens du côté d'aval.

Je pense donc, en général, que dans le plan triangulaire donné aux avant-becs des piles, le triangle équilatéral est à préférer au triangle rectangle; mais qu'il faut arrondir l'angle saillant, cette forme étant plus agréable et plus solide.

M. Garipuy, directeur-général des ponts et chaussées du Languedoc, et très-habile ingénieur, a cherché à modifier la forme triangulaire, de manière à obtenir de la part du fluide, une égale pression sur toute la longueur des faces des avant-becs. Comme le fluide accélère un peu son mouvement en parcourant la longueur de l'avant-bec, il suit de la théorie ordinaire de la résistance des fluides, que chaque face doit être légèrement convexe. La forme qu'on obtient de cette manière diffère fort peu du triangle.

L'exemple devant servir beaucoup plus que toutes les expériences qui tiennent à des hypothèses particulières, j'ai cru devoir rassembler sous un même point de vue, les plans et élévations de différentes piles qui ont été construites par des hommes célèbres, et qui serviront à diriger l'ingénieur dans les projets des ponts dont l'exécution lui est confiée : c'est l'ouvrage de M. Gauthey qui me fournit les matériaux.

On voit (Pl. LIV, fig. 1 et 2) l'élévation et le plan d'une des piles du pont de Moulins. Les avant et arrière-becs sont triangulaires, mais l'angle saillant est arrondi, ainsi que je l'ai indiqué plus haut : ce moyen est préférable à l'emploi d'un prisme de fonte, maintenu dans la maçonnerie, et on ne doit recourir à ce dernier moyen, qu'autant qu'on y est forcé par la mauvaise qualité de la pierre ; le chaperon, ou couronnement, a la forme d'une pyramide triangulaire, et on a conservé dans les pierres dont il est construit, une partie verticale qui doit toujours avoir au moins 8 à 10 centimètres de hauteur.

Les figures 3 et 4 représentent une des piles du pont d'Orléans : la base de l'avant-bec est terminée par deux arcs égaux au sixième de la circonférence : celle de l'arrière-bec est un demi-cercle ; l'angle saillant de l'avant-bec, n'est pas assez aigu pour avoir ici besoin d'être arrondi, et la forme de cette pile est peut-être, selon l'ingénieur Gauthey, celle qui remplit le mieux toutes les conditions auxquelles on doit satisfaire. Les couronnemens des avant et arrière-becs ont une hauteur qui pourrait être diminuée sans inconvénient : tous deux sont formés par une surface conique.

Les figures 5 et 6 représentent une des piles du pont de Sainte-Maxence : on trouve dans quelques ouvrages étrangers des exemples de piles partagées en deux parties, dont l'intervalle est recouvert par une voûte ; mais ces piles sont très-massives, et le pont Sainte-Maxence est le seul où l'on ait osé faire porter des arches sur des points d'appui aussi faibles et aussi isolés. Cette hardiesse n'ayant aucun objet d'utilité, puisqu'elle ne diminue que bien peu la dépense, il est vraisemblable qu'elle ne trouvera point d'imitateurs. Le couronnement des avants-becs est formé par une surface conique qui a fort peu de hauteur, et comme la pile est très-mince, il est construit avec une seule pierre.

Les figures 7 et 8 représentent une des piles du pont de la Concorde, à Paris. L'avant-bec est formé par une colonne engagée dans le corps carré de la pile, du quart de son diamètre environ, et surmontée d'un chapiteau. Au-dessus de ce chapiteau, est placé un court architrave, sur lequel règne la corniche dont tout le pont est couronné, et qui porte un socle carré.

Les figures 9 et 10 représentent une pile du pont de Neuilly. Le plan des avant et arrière-becs est un ovale, et cet ovale commence sous la voûte même, à l'origine inférieure des cornes de vache. Le couronnement est terminé par une surface conique qui a peu de hauteur.

On a quelquefois élevé les avant-becs des piles jusqu'au niveau de la partie supérieure du pont, en leur faisant porter des colonnes, des obélisques, des figures, ou même des petites boutiques, comme au Pont-Neuf de Paris. Quelquefois aussi ces avant-becs forment un espace entouré du parapet qui règne au-dessus du pont ; cet espace donne un asile aux gens de pieds, et il est sur-tout utile dans les ponts qui servent de promenade.

Les figures 11 et 12 représentent une pile du pont de Tolède, à Madrid, qui est dans ce dernier cas.

Pile percée. C'est une pile qui, au lieu d'avant-becs d'amont et d'aval, est ouverte par un œil ou petite arcade au-dessus de la crèche, pour faciliter le courant rapide des grosses eaux d'une rivière. Il y a de ces sortes de piles au pont du Saint-Esprit, d'Avignon et de Toulouse, etc.

Pilot. s. m. Pièce de bois de chêne, ronde, employée de sa groseur, affilée par un bout, quelquefois armée d'un fer pointu, et à quatre branches, et frettée, en sa couronne, de fer, qu'on enfonce en terre pour affermir un terrain.

On se sert, pour enfoncer les pilots, d'une machine appelée *sonnette.* Voyez *Pieu.*

Pilots de bordage. Ce sont des pilots qui environnent le pilotage, et qui portent les patins et les racinaux.

— *de remplage.* Pilots qui garnissent l'espace piloté : il en entre 18 à 20 dans une toise superficielle.

— *de retenue.* Pilots qui sont au-dehors d'une fondation, et qui soutiennent le terrain de mauvaise consistance sur lequel une pile de pont est fondée.

— *de supports.* Pilots sur la tête desquels la pile est supportée comme ceux, par exemple, qu'on plante dans les chambres d'un grillage.

Pilotis. s. m. Voyez *Pilot.*

Piloter. v. a. Peupler de pilots battus au refus du mouton, un terrain de mauvaise consistance, sur lequel on veut élever quelque bâtiment.

Pince. s. f. Barre de fer carrée, de différentes longueurs, dont un bout est arrondi pour servir de manche, et dont l'autre bout est courbé en talon : on s'en sert pour remuer de grands fardeaux. Il y a une pince qu'on nomme *pince à pied de chèvre,* dont le bout recourbé est fendu.

Pinnules. s. f. On appelle ainsi deux petites pièces de cuivre, assez minces et à-peu-près carrées, élevées perpendiculairement aux deux extrémités de l'alidade d'un demi-cercle, d'un graphomètre, d'un équerre d'arpenteur, ou de tout autre instrument semblable, dont chacune est percée, dans le milieu, d'une fente qui règne de haut en bas. Quand on prend des distances, que l'on mesure des angles sur le terrein, ou que l'on fait tout autre observation, c'est par ces fentes, qui sont dans un même plan avec la ligne, qu'on appelle *ligne de foi*, et qui est tracée sur l'alidade, que passent les rayons visuels qui viennent des objets à l'œil. On voit donc que les pinnules servent à mettre l'alidade dans la direction de l'objet qu'on se propose d'observer, et que les fentes servent à en faire discerner quelques parties d'une manière bien déterminée. C'est pourquoi ces fentes ayant un peu de largeur, pour laisser voir plus facilement les objets, portent un cheveu qui en occupe le milieu depuis le haut jusqu'en bas. Au lieu d'un cheveu, d'un fil de soie, les faiseurs d'instrumens laissent entre les fentes un filet de la même matière que les pinnules, quand il s'agit d'instrumens où il n'est pas besoin d'une exactitude bien rigoureuse, tel que le bâton ou l'équerre d'arpenteur, etc.

Pioche. s. f. Outil de fer plat, dont une extrémité est acérée et pointue ou carrée, et l'autre, percée d'un trou ou œil, pour y ajuster un manche : il sert à fouiller la terre, à travailler aux démolitions, et à dégrossir les pierres et les piquer. (Pl. XL, fig. 23, 24 et 34.)

Piquer. v. a. C'est, en maçonnerie, rustiquer les paremens ou les lits d'une pierre.

Piquer. C'est, en charpenterie, marquer sur une pièce de bois, par des lignes avec le traceret, l'ouvrage qu'il faut y faire pour la tailler et façonner.

Piqueur. s. m. Est, dans un atelier, un homme préposé par l'entrepreneur pour marquer les journées des ouvriers, veiller à l'emploi du temps, piquer sur son rôle ceux qui s'absentent dans le temps du travail, et pour recevoir les matériaux par compte, et en garder les notes ou les tailles.

Piston. s. m. Est un cylindre de bois, quelquefois de métal solide ou percé, et garni de soupape, attaché à l'extrémité d'une verge ou barre de fer qu'on lève et baisse alternativement dans le tuyau ou corps d'une pompe, par le moyen d'une manivelle ou brinqueballe, pour aspirer ou pousser l'eau en l'air. Voyez *Pompe.*

Pivot. s. m. Est un morceau de métal, de figure conique, qu'on fait tourner dans une crapaudine, ou de figure cylindrique qu'on fait tourner dans un collier. (Pl. LXI, fig. 4 et 21, D.)

Plan. s. m. Signifie une surface à laquelle une ligne droite se peut appliquer en tout sens, de manière qu'elle coïncide toujours avec cette surface.

— *incliné*, est un plan qui fait un angle oblique avec un plan horizontal.

La théorie du mouvement des corps sur des

plans inclinés est un des points principaux de la mécanique.

Si un corps est placé sur un plan incliné, sa pesanteur absolue sera à sa pesanteur relative, comme la longueur du plan AC est à sa hauteur AB.

En effet, un corps qui est sur un plan incliné tend, en vertu de sa pesanteur, à tomber suivant la verticale QF; mais il ne peut tomber dans cette direction, à cause du plan qui s'y oppose : or, l'action de la pesanteur, suivant QF, est composée de deux autres actions; l'une, suivant QG, perpendiculaire à AC, et l'autre suivant QE, dans la direction de AC : l'effort suivant QG, étant perpendiculaire à AC, est détruit et soutenu par le plan, et il ne reste plus que l'effort suivant QE, avec lequel le corps tend à tomber ou à glisser le long du plan, et glisserait effectivement si quelque puissance ne le retenait pas : or, l'effort QE avec lequel le corps tend à tomber, est plus petit que l'effort absolu de la pesanteur suivant QF, parce que l'hypotenuse QF du triangle rectangle QFE est plus grande que le côté OE; ainsi, on voit que le corps D tend à glisser sur le plan avec une force moindre que sa pesanteur, et que le plan en soutient une partie. De plus, les triangles QEF, ACB sont semblables; car les angles en E et en B sont droits, et l'angle Q est égal à l'angle A; d'où il s'ensuit que QE est à QF comme AB est à AC ; donc l'effort du poids pour glisser est à son poids absolu comme la hauteur du plan est à sa longueur ; donc la puissance nécessaire pour vaincre la tendance du poids à glisser, est au poids D dans le même rapport de la hauteur du plan à sa longueur.

D'où il s'ensuit : 1° que le corps D ne pesant sur le plan incliné qu'avec sa pesanteur respective ou relative, le poids L appliqué dans une direction verticale, le retiendra ou le soutiendra, pourvu que la pesanteur soit à celle du corps D, comme la hauteur du plan BA est à sa longueur AC ;

2° Si l'on prend pour sinus total la longueur du plan CA, AB sera le sinus de l'angle d'inclinaison ACB ; c'est pourquoi la pesanteur absolue du corps est à sa pesanteur respective, suivant le plan incliné, et le poids D est aussi au poids L, agissant suivant la direction LA ou AB sur le poids D qu'il soutient, comme le sinus total est au sinus de l'angle d'inclinaison ;

3° Les pesanteurs respectives du même corps sur différens plans inclinés, sont l'une à l'autre comme les sinus des angles d'inclinaison ;

4° Plus l'angle d'inclinaison est grand, plus aussi est grande la pesanteur respective ;

5° Ainsi, dans un plan vertical où l'angle d'inclinaison est le plus grand, puisqu'il est formé par une perpendiculaire, la pesanteur respective est égale à la pesanteur absolue ; et dans un plan horizontal, où il n'y a aucune inclinaison, la pesanteur respective s'anéantit absolument.

Pour trouver le sinus de l'angle d'inclinaison que doit avoir un plan, afin qu'une puissance donnée y puisse soutenir un poids donné, dites : le poids donné est à la puissance donnée comme le sinus total est au sinus de l'angle d'inclinaison du plan : ainsi, supposant qu'un poids de mille doive être soutenu par une puissance de cinquante, on trouvera que l'angle d'inclinaison doit être de 2° 52′.

Au reste, nous supposons dans toute cette théorie que la puissance tire parallélement à AC, c'est-à-dire, à la longueur du plan ; et c'est la manière la plus avantageuse dont elle puisse être appliquée : mais si elle tire dans toute autre direction, il ne sera pas fort difficile de déterminer le rapport de la puissance au poids. Pour cela, on mènera par le point de concours de la direction verticale du poids et de la direction de la puissance, une perpendiculaire au plan AC : or, pour qu'il y ait équilibre, il faut, 1° que cette perpendiculaire tombe sur la base du corps et non au-delà ou en deçà, car autrement le corps glisserait ; 2° Qu'elle soit la direction de la force résultante de l'action du poids et de celle de la puissance, car il faut que la force résultante de ces deux actions soit détruite par la résistance du plan, et elle ne peut être détruite, à moins qu'elle ne soit pas perpendiculaire au plan ; on fera donc un parallélogramme, dont la diagonale soit cette perpendiculaire, et dont les côtés seront pris sur les directions de la puissance et du poids, et le rapport des côtés de ce parallélogramme sera celui de la puissance et du poids.

Si le poids L descend selon la direction perpendiculaire AB, en élevant le poids D dans une direction parallèle au plan incliné, la hauteur de l'élévation du poids D sera à celle de la descente du poids L, comme le sinus de l'angle d'inclinaison C est au sinus total.

D'où il suit : 1° que la hauteur de la descente du poids L est à la hauteur de l'élévation du podis D réciproquement comme le poids D est au podis équivalent L ;

2° Que des puissances sont égales lorsqu'elles élèvent des poids à des hauteurs qui sont réciproquement proportionnelles à ces poids.

On voit aussi la raison pourquoi il est beaucoup plus difficile de tirer un chariot chargé sur un plan incliné, que sur un plan horizontal, parce qu'on a à vaincre une partie du poids qui est à la pesanteur totale dans le rapport de la hauteur du plan à sa longueur. Cette vérité peut servir aux ingénieurs, à établir, dans leurs devis, des règles certaines pour fixer le prix des transports des terres ou des pierres, à des largeurs et hauteurs déterminées. Par exemple, si, à des distances égales et sur un plan incliné de 25 degrés, on donne pour prix de transport par toises cubes 12 francs, que doit-on donner pour la conduire, même longueur supposée, et sur un plan incliné de 6 degrés?

Plan. Lever un plan, c'est l'art de représenter sur le papier les différens angles et les différentes lignes d'un terrein, dont on a pris les mesures avec un graphomètre, une boussole ou autre instrument semblable. Voyez *Graphomètre, Boussole*, etc.

Quant à la manière de rendre ces plans sur le papier, j'en donnerai un détail d'après M. de l'Espinasse et la mienne.

Planchers de plate-formes. s. m. C'est, sur un espace peuplé de pilots, une aire faite de plate-formes ou madriers, posés en chevauchure sur des patins et racinaux, pour recevoir les premières assises de pierre de la culée, ou de la pile d'un pont, d'un môle, d'une digue, etc.

Planchette. s. f. C'est un instrument dont on se sert pour la levée des plans ou l'arpentage des terres, et avec lequel on a sur le terrain même, le plan que l'on demande, sans être obligé de le construire à part.

La planchette représentée (Pl. LIV, fig. 13), consiste en un parallélogramme de bois, long d'environ quinze pouces, et large de douze, entouré d'un châssis de bois, par le moyen duquel on attache une feuille de papier bien étendue, et, pour ainsi dire, bien collée sur la planchette; de sorte que l'on peut tirer exactement dessus toutes les lignes dont on a besoin.

Sur chaque côté du châssis, et vers le bord intérieur, il y a des échelles de pouces subdivisées; outre cela, on a projeté sur un côté, les 360 degrés d'un cercle, en partant d'un centre de cuivre, qui est au milieu de la planchette; chaque degré est coupé en deux parties égales, et à chaque dixième degré, sont marqués deux nombres, dont l'un exprime le degré, et l'autre son complément à 360 degrés, afin de n'être pas obligé de faire la soustraction : sur l'autre côté sont projetés les 180 degrés d'un demi-cercle, en partant d'un centre de cuivre qui est au milieu de la longueur de la table, et à un quart de sa largeur : chaque degré est divisé en deux, et l'on a marqué deux nombres à chaque 10e deg., c'est-à-dire, avec son complément à 180 deg.

D'un côté de la planchette est une boussole qui sert à placer l'instrument : le tout est attaché à un genou, par un bâton à trois branches, pour le soutenir; on le fait tourner, ou bien on le fixe par le moyen d'une vis, suivant le besoin. Enfin, la planchette est accompagnée d'un index; c'est une règle longue de seize pouces au moins, et large de deux, sur laquelle il y a ordinairement des échelles, etc.; elle est accompagnée de deux pinnules placées perpendiculairement sur ses extrémités.

Pour prendre un angle avec la planchette, ou bien trouver la distance de deux endroits accessibles par une seule et même station (fig. 14), supposons que DA, DB soient les côtés de l'angle cherché, ou bien que AB soit la distance que l'on souhaite de connaître, placez l'instrument horizontalement, le plus près de l'angle qu'il est possible, et prenez un point dans le papier ou la carte qui est sur la planchette, par exemple, le point C; appliquez-y le bord de l'index, en le faisant tourner jusqu'à ce que vous aperceviez le point B par les pinnules : la règle étant dans cette situation, tirez le long de son bord la ligne Cc indéfinie, faites tourner de la même manière l'index sur le même point, jusqu'à ce que vous aperceviez le point A à travers les pinnules, et tirez la ligne droite cd indéfiniment : on a par cette méthode la quantité de l'angle tracé sur le papier.

Mesurez, avec une chaîne, les lignes DA, DB, et prenant ces mêmes mesures sur une échelle, portez-les sur les côtés respectifs de l'angle tracé sur le papier ; supposons qu'elles s'étendent de c en b et de c en a, de cette manière cb et ca seront proportionnels aux côtés DB et DA sur le terrein.

Portez la distance ab sur la même échelle, et

voyez quelle est sa largeur : l'étendue que vous trouverez sera la longueur ou la distance de la ligne AB que l'on cherchait.

Trouver avec la planchette la distance de deux endroits inaccessibles : supposons que l'on veuille connaître la distance AB (fig. 15) : 1° après avoir choisi deux stations en C et en D, placez la planchette à la première station C ; par les pinnules, visez aux points DBA, et tirez le long du bord de l'index les lignes *cd*, *cb*, *ca* ;

2° Mesurez la distance des stations CD, et la prenant sur une échelle, portez-la sur *cd* ;

3° Otant la planchette du point C, fixez-la en D, de manière que le point *d* répondant directement au-dessus de l'endroit D, et que mettant ensuite l'index le long de la ligne *cd*, vous apercevez par les pinnules la première station C. L'instrument étant ainsi fixé, dirigez les pinnules aux points AB, et tirez les lignes droites *da*, *db* ; enfin, trouvez sur l'échelle la longueur *ab*, elle marquera la distance AB que l'on demande.

On peut trouver de la même manière par deux stations la distance d'un nombre quelconque de lieux proposés, et par ce moyen lever le plan d'une partie de pays.

Cet exemple suffit pour mettre même à de se servir de cet instrument.

Le grand inconvénient de la planchette est que le papier rend cet instrument impraticable dans un temps humide ou pluvieux, on s'aperçoit même que la rosée du matin ou du soir enfle ou gonfle considérablement le papier, et, par conséquent, qu'elle déjette l'ouvrage. Pour éviter cet inconvénient, et rendre cet instrument d'un usage sûr, quelle que soit la température de l'air, on supprimera le papier, en élevant au centre un style ; il en naîtra un graphomètre, un demi-cercle ou un cercle entier, qui aura le même usage que tous ces instrumens.

La planchette dépouillée de son papier devient donc un graphomètre ou un demi-cercle. Si l'on veut que la planchette serve de cercle entier, l'index doit constamment tourner autour du centre de cuivre percé au milieu de la planchette. Si l'on veut qu'elle serve de demi-cercle, il faut que l'index tourne sur l'autre centre de cuivre qui y est percé ; ce qui se fait dans l'un et l'autre cas, par le moyen d'un style planté dans les trous. Quand la planchette doit servir d'équerre d'arpenteur, on visse la boussole à l'index.

Poids. s. m. Est l'effort avec lequel un corps tend à descendre, en vertu de sa pesanteur ou gravité ; il y a cette différence entre le poids d'un corps et la gravité, que la gravité est la force même, ou cause qui produit le mouvement des corps pesans, et le poids comme l'effet de cette cause, effet qui est d'autant plus grand, que la masse du corps est plus grande, parce que la force de la gravité agit sur chaque particule du corps : ainsi, le poids d'un corps est double de celui d'un autre, quand sa masse est double ; mais la gravité de tous les corps est la même, en tant qu'elle agit sur de petites parties égales de chaque corps.

Un corps plongé dans un fluide qui est d'une pesanteur spécifique moindre que lui, perd de son poids une partie égale à celle d'un pareil volume de fluide ; en effet, si un corps était du même poids que l'eau, il s'y soutiendrait en quelqu'endroit qu'on le plaçât, puisqu'il serait alors dans le même cas qu'une portion de fluide qui lui serait égale et semblable en grosseur et en volume : ainsi, dans ce cas, il ne ferait aucun effort pour descendre ; donc, lorsqu'il est plus pesant qu'un pareil volume de fluide, l'effort qu'il fait pour descendre est égal à l'excès de son poids sur celui d'un égal volume de fluide. Par conséquent un corps perd plus de son poids dans un fluide plus pesant que dans un fluide qui l'est moins, et pèse par conséquent plus dans un fluide plus léger que dans un plus pesant : de plus, toutes choses égales d'ailleurs, plus un corps a de volume, plus il perd de son poids dans un fluide où on le plonge : de là, il s'ensuit qu'une livre de plomb et une livre de liége, qui sont également pesantes lorsqu'elles sont posées dans l'air, ne le seront plus dans le vide : la livre de liége sera alors plus pesante que la livre de plomb, parce que la masse de liége qui pesait une livre dans l'air, perdait plus de son poids que la masse de plomb qui avait moins de volume. Si le corps est moins pesant qu'un égal volume de fluide, alors il ne s'enfonce pas tout-à-fait dans le fluide ; il surnage, et il s'enfonce dans le fluide jusqu'à ce que la partie enfoncée occupe la place d'un volume de fluide qui serait d'une pesanteur égale à celle du corps entier.

Poids, se dit aussi en général pour marquer un corps pesant; ainsi, on dit cet homme porte un poids considérable.

On donne encore le nom de *poids* à un corps d'une pesanteur déterminée, dont on se sert pour mesurer les autres, tel que le quintal, la livre, l'once, etc.

Je joins à cet article une table du poids d'un pied cube des différentes matières dont on fait usage.

	pied cube.		pied cube.
Or.	1355 livres.	Terre argileuse. .	155
Argent	735	Pierre à bâtir. . .	120
Cuivre	545	Pierre à plâtre. . .	155
Plomb.	794	Grès	180
Fer.	545	Marbre.	190
Etain.	510	Quarz.	186
Terre ordinaire . .	95	Cailloux.	182
Terre grasse . . .	115	Pierre meulière. .	174

	pied cube.		pied cube.
Granits.	185 livr.	Eau de mer.	73 once gr.
Schistes.	190	Air.	0 1 3
Bazalte.	169	Bois de chêne verd	80
Ardoise.	156	Chêne sec.	52
Chaux vive	59	Noyer.	46
Mortier de chaux et sable.	120	Orme.	46
		Frêne.	60
Plâtre gâché	104	Hêtre.	60
Tuile.	127	Aune.	56
Brique.	132	Erable	52
Sable de rivière.	132	Saule	40
Sable de terrain	120	Tilleul	42
Eau de puits	72	Sapin.	38
— de rivière	69	Peuplier	28
— de fontaine.	70		

On conçoit aisément que ces pesanteurs varient selon la nature et la qualité des espèces; mais les différences qui existent sont de peu d'importance dans l'emploi qu'on peut faire de ces matériaux.

Pointer. v. a. C'est, dans la coupe des pierres, prendre sur l'épure le développement des panneaux, et les rapporter sur les blocs de pierre, soit avec le compas, soit avec la fausse équerre, sur des cartons.

Polygone. s. m. Se dit d'une figure de plusieurs côtés, ou d'une figure dont le contour ou le périmètre a plus que quatre côtés et quatre angles.

Si les côtés et les angles en sont égaux, c'est un polygone régulier. On distingue les polygones suivant le nombre de leurs côtés ; le pentagone a cinq côtés, l'héxagone six, l'heptagone sept, l'octogone huit, etc.

Tout polygone peut être divisé en autant de triangles qu'il a de côtés.

Ce qui se fait en prenant un point comme F, en quelqu'endroit que ce soit au-dedans du polygone, d'où l'on tire des lignes à chaque angle Fa, Fb, Fc, Fd, etc. (Pl. LV, fig. 20.)

Les angles d'un polygone quelconque, pris ensemble, font deux fois autant d'angles droits, moins quatre, que la figure a de côtés, ce qui est aisé à démontrer; car tous les triangles font deux fois autant d'angles droits que la figure a de côtés, et il faut retrancher de cette somme les angles autour du point F, qui valent quatre angles droits.

Par conséquent, si le polygone à cinq côtés, en doublant on en a dix, d'où ôtant quatre, il reste six angles droits.

Tout polygone circonscrit à un cercle, est égal à un triangle rectangle, dont un des côtés est le rayon du cercle, et l'autre est le périmètre ou la somme de tous les côtés du polygone.

D'où il suit que tout polygone régulier est égal à un triangle, dont un des côtés est le périmètre du polygone, et l'autre côté une perpendiculaire tirée du centre sur l'un des côtés du polygone.

Tout polygone circonscrit à un cercle, est plus grand que le cercle, et tout polygone inscrit est plus petit que le cercle, par la raison que ce qui contient est toujours plus grand que ce qui est contenu.

Il suit que le périmètre de tout polygone circonscrit à un cercle, est plus grand que la circonférence de ce cercle, et que le périmètre de tout polygone inscrit à un cercle, est plus petit que la circonférence de ce cercle; d'où il suit qu'un cercle est égal à un triangle rectangle, dont la base est la circonférence du cercle, et la hauteur est le rayon, puisque ce triangle est plus petit qu'un polygone quelconque circonscrit, et plus grand qu'un inscrit.

Pour trouver l'aire d'un polygone régulier, multipliez un côté du polygone comme AB par la moitié du nombre des côtés, par exemple, le côté d'un hexagone par trois ; multipliez encore le produit par une perpendiculaire abaissée du centre du cercle circonscrit sur le côté AB, le produit est l'aire que l'on demande.

Ainsi, supposons AB=54 et la moitié du nombre des côtés =$2\frac{1}{2}$, le produit ou le demi-périmètre =153 : supposant alors que la perpendiculaire soit 29, le produit 3915 de ces deux nombres est l'aire du pentagone cherché.

Pour trouver l'aire d'un polygone irrégulier ou d'un trapèze, résolvez-le en triangle; déterminez les différentes aires de ces différens triangles, la somme de ces aires est l'aire du polygone proposé.

Pour trouver la somme de tous les angles d'un polygone quelconque, multipliez le nombre des côtés par 180 degrés; ôtez de ce produit le nombre 360, le reste est la somme cherchée.

Ainsi, dans un pentagone, 180 deg. multipliés par 5, donnent 900; d'où soustrayant 360, il reste 540, qui est la somme des angles d'un pentagone; d'où il suit que si l'on divise la somme trouvée par le nombre des côtés, le quotient sera l'angle d'un polygone régulier.

On trouve la somme des angles d'une manière plus expéditive, comme il suit : multipliez 180 par un nombre plus petit de deux que le nombre des côtés du polygone; le produit est la quantité des angles cherchés : ainsi, 180 deg. multipliés par 3, qui est un nombre plus petit de deux que le nombre des côtés, donne le produit 540 pour la quantité des angles, ainsi que ci-dessus.

La table suivante représente la somme des angles de toutes les figures rectilignes, depuis le triangle jusqu'au décagone; et il est utile, tant pour la description des figures régulières, que pour vérifier si l'on a trouvé exactement ou non la quantité des angles que l'on a pris avec un instrument.

NOMBRE des côtés.	SOMME des angles.	ANGLE des fig. rég.	NOMBRE des côtés.	NOMBRE des angles.	ANGLE des fig. rég.
III.	180	60	VIII.	1080	135
IV.	360	90	IX.	1260	140
V.	540	108	X.	1440	144
VI.	720	120	XI.	1620	$147\frac{3}{11}$
VII.	900	$128\frac{4}{7}$	XII.	1800	150

Pour inscrire un polygone régulier dans un cercle, divisez 360 par le nombre des côtés du polygone proposé; afin d'avoir la quantité de l'angle EFD, prenez cet angle EFD au centre, et portez-en la corde ED sur la circonférence autant de fois qu'elle pourra y aller; de cette manière on aura le polygone inscrit au cercle.

Pour circonscrire un cercle à un polygone régulier, ou pour circonscrire un polygone régulier à un cercle, coupez deux des angles du polygone donné, comme A et E, en deux également, par les lignes droites AF et EF qui concourent en F, et du point de concours avec le rayon EF, décrivez un cercle.

Pour circonscrire un polygone à un cercle, divisez 360 par le nombre des côtés requis, afin d'avoir l'angle CF; formez cet angle au centre F, et tirez la ligne *eg* qui se divise en deux également; tirez ensuite la tangente *ega*, et sur cette ligne construisez un polygone, ainsi qu'on l'enseigne au problème suivant.

Sur une ligne donnée ED construire un polygone régulier quelconque donné. Cherchez dans la table l'angle de ce polygone, et construisez-en un angle qui lui soit égal, en traçant EA=ED. Par les trois points AED, décrivez un cercle, appliquez-y la ligne droite donnée autant de fois qu'elle pourra y aller, par ce moyen on aura décrit la figure requise.

Pour inscrire ou circonscrire trigonométriquement un polygone régulier, trouvez le sinus de l'arc, qui vient en divisant la demi-circonférence 180 par le nombre des côtés du polygone ; le double de ce sinus est la corde de l'arc double, et par conséquent le côté AE qui doit être inscrit au cercle : donc si le rayon d'un cercle, dans lequel on doit inscrire un pentagone, par exemple, est donné en une certaine mesure, comme 345, on trouvera le côté du pentagone en même mesure par la règle de trois, en faisant, comme le rayon 1000 est à 1176, ainsi 3450 est à 4057, qui est le côté du pentagone ; c'est pourquoi avec le rayon donné, décrivez un cercle, et portez sur la circonférence de ce cercle le côté du polygone autant de fois que vous le pourrez; vous aurez de cette manière un polygone inscrit au cercle.

Afin d'éviter l'embarras de trouver par les tables des sinus le rapport du côté du polygone à son rayon, nous ajouterons une table qui exprime les côtés des polygones en parties, dont le rayon en contient 100000000. Dans la pratique on retranche autant de figures de la droite que l'on en juge de superflues par les circonstances du cas proposé.

NOMBRE des côtés.	QUANTITÉ du côté.	NOMBRE des côtés.	QUANTITÉ du côté.
III.	17320508	VIII.	7653668
IV.	14142135	IX.	6820402
V.	11855705	X.	6180339
VI.	10000000	XI.	5634751
VII.	8677674	XII.	5175380

Pour décrire trigonométriquement un polygone régulier sur une ligne droite donnée, et pour circonscrire un cercle autour d'un polygone donné, en prenant dans la table le rapport du côté au rayon, déterminez le rayon sur la même échelle que le côté donné; ou ayant le côté et le rayon, on peut décrire un polygone par le dernier problème; donc, si, avec l'intervalle du rayon et des extrémités de la ligne donnée, on trace deux arcs qui se coupent, le point d'intersection sera le centre du circonscrit.

Pompe. s. f. Machine composée de tuyaux cylindriques de bois ou de métal, d'un piston et de soupapes, dont on se sert pour puiser l'eau et l'élever.

Il y en a de différentes espèces; savoir: la pompe aspirante, la pompe foulante, et la pompe aspirante et foulante.

La pompe aspirante est celle qui, dans un même tuyau cylindrique, renferme un piston percé, garni d'une soupape, armé d'une tige: lorsque, par un mouvement quelconque, on élève le piston, la soupape se ferme, et donne à l'eau qui est dans le tuyau inférieur, la liberté de monter; ensuite ce même mouvement faisant descendre le piston, l'eau contenue dans le tuyau inférieur, qui est comprimée, soulève la soupape, passe à travers le piston, et s'élève au-dessus.

Pour que la pompe aspirante fournisse une plus grande quantité d'eau à chaque coup de piston, on a imaginé d'y ajouter un clapet, à la jonction des tuyaux inférieur et supérieur.

La pompe foulante est celle dont le piston agit dans un sens contraire, étant renversé et foulant l'eau en montant; à cet effet, il est retenu dans un châssis de fer; lorsque le piston descend par l'action du moteur, la soupape s'ouvre, le clapet se ferme, et l'eau qui passe à travers le piston, monte dans le tuyau; ensuite le piston remontant, la soupape se ferme, et l'eau qui se trouve comprimée au-dessus, oblige le clapet de s'ouvrir, et par ce moyen elle monte dans le tuyau supérieur.

La pompe aspirante et foulante est celle dont le piston massif agit dans le tuyau d'aspiration, et au-dessous duquel est le clapet; au-dessus de ce clapet, et à côté, est un autre tuyau courbe, d'un moindre diamètre, à l'entrée duquel est un autre clapet. Lorsque la puissance fait monter le piston, le clapet s'ouvre et aspire l'eau; mais lorsqu'il descend, ce clapet se ferme, et l'eau contenue entre ce clapet et le piston étant comprimée, fait ouvrir le clapet du tuyau courbe par lequel elle passe, et par la répétition successive des coups de piston, elle s'élève de plus en plus, et en plus grande quantité.

Il y a plusieurs manières de disposer ces trois sortes de pompes, suivant les endroits où on les place; on les fait mouvoir aussi de différentes façons, soit à bras, soit par le tirage de chevaux, soit par l'action de l'air sur les ailes d'un moulin à vent, soit par l'action de l'eau sur une roue à aubes ou à gaudets.

Pour connaître à quelle hauteur l'eau peut monter dans la pompe aspirante, il faut se rappeler les expériences faites par M. Mariotte et plusieurs autres physiciens, par lesquels il résulte que lorsque l'air peut soutenir, dans le baromètre, le vif argent à la hauteur de 27 pouces 8 lignes, l'eau demeure suspendue dans les tuyaux aspirans, qui sont aussi des espèces de baromètre d'eau, à la hauteur de 31 pieds 1 pouce ; et lorsque le vif argent se soutient à 28 pouces, l'eau monte à 31 pieds 4 pouces : d'où il suit que si la hauteur du vif argent dans le baromètre est de 28 pouces 7 lignes, ce qui arrive quelquefois, l'eau doit être pour lors, dans les baromètres d'eau, à 32 pieds au-dessus du niveau : c'est donc la plus grande hauteur que l'eau puisse avoir dans les tuyaux aspirans.

Quoique, absolument parlant, l'eau puisse être aspirée par le piston à la hauteur de 32 pieds, cependant, comme entre le fond et la base il y a toujours quelque espace qui contient de l'air, quand ce ne serait que le trou dont le piston est percé, et que d'ailleurs les soupapes ont une pesanteur qui ne peut être surmontée qu'autant que le resort de l'air a une force sensible, laquelle s'oppose à l'ascension de l'eau, on est obligé de donner aux tuyaux aspirans une longueur moindre que 32 pieds ; mais une raison essentielle oblige de diminuer considérablement cette longueur ; c'est que la vîtesse de l'eau qui entre dans le corps de pompe doit être au moins égale à celle du piston, lorsqu'il monte, sans quoi le piston se séparerait de l'eau, et venant à descendre avant que l'aspiration fût faite, ou avant que l'eau eût rempli le corps de la pompe, le piston ferait un chemin inutile en montant et en descendant, ce qui diminuerait d'autant la quantité d'eau que la pompe aurait fournie si le piston avait toujours adhéré à l'eau : or, la vitesse de l'eau qui entre dans le corps de pompe, dépend de la longueur qu'on donne au tuyau aspirant ; plus il est court, plus la vitesse de l'eau est grande ; plus il est long, moins l'eau y coule vite.

La pompe foulante diffère de l'aspirante en deux choses : la première en ce que la pompe aspirante ne peut faire monter l'eau qu'à une hauteur déterminée, et que la pompe foulante peut la pousser à telle hauteur qu'on veut, pourvu qu'on applique au piston la force nécessaire ; secondement, parce que la pompe aspirante ne peut se passer d'un tuyau pour aspirer l'eau, et que la pompe foulante peut jouer sans tuyau montant, et pousser l'eau en jet.

Il y a trois parties principales à considérer dans une pompe, les pistons, les soupapes et les tuyaux ; le frottement est très-nuisible au piston, et il en retarde considérablement le jeu. M. Daniel Bernoulli conseille, dans son *Hydrodynamique*, pour ôter tout frottement, de lui donner un diamètre tant soit peu moindre que le diamètre intérieur du corps de pompe ; mais ce moyen paraît défectueux, parce que le piston cessant d'être adhérent au corps de pompe, doit laisser échapper une certaine quantité d'eau. Ce moyen ne peut regarder que le piston de la pompe foulante, car le piston de la pompe aspirante doit toucher très-exactement le pourtour du corps de la pompe, pour empêcher l'introduction de l'air dans l'intérieur, ce qui empêcherait l'aspiration.

Les soupapes sont la seconde partie que nous avons à considérer. M. Camus a donné, dans un Mémoire à l'Académie, un très-grand développement au mécanisme des pompes, et il y considère les soupapes encore plus particulièrement. C'est d'après lui que je vais en parler.

Les épaisseurs des soupapes doivent être, dans la supposition ordinaire, en raison de leur diamètre, lorsque les colonnes d'eau dont elles sont chargées ont la même hauteur : ainsi, une soupape étant supposée avoir une épaisseur convenable à sa charge, si une autre soupape de la même matière a une diamètre double, elle devra avoir une épaisseur double, si la colonne d'eau qui la charge a la même hauteur.

Cette supposition que les épaisseurs des soupapes de même matière doivent être comme les diamètres sous des colonnes d'eau de même hauteur, est fondée sur ce que les résistances des soupapes doivent être entr'elles comme les poids des colonnes de même hauteur qui les chargent; or, les poids des colonnes d'eau de même hauteur sont comme les bases ou comme les carrés des diamètres, donc les résistances doivent être comme ces mêmes 'carrés ; il s'agit de prouver que si les épaisseurs des soupapes sont comme les diamètres, les résistances seront comme les carrés des mêmes diamètres. Les solides semblables de la même matière, ont des résistances qui sont comme les carrés de leurs dimensions semblables : or, si les soupapes ont des épaisseurs comme leurs diamètres, ce sont des solides ou des cylindres semblables, puisque leurs dimensions semblables sont proportionnelles ; donc, si les épaisseurs sont comme les diamètres, les résistances seront comme les carrés des mêmes diamètres, et par conséquent, elles seront proportionnelles aux charges des colonnes d'eau de même hauteur.

Une soupape, pour être bonne, doit être fidèle ; c'est-à-dire, qu'elle doit se fermer exactement sitôt que rien ne l'oblige d'être ouverte, et lorsqu'elle est fermée, elle doit retenir l'eau, et n'en rien laisser échapper, s'il est possible : sa position la plus avantageuse est d'être horizontale, et de se fermer perpendiculairement de haut en bas.

Les soupapes les plus ordinaires sont celles qu'on nomme à *coquille* et à *clapet*, ou simplement *clapets*.

Le clapet est fait d'un rond de cuir fortement serré entre deux platines de métal, par le moyen d'une ou de plusieurs vis : ce rond de cuir tient par une queue à une couronne coupée dans la même pièce que le rond qu'elle entoure. La couronne est fortement serrée entre le collet du tuyau inférieur et le collet du tuyau supérieur : c'est sur cette queue, qui doit être beaucoup plus étroite que le clapet, que se fait le jeu du clapet, comme sur une charnière.

Il faut que la section du tuyau perpendiculaire soit égale à l'ouverture circulaire du diaphragme, plus à la base de la soupape ; par ce moyen la couronne qui doit former ce troisième passage, sera égale à l'ouverture circulaire ; car l'eau ne doit pas être gênée dans le tuyau, afin de ne pas accélerer sa vîtesse.

Vers la fin du dernier siècle, de savans physiciens s'aperçurent que la vapeur de l'eau bouillante avait une force considérable, et capable de produire de grands effets. Ils conçurent dès-lors le dessein de la faire servir au mouvement des machines. Les difficultés qui s'offrirent d'abord en grand nombre, ne ralentirent point leur zèle ; ils essayèrent successivement les mille et un moyens que le désir de l'invention leur avait suggérés. Ils parvinrent enfin à faire agir régulièrement la force de la vapeur de l'eau bouillante, en l'associant à la pression de l'air extérieur : ces deux puissances n'agissent jamais ensemble ; le poids de l'air extérieur produit son effet aussitôt que la force de la vapeur est détruite ; la vapeur se renouvelle ensuite, et, par la force de son action, annulle la pression de l'air : cependant la vapeur s'exerçant de la sorte contre le poids de l'air extérieur, s'affaiblit, et se dissipe à la fin, ce qui met l'air en état de renouveler son impulsion.

C'est le marquis de Worcester qui a eu, vers le milieu du 17ᵉ siècle, la première idée de cette étonnante et utile machine ; et ce n'est qu'au commencement du 18ᵉ, que Savary songea à appliquer cette belle invention à quelque objet d'utilité, en proposant son usage pour élever l'eau des mines ; après lui, Neuwcomen et Cawley mûrirent cette idée, et donnèrent une direction plus étendue à cette nouvelle force motrice. Ce sont eux qui on imaginé le balancier et le mécanisme, au moyen desquels l'action indirecte de la vapeur, moins forte que l'atmosphère, ou plutôt l'action directe de l'atmosphère, agit avec certitude et effet contre la plus grande résistance.

Watt, de Glasgow, et Botton, de Birmingham, se sont occupés de cette machine depuis une trentaine d'années ; et le succès de leurs recherches, est l'exemple le plus frappant des avantages que la société doit toujours retirer, quand l'intelligence est jointe au savoir, et quand le goût des entreprises se trouve réuni aux efforts de l'esprit et du génie. Dans les améliorations qu'ils apportèrent à la machine de Neuwcomen, les traits les plus saillans sont d'avoir employé l'élasticité de la vapeur comme *puissance active*, et de l'avoir condensée hors du cylindre.

Je ne parlerai pas d'une infinité de détails qu'ils ont ajoutés, pour augmenter l'effet, à mesure qu'ils poursuivirent leur intéressant travail ; il suffit de dire qu'ils avaient tellement perfectionné leur pompe à feu à double effet, qu'on était porté à croire, sur-tout après les tentatives infructueuses de plusieurs de leurs contemporains, qu'elle était arrivée au plus haut degré de perfection, et que ses défauts étaient sans remède.

Je renvoie à la nouvelle architecture hydraulique de M. Prony, ceux qui voudront des détails plus étendus et plus scientifiques, mais qui ne sont pas toujours à la portée de tout le monde. Je me contente d'extraire quelques idées générales sur les progrès de cette invention, et de consulter les Mémoires intéressans que m'ont présentés les *Annales des Arts*.

La pompe à feu de Watt n'est pas sans défaut : le vide est imparfait, le frottement trop grand, le mécanisme trop compliqué ; et, si on n'y apporte beaucoup d'attention et de grands soins, elle est souvent hors d'état de travailler.

Cartwright, pénétré de ces vérités, a travaillé récemment, avec succès, à corriger ces défauts. Son premier objet était d'obtenir, autant que possible, un vide parfait. Ceux qui ont les moindres connaissances physiques, savent que, dans les machines ordinaires, l'air qui se dégage de l'eau injectée pour opérer la condensation, détruit toute possibilité de faire le vide. La pompe à feu de Cartwright condense la vapeur par l'application du froid aux surfaces extérieures d'un réservoir où elle est reçue. Plusieurs personnes ont essayé, sans succès, d'y parvenir avant lui.

Cartwright a cependant réussi, en faisant passer la vapeur entre deux cylindres de fonte, placés l'un dans l'autre, avec un courant d'eau froide qui baignait celui de dehors, et traversait celui de dedans; par ce moyen, il exposait un très-petit volume de vapeur à la plus grande surface possible. En pratiquant une soupape dans le piston, il établit une communication constante entre le condenseur et le cylindre, et à chaque côté du piston; de sorte que, soit que le piston remonte ou descende, la condensation a toujours lieu. Le fluide condensé tombe au bas de l'appareil; de là, il est forcé par un second piston (combiné avec le premier, et faisant les fonctions d'une pompe foulante et aspirante) de remonter dans un réservoir, d'où il est renvoyé de nouveau à la chaudière. Ce réservoir est muni d'une soupape à ballon flottant sur la surface de l'eau, et qui cédant, à certaines époques, à l'effort du gaz refoulé avec le fluide condensé, laisse échapper l'air surabondant; il s'ensuit qu'au bout de quelque temps, la matière se trouve purgée de toute vapeur élastique, et qu'on obtient un vide aussi parfait qu'on puisse l'espérer.

On observera dans cette machine une grande ressemblance avec les pompes ordinaires, la vapeur faisant ici les fonctions de l'eau; car le piston étant élevé, le condenseur est vide; et dès que l'effort de la vapeur sortant de la chaudière aura fait descendre le piston, la tige de la soupape, frappant au fond, ouvre une communication avec le condenseur vide, où la vapeur entre rapidement, et force le piston à remonter de nouveau; c'est ainsi que le mouvement est communiqué à la machine. On verra par l'inspection de la planche, de quelle manière on ouvre et on ferme alternativement les soupapes communiquant avec la chaudière et le condenseur.

Pour éviter le frottement des pistons, qui est très-considérable dans les pompes à feu ordinaires, Cartwright imagina de les faire entièrement de métal. La base du piston est tant soit peu de moindre calibre que le cylindre : sa surface est bien polie; on pose sur cette base plusieurs segmens d'un cercle en cuivre, parfaitement ajustés au diamètre du cylindre; ces segmens sont poussés en dehors par plusieurs ressorts, et les joints, brisés et couverts par un autre rang de segmens semblables au précédent : le tout est recouvert d'un anneau du même diamètre que la base à laquelle il est vissé, de manière cependant à ce que les segmens puissent glisser librement entre l'anneau et la base, et presser contre les parois du cylindre, une pareille disposition est employée dans le second piston, pour garantir la tige, de l'introduction de l'air atmosphérique.

Cette machine est très-imple; il n'y a que deux soupapes, et leur mécanisme n'est point compliqué; mais un grand avantage qu'elle présente, est de pouvoir employer un esprit ardent en place de l'eau. Le fluide devant toujours circuler dans la machine même, les premiers frais une fois faits, l'entretien sera peu dispendieux; peut-être même l'économie de combustibles fera plus que compenser cette différence.

Si on se servait de cette pompe comme appareil distillatoire, la force motrice serait acquise sans aucune dépense; mais l'avantage le plus considérable, est de pouvoir employer cette pompe par-tout où l'on n'a pas besoin d'une grande force motrice, et où les machines ordinaires seraient trop compliquées et trop coûteuses.

Cartwright a proposé quelques changemens dans le mouvement de rotation inventé par Watt, pour éviter les balanciers des machines ordinaires. Le nombre des mentonnets ou pistons qu'il place à l'entour de l'arbre est inégal; deux soupapes sont disposées à chaque côté, avec des tuyaux en avant et en arrière, communiquant avec la chaudière et le condenseur. Le nombre des pistons ou mentonnets ne correspondant jamais à celui des soupapes, il est évident que le mouvement est constant, qu'il n'y a pas de repos, et qu'on peut se dispenser, par ce moyen, des dépenses énormes d'un volant. Quoique cet objet n'ait aucun rapport avec la pompe à feu que nous venons de décrire, nous avons cru devoir le citer comme une des améliorations proposées par Cartwright (Pl. LVI, fig. 7.)

Description de la machine à vapeur de Cartwright (Pl. LVI.)

Fig. 1. Coupe de la machine.
A. Le cylindre communiquant avec la chaudière par le tuyau *a*.
B. Le piston à moitié élevé. 1. Le tuyau qui conduit la vapeur dans le condenseur ou double cylindre C, où elle se condense, et de là passe par *b* dans la pompe D. Le piston D, en descendant, presse l'eau condensée sur la soupape *c* et la ferme : par ce moyen, l'eau est forcée de remonter par *d* dans le réservoir d'air E. Le peu d'air ou fluide élastique qui aurait été forcé avec l'eau dans E, s'élève au haut de la boîte, et, agissant par son élasticité sur la surface de l'eau, ferme la soupape du tuyau *h*, et force l'eau de retomber de nouveau par *f* à la chaudière. Quand il se trouve une assez grande quantité d'air pour faire submerger le ballon *g*, la soupape *e* s'ouvre, et en laisse échapper une partie.
F. La soupape à vapeur, qui s'ouvre par le moyen du piston B, lequel repousse la tige au-dessous de F, en même temps que la soupape G se ferme par la pression de sa tige contre le haut du cylindre. Quand le piston B descend (par l'effort de la vapeur introduite dans le tuyau *a*, à travers la soupape F) au point de toucher le fond du cylindre, la soupape G est ouverte par sa tige inférieure, qui frappe contre le

fond; au même instant le ressort *i* ferme la soupape à vapeur F.

HH. Deux bras courbés, sur les axes desquels sont deux roues dentelées, en fonte, d'égales dimensions, s'engrenant l'une dans l'autre, afin de donner une direction rectiligne à la tige du piston M, le grand réservoir à eau, pour condenser la vapeur dans le double cylindre C.

N. Boîte où l'on prévient la sortie de la vapeur par la tige du piston, en plaçant plusieurs rangs en segmens de cercle ou des anneaux plats de cuivre, correspondans au diamètre de la tige, et pressés contre elle par des ressorts, de la même manière qu'on construit les pistons; chaque rang supérieur est placé de façon à briser les joints de l'inférieur. Celui du milieu est double; le reste de la boîte est rempli d'huile. Il est évident que le frottement est moindre d'après cette méthode, que par la manière ordinaire.

O. Partie du volant ou régulateur.

Fig. 2. Plan du piston.

ABCDEF. Segmens de l'anneau plat, reposant sur leurs bases.

G. Segment couvrant l'aperture entière A et F.

H. Le ressort forçant les segmens en dehors.

J. Ressort agissant sur G.

Fig. 3. Vue du piston avec les segmens couverts.

Fig. 4. Coupe du piston montant la soupape.

Fig. 5. Piston vu en face.

Fig. 6. Le réservoir du condenseur.

A. La soupape.

B. Le ballon soutenant la soupape quand l'air est échappé.

Fig. 7. Mouvement de rotation appliqué aux pompes à feu ordinaires.

A. Le cylindre.

B. La partie mobile avec ses trois mentonnets ou pistons.

CC. Deux soupapes ouvrant sur les pivots.
DD, EE. Deux tuyaux à vapeur.
FF. Deux conduits allant au condenseur.

J'en ai dit assez pour mettre un ingénieur à même de bien connaître l'avantage de la machine à vapeur, avantage inappréciable, et qu'on n'a pas encore assez reconnu en France, et cependant l'on doit savoir que la plus grande partie de la richesse industrielle de l'Angleterre, ne découle que de l'emploi multiplié de cette machine ; c'est aussi dans ce pays que tous les hommes de génie se sont occupés à y faire des changemens et à la simplifier. Salder en fit construire une nouvelle espèce, où les efforts réunis de l'atmosphère et de la vapeur sont combinés pour opérer des effets plus puissans que ceux qu'on avait obtenus jusqu'alors.

La machine est débarrassée du balancier, et par conséquent de l'inertie de cette énorme masse qu'il fallait vaincre continuellement ; la plus grande partie de son action est produite par l'élasticité de la vapeur ; mais le caractère le plus saillant de cette invention consiste dans l'emploi fait d'une partie de la vapeur une seconde fois avant sa condensation, et dans un autre cylindre dont le piston est exposé à la pression atmosphérique. Cette idée de l'auteur est d'autant plus heureuse, que par cette seconde application, on obtient l'effet d'une machine pneumatique, en même temps que l'aggrégation des forces de la machine est considérablement augmentée.

Je finirai cet article par l'extrait du rapport de l'Institut sur une nouvelle machine de M. Cagniard Latour. On sait que tout corps plongé dans un fluide perd une partie de son poids égale à celui du fluide qu'il déplace; c'est sur ce principe qu'est établie cette nouvelle machine qui présente des idées nouvelles et ingénieuses.

Le moteur dans cette machine, n'est point la vapeur de l'eau bouillante, comme dans les machines à feu ordinaires; mais un volume d'air qui, porté froid au fond d'une cuve remplie d'eau chaude, s'y dilate, et qui par l'effort qu'il fait alors pour se reporter à sa surface, agit à la manière des poids, mais de bas en haut, conformément au principe énoncé ci-dessus.

Il est facile de voir que ce moteur une fois trouvé, on peut l'employer de bien des manières différentes: voici celle qui a été imaginée par M. Cagniard.

Sa machine est, à proprement parler, composée de deux autres, qui ont des fonctions tout-à-fait distinctes. La première est destinée à amener au fond de la cuve d'eau chaude, le volume d'air froid dont il a besoin; la seconde a pour objet d'appliquer à l'effet qu'on veut produire, l'effort que cet air, une fois dilaté par la force expansive de la chaleur, fait pour se reporter à la surface supérieure du fluide.

Pour remplir le premier objet, qui est d'amener l'air au fond de la cuve, l'auteur emploie une vis d'Archimède. Si une pareille vis fait monter un fluide quand on la fait tourner dans tel ou tel sens, il est évident qu'elle devra le faire descendre, si on la tourne en sens contraire : si donc elle est plongée dans l'eau, de manière que la seule partie supérieure de son filet spiral reste dans l'air, elle devra, lorsqu'on la tournera en sens contraire, faire descendre au fond de cette masse d'eau, l'air qu'elle saisit à sa partie supérieure à chaque tour de sa rotation.

Voilà ce qui a lieu, en effet, dans la nouvelle machine. L'air dont on a besoin est d'abord porté au fond du réservoir d'eau froide, où est plongée la vis ; de là, il est conduit par un tuyau, au fond de la cuve d'eau chaude. La chaleur de cette eau le dilate aussitôt, et crée ainsi la nouvelle force qui doit servir de moteur ; ainsi se trouve rempli le premier objet du mécanisme proposé.

Le second objet est d'appliquer ce nouveau moteur à l'effet qu'on veut produire ; pour cela l'auteur emploie une roue à augets, entièrement plongée dans la cuve d'eau chaude. L'air dilaté et rassemblé au fond de cette cuve, trouve une issue qui lui est ménagée pour le diriger sous ceux des augets dont l'ouverture est entourée en bas ; alors sa force ascentionnelle chasse l'eau de ces augets, et le côté de la roue où ils se trouvent, devenant plus léger que l'autre côté où les augets restent pleins, la roue tourne continuellement, comme les roues à pots ordinaires.

Cette roue, une fois en mouvement, peut transmettre à d'autres mobiles quelconques, soit par engrenage, soit par d'autres moyens, l'action du moteur. Dans la nouvelle machine, l'effet produit consiste à élever, au moyen d'une corde attachée à l'axe de la roue, un poids de quinze livres, avec la vîtesse uniforme verticale d'un pouce par seconde, tandis que la force mouvante appliquée à la vis, est seulement de trois livres, avec la même vîtesse. L'effet de la chaleur est donc de quintupler l'effet naturel de la force mouvante.

On conçoit que l'effet de la force mouvante étant quintuplé, on peut prélever sur cet effet même de quoi supléer à cette force mouvante; et qu'il restera encore une force disponible quadruple de cette même force mouvante. M. Cagniard établit par un point brisé, la communication entre l'axe de la roue et celui de la vis. Celle-ci tourne alors comme si elle était mue par un agent extérieur, et consomme par ce mouvement un cinquième de l'action du moteur. Le reste sert à élever un poids de douze livres, avec la vîtesse constante d'un pouce par seconde, c'est-à-dire, que la machine se remonte continuellement d'elle-même, et que, de plus, il reste une force disponible quadruple de celle que devrait employer un agent extérieur qui aurait à entretenir par lui-même le mouvement de cette machine.

Il résulte de cet exposé, que la chaleur quintuple, au moins, le volume de l'air qui lui est confié, puis qu'il est évident que l'effet produit doit être proportionnel au volume de cet air dilaté, au moins à cause des frottemens qu'il faut vaincre; mais ces frottemens sont peu de chose, parce que la vis et la roue étant l'une et l'autre plongées dans l'eau, perdent une partie considérable de leur poids, et pressent conséquemment peu sur leurs tourillons : d'ailleurs, les mouvemens sont toujours lents et non alternatifs, et il ne se fait aucun choc ; ainsi la machine est exempte des résistances qui absorbent ordinairement une grande partie de la force mouvante dans les machines, et en accélèrent la destruction.

Cette machine peut devenir fort utile dans un grand nombre de circonstances : comme elle produit son effet dans une masse d'eau échauffée seulement à 75 degrés, et même moins, elle donne lieu de profiter des eaux chaudes que, dans plusieurs manufactures ou établissemens, on rejette souvent comme inutiles. Par exemple, dans les salines, l'ébullition des eaux salées pourrait servir, au moyen de la machine de M. Cagniard, à faire mouvoir les pompes destinées au service des chaudières. Dans les forges, la chaleur seule du haut fourneau pourrait faire mouvoir les soufflets: dans les pompes à feu ordinaires, qui, comme celle de Chaillot, fournissent une grande quantité d'eau très-chaude, on pourrait en tirer une action équivalente à celle de beaucoup d'hommes ou de chevaux. Enfin, dans les bains, les distilleries, les fours à porcelaine, les fours à chaux, les verreries, les fonderies, et tous établissemens où il y a production d'eau chaude ou de chaleur, on peut tirer partie de cette machine : outre qu'elle est fort peu sujette aux frottemens et aux réparations, elle a l'avantage d'être facile à conduire; et lorsqu'on suspend son action pour quelque temps, sans éteindre le feu, la chaleur n'est point perdue, parce que l'eau n'étant pas bouillante, le calorique s'y accumule, et fournit ensuite une action plus considérable.

La vis d'Archimède, employée dans cette machine, y produit l'effet d'un véritable soufflet qui pourrait s'employer comme tel dans les forges ; peut-être doit-on même le considérer comme le meilleur de ceux qui sont connus, tant par la simplicité, la solidité, et son effet constant, que par l'économie des forces qu'on trouverait dans son usage, comparativement aux autres machines destinées au même objet, car la vis devient très-légère et très-mobile par son immersion dans l'eau, en sorte que le frottement des pivots est presque nul.

L'auteur a aussi appliqué à une masse de mercure le jeu de cette vis. Comme il faut pour son mécanisme deux fluides d'inégales densités, il a, en conservant la construction expliquée ci-dessus, simplement substitué le mercure à l'eau, et l'eau à l'air. Il en résulte une machine hydraulique fort simple, qui, sans soupape, sans étranglement, sans l'action du feu, et étant mise en mouvement par un agent extérieur, comme un homme ou un courant, donne un écoulement continu d'eau à une hauteur quatorze fois plus grande que la colonne de mercure ou la vis plongée ; il augmente même cette hauteur à volonté, sans changer celle du mercure, en combinant l'action des trois fluides, le mercure, l'eau et l'air. Pour cela, au lieu d'élever une colonne qui soit seulement d'eau, il en forme une plus légère par un mélange d'eau et d'air : ce mélange s'opère de lui-même dans la proportion que l'on veut obtenir, par la seule disposition de la partie inférieure du tuyau qui contient cette colonne, en laissant cette ouverture en partie dans l'eau et en partie dans l'air, suivant qu'on veut avoir plus de l'un de ces fluides que de l'autre, et, par conséquent, faire parvenir le mélange à une hauteur plus ou moins grande. On conçoit cependant que l'effet de la force mouvante ne change pas pour cela, mais que, lorsqu'on veut élever l'eau à une plus grande hauteur, la machine en donne, dans la même proportion, une moindre quantité.

Pont. s. m. C'est un bâtiment de pierre ou de bois, élevé au-dessus d'une rivière, d'un ruisseau, pour en faciliter le passage. La construction des ponts est d'une grande importance pour un Etat, et du plus grand avantage pour le commerce.

Les premiers hommes réunis en société, durent trouver, dans le cours seul d'un ruisseau, un obstacle à leurs communications. Un arbre renversé leur facilita, sans doute, bientôt le passage; mais un plus grand nombre d'hommes réunis, à qui l'on donna le nom de *peuples*, rencontrèrent de plus grands obstacles pour traverser les rivières et les fleuves. De simples radeaux qu'ils construisirent d'abord, furent insuffisans aux peuples commerçans ou guerriers, qui ont toujours traîné de grands convois à leur suite; il fallut inventer d'autres moyens. Un seul corps d'arbre renversé, pour le passage d'un ruisseau, amena l'idée de l'assemblage de plusieurs corps d'arbres pour traverser un fleuve. Ainsi, les ponts de charpente doivent remonter presque à l'origine des peuples. L'histoire ne nous transmet rien de positif sur ces opérations primitives de l'industrie des hommes; mais aux premiers travaux qu'on exécuta en ce genre, on dut reconnaître facilement que les ponts en bois ne pouvaient avoir ni la solidité, ni la durée nécessaires pour ces sortes de monumens. Bien des siècles se sont sans doute écoulés avant qu'on connût la construction des voûtes. On ne savait qu'élever des piliers de distance en distance, sur lesquels on posait des planchers ou de longues pierres. La Chine nous offre encore des ponts dont la construction marque le second pas du génie vers la perfection. Le fameux pont que Sémiramis fit construire à Babylone, était de ce genre, ainsi que ceux qui furent bâtis par les rois de Perse, et depuis par Trajan et César. Cependant, déjà sous les Romains on connaissait la manière de construire des voûtes, mais seulement en plein cintre ; et ce n'est que par des degrés presque insensibles, qu'on est parvenu de nos jours, et sur-tout en France, à cette perfection de la construction des ponts, qui étonne le génie lui-même. Le premier pont qui fut bâti à Rome, est le pont des Sénateurs, connu aujourd'hui sous le nom de *Ponte Rotto*; il n'existe rien de son ancienne construction. Mais le pont Emilius, nommé *Ponte Mole*, subsiste encore tel qu'il était sous le dictateur Scylla, qui le fit bâtir : il est composé de sept arches solidement construites, et n'a rien d'étonnant que son antiquité. *Voyez* Pl. XLIV, fig. 3. Un des plus anciens ponts de Rome est celui du Janicule ; il a été renversé, il est vrai, plusieurs fois, mais Sixte IV, dont il porte le nom, le fit relever. *Voyez* Pl. XXXVII, fig. 5. Le pont Elius, un des plus beaux monumens de Rome, bâti par Adrien, fut réparé par Clément IX, sur les dessins de Bernin ; il existe tel qu'on le voit représenté Pl. XXXVII, fig. 2.

Les ponts Fabricius et Sextius, fig. 3 et 4, sont aussi remarquables par leurs fondations en enrochement, composées d'arcs droits et renversés, et appareillées avec soin en pierre de taille.

Le pont Bacchiglione, près de Vicence, est un des plus beaux ponts de l'Italie. *Voyez* Pl. XLIV, fig. 5. Ses piles sont décorées de niches, accompagnées de colonnes composites que surmonte un fronton ; l'arche du milieu a 21 mètres d'ouvertures. Le pont de Trajan, sur le Danube, dont on voit le dessin d'une arche, Pl. III, fig. 4, selon Dion Cassius, est un de ces ouvrages dignes de la grandeur du peuple romain ; sa construction colossale sur un fleuve rapide, exigeait de la part de l'ingénieur qui le fit construire, les plus grands talens. Apollodore, son auteur, établit d'abord un radier général par le moyen de bateaux chargés de pierres et de mortiers, qu'il fit couler au fond du fleuve ; et après avoir uni cette base et comblé les intervalles avec les mêmes matières, il posa les piles. Il n'était pas possible de construire les fondations par le secours des batardeaux, le Danube étant dans cet endroit trop rapide ; et Cassius qui en parle, ajoute que, de son temps, ce pont n'était d'aucun usage, et qu'on voyait seulement des piles d'une hauteur étonnante s'élever, comme par ostentation, hors de la surface des eaux. Trajan fit construire ce pont pour le passage de l'armée qu'il fit marcher contre les Daces. Adrien, son successeur, par envie ou par la crainte des barbares, fit démolir ce superbe ouvrage, de manière qu'on ignore aujourd'hui le lieu où il fut établi. Je dois observer que M. de Marcilly, dans son ouvrage sur le Danube, n'est point de l'avis de Dion Cassius, qui avance que ce pont était de pierre; il pense, au contraire, qu'il était de bois : c'est dans ce dernier genre de construction que l'indique la colonne trajane. Je serai volontiers de l'avis de Perrault, qui le considère comme étant construit, partie en pierre et partie en bois, ainsi qu'il est représenté Pl. XXXVII, fig. 1.

On concevra jusqu'où les Romains portèrent leur ambition dans le genre de ces édifices, quand on lira qu'un simple citoyen romain, Marc Varron, lieutenant de Pompée, entreprit de joindre, par un pont de bois, l'Italie à la Macédoine. Quoique cet endroit soit le plus étroit de la mer Ionienne, il a néanmoins vingt-cinq lieues françaises communes de longueur; il est vrai que cette entreprise demeura sans effet; mais Pline, qui en fait l'histoire, dit qu'elle ne fut point abandonnée faute de moyens, mais faute de temps.

Tous ces ponts anciens étaient construits à plein cintre. A cette manière succéda la forme gothique.

Le plus beau pont de cette espèce est celui de Pavie, sur le Tesin, entièrement bâti en brique, et dont les arches ont 21 mètres d'ouverture; les tympans des arches sont, d'après la remarque de M. Gauthey, dans son *Traité des Ponts*, évidés de manière à présenter un triangle curviligne, dont deux côtés sont parallèles à l'intrados des voûtes. De cette manière, la charge est presque entièrement supportée par leurs clefs. Les piles sont chaperonnées en marbre blanc, les arches sont ornées d'une archivolte, et le pont est surmonté d'une balustrade gothique, de la même matière, travaillée avec toute la légèreté imaginable; chaque trottoir est en outre recouvert par une voûte en tiers point, supportée par deux rangs de petites colonnes de marbre de couleur, de 24 centimètres de diamètre, espacés à 438 mètres, et dont les bases et les chapiteaux sont de marbre blanc; ces voûtes, dont le caveau est couvert d'arabesques, rehaussées en or sur un fond azur, soutiennent deux terrasses sur lesquelles on monte par des escaliers placés aux extrémités du pont : on doit ce beau monument à Gabas Visconti de Milan. *Voyez* Pl. XLIV, fig. 4. Je ne citerai que ce pont en arc gothique. On vit après s'introduire l'usage des arches en arc de cercle, dont les naissances sont placées plus ou moins près du niveau des hautes eaux. Un des premiers ponts faits dans ce genre, et qui peut avoir servi de modèle à ceux qu'on a fait construire en France, est le pont de Florence, sur l'Arno, Pl. XLIV, fig. 2.

On peut citer encore pour exemple le pont bâti par Michel-Ange, d'une seule arche en arc de cercle, de 42,23 mètres d'ouverture ; la voûte n'a que 1,62 mètres d'épaisseur à la clef, de manière qu'à une certaine distance, l'épaisseur du pont à la clef disparaît à la vue.

Un des beaux ponts qui existe en Europe, est celui de Westminster, bâti en 1738 et années suivantes, par Labélie, célèbre ingénieur. C'est aux fondations de ce pont que fut employée, pour la première fois, la méthode des caissons, dont s'est servi depuis avec le plus grand succès l'ingénieur Dessessart. On voit, Pl. XLIV, fig. 7, la moitié de l'élévation de ce beau pont : je donne aussi l'élévation du pont de Blanheim, fig. 6, province d'Oxford ; ce pont, orné magnifiquement, est, selon moi, d'un très-bon goût, et peut prouver que ces sortes de monumens sont susceptibles de décorations.

Le pont de Salamanque, qu'on attribue à Trajan, est un de ces édifices dignes du nom romain ; il était composé de vingt-six arches de 34 mètres de hauteur ; l'épaisseur des piles était de 8 mètres, et les arches de 23 mètres d'ouverture. Il n'existe plus de ce pont que des ruines, Pl. XLVI, fig. 4.

L'Asie nous offre aussi dans ce genre de très-beaux monumens d'un goût singulier, mais d'une construction difficile. Celui de Barbaronck, à Ispahan, est de ce genre. *Voyez* Pl. III, fig. 2.

Les ponts de la Chine sont moins surchargés d'ornemens, mais superbes dans leur simplicité. Le pont de Fochen est composé de cent arches en plein cintre, de 39 mètres d'ouverture; les vaisseaux passent dessous à pleines voiles; les piles sont surmontées par des figures de lions, en marbre noir d'un seul bloc, et de 7 mètres de longueur; la largeur de ce pont est de 79,35 mètres, Pl. III, fig. 5. Le pont de Loyens, sur un bras de mer, est composé de trois cents arches; les arches sont formées de larges pierres posées à plat sur les piles; on lui donne 8,800 mètres de longueur, Pl. III, fig. 3. Je donne encore quelques autres dessins des ponts de la Chine, tel que le pont de Sou-Tcheou-Fou, Pl. XLV, fig. 3; celui de Fou-Yang-Hien, Pl. LVI, fig. 6, a un pont couvert, fig. 5, qui partage la ville de Nan-Niong-Fou; les piles sont en pierre, le dessus est en bois, et garni de chaque côté de boutiques qui règnent d'une extrémité à l'autre. Je ne parlerai point des ponts construits en France; ils sont généralement trop connus pour nous y arrêter. On en trouvera cependant quelques dessins dans les Pl. XLV et XLVI. Ceux qui voudront en avoir la nomenclature, pourront consulter le *Traité des ponts* de M. Gauthey. Je me contenterai de parler du pont de Neuilly, construit sur les dessins et sous la direction de M. Peronnet ; ce pont doit servir de modèle ; il réunit à une décoration simple, l'exécution la plus parfaite, Pl. XLIV. Il est construit sur la Seine, et est composé de cinq arches de 120 pieds (88 mèt. 98 cent.) d'ouververture chacune.

La hauteur sous clef des arches est de 30 pieds (9 mèt. 74 cent.), à partir de la naissance des voûtes, qui est établie aux basses eaux ; la courbure du cintre primitif des voûtes a été faite avec onze cintres ; les têtes sont des portions d'arcs, dont le rayon est de 150 pieds (48 mèt. 60 cent.); le raccordement entre les têtes et le cintre primitif des voûtes, est formé par des cornes de vache en voussures, portant sur les avant et arrière becs, dont la courbure du plan est pareille à celle des voûtes.

On a donné aux piles 13 pieds (4 mèt. 22 c.) de largeur, et l'on aurait pu, en toute rigueur, les réduire à 10 pieds (3 mèt. 24 cent.), dimension double de la longueur que l'on donne à la coupe des clefs, et que l'on regarde comme devant être le *minimum* de l'épaisseur des piles.

La largeur du pont est de 45 pieds (14 mèt. 58 cent.) d'une tête à l'autre, dont 29 pieds (9 mèt. 42 cent.) pour le passage des voitures, et 6 pieds 3 pouces (2 mèt. 03 cent.) pour chaque trottoir, dont l'élévation au-dessus du pavé est de 15 pouces (0,40 cent. 30 millim.).

La fondation des piles a 21 pieds (6 mèt. 82 cent.) d'épaisseur, à mesurer du dessus des plateformes en charpente, lesquelles, ainsi que les pilotis, ont encore 2 pieds (0,65 cent.) de plus d'empâtement au pourtour de la première assise de pierre de taille de ces piles.

Le pavé, les parapets et les chemins aux arrivées au pont, ont été faits de niveau, en observant, sur la largeur du pavé, les pentes convenables pour l'écoulement des eaux. On a donné 16 toises 2 pieds (31 mèt. 83 cent.) de largeur à chaque extrémité du pont, dans la partie du dessus des culées et des arches de hallage, qui ont chacune 14 pieds (4 mèt. 55 cent.) d'ouverture en plein cintre.

Les parapets ont 2 pieds (0 mèt. 65 cent.) d'épaisseur à leur nu, et 3 pieds 7 pouces (1 mèt. 16 cent.) de hauteur au-dessus des cordons et plinthes.

Je crois devoir donner ici, pour l'instruction des ingénieurs, le devis du pont de Neuilly. C'est un bon modèle à suivre, et beaucoup d'ingénieurs, même très-instruits, sont souvent embarrassés pour en faire un. Après ce devis, je reviendrai à la construction des ponts.

Devis du pont de pierre à construire sur la Seine à Neuilly.

Ce devis sera divisé en trois sections; dans la

première, on exposera les dimensions du pont ; dans la seconde, les qualités et dimensions des matériaux, la manière de préparer et mettre en œuvre une partie de ces matériaux ; dans la troisième, la construction des différens ouvrages.

PREMIÈRE SECTION.

Article premier. Ce pont sera construit en pierre, sur l'alignement du milieu de la grande avenue des Champs-Elysées, en face du château des Tuileries ; son milieu se trouvera à deux mille sept cent quatre-vingt-quatre toises cinq pieds de distance de la statue équestre du roi.

Il sera fait sur le bras principal de la rivière, du côté de Courbevoie, lequel sert à la navigation ; le bras du côté de Neuilly sera comblé, et l'île d'entre ces deux bras, qui contient quarante-deux mille quatre cent quarante-cinq toises carrées, sera supprimée sur trente-cinq mille cinq cent quatre-vingt-sept toises, dont les terres seront enlevées, jusqu'à un pied sous les plus basses eaux ; le tout pour réunir la rivière en un seul canal, sur lequel sera construit le pont.

2. Ce pont aura cent dix toises cinq pieds de longueur, d'une culée à l'autre, et quarante-cinq pieds de largeur entre les têtes ; il sera composé de cinq arches, de quatre piles, deux demi-piles, contre les culées, et de deux culées ; les arches auront chacune cent vingt pieds d'ouverture, et trente

pieds de hauteur, depuis leur naissance, qui sera établie à la surface des plus basses eaux de la rivière, jusqu'à la clef de ces arches ; elles seront de forme ovale, décrite par onze centres, dont le plus grand rayon aura cent cinquante pieds, et le plus petit dix-neuf pieds sept pouces six lignes.

3. Les piles auront chacune treize pieds d'épaisseur, mesurées à leur nu ; leur hauteur sera, depuis les basses eaux jusque sous le couronnement, de quatorze pieds quatre pouces.

4. Les avant et arrière-becs, y compris sept pieds et demi de longueur du bout de chaque pile sous le corps du pont, seront faits sur un plan demi-ovale, dont le demi-grand axe aura douze pieds, compris quatre pieds six pouces au-delà du nu des têtes du pont, et le petit axe, treize pieds, longueur égale à l'épaisseur des piles.

5. Les culées auront chacune seize toises quatre pieds de longueur, compris leur prolongation de vingt-sept pieds six pouces de chaque côté au-delà des têtes du pont, et trente pieds trois pouces d'épaisseur, compris six pieds six pouces pour celle de la demi-pile mentionnée ci-devant.

6. Les voûtes auront leur naissance à la hauteur des basses eaux, et seront formées en demi-ovale de plusieurs arcs de cercle, comme il a été dit ci-devant ; mais les têtes ne suivront pas la même courbure ; elles seront faites d'un seul arc de cercle, c'est celui au milieu de la voûte, pro-

longée jusqu'aux piles, sur lesquelles il prendra sa naissance ; cet arc des têtes se raccordera avec la courbure du reste de la voûte par une arrière-voussure qui coupera les douelles de la voûte dans la même ligne, où elles seraient rencontrées par un plan vertical, passant d'une part par l'extrémité du corps carré de la pile, et de l'autre, par la tête du pont, à seize pieds sept pouces de distance du milieu de la clef, au point où finira l'arc supérieur de la voûte, formé du plus grand rayon. Si on imagine un plan coupant la voûte par quelque ligne parallèle aux assises des voussoirs, et passant par le centre de l'arc de la même partie de voûte, ce plan coupera aussi la voussure en ligne droite ; la même voussure, aussi continuée au-dessous de l'arc des têtes, comme s'il était prolongé plus bas que le dessus des piles jusqu'à la naissance des voûtes, rencontrera la partie arrondie de la pile, contre laquelle elle se profilera en ligne courbe.

7. Les culées du pont seront chacune accompagnées d'une arche de hallage, de deux murs en retour des culées, lesquels seront parallèles à la longueur du pont, de deux autres petits murs de quai, qui seront d'équerre aux précédens, et enfin, de deux murs de rampes, pour soutenir les chemins qui descendent du dessus du pont, sur le terrein naturel. Les murs des culées, ceux en retour, et les murs de quai, seront terminés par

un pilastre, et ceux de rampes par un socle.

8. Chaque arche, pour le hallage des bateaux, sera faite en plein cintre; elle aura quatorze pieds d'ouverture, et quatorze pieds trois pouces de hauteur sous clef, compris dix-huit pouces pour un socle par bas, formant retraite de trois pouces, et cinq pieds neuf pouces de hauteur de pied droit, à compter de dessus la retraite; elle sera appuyée d'un côté sur la culée du pont. L'autre culée de cette arche aura cinq pieds d'épaisseur, et seize pieds trois pouces de hauteur, depuis le dessus du chemin de hallage jusque sous le couronnement des têtes du pont.

9. Il sera construit quatre murs entre les culées précédentes, pour prolonger la buttée de celles du pont, lesquels auront chacun cinq pieds d'épaisseur; ils seront espacés entr'eux de huit pieds, et élevés jusqu'à dix-sept pieds six pouces au-dessus des basses eaux.

10. Le milieu du pilastre de chaque angle, du devant de la culée, sera établi à vingt-cinq pieds six pouces du parement de chaque tête du pont, et à vingt-huit pieds neuf pouces du milieu de l'arche de hallage; sa largeur sur chaque face sera de neuf pieds, non compris le fruit, dont il sera parlé ci-après; au moyen de quoi la saillie au-devant du parement des murs joignans, sera de deux pieds et demi.

11. Les murs en retour des culées auront cha-

cun quarante-huit pieds six pouces de longueur entre les pilastres, ou cinquante-sept pieds six pouces, mesurés au milieu de chaque pilastre, et six pieds dix pouces d'épaisseur dans les parties qui se trouveront au-delà des arches de hallage.

12. Le pilastre du bout de chacun de ces murs, sera de même dimension que les précédens, et se trouvera placé ainsi à même distance du milieu des arches de hallage.

13. On fera des bossages aux paremens des six pilastres de chaque bout du pont, ainsi qu'aux têtes des arches de hallage, et seulement des refends au reste du parement des murs en retour des culées et des murs de quai : ces refends auront un pouce et demi de saillie, et autant de hauteur, et les bossages cinq pouces et demi de saillie ; le tout mesuré d'après le nu des paremens, ce qui réduira la saillie des bossages à quatre pouces au-delà des refends ; les refends des bossages auront également un pouce et demi de hauteur au fond, comme les autres refends ; et leurs angles seront arrondis en quart de cercle.

14. Les murs de quai auront chacun trente-neuf pieds de longueur ou quarante-huit pieds, mesurés d'après le milieu de chaque pilastre, sur six pieds dix pouces d'épaisseur, comme ceux en retour de culées ; ils seront terminés par un pilastre pareil aux précédens.

15. Tous les murs précédens et leurs pilastres,

ainsi que les culées, seront élevés à-plomb de chaque côté, et arrasés de niveau à la hauteur de trente-quatre pieds neuf pouces, à compter du dessus des plus basses eaux; on ajoutera cependant aux paremens extérieurs des murs et pilastres, un fruit d'une ligne pour chaque pied de hauteur au-dessus des socles et retraites. Les têtes du pont seront élevées à-plomb.

16. Chaque mur de rampe aura cinquante-deux toises de longueur, entre les pilastres des murs de quai et les socles qui doivent les terminer, ou cinquante-trois toises trois pieds six pouces, à compter du milieu du pilastre au milieu du socle : leur épaisseur sera, contre les pilastres, de six pieds dix pouces, réduite à quatre pieds dix pouces à leurs extrémités : on terminera ces murs à trente-quatre pieds neuf pouces de hauteur contre les pilastres, et à seize pieds trois pouces joignant les socles; le tout du dessus des basses eaux.

17. Les socles auront six pieds de long sur quatre pieds de large, et la même hauteur que les murs de rampe à leurs extrémités; leur saillie sera d'un pied, d'après le parement de ces murs.

18. Tous les murs, les pilastres et socles, excepté les culées des grandes arches; leurs pilastres et leurs piles seront fondés au moins à six pouces au-dessous des plus basses eaux de la ri-

vière, sur pilotis, racinaux et plate-formes de charpente, et élevés en fondation jusqu'à dix-neuf pieds, hauteur à laquelle se trouveront établis les chemins de hallage ; ils seront élevés à-plomb de chaque côté, et auront quatre pouces d'épaisseur de plus que celle prescrite ci-devant pour les mêmes murs ; et ce, pour former une retraite de deux pouces de chaque côté ; on ajoutera de plus ce qu'exigera le fruit qui sera donné aux paremens des murs et des pilastres. La première assise du bas des murs de quai et murs de rampe, ainsi que des pilastres et socles à leurs extrémités, formera socle avec retraite de trois pouces par le dessus.

19. Les voûtes auront cinq pieds d'épaisseur à la clef, après avoir été dérasées de niveau en place, hauteur à laquelle les têtes, la maçonnerie des reins, celle des culées, des murs et pilastres joignant, compris ceux de quai, seront, comme on l'a dit ci-devant, arrasés de niveau.

20. Chaque tête du pont sera couronnée au-dessus de l'arrasement général, jusqu'aux pilastres de l'extrémité des culées, par un cordon du tore, filet et cavet au-dessous, dont la hauteur totale en une seule assise, sera de vingt-sept pouces, et la saillie de dix-neuf pouces.

21. Le couronnement des pilastres et des murs sera composé d'une plinthe, d'un pied de saillie, et de pareille hauteur que le tore, avec même

filet et cavet au-dessous; le tout aussi en une seule assise.

22. Les avant et arrière-becs seront aussi couronnés d'une plinthe, avec filet et cavet au-dessous, dont la hauteur sera de deux pieds, et la saillie de huit pouces, également en une seule assise; le tout sera recouvert d'une autre assise, qui aura aussi deux pieds de hauteur, formant sur le devant un carré de six pouces de hauteur, et le surplus terminé en demi-cône, pour tenir lieu de chaperon.

23. Les demi-piles qui joindront les culées, seront faites, dans toutes leurs parties, conformément à la moitié d'une pile qui serait coupée verticalement sur le milieu de sa longueur.

24. Pour l'écoulement des eaux du dessus du pont, il sera pratiqué, en construisant les voûtes, deux ouvertures à chaque tête des arches, espacées à trente-trois pieds trois pouces, du milieu de chaque arche, et à huit pieds du parement des têtes; ce qui sera fait pour chaque ouverture, au milieu d'un voussoir, dont la pierre sera la plus dure; ce voussoir sera prolongé jusqu'à la hauteur du dessus du pavé du pont, et aussi de trois pouces au-dessous de la douelle; l'ouverture aura six pouces de diamètre par le haut, sur dix-huit de hauteur, et neuf pouces dans le surplus de sa longueur : la partie supérieure du voussoir sera encastrée de trois pouces dans son prolongement,

et les joints en seront mastiqués et cimentés avec soin.

25. On fera des trottoirs de six pieds de largeur de chaque côté des têtes du pont, lesquels auront quinze pouces de hauteur réduite, et six pieds de largeur jusqu'aux pilastres des extrémités des culées; en continuation de ces trottoirs, on construira des banquettes le long des murs en retour des culées, et de ceux de quai; leur largeur sera de quatre pieds six pouces, pour ne pas excéder la saillie des pilastres, qui termineront ces murs.

26. Les trottoirs, les parapets, le couronnement des têtes du pont et des culées, y compris un pied de hauteur, du nu desdites têtes, et murs au-dessous du couronnement, seront raccordés entr'eux par un quart de cercle, faisant tour creuse en-dehors du pont, dont le rayon, pour le parement extérieur des parapets, sera de six pieds six pouces, et celui pour les trottoirs, de quatorze pieds six pouces; ces arrondissemens seront portés par des pendentifs qui auront leur naissance à dix pieds des couronnemens.

27. Il sera posé un socle sur chaque pilastre, lequel aura neuf pieds en carré, quatre pieds sept pouces six lignes de hauteur, compris neuf pouces pour le cavet et filet qui le termineront : chaque socle de l'extrémité des murs de rampe aura six pieds de longueur, quatre pieds de largeur, et

quatre pieds sept pouces six lignes de hauteur.

28. On élevera des parapets sur les têtes du pont et sur les murs, en retour des culées, et ceux de quai, dont la longueur totale entre les socles sera, pour chaque côté du pont, de cent quarante-neuf toises ; ces parapets auront deux pieds d'épaisseur à leur nu, et trois pieds sept pouces six lignes de hauteur, au-dessus des cordons et plinthes, compris dix-huit lignes pour le bombement des bahus ; l'assise qui formera ce bahu, portera une plinthe au-dehors, de quatorze pouces de hauteur, et de trois pouces de saillie.

29. Il sera aussi posé des parapets sur les murs de rampe dans la longueur, pour chaque côté du pont, de cinquante-deux toises ; ils n'auront que deux pieds six pouces de hauteur, compris le bombement du bahu, lequel ne portera point plinthe ; leur épaisseur sera également de deux pieds (cependant on ne leur a donné que vingt-un pouces d'épaisseur).

30. Le dessus du pont sera pavé entre les trottoirs, avec gros pavé d'échantillon, jusqu'à l'alignement du dehors des pilastres des murs de quai ; les trottoirs et les banquettes le seront en pavé de six pouces d'échantillon, entre les parapets et le cours d'assise de pierre qui terminera ces trottoirs et banquettes.

31. On posera deux marches et une borne armée de fer, à chaque bout des trottoirs du pont.

Il sera aussi posé vingt-deux plus petites bornes, demi-rondes, au-devant des parapets de chaque mur de rampe.

32. Pour soutenir les berges de la rivière au droit des chemins de hallage, et des remblais qui seront faits des deux côtés du pont, on construira six cent soixante-dix toises de longueur, de perrés à pierres sèches, dont le pied sera retenu avec pilotis, qui seront coiffés d'un chapeau à six pouces au-dessous des basses eaux, et même plus bas, si cela était possible.

Dimensions à compter du dessous des basses eaux.

33. La fondation des piles et des culées du pont sera établie sur pilotis, racinaux et plate-formes de charpente, et, s'il se peut, jusqu'à huit pieds trois pouces au-dessous des plus basses eaux, dont neuf pouces formeront pied droit sous la naissance; le surplus sera fait au pourtour des piles et demi-piles, avec retraite à chaque assise, qui formeront ensemble un empattement de sept pieds, d'après le nu desdites piles; en sorte que l'épaisseur de la maçonnerie du corps carré des piles, sera de vingt-sept pieds sur la plate-forme de charpente, et de trente-sept pieds trois pouces aux culées, compris les demi-piles et leur empattement : le reste du parement des culées, des pilastres et murs, en retour desdites culées, jusqu'aux arches de hallage, sera aussi fondé sur

pilotis, racinaux et plate-formes, à la même profondeur de huit pieds trois pouces au-dessous des basses eaux; mais l'empattement sera seulement de dix-huit pouces, à compter du nu du parement de ces murs; ce qui sera fait en deux retraites, dont la première sera de onze pouces trois lignes, à quatre pieds six pouces au-dessus de la plate-forme, et la seconde, de six pouces neuf lignes à trois pieds plus haut.

DEUXIÈME SECTION.

Qualités et dimensions des matériaux, ainsi que la façon et pose d'une partie d'iceux.

BOIS.

34. Les bois de charpente seront tous de chêne; ils proviendront en général des forêts qui se trouvent le long des rivières d'Oise et de Marne; ils seront tous droits et sains, sans aubier, roulures, pourriture, ni nœuds vicieux; ils ne seront point échauffés, gras, gelifs, ni tranchés : les bois carrés seront à vive arête, ou à un pouce près sur un côté seulement, après que l'aubier aura été ôté; l'on n'emploiera point de croûte dans les racinaux, plate-formes et autres bois de sciage.

35. Tous les pilotis des fondations seront en grume et sans écorce; ceux des culées, des piles et demi piles des grandes arches, auront environ dix-huit pieds de longueur, et les autres, vingt-

quatre pieds : leur grosseur sera à tous d'un pied de diamètre, mesurée au milieu de leur longueur, et sans écorce ; le petit bout sera taillé en pointe, sur dix-huit pouces de hauteur : on y réservera un carré de deux pouces pour porter exactement sur le fer dont il sera armé.

36. Les chapeaux auront environ quatre toises de longueur sur un pied de grosseur en carré ; les racinaux un pied de large, et huit pouces de hauteur ; les madriers des plate-formes seront en bois de sciage de neuf et dix pouces de largeur, sur quatre pouces d'épaisseur ; elles seront dressées par les côtés, et posées jointivement.

37. Les jambes de force des cintres auront neuf pieds de long, et dix-huit sur vingt pouces d'équarrissage ; les arbalêtriers auront depuis dix-huit jusqu'à vingt-trois pieds de longueur, et quinze à dix-huit pouces de grosseur ; la difficulté de trouver des bois de cette grosseur, a obligé d'en employer une assez grande quantité qui n'avait que quatorze à quinze, et quinze à seize pouces d'équarrissage, ce qui a rendu les cintres un peu faibles ; c'est pourquoi il conviendra, en pareille circonstance, de les employer de grosseurs indiquées au présent article, ou bien de rapprocher convenablement les fermes entr'elles ; les moises pendantes auront dix pieds de longueur sur quinze pouces en carré pour chaque pièce ; chaque cours de moises transversales aura quarante-huit pieds

de longueur en deux parties, et la grosseur de chaque pièce sera de neuf sur dix-huit pouces; les guettes ou contre-fiches qui seront placées pour empêcher le déversement des fermes, auront vingt-deux pieds de longueur réduite, et neuf pouces de grosseur d'équarrissage; chaque cours de couches, dont les pièces seront au plus de douze pieds pour l'espacement des deux fermes, aura huit pouces d'équarrissage; le surplus de ce qui concerne les autres, sera détaillé ci-après à l'article 174.

38. Les pieux des perrés auront environ douze pieds de longueur, et dix pouces de diamètre moyen, sans écorce; leurs chapeaux, depuis dix-huit pieds jusqu'à vingt-quatre pieds de longueur et dix pouces d'équarrissage; les liernes de la seconde file de pieux auront même longueur que les chapeaux, et huit à neuf pouces de grosseur, ainsi que les entre-toises, dont la longueur sera d'environ douze pieds pour chacune.

39. Les pieux de batardeau auront environ vingt-quatre pieds de longueur, et neuf pouces de diamètre moyen, sans écorce; les liernes, six pouces d'équarrissage; les palplanches, environ vingt-un pieds de longueur, et huit à neuf pouces de largeur; leur épaisseur sera de quatre pouces.

40. Les madriers, les dosses et croûtes, qui seront employés au pont de service, destinés au transport des matériaux, seront de bois de chêne,

et auront quatre pouces d'épaisseur : on pourra les employer en bois blanc aux autres ponts de service et échafauds, et leur donner moins d'épaisseur.

41. Ces ponts de service et échafauds seront établis sur des pieux coiffés de leurs chapeaux, et sur des chevalets ; le tout de bois chêne, dont les dimensions et espacemens seront fixés suivant les circonstances.

Maçonnerie.

42. La chaux sera prise à Vernon, au port de Marly, à Chaville, et autres endroits qui ne seraient pas plus éloignés, et où sa qualité serait d'ailleurs reconnue aussi bonne que celle de Vernon et de Chaville, laquelle foisonne à-peu-près au double.

43. Le sable sera pris dans la rivière de la Seine ; il sera dragué, et ensuite passé à la claie.

44. Le ciment sera fait de tuile ou tuileaux, et non de brique ; il sera pris à Saint-Germain et à Saint-Cloud, ou autres endroits qui seraient à-peu-près à la même distance de Neuilly.

45. L'on emploiera deux espèces de mortier ; la première, communément nommée *mortier blanc*, sera composée d'un tiers de chaux éteinte, et deux tiers de sable bien essuyé ; l'autre espèce de mortier sera composée de moitié de chaux, et de moitié de ciment ; cette proportion, qui excédera

d'un dixième la quantité de chaux qu'il est d'usage d'employer dans la composition de cette espèce de mortier, ayant été reconnue nécessaire d'après l'expérience qui a été faite avec de la chaux de Vernon.

46. La chaux sera bien broyée dans un bassin, soit avec le sable ou avec le ciment, au moyen d'une machine à cheval, dont l'axe sera placé au centre de ce bassin ; le bras de lévier auquel sera attaché le cheval, portera des montans de bois rond qui descendront jusque près le fond du bassin ; les montans passeront dans une traverse qui sera fixée à l'arbre, au-dessous du bras du lévier : il ne sera point permis de mettre d'eau en faisant le mortier ; on aura soin de le tenir à couvert, au moins dans le temps de pluie, sous des bannes ou hangards de planches, et de n'en faire à-la-fois que la quantité de chaque espèce qui pourra être employée dans la journée : le mortier qui pourra rester à la fin de la journée, sera aussi couvert, pour qu'il ne soit point lavé par les pluies de la nuit.

47. Le ciment que l'on emploiera pour le mortier qui sera destiné à couler et faire les joints des pierres, sera passé au tamis, et la chaux de ce mortier sera nouvellement éteinte.

48. Le moellon sera dur ; il proviendra des carrières de Passy, de Nanterre, Saint-Cloud, Sèvres, Chaville, du port de Marly, et autres endroits

qui seront à-peu-près éloignés également de Neuilly; mais comme dans plusieurs de ces carrières il se trouve des bancs tendres, il ne sera permis d'employer que le moellon qui proviendra des bancs les plus durs; ce moellon sera fort et gissant; on rebutera celui qui serait rond, nommé communément *têtes de chat*.

49. Ce moellon sera posé à bain dans le mortier de chaux et sable, par arrase, et en liaison en tout sens; il sera arrangé soigneusement à la main, et battu au têtu pour le tasser sur ses lits, et le serrer en ses joints jusqu'à ce que le mortier y regonfle; les joints seront ensuite garnis de petits moellons et d'éclats de pierre; le tout bien serré au marteau, pour qu'il n'entre que le mortier nécessaire, et qu'il ne reste aucun vide dans le corps de la maçonnerie.

50. La pierre de taille sera dure; elle proviendra principalement des meilleurs bancs de la carrière qui est située sur le bord de la forêt de Saint-Germain, près Poissy; au défaut de cette carrière, on pourra avoir recours aux bancs les plus durs de celle de Saillancourt, à deux lieues sur la droite de Meulan, à celles de Chérance et de Vertheuil, et aux bancs qui ont été nouvellement découverts près Folainville; le tout assez proche de la Seine, jusqu'à environ trois lieues au-dessous de Mantes.

51. Les libages pourront provenir de la car-

rière de Poissy, mentionnée ci-devant, des deux bancs durs des carrières de Passy, de celle de Montesson, près et au-delà de Chatou, de celle des environs de Saint-Germain et de Sèvres, et autres endroits circonvoisins, jusqu'à deux et trois lieues au plus de distance de Neuilly, et dont la pierre soit dure, et à-peu-près de pareille qualité et hauteur que celles de Poissy et Passy, les bancs portant depuis dix-huit pouces jusqu'à deux pieds six pouces de hauteur.

52. Les libages seront seulement débrutés ; ils auront une hauteur d'appareil égale à celle des assises et des rangs de voussoirs des pierres de taille, des paremens, au derrière desquels ces libages seront placés ; chaque libage contiendra environ quinze à vingt pieds cubes, et même plus, lorsque cela se pourra ; ils seront en général dressés sur une face, et à-peu-près retournés d'équerre sur les joints, pour être posés plus jointivement entr'eux, et contre les quartiers de pierre de taille. On aura soin de choisir et numéroter dans les chantiers, les libages qui conviendront à chaque assise, comme cela se doit pratiquer pour la pierre de taille.

53. Les pierres d'appareil en général seront toutes bien ébousinées et essémillées jusqu'au vif ; elles seront sans fils ni moyes ; on pourra cependant employer aux assises courantes des fondations, et au-dessus, les pierres dont les fils n'ap-

procheront pas des paremens plus près que de quinze pouces, et qui ne seront pas parallèles à ces mêmes paremens; mais tous les voussoirs, les coussinets, les pierres des avant et arrière-becs de leurs couronnemens et capes, celles des pilastres, cordons, plinthes et parapets, et socles sur lesdits pilastres, seront sans aucun fil ni moye; à l'égard des quartiers et libages qui seront employés aux remplissages derrière les paremens, et en prolongation de coupe, les fils et moyes n'y seront pas considérés comme étant vicieux; les pierres de taille et les libages qui, par leur défectuosité ou défaut d'appareil et de grosseur, ne pourraient point convenir pour être employés, soit en paremens, soit en libages, seront réduits en moellons, lors même qu'ils auraient été taillés et voiturés sur le tas.

54. Les pierres des paremens des murs et voûtes seront proprement taillées et retournées d'équerre en leurs lits et joints, ou suivant la coupe exacte tendante au centre pour les voûtes, les voussures, les pendantifs et les avant et arrière-becs. Ces pierres seront sans démaigrissement dans toute l'étendue des lits; leurs joints montans seront aussi de franc appareil aux têtes et aux voussoirs, et au moins sur les deux tiers de leur longueur, de coupe aux autres voussoirs d'entre les têtes à l'égard des assises courantes. Le démaigrissement des joints montans des carreaux, et

ceux correspondans aux boutisses, ne pourra avoir lieu qu'au-delà des deux tiers de la largeur de ces carreaux.

55. Toutes ces pierres seront bien dégauchies en leurs paremens, lits et joints carrés ; ces paremens seront sans miroirs ni épauffrures ; ils seront bien taillés, piqués et bouchardés entre des ciselures que l'on relevera au pourtour des arêtes, lesquelles arêtes seront sans écornures, et bien avivées aux paremens vus.

56. Les assises des paremens du pourtour de la fondation des piles et culées, jusqu'à la hauteur des basses eaux, seront posées par carreaux et boutisses, les uns de cinq pieds de long et quatre pieds de large, les autres de quatre pieds de tête et cinq pieds de queue, ou à-peu-près ; ce qui donnera quatre pieds cinq pouces quatre lignes d'épaisseur réduite ; leur hauteur sera de dix-huit pouces au moins.

57. Les assises du parement des murs des culées, dans les parties qui se trouveront au-delà des têtes du pont, celles des murs en retour des murs de quai et murs de rampe avec leurs socles au bas, celles des socles et des pieds droits de l'intérieur des arches de hallage, celles des pilastres, ainsi que des tympans au droit des reins des voûtes, seront aussi faites par carreaux et boutisses, les uns d'environ quatre pieds de long et vingt-sept pouces de large, les autres d'environ

trente-trois pouces et trois pieds de queue; les dimensions de ces pierres seront assujetties à ce qu'exigeront les pilastres et leurs saillies, ainsi que leurs bossages et ceux des têtes des arches de hallage, tant pour la solidité de l'ouvrage que l'agrément de l'appareil; l'épaisseur réduite de ces assises sera de deux pieds six pouces huit lignes, non compris les bossages mentionnés ci-dessus, qui auront quatre pouces de saillie au-delà de celle de refend; la hauteur de ces assises sera de dix-huit pouces ou environ, suivant que les bancs des carrières pourront le permettre.

58. Les pierres des assises des avant et arrière-becs, depuis le corps carré des piles et demi-piles, auront en leur parement au moins cinq pieds de longueur sur autant d'épaisseur réduite; on observera de placer les plus forts quartiers aux parties les plus saillantes; la hauteur de ces assises sera de dix-huit pouces, ou environ, suivant que l'appareil l'exigera pour se raccorder avec les voussoirs correspondans.

59. On tracera les épures des arches et celle des voussures, sur un terrein ferme, et qui aura été dressé en pente, à raison d'un pouce par toise, mesurée dans le sens du plus petit diamètre des arches; ce terrein sera ensuite recouvert d'une maçonnerie de moellon en mortier de chaux et sable, de huit pouces d'épaisseur, laquelle sera recouverte d'une aire de plâtre bien frottée et

unie à la truelle. La courbure de l'arc supérieur des grandes arches, dont le rayon doit avoir vingt-cinq toises un pied de longueur, ne pouvant être tracée au simbleau, le sera par retombée que l'on calculera pour chaque voussoir, d'après la corde de cet arc; la longueur de cette corde sera de cent vingt-deux pieds deux pouces, et la flèche de treize pieds deux pouces. On en usera de même pour les autres arcs de la voûte, que l'on pourrait craindre de ne pas pouvoir tracer exactement au simbleau.

60. On compte, d'après l'observation faite sur une arche de pareille ouverture de cent vingt pieds, que les voûtes tasseront de dix-huit pouces à-peu-près; savoir, un pied sur les cintres avant que les clefs soient posées, et six pouces après la pose des clefs; c'est pourquoi il faudra poser ces voussoirs sur une courbure qui sera de dix-huit pouces plus haute, dans son milieu, que les mesures indiquées ci-devant, d'après lesquelles l'appareil aura été tracé.

61. Les voussoirs des têtes et des voussures des grandes arches, auront alternativement six pieds, et quatre pieds de longueur de douelle, sur quatre pieds six pouces et cinq pieds et demi de longueur de coupe; ils seront prolongés en coupe jusqu'à environ neuf pieds, à compter du grand arc; les clefs et douze contre-clefs de chaque côté des clefs, seront d'un seul quartier, et auront de-

puis cinq pieds six pouces de longueur, jusqu'à six pieds huit pouces, pour être arrasés de niveau à six pouces plus bas, à cause des épauffrures qui peuvent arriver à l'extrados des voussoirs de l'arc supérieur, lors du décintrement des voûtes. On s'assujettira, au surplus, pour les dimensions de la partie inférieure des têtes, à ce qu'exigera l'appareil des voussures des avant et arrière-becs, et à leur liaison avec les assises et les voussoirs correspondans ; ces voussoirs auront dix-sept pouces, ou à-peu-près, d'épaisseur à leur douelle, ce qui donnera six lignes trois quarts de plus à l'extrados des clefs qui auraient les dix-sept pouces à leur douelle.

62. L'intervalle d'entre les têtes sera rempli alternativement de sept et huit voussoirs, qui auront environ quatre pieds huit pouces de longueur de douelle ; ceux des parties inférieures des voûtes, jusqu'aux deux tiers de leur hauteur, auront alternativement quatre pieds six pouces, et cinq pieds six pouces de longueur de coupe ; et ceux du reste de la voûte, dans sa partie supérieure, auront tous cinq pieds de longueur de coupe.

63. Les voussoirs des arches de hallage auront depuis deux pieds de longueur de coupe, mesurés aux clefs, jusqu'à trois pieds pour les parties inférieures : la longueur des douelles sera de deux pieds six pouces et de quatre pieds alternative-

ment, sur trois pieds et deux pieds trois pouces de queue.

64. Chaque assise sera posée de niveau dans tout le pourtour des piles et culées des avant et arrière-becs, et des murs qui accompagneront les culées de l'un à l'autre côté du pont; les rangs des voussoirs correspondans à chaque tête et pour toutes les arches, seront aussi de niveau entr'eux; les cordons, les plinthes, parapets et bahuts, seront bien alignés et posés également de niveau dans tout le pourtour du pont, et aux murs de rampe, suivant leur inclination.

65. Les pierres des assises seront posées alternativement en carreaux et boutisses; les joints de lit auront trois ou quatre lignes de hauteur; ceux des voussoirs, jusqu'à la hauteur des deux tiers de la voûte, dont le tassement se fait en général vers la douelle, auront six lignes de hauteur, et ceux des arcs supérieurs, trois ou quatre lignes au plus, comme aux cours des assises, parce que dans cette partie, ils tendent à s'ouvrir du côté des douelles; les joints montans auront une ou deux lignes au plus de largeur; toutes les pierres seront posées sur cales de bois tendre, lesquelles ne seront pas placées plus près qu'à six pouces des paremens et des angles des pierres : elles seront ensuite toutes coulées et fichées avec mortier de ciment en leurs lits et joints montans, après les avoir mouillées; on se servira pour cet effet

de fiches de fer plat et dentelées ; le mortier qu'on y introduira ne sera point trop épais.

66. On différera de couler et de ficher les joints de la clef, et de quinze cours de voussoirs de part et d'autre dans l'étendue de chaque voûte, jusqu'à ce que ces cours de voussoirs aient été serrés entr'eux avec des coins ; dans l'exécution, on a supprimé les coins, parce qu'on a remarqué, en construisant le pont de Mantes, que plusieurs des voussoirs avaient été cassés en chassant ces coins, comme on l'expliquera ci-après, article 195 ; on aura seulement soin jusqu'à lors de couler ces voussoirs, sur environ six pouces de hauteur, pour les affermir entr'eux et les empêcher de se déranger pendant qu'on en chassera les coins : on empêchera aussi, autant qu'on le pourra, qu'il ne tombe quelque chose entre les joints.

67. Tous les joints des assises de pierre de taille et de voussoirs seront garnis d'étoupes aux paremens, pour empêcher que le mortier ne se perde ; après que les pierres auront été bien coulées et fichées, on garnira les joints dans les parties qui se trouveront démaigries au derrière, avec des éclats de pierre dure, qui seront serrés au marteau, et avec le bout de la fiche par-tout où il pourra entrer.

68. A mesure qu'on élevera les assises de pierre et les cours de voussoirs, on en garnira le derrière avec libage et maçonnerie de moellon en mortier

de chaux et sable, et le tout sera arrasé à la hauteur des assises, et suivant la coupe des voussoirs.

69. Avant de poser une nouvelle assise ou un autre rang de voussoirs, on retaillera les pierres et les libages, pour en régler plus exactement la hauteur et en dégauchir les coupes, suivant les plans convenables : les balèvres des paremens et les bossages qui pourraient avoir été réservés, pour faciliter la pose des pierres, seront aussi retaillés.

70. Les pierres qui seront employées au couronnement du pont et des murs qui accompagneront les culées, les plinthes des avant et arrière-becs et les parpins des parapets, sous les bahuts, auront au moins quatre ou cinq pieds de longueur ; ces parapets seront faits en deux assises faisant parpin, compris celle qui formera le bahut : on réservera les plus fortes pierres que l'on pourra tirer des carrières et voiturer, pour les employer à ces bahuts, et aux socles du dessus des pilastres, ainsi que pour terminer les avant et arrière-becs des piles et demi-piles.

71. L'assise courante de pierre du devant des trottoirs aura vingt-un pouces de hauteur, et un pied de largeur ; on donnera cinq ou six pieds de largeur à chaque pierre.

72. Les deux marches de chaque bout des trottoirs auront, l'une trente-six pieds, l'autre trente-trois pieds de pourtour, sur dix-huit pouces de

largeur, et six pouces de hauteur ; chaque pierre aura six et sept pieds de largeur.

73. Chacune des quatre bornes qui seront posées aux bouts des trottoirs, aura cinq pieds huit pouces de longueur, compris trois pieds de culasse : elles seront rondes, et auront vingt-un pouces de grosseur au-dessus de la culasse, réduite à dix-huit pouces à leur tête.

74. Les vingt-deux petites bornes qui seront posées au-devant des parapets de chaque mur de rampe, auront trois pieds huit pouces de hauteur, compris vingt-un pouces de culasse ; elles seront arrondies sur le devant, et plates au derrière ; leur grosseur sera de quinze pouces au-dessus de la culasse, réduite à douze pouces au haut. (On a supprimé ces petites bornes de pierres.)

75. Tous les joints des pierres seront dégradés avec un crochet de fer pour ôter les mortiers des coulis jusqu'à environ un pouce de profondeur ; on les mouillera, et on posera le nouveau mortier de ciment : il sera frotté à la truelle à différentes reprises, jusqu'à ce qu'il soit sec et noir, observant de ne le pas faire déborder la pierre ; on aura de plus l'attention, pour les paremens du dessus des basses eaux, de passer à différentes reprises dans ces joints, un fer recourbé, servant aussi de crochet, pour dégrader les joints, lequel fer sera d'une épaisseur égale à celle des joints,

pour en frotter le mortier, et le repousser jusqu'à environ demi-ligne des paremens, afin que les arêtes de la pierre soient apparentes.

Fers.

76. Tout le fer proviendra des forges de Berry; il sera bien corroyé, doux, et non cassant; les fers ou sabots des pilotis auront quatre branches chacune de dix-huit pouces de longueur, vingt lignes de largeur, et quatre lignes d'épaisseur; elles seront fondées avec soin au sabot, sans être affaiblies ou ébranlées; le sabot aura trois pouces en carré par le dessus, se terminant en cône sur six pouces de longueur, un peu arrondi à sa pointe : chaque branche sera percée de quatre trous, pour être attachée au pilotis avec autant de forts clous qui seront forgés; le tout pesera vingt-cinq livres.

77. Les chevilles qui seront employées pour arrêter les plate-formes sur les racinaux, auront six à sept pouces de longueur, et peseront demi-livre : celles qui serviront à arrêter les liernes, des batardeaux et des perrés contre les pieux, ainsi que les entre-toises sur les liernes, tant des batardeaux que desdits perrés, auront dix à onze pouces de longueur, et pèseront une livre.

78. Les boulons pour les châssis des batardeaux auront douze pouces de longueur, entre œil et tête, et neuf lignes de grosseur; ils pèse-

ront, avec leurs rondelles, chacun trois livres.

79. Les crampons de fer qui seront scellés pour retenir les jambes de force, qui doivent porter les formes des cintres, auront dix-huit lignes de largeur, et quatre lignes d'épaisseur : leur poids sera, pour chacun, de treize livres.

80. Les crampons qui seront employés aux avant et arrière-becs et aux voussoirs, ainsi qu'aux pierres et libages des coussinets, et autres endroits où ils pourront être nécessaires, auront dix-huit pouces de longueur, excepté ceux des coussinets de l'assise, au-dessous, et des voussures qui seront appuyées contre ces coussinets, lorsqu'ils auront deux pieds de longueur; le tout compris, deux pouces de crochet à chaque bout, à compter du dessus du crampon ; leur grosseur sera de neuf lignes en carré : les petits crampons pèseront chacun trois livres, et les grands quatre livres.

81. Les boulons des moises des cintres auront, les uns trente pouces, et les autres trente-six pouces de longueur, entre les têtes et les vis, sur quinze lignes de grosseur; ils pèseront vingt-une livres, poids moyen, compris l'écrou : les petits boulons qui serviront à assembler les entre-toises taillées à redent, auront neuf pouces de longueur, entre la tête et la vis, sur neuf lignes de grosseur, et pèseront trois livres, compris l'écrou.

82. Les boucles ou organaux auront chacun

huit pouces de diamètre intérieur; ils seront faits en fer carré et forgé, de vingt lignes de diamètre, bien arrondis et soudés; le crampon ou lacet sera doublé, et aura dix-huit lignes de grosseur, sur trois pieds neuf pouces de longueur, pour chaque branche, compris l'œil, dans lequel passera la boucle, et un crochet de trois pouces au bout: le tout doit peser quatre-vingts livres.

83. La plate-bande de fer qui sera posée au haut de l'assise courante, du devant des trottoirs du corps du pont, aura six pouces de hauteur, et six lignes d'épaisseur, sur une longueur totale, pour les deux côtés du pont, de deux cent quarante-deux toises quatre pieds: cette plate-bande sera encastrée de son épaisseur dans la pierre, et retenue au droit de chaque joint montant avec deux crampons de fer; l'un de deux pieds six pouces de longueur, compris crochet au bout, et de quinze lignes de grosseur, sera posé obliquement, et scellé dans la maçonnerie, sous le pavé du trottoir; sa tête sera plate et perdue, arrasant le dehors de la plate-bande; l'autre aura deux pieds quatre pouces de longueur, compris aussi crochet, sur trois pouces de largeur, et neuf lignes d'épaisseur; il sera posé verticalement, encastré de son épaisseur dans la pierre, et recourbé pour embrasser la plate-bande par derrière, et la retenir par le dessus avec un crochet, dont le haut effleurera le dessus de la plate-bande, au

moyen d'une entaille qui y sera faite : l'autre bout de ce crampon sera scellé dans la maçonnerie du dessous de ladite assise : chaque plate-bande de fer aura le plus de longueur qu'on pourra lui donner, leur assemblage entr'elles sera fait au droit de l'un des joints montans de l'assise courante de pierre, en coudant de quatre pouces l'une des deux plate-bandes pour recevoir l'about de l'autre, et retenant le tout avec les crampons mentionnés ci-devant.

84. Les quatre bornes des bouts des trottoirs (ces bornes ont été faites en fontes de fer) seront armées de quatre montans, et de deux cercles de fer; les montans auront quatre pouces de large, et huit lignes d'épaisseur, seront encastrés de leur épaisseur dans les bornes, jusque et compris trois pouces de largeur dans la culasse; le haut de ces montans sera diminué de largeur pour se réunir jointivement sur la tête, et pour y être scellé en plomb dans son milieu, au moyen d'un crochet de trois pouces de long et d'un pouce de gros, qui y sera fait; le scellement sera recouvert d'un boulon d'un pouce de gros, dont on aura réservé la place entre les crochets, pour y être scellé; il portera une tête de trois pouces de diamètre par le dessus; les cercles auront huit lignes d'épaisseur, et quatre pouces de largeur; ils seront retenus sur les montans, avec deux boulons d'un pouce de diamètre, qui traverseront

les bornes; les têtes de ces boulons seront rivées à l'affleurement de ces cercles ; le fer qui sera employé à chaque borne pesera deux cent quarante livres.

Pavé.

85. Le pavé du dessus du pont sera de grès; il proviendra des roches de Flins, Condecourt, Mezy, Equevilliers, tous endroits qui sont situés aux environs de Meulan ; on pourra aussi en prendre à Chevaudot, dans la forêt de Marly, et aux environs de Pontoise, le long de la rivière d'Oise; on choisira les roches les plus dures de ces différens endroits, et le pavé tendre sera rebuté, tant sur la carrière que sur l'ouvrage, même après son emploi, au cas que l'on eût négligé de le choisir de bonne qualité : tout ce pavé aura huit ou neuf pouces d'échantillon ; il sera fendu régulièrement et sans démaigrissement au cul de lampe.

86. Le sable sera dragué dans la rivière ; il sera graveleux et de même qualité que celui qui sera employé à la maçonnerie du pont.

87. Le pavé qui sera employé aux trottoirs et banquettes entre les pilastres, sera pris aux mêmes endroits mentionnés ci-devant ; il aura six pouces en tout sens, sera refendu bien cubiquement, autant que cela se pourra ; on le posera en mortier de chaux et ciment, sur un massif de maçonnerie de chaux et sable, dont il sera parlé ci-après.

TROISIÈME SECTION.

Indication de l'ouvrage à faire chaque année.

CONSTRUCTION.

88. On se propose de faire le pont en dix années ; la première année sera employée à faire les approvisionnemens des matériaux, à construire les hangards, pour mettre les bois et équipages à couvert, établir les forges et disposer les chantiers et chemins provisoires.

89. Le chantier pour les cintres et autres gros bois de charpente, sera principalement établi dans la grande avenue arrivant à Neuilly et autres endroits circonvoisins qui se trouveront élevés au-dessus des grandes eaux. On déposera aussi les pieux et autres bois des fondations et des batardeaux qui pourront être employés dans le courant de chaque campagne, dans l'île et sur le bord de la rivière, du côté de Courbevoie, ainsi que sur la partie de l'île qui sera conservée et élevée. Les chantiers pour la pierre de taille et pour le moellon, seront établis dans l'île et sur les autres terreins circonvoisins de la rivière, dont on pourra disposer.

90. Les bassins pour éteindre la chaux seront aussi établis dans l'île et sur les bords de la rivière les plus à proximité de l'ouvrage, ainsi que les machines à cheval mentionnées ci-devant, article

46, qui seront construites pour faire le mortier.

91. On établira la forge et les magasins pour les équipages et outils, sur la partie de l'île qui sera conservée ; les autres magasins et le bureau seront placés dans les hangards qui seront construits pour cet effet.

92. La deuxième année, on fondera la culée côté de Courbevoie, avec les murs en retour, l'arche de hallage, les murs de quais et les pilastres ; et le tout sera élevé jusqu'à dix-huit pieds six pouces au-dessus des plus basses eaux, excepté la partie de la voûte du pont, ainsi que la demi-pile et les voussures, lesquelles ne seront élevées que jusques et compris la septième retombée, ou à-peu-près à dix pieds au-dessus des basses eaux.

93. La troisième année, on fondera l'autre culée dans l'île du côté Neuilly, avec ses murs en retour, l'arche de hallage, les murs de quais et les pilastres : le tout sera élevé aux différentes hauteurs mentionnées ci-devant.

94. La quatrième année, on fondera les deux piles dans l'île ; les voussoirs en seront élevés jusques et compris la septième retombée. On fondera aussi les murs de rampe à la suite des quais situés du côté de Neuilly, et on les élevera à pareille hauteur, de dix-huit pieds six pouces du dessus des basses eaux, que ces murs de quais.

95. La cinquième année, on fondera et on

élevera aux mêmes hauteurs les deux dernières piles dans le bras de la rivière servant à la navigation.

96. La sixième année sera principalement employée pour achever de faire approvisionner sur les chantiers la pierre de taille et les libages, à les tailler et assembler, à faire approcher et tailler tous les bois des cintres et des échafauds nécessaires : on fera aussi au moins six grues de vingt-cinq à trente pieds de volée, et les autres machines et équipages nécessaires pour lever les cintres et les pierres (En place de grues, on s'est servi d'un treuil avec roues à-peu-près semblables à ceux qu'on emploie aux carrières à puits.). On fondera les deux murs de rampe du côté de Courbevoye, pour occuper les meilleurs poseurs et maçons qu'il conviendra de conserver.

97. La septième année, on placera les ponts de service, les échafauds, et on montera les cintres, pour que les cinq arches puissent être construites tout de suite, fermées ensemble et décintrées de même. On continuera aussi d'élever de huit à neuf pieds de hauteur, dès le commencement de la campagne, les culées du pont et celles des arches de hallage, les murs en retour, et murs de quai, de même que le dessus des piles et demi-piles, pour butter convenablement les arches : le tout sera fait, de sorte qu'à la fin de la campagne, et avant le temps des crues, tous les bois, tant

des cintres que des ponts de service et des échafauds, soient enlevés et transportés aux chantiers et dans les magasins. Pour cet effet, les pieux des échafauds seront battus pendant l'hiver qui précédera cette campagne, on établira partie des échafauds et des grues, et on commencera à lever les cintres dans la même saison.

98. La huitième année, on achevera de construire les arches de hallage, d'élever les culées, les murs en retour, murs de quai, leurs pilastres et les murs de rampe, et la plus petite partie de la maçonnerie des reins ; on battra les pieux des perrés, excepté ceux sur la traverse du bras de la rivière qui sera supprimé, et on fera les perrés du côté de Courbevoye, ainsi que partie de ceux au côté opposé.

99. La neuvième année, on posera les voussoirs, en prolongation de ceux des têtes ; on achèvera la maçonnerie des reins ; on posera les assises des tympans, et le tout sera arrasé de niveau, à trente-quatre pieds neuf pouces du dessus des basses eaux.

100. Enfin, pendant la dixième et dernière année, on posera les couronnemens du pont et des murs en retour, les parapets, trottoirs et pavés ; on barrera le bras de la rivière du côté de Neuilly, pour faire passer toute l'eau sous le nouveau pont ; ce qui sera fait au moyen d'une digue et perrés, qui feront l'objet d'un autre devis et

adjudication, comprenant les terrasses et les chemins aux abords du pont.

Alignement et emplacement du pont.

101. On commencera par tracer exactement l'alignement du pont, il sera, comme on l'a dit ci-devant, établi sur celui de la grande avenue des Champs-Elysées. Pour cet effet, on fera les coupures et ouvertures nécessaires aux maisons et murs de clôture qui masquent cette avenue jusqu'à la rivière : cet alignement sera prolongé de l'autre côté de la rivière, jusque sur la Butte de Chantecoq, à sept cent quatre-vingt-deux toises quatre pieds de distance du parement, du côté de l'avenue, du mur de clôture de la ferme des religieux de Saint-Denis; auquel point de la butte, qui sera le centre d'une demi-lune mentionnée ci-après, et aussi contre ce mur de clôture, il sera placé des pièces de bois, droites et bien équarries, de douze pouces de grosseur; elles seront enfoncées au moins de six pieds dans le terrein, buttées et scellées solidement en maçonnerie de moellon, avec mortier de chaux et sable : on les peindra de trois couches de blanc à l'huile, ainsi qu'une ligne noire d'un pouce de large, verticalement au milieu de ces pièces, pour servir réciproquement de visée, au moyen des trous de tarrières que l'on fera dans ces pièces, à la hauteur de l'œil.

102. A deux cent vingt toises du parement dudit mur de clôture de la ferme des Bénédictins de Saint-Denis, et sur le même alignement, il sera posé et scellé dans l'île de Neuilly, un poteau pareil aux précédens, lequel désignera le milieu du pont.

103. De part et d'autre, et à cent soixante-neuf pieds trois pouces de ce dernier poteau, il en sera planté et scellé un pareil, et sur le même alignement, lequel se trouvera à cent dix toises au-delà du derrière des culées du pont.

104. Les têtes de ces trois derniers poteaux seront sciées de niveau entr'elles, à vingt pieds de hauteur du dessus des plus basses eaux de la rivière ; on les peindra aussi à l'huile ; on gravera et tracera l'alignement en noir sur la tête de ces poteaux.

105. Ces poteaux étant ainsi bien établis, pourront servir à tracer les fondations et la construction du reste du pont, et à régler la hauteur de leurs différentes parties.

106. Pour la fondation de la culée du côté de Courbevoye, et des murs qui doivent l'accompagner, on commencera par faire fouiller et enlever, jusqu'à la hauteur de l'eau, les terres sur l'étendue nécessaire pour l'emplacement, tant desdites fondations que des batardeaux et des manœuvres au pourtour : on fera les banquettes et glacis suffisans pour empêcher l'éboulement

des terres ; elles seront transportées derrière la culée, à vingt toises au moins de distance.

107. Il sera fait soixante-onze toises de longueur de batardeaux, lesquels seront éloignés de douze pieds au moins de l'emplacement qui sera nécessaire pour établir cette fondation.

108. Chaque batardeau sera composé de deux files de pieux, dont la pointe sera brûlée pour la durcir ; on les espacera à quatre pieds sur leur longueur, et à dix pieds de l'autre sens, le tout mesuré de milieu en milieu : ils seront posés d'équerre entr'eux ; ces pieux seront alignés et battus, en commençant par le côté d'amont, avec un mouton de six cents livres de pesanteur ; en sorte que leurs têtes puissent arriver à six pieds au-dessus des plus basses eaux, après qu'ils auront pris fiche d'environ trois pieds dans le tuf ou bon terrain, à l'effet de quoi il sera fait des sondes particulières pour pouvoir fixer la longueur exacte qu'il faudra donner aux pieux pour chaque partie dudit batardeau.

109. Au côté extérieur des pieux, et à cinq pieds six pouces des basses eaux, on posera un cours de lierne, de six pouces de grosseur : elles se recouvriront de quatorze pouces à leur bout sur l'un des pieux, à chacun desquels ces liernes seront arrêtées avec chevilles de fer.

110. On posera des entre-toises sur les liernes et contre les pieux, de deux en deux ; elles auront

quinze pieds de longueur et huit pouces de grosseur, pour qu'il reste une force suffisante au droit des entailles, et aussi pour porter les échafauds qui pourront être établis sur les batardeaux ; les entre-toises seront entaillées de trois pouces par le dessous, à la rencontre des liernes, et seront arrêtées avec chevilles de fer sur ces liernes.

111. Contre chaque file de pieux, et du côté intérieur, il sera battu des palplanches jointives ; ce qui sera fait avec châssis de douze pieds de longueur, comprenant l'espacement de trois pieux ; chaque châssis sera composé de deux montans de vingt-un pieds de long, neuf à dix pouces de large, et quatre pouces d'épaisseur, espacés à dix pieds et demi, de milieu en milieu, deux traverses par le haut, et autant par le bas, des mêmes grosseur et largeur, et chacune de douze pieds de longueur, pour former coulisse entr'elles de quatre pouces et demi de vide, au moyen des rondelles de fer, de trois lignes d'épaisseur, que l'on mettra de chaque côté des boulons, entre les traverses et les montans ; le dessus des traverses du haut sera placé à six pouces près de celui des montans, et les traverses du bas le seront de façon que les montans étant battus, elles puissent arriver un peu au-dessus du terrein : elles seront boulonnées aux montans, et arrêtées avec clavettes et goupilles ; les coulisses seront ensuite garnies exactement au chantier,

avec palplanches pareilles aux montans : elles seront jaugées parallèlement, et dressées à la bisaigue par les côtés, ainsi que les montans, pour qu'elles puissent s'approcher jointivement.

112. On commencera par battre les montans, les traverses y étant boulonnées, et ce, avec un mouton de cinq à six cents livres. Lorsque la tête des montans sera arrivée à la hauteur de celle des pieux, l'on garnira les coulisses des mêmes palplanches que l'on y aura présentées sur le chantier, et ce, successivement, en partant de chaque montant et venant vers le milieu, pour ne pas casser les boulons ; chaque châssis sera ainsi battu de suite de chaque côté du batardeau, à commencer par le côté qui sera le plus exposé au cours de l'eau, ce qui facilitera la pose des châssis qui seront au-dessous ; l'on garnira d'une pareille palplanche, servant de clef, l'espace qui se trouvera entre les montans des différens châssis, parce que les traverses ou coulisses excéderont la largeur des montans, pour servir de guides aux clefs. Cet excédant sera pourtant réglé de façon que les traverses ne puissent pas se rencontrer et se nuire lors de la pose : l'on aura aussi l'attention d'étrésillonner les châssis contre la poussée de l'eau, et de placer les entre-toises, à mesure que ces châssis se trouveront battus.

113. On élevera et draguera ensuite les sables et vases de l'intérieur des batardeaux, jusque sur

le tuf ou bon terrein, et le plus bas qu'il sera possible, afin que la terre franche puisse être assise sur un terrein non sujet à filtration, autant que cela se pourra, ce qui est essentiel pour diminuer les épuisemens.

114. On remplira ensuite l'intérieur des batardeaux jusque l'affleurement du dessus des entretoises, avec de la terre franche, de bonne qualité, laquelle pourra être prise dans l'île de Neuilly : elle sera bien battue avec pilons, à mesure qu'on l'emploiera.

Epuisemens.

115. On établira ensuite aux angles du batardeau le nombre de pompes à chapelets et des autres machines hydrauliques nécessaires pour épuiser et tenir l'intérieur à étanche pendant tout le temps de la fondation de la culée : les chapelets auront dix-huit pieds de longueur, et cinq pouces de diamètre intérieur ; au moyen de quoi ils pourront servir pour les plus grandes eaux d'été; savoir : deux pieds de puisard, neuf pieds trois pouces sous les plus basses eaux, qui est la profondeur à laquelle l'on pense que les plate-formes pourront être établies sur les pilotis ; six pieds pour la hauteur du batardeau du dessus des basses eaux, et neuf pouces d'excédant, jusqu'au hérisson pour la pente des gargouilles à auges.

116. On établira un échafaud solide sur pilotis,

pour y arrêter fixement les chapelets, de façon que l'on ne soit obligé de les déplacer, que lorsqu'il sera question de les réparer; les puisards seront faits à six pieds au moins en dedans des batardeaux, et ils seront recreusés, s'il se peut, jusqu'à onze pieds, sous les plus basses eaux : lorsque l'eau sera baissée dans l'intérieur du batardeau, l'on fera une rigole perpendiculairement sur le milieu de la culée, pour la conduire dans les différens puisards; il ne sera pas nécessaire qu'elle soit, à un pied près, aussi profonde que les puisards.

117. Les pompes seront percées de trois trous, chacune de trois pouces de diamètre, et de deux en deux pieds au-dessous du hérisson, ensuite bouchées avec des tampons de bois garnis de filasse; ces trous serviront à laisser évacuer l'eau proportionnellement aux crues ou à l'abaissement de la rivière, afin de ne pas charger la puissance d'une colonne d'eau inutile. Pour cet effet, l'on substituera aux tampons d'un même rang, des gargouilles de bois, tournées et percées dans le milieu, lesquelles dégorgeront dans les auges, que l'on élevera ou baissera d'autant.

118. Pour n'être pas obligé d'enlever l'eau par dessus les batardeaux, lorsque la hauteur de la rivière ne l'exigera pas, il sera placé une ou deux caisses bien calfatées et goudronnées sur l'épaisseur des batardeaux, et de chaque côté, laquelle

aura onze pieds de longueur, quatre pieds de hauteur, et un pied de largeur dans œuvre ; elle sera composée de planches de chêne de deux pouces d'épaisseur, bien jointes et entretenues à chaque bout, et au milieu avec un bâtis de charpente ; celui du bout du côté intérieur sera divisé en trois parties, fermées chacune d'une porte à charnière, garnie de cuir en dedans, lesquelles seront ouvertes ou fermées suivant que l'exigera la hauteur de la rivière.

119. Le service de chaque chapelet sera fait par douze journaliers, dont quatre travailleront ensemble, et seront relevés par un pareil nombre d'hommes, de deux heures en deux heures, sans discontinue, jour et nuit : ils seront payés au cent de tours de manivelle, et non à la journée, et, pour cet effet, il sera placé à chaque chapelet une machine propre à compter les tours de manivelle, conforme au modèle qui en sera remis.

120. L'on examinera s'il y a moyen, comme on le présume, d'employer le courant pour faire le tout ou partie des épuisemens, ce qui sera préféré à tout autre moteur qui sera plus dispendieux : c'est ce dernier moyen qui a été employé.

Fondation de la culée

121. Pendant que l'on fera les épuisemens, on tracera sur les liernes des batardeaux la ligne du milieu du pont, et l'emplacement de la culée

et de la demi-pile ; l'on fera la fouille et enlèvement des sables et terres qui s'y trouveront, et à neuf pieds au moins de plus au pourtour de cet emplacement, avec les glacis au-delà sous un angle de 30 degrés : l'on approfondira ces fouilles, autant que les épuisemens pourront le permettre, et, s'il se peut, à neuf pieds : le terrein sera dressé de niveau à cette profondeur; l'on fera, à trois pieds près du glacis, les petites rigoles pour dériver l'eau dans celle du milieu ; les terres et les mauvais sables provenant de cette fouille, seront transportés derrière la culée, au moins à quinze toises au-delà du sommet du glacis.

122. Tous les bois nécessaires pour la fondation seront, en plus grande partie, préparés avant de commencer les épuisemens ; les équipages pour le transport et le battage des pilotis seront aussi disposés pour cet effrt.

123. On en usera de même pour la maçonnerie qui devra être employée aux fondations sous l'eau, le moindre retardement qu'occasionnerait ce défaut d'attention pouvant être très-préjudiciable, vu que les épuisemens deviennent chaque jour plus difficiles et plus dispendieux, par l'élargissement continuel des voies d'eau : ces matériaux seront principalement disposés et préparés près la rivière du côté de Courbevoye : le surplus sera dans l'île.

124. A mesure que la fouille du terrein se

trouvera faite à la profondeur convenable, on tracera, avec des piquets, la place de chaque pilotis en treize files parallèles, à trois pieds un pouce neuf lignes de distance l'un de l'autre, et de milieu en milieu ; ils seront espacés à trois pieds deux pouces sur leur longueur, et tous posés d'équerre entr'eux. La première file de pilotis sera posée à sept pieds au-devant du nu du parement ; il entrera quatre cent trente-six pilotis dans cette fondation.

125. Tous ces pilotis et les suivans seront ferrés et battus sans écorces, au refus, et avec autant de sonnettes qu'il sera possible d'en placer, pour être employées jour et nuit sans interruption ; le mouton pesera au moins douze cents livres, et sera tiré par la force de trente-cinq hommes, conduits par un enrimeur ou charpentier ; l'on pourra employer les journaliers à leur tâche pour chaque pilotis, jusqu'au refus, qui aura été reconnu suffisant par l'inspecteur ; ces pilotis ne seront pas considérés avoir été battus à un refus suffisant, qu'après que l'on se sera aperçu qu'ils n'entreront plus que d'environ deux lignes, par volée de vingt-cinq coups, et consécutivement pendant au moins dix volées de suite ; on frettera les têtes de ceux qui auront besoin de l'être.

126. On commencera par battre les files de pilotis du milieu des culées et des piles, et successivement les autres, en finissant par les files

extérieures ; tous ces pilotis seront dérasés de niveau entr'eux, à la profondeur mentionnée ci-devant ; on fera des tenons de quatre pouces de hauteur et autant de longueur, et de trois pouces de largeur, à chacun des pilotis de rive.

127. On assemblera un cours de chapeaux sur la tête des pilotis de rive, après que l'on y aura pratiqué des mortaises dans le dessous, dont l'espacement sera fixé d'après celui des tenons ; ces chapeaux seront assemblés à mi-bois entr'eux sur la tête d'un pilotis, de façon qu'ils se recouvrent en quinze pouces de longueur : les bouts seront coupés en angle saillant d'un pouce pour mieux les retenir entr'eux.

128. Le dessus du côté intérieur des chapeaux sera refouillé en chamfrain, sur deux pouces de large par le haut, et trois pouces dans le fond du chamfrain : au droit de chaque pilotis l'on fera une entaille à queue d'aronde de quatre pouces de longueur, et huit pouces de largeur par le bout, réduite à six pouces au collet, et de huit de hauteur.

129. On fera des tenons pareils à ceux des pilotis de rive, mais seulement de deux pouces de largeur aux autres pilotis, excepté à ceux qui ne se trouveront pas battus assez bien d'alignement, pour que ces tenons puissent être faits sur la même ligne, prise perpendiculairement au milieu de l'entaille à queue d'aronde des chapeaux.

lesquels pilotis seront récépés quatre pouces plus bas que les autres.

130. Sur ces pilotis on assemblera transversalement les racinaux, au moyen des mortaises que l'on fera de cinq pouces de profondeur par-dessous, et au droit des tenons, ainsi que dans la queue d'aronde, au bout et dans le dessus, sur quatre pouces de hauteur, pour être placés dans chaque entaille des chapeaux : ces racinaux excéderont de neuf pouces le dehors de la dernière file de pilotis ; ils seront de deux et trois pièces, assemblés à moitié bois, se recouvrant en quinze pouces de longueur : cet assemblage sera fait sur la tête d'un pilotis, auquel on aura eu l'attention de réserver un tenon de huit pouces de longueur pour passer au travers des deux racinaux : le tout sera posé de façon que les racinaux portent carrément et solidement sur lesdits pilotis et chapeaux.

131. On fouillera et enlevera ensuite les sables, vases et mauvais terreins d'entre ces pilotis, sur dix-huit pouces de profondeur, à compter du dessus des racinaux ; le tout, au cas que le terrein soit de mauvaise consistance, et autant que les épuisemens pourront favoriser cette fouille : cet espace sera garni ensuite de bonne maçonnerie de moellon, posé à bain de mortier, de chaux nouvellement éteinte et de sable, jusqu'à l'affleurement du dessus de ces racinaux. Cette maçon-

nerie sera bien tassée sur le terrein, et garnie entre les moellons, pour qu'il n'y reste aucun vide : on observera de poser de petits libages sur le devant, et qu'ils soient assez forts pour qu'étant appuyés contre les pilotis, ils ne puissent sortir en dehors.

132. On posera ensuite les madriers de plate-formes sur les racinaux; le premier sera chamfriné d'un pouce, pour être placé en recouvrement le long et à l'affleurement des chapeaux; les autres seront posés bien jointivement entr'eux et le précédent.

133. Les madriers auront douze à quinze pieds de longueur; ils seront posés en liaison de l'un à l'autre, au moins de trois ou de six pieds; leur bout se terminera jointivement sur le milieu d'un racinal, et le dessous portera immédiatement sur les racinaux et sur la maçonnerie d'entre-iceux, au moyen d'une aire de mortier que l'on y étendra à mesure de la pose, pour qu'il ne se trouve aucun vide au-dessous; on attachera ensuite ces madriers avec chevilettes de fer, barbelées sur les racinaux aux extrémités et autres endroits, seulement où elles seront nécessaires, au lieu de chevilles de bois dur, pour faire mieux joindre ces madriers aux racinaux.

134. Les madriers qui se trouveront trop haut, seront abaissés à l'herminette jusqu'à l'arrasement des autres, et plus particulièrement ceux sur

lesquels la première assise de pierre de taille devra être posée.

135. On tracera exactement le plan du nu du parement de la culée et de la demi-pile, ainsi que leur épaisseur et longueur sur les plate-formes de charpente : on portera en avant de la ligne du parement la saillie des retraites, qui sera de sept pieds, comme il est dit ci-devant, au droit de la demi-pile, et de dix-huit pouces pour le reste du parement de la culée du pilastre et des murs en retour, à quoi l'on ajoutera le fruit d'une ligne par pied qui sera donné aux murs. C'est suivant ce dernier trait que le parement de la première assise sera posé.

136. Cette première assise sera posée sur mortier, et non à sec, sur la plate-forme, comme il est d'usage; le derrière sera garni de forts libages débrutis jusqu'à vingt-quatre pieds et demi au-delà de l'à-plomb du parement de la demi-pile, et dans la longueur de quarante-cinq pieds qu'aura la largeur du pont : le surplus de l'épaisseur de la culée sera arrasé en maçonnerie de moellon et mortier, ainsi qu'au derrière des paremens du reste de la longueur de cette culée.

137. Les assises et les voussoirs au-dessus seront posés et arrasés de même, les unes horizontalement, et les autres en suivant la coupe des voussoirs, jusque et compris la septième retombée.

138. On fera, à neuf pouces près de la naissance de la voûte, les empattemens et les retraites de seize pouces neuf lignes à chacune des cinq assises du pourtour des demi-piles, lesquelles seront réduites en total à dix-huit pouces, comme on l'a dit ci-devant, pour le reste de la culée.

139. On observera, à la quatrième retombée, d'y laisser des bossages de six pouces de saillie au droit des fermes, sur au moins quinze pouces de largeur de part et d'autre du lieu où devront être placées les jambes de force, pour les retenir fixement contre la mâçonnerie.

140. Avant de cesser les épuisemens, on posera huit jambes de force, qui seront destinées à porter les fermes des cintres : le milieu des premières sera placé à dix-huit pouces des têtes de l'arche, les six autres seront espacées à distance égale entr'elles et ces premières.

141. Ces jambes de force auront chacune quinze à dix-huit pouces de grosseur, posées jointivement sur leur côté le plus étroit, et entaillées exactement suivant les retraites ; elles excéderont de six pieds la naissance de l'arche, et seront assez longues pour être assemblées à tenons et mortaises par le bout inférieur, et sans être chevillées dans deux cours de sablières de six et de dix-huit pouces de grosseur, qui seront posées sur les deux retraites supérieures.

142. Le haut de ces jambes de force sera assem-

blé aussi à tenons et mortaises, dans un sommier ou chapeau de douze pouces de hauteur, et dix-huit pouces de largeur, lequel sera entaillé par le dessus d'un pouce de profondeur sur quinze pouces de largeur, pour recevoir les troisièmes rangs des arbalétriers. On fera les entailles au-devant de ces jambes de force pour l'assemblage des deux premiers arbalétriers.

143. Les batardeaux seront ensuite enlevés, compris les terres de leur intérieur, et les bois en seront conservés avec soin, pour être employés ainsi qu'il sera expliqué ci-après.

Fondation des murs d'accompagnement à la culée.

144. On fondera ensuite le reste des murs en retour des culées, l'arche de hallage, les murs de quais, et les quatre murs qui seront transversalement construits sous l'arche de hallage, au droit du pont, le tout sur pilotis, racinaux et plate-formes de charpente, dont le dessus se trouvera à six pouces au moins sous les plus basses eaux.

145. Ces fondations étant ainsi établies dans les terres et peu avant sous l'eau, il ne sera pas nécessaire d'y faire des batardeaux avec pilotis et palplanches, et les épuisemens seront faits par baquetage.

146. Les murs en retour de ceux des culées, ceux de la culée de l'arche de hallage, les murs de

quais et les pilastres, seront établis sur trois files de pilotis; on en battra seulement deux files sous les murs de dessous l'arche de hallage ; il en entrera deux cent un à ces murs : ils seront tous élevés, comme on l'a dit ci-devant, jusqu'à dix-huit pieds six pouces au-dessus des plus basses eaux.

147. En traçant sur les plate-formes de charpente les retraites et les empattemens de ces murs, on aura l'attention d'y ajouter le fruit d'une ligne par pied au-delà du nu des paremens de ces murs, comme cela est indiqué ci-devant.

Culée du côté de Neuilly.

148. La deuxième culée du côté de Neuilly sera ensuite fondée avec les murs en retour, l'arche de hallage et les murs de quais, le tout comme il est expliqué ci-devant.

149. On commencera par fouiller et enlever les terres jusqu'à l'eau, comme il est expliqué article 106, et on les transportera sur la partie de l'île qui sera réservée, ainsi que celles qui proviendront de la fondation des piles et murs de rampe qui seront faits dans l'île, et ces terres seront régalées de niveau.

150. Si le terrain ou le sable qui se trouveront au-dessous de l'eau, exigent qu'il y soit fait des batardeaux, il en sera construit un pareil à celui expliqué ci-devant, et avec les bois qui en pro-

viendront; on profitera de l'avantage que pourrait donner le terrein dans de certaines parties, soit pour diminuer le nombre des pilotis de la file du côté des terres, soit pour supprimer les palplanches du même côté; l'intérieur de ce batardeau sera ensuite dragué et rempli de terre franche, comme cela est expliqué article 155, pour faire les épuisemens.

Les deux premières piles du côté de Neuilly.

151. Pour les deux piles du côté de Neuilly, qui seront fondées dans l'île, on commencera par fouiller et enlever jusqu'à l'eau, les terres du pourtour de chacune d'elles; on fera ensuite, si cela est trouvé nécessaire, un batardeau autour de cette pile, carrément, à neuf pieds de l'emplacement de la fondation; à quoi on emploiera les bois qui proviendront des anciens batardeaux : ce qui pourra manquer sera fourni à neuf; on observera, suivant les circonstances, de supprimer partie du nombre des pieux et des palplanches, comme cela est expliqué pour le batardeau de la seconde culée.

152. La fondation de chaque pile sera établie sur dix files de pilotis, il en entrera en total cent quatre-vingt-trois, et la maçonnerie sera élevée jusque et compris la septième retombée, mesurée, comme on l'a dit ci-devant.

Troisième et quatrième pile.

153. On fondera ensuite les troisième et quatrième pile : celle qui se trouvera dans la rivière, près du bord de l'île, sera environnée d'un batardeau pareil à ceux des deux premières piles : on examinera cependant, lors de la construction, s'il ne suffirait pas de terminer et appuyer ce batardeau contre la berge de l'île.

154. Les terres qu'il sera nécessaire d'enlever pour cette fondation, seront transportées sur la partie de l'île qui sera conservée.

155. La dernière pile sera fondée au milieu de la rivière : elle sera environnée aussi carrément d'un batardeau, qui aura cinquante-cinq toises de pourtour, longueur à laquelle on évalue ce qu'il y en aura encore à faire à neuf, indépendamment des soixante-onze toises qui doivent être fournies pour la première culée.

156. Les terres et sables de l'intérieur des batardeaux de ces piles seront draguées jusqu'à neuf pieds de profondeur au-dessous des plus basses eaux, et les puisards pour l'établissement des pompes, au moins à deux pieds plus bas ; après quoi on fera les épuisemens, et on construira chaque pile sur cent quatre-vingt-trois pilotis ; et le tout sera fait comme il est expliqué ci devant.

Bossages sous les voussures.

157. En taillant les voussoirs des têtes au droit des voussures et des sept premières retombées, il sera réservé des bossages de pierre jusqu'à l'affleurement de la courbure de la voûte, dont les joints et les ciselures seront faits pour les voussures. Ces bossages serviront à soutenir la buttée des fermes des têtes.

Murs de rampe.

158. On fondera dans le terrein les quatre murs de rampe ; les deux à faire du côté de Neuilly, seront établis à la suite des murs de quais, perpendiculairement aux têtes du pont : l'obliquité de la berge de la rivière ne permettra pas d'établir les deux autres murs sur l'alignement des murs de quai ; celui d'amont s'en écartera de huit degrés en s'éloignant de la rivière, et l'autre de six degrés en s'en rapprochant.

159. On commencera par fouiller les terres jusqu'à l'eau, sur la largeur convenable, en observant, comme on l'a expliqué pour la première culée, de faire les banquettes et talus suffisans ; les terres qui proviendront des murs du côté de Courbevoye, seront transportées derrière la culée.

160. On fera les épuisemens par baquetages, et ces murs seront fondés à même profondeur que les murs de quai, sur trois files de pilotis,

au nombre, pour chaque mur de rampe, de cent quatre-vingt-dix-neuf : ils seront élevés dans la même année jusqu'à dix-huit pieds six pouces au-dessus des plus basses eaux.

Choix de la pierre pour les voussoirs supérieurs des arches.

161. En faisant tirer dans les carrières, la pierre nécessaire pour les ouvrages précédens, on réservera les plus forts quartiers pour les voussoirs de la partie supérieure des voûtes, et on les fera voiturer et tailler sur les chantiers ; on achevera ensuite d'approvisionner toute la pierre, les bois des cintres et les autres matériaux nécessaires, pour que les cinq arches du pont soient indispensablement construites depuis le dessus des sept premières retombées, et décintrées dans la même campagne, avant la fin du mois d'octobre, si cela est possible. On fera, pour cet effet, toutes les dispositions convenables ; on construira les échafauds, les ponts de service ; on aura des bateaux en nombre convenable ; on montera les grues et autres équipages nécessaires, et on s'assurera d'un nombre suffisant d'ouvriers de toute espèce.

Transport par eau de la pierre.

162. La pierre provenant des carrières de Poissy, et des autres carrières qui sont situées le

long de la Seine, au cas que l'on soit obligé d'y avoir recours, seront conduites en général par eau, après les avoir fait tailler au bord de la rivière, sur les chantiers que l'on y établira; on les chargera avec soin sur des bateaux qui seront pontés pour cet effet; elles seront placées debout, et rangées de suite par assise et mêmes rangs de voussoirs, afin d'être enlevées avec des grues, au moyen de fortes tenailles de fer, du dessus des bateaux, pour être posées directement en place.

Dans les détails que je vais donner sur la construction des ponts, je tâcherai de ne rien omettre de ce qu'il est nécessaire de connaître pour bien concevoir un projet et l'exécuter facilement; car je reviens toujours à ce principe, que des connaissances générales et la pratique, valent mieux pour les travaux, qu'une théorie profonde et abstraite, à l'aide de laquelle un savant du premier ordre serait fort embarrassé, s'il était chargé de l'exécution d'ouvrages importans.

On exécute des ponts en bois, en pierre et en fer: je ne suis point partisan des ponts de bois ni des ponts de fer. *Il y a des circonstances où, faute d'autres matériaux, on est obligé d'employer le bois ou le fer.* Ces matériaux ne me paraissent pas convenir à ce genre d'édifice, qu'on n'élève pas seulement pour les contemporains, mais dont l'utilité doit aussi se faire sentir aux générations éloignées : un pont est un monument dont la solidité doit être telle, qu'on ne puisse pas déterminer dans l'avenir l'époque de sa destruction : or, la pierre seule peut offrir cette garantie. Il est vrai que la construction des ponts en bois présente d'abord plus d'économie ; mais l'entretien est considérable, et la durée est, pour ainsi dire, éphémère. Je pense donc qu'on ne doit employer le bois ou le fer dans la construction des ponts, que lorsqu'on n'a pas d'autres matériaux, et que cette sorte d'économie dans les travaux publics, est un vol que l'on fait à la postérité.

Quoiqu'il en soit de mon opinion, la construction des ponts en bois n'en est pas moins en usage, et souvent même, faute de bons matériaux, on est obligé d'y avoir recours.

Un pont, tel qu'il soit, a deux culées, qui sont les deux extrémités, appuyées sur des murs de renforts, quelquefois contre des rochers, ou des terreins propres à soutenir l'effet des poussées des arches, suivant la disposition des lieux.

Les ponts ont une ou plusieurs ouvertures assez grandes, qu'on appelle *arches*.

Les piles sont les points d'appui sur lesquels reposent les arches.

Ce qu'on appelle *pile* dans un pont de pierre, se nomme *palée* dans un pont de charpente.

On peut considérer les ponts comme de forts

planchers, dont les solives sont soutenues par des poutres qui portent sur des piles de charpente ou de maçonnerie.

Dans les ponts, comme dans les bâtimens, la force des planchers augmente ou diminue, en raison du rapprochement ou de l'éloignement des poutres, ou fermes d'assemblage qui en tiennent lieu.

M. Rondelet, dans son *Traité d'architecture*, fixe l'épaisseur verticale des poutres pour les planchers des bâtimens, à la dix-huitième partie de la distance entre les appuis; mais comme la charge des planchers de ponts est beaucoup plus grande que celle des planchers des bâtimens, et que de plus, cette charge est mobile, il détermine, pour les parties des pièces horizontales qui tiennent lieu des poutres, une plus forte épaisseur, et la fixe à la dixième partie entre les appuis ou parties soutenues.

Je vais suivre son raisonnement. La mobilité de la charge des ponts fait que cette charge se trouve successivement sur tous les points de leur longueur, qui doivent par-tout opposer une même résistance : il peut même se trouver des circonstances où une suite continue d'hommes, de chevaux ou de voitures, les chargent en même temps dans tous les points de leur longueur. C'est ce cas extrême qu'il est à propos d'examiner, si l'on veut éviter les accidens qui sont arrivés à plusieurs ponts, par une charge extraordinaire.

Pour se faire une idée de la charge que peut occasionner une foule, il faut savoir qu'il peut se trouver vingt-quatre personnes réunies sur une toise superficielle, lesquelles, au poids moyen de cent vingt-cinq livres chaque, produiraient une charge de trois milliers. Sur une même superficie, il ne peut se trouver que deux hommes à cheval, lesquels, estimés à raison de sept cent cinquante livres, produiraient pour une toise mille cinq cents livres, c'est-à-dire, une charge moitié moindre que celle que pourrait produire une foule de gens à pied. Il est difficile d'évaluer le poids d'une voiture par le nombre des chevaux qui la traînent, parce que cela dépend de la force des chevaux, et que cette force varie. Cependant on ne peut pas errer beaucoup, en évaluant à raison de mille cinq cents livres par cheval, le poids et la charge d'une voiture ; ce qui donne pour une voiture traînée par quatre chevaux, un poids de six milliers.

Il est vrai qu'une pareille voiture occupe une superficie d'environ sept toises, mais il faut observer que la charge qu'elle occasionne, indépendamment des chevaux, tombe sur les deux points où posent les roues qui peuvent se trouver au milieu de la portée d'une pièce de dix à douze pieds, ce qui double pour ce point la charge que pourrait occasionner la foule, quoique la totalité de la charge du pont puisse être beaucoup moindre que celle causée par une grande réunion d'hommes ou de chevaux.

On démontre en mécanique, que l'effort d'un poids placé au milieu d'une barre posée horizontalement sur deux appuis, est égal à celui de plusieurs poids distribués dans sa longueur, dont la somme serait double. Il résulte de cette propriété, un moyen facile de trouver la charge et la résistance de tous les points des pièces de bois horizontales qui soutiennent les solives des planchers des ponts.

Il ne faut pas, en général, que les grosseurs des pièces de bois employées aux ponts de charpente aient moins de la vingt-quatrième partie de leur longueur, parce que leur force ne doit pas seulement être en rapport avec le poids particulier qu'elles ont à soutenir, mais de plus avec l'ensemble gnéral, pour lui procurer une stabilité suffisante, résister à la masse des efforts mis en mouvement, et obvier aux imperfections qui peuvent se trouver dans les matières et la main-d'œuvre.

Lorsque la distance entre les piles est fort grande, on peut augmenter la portée de la partie du milieu, en lui donnant trois épaisseurs, et faisant celles des parties ensuite doubles, et celles près des piles d'une seule épaisseur.

Pour proportionner la longueur des travées à ces épaisseurs, on divisera l'espace entre les piles en neuf parties égales : on en donnera une pour les parties près des piles, cependant à une seule épaisseur ; on fera la longueur de celles ensuite des deux parties, et on donnera trois parties pour la travée du milieu, qui répond aux trois épaisseurs : ainsi, pour une distance de quatre-vingt-dix pieds, les travées des extrémités auront dix pieds ; celles ensuite vingt pieds, et la travée du milieu trente pieds.

Supposant le pont destiné pour le passage des grosses voitures, le plus grand poids que puisse avoir à porter la partie du milieu, en prenant six pieds pour l'espace entre chaque ferme, ne saurait être au-dessus de vingt milliers, à cause de la longueur qu'occupe une voiture avec les chevaux qui la traînent. Cette charge de vingt milliers, distribuée également sur une longueur de trente pieds, équivaut pour l'effort à un poids de dix milliers placé au milieu.

Je crois devoir donner pour modèles des ponts en charpente, celui de Schaffouse, construit sur le Rhin en 1770, par un charpentier nommé *Ulric Grubenmann*; et un autre construit en 1764, dans les environs de Berne, par un nommé *Ritter,* aussi charpentier. Ce dernier pont est fort élevé au-dessus de la rivière, et n'est formé que d'une seule arche de vingt-six toises entre les culées, sur deux toises et demie de largeur ; mais il a l'avantage de pouvoir être soutenu en dessous par de grandes contre-fiches qui vont jusqu'au milieu du pont, où elles se réunissent à une pièce doublant le milieu, et par d'autres qui se prolongent jusque sous les sablières, lesquelles portent le comble de la galerie du pont; les contre-fiches sont entretenues par des doubles moises à-plomb, qui montent aussi jusque sous la sablière du comble, et par des croix de saint André, qui relient celles d'un côté avec celles de l'autre; elles posent par le bas sur des retraites pratiquées aux murs des culées. Le plancher va en pente jusqu'aux deux travées du milieu, où il est plus élevé de trois pieds un quart que dans les bouts, les armatures qui forment les côtés et le toit, suivent la même pente; cette disposition augmente leur résistance et la solidité du pont. *Voyez* Pl. XLIX.

On a réuni quelquefois les armatures de dessus et de dessous, pour soutenir les travées des ponts d'une grande portée, telles que celles du pont de Schaffhouse. (Pl. XLVIII.)

Ce pont est composé de deux grandes arches, dont une de cent quatre-vingt-neuf pieds onze pouces, et l'autre cent soixante-trois pieds huit pouces, séparées par une pile en pierre; il forme une galerie couverte par un comble en mansarde.

Les sablières qui terminent la largeur du plancher du pont sont formées de deux rangs de fortes pièces assemblées en crémaillière, fortifiées en dessous, ainsi que le plancher, par quatre rangs de contre-fiches de chaque côté, et qui se contiennent en dessus dans la hauteur de la galerie. Toutes ces contre-fiches, et celles qui répondent au-dessus de la pile du milieu et des culées, sont entretenues et réunies par des moises doubles et perpendiculaires qui montent jusque sous les sablières de l'espèce de toit à la mansarde qui couvre le pont.

Les poutres transversales qui forment le plancher du pont sont suspendues par les doubles moises verticales dont il vient d'être parlé, qui embrassent leurs extrémités; ils s'en trouvent d'intermédiaires arrêtées à la double sablière du bas, assemblées à crémaillière : toutes ces poutres sont entretenues en dessus par de grandes pièces ou longrines qui se croisent en lozange.

On a aussi fait usage de longrines pour relier la charpente du toit.

Pour réunir avec plus de force les sablières du bas et les contre-fiches des extrémités de chaque grande travée formant les arches, on a ajouté quatre forts tirans de fer inclinés en sens contraire des contre-fiches. De plus, on a doublé la sablière du haut au droit de la pile du milieu et au-dessus des troisième et quatrième divisions, à partir des culées et de cette pile. Cette sablière est triplée vers le milieu des arches.

Dans l'épaisseur du comble, on a encore formé au-dessus du faîtage, une armature avec une sablière double par le bas, assemblée en cremaillière; on a ajouté des contre-fiches et des pièces qui doublent le faîtage dans les trois divisions des extrémités qui le triplent dans les deux divisions ensuite, et qui le quatruplent dans la division du milieu.

Tous ces moyens imaginés pour empêcher la charpente de fléchir vers le milieu des arches, sont bien combinés, et ont parfaitement réussi.

Il faut remarquer que les bouts des contre-fiches buttent contre des tassaux solidement arrêtés avec des boulons, ainsi que les joints des pièces assemblées à trait de Jupiter, les moises d'à-plomb et les doublures.

Pour donner plus de roideur à la double sablière du bas assemblée à crémaillière, on a mis un coin à chaque redan.

Le plancher du pont est fermé par un double rang de madriers, dont le premier est cloué sur les longrines, et l'autre en travers sur les premiers. Enfin, comme ce pont est fort étroit pour sa longueur, et qu'il présente au vent une face considérable, afin de lui donner plus de force et de stabilité, au lieu de le faire en ligne droite d'une culée à l'autre, on lui a fait faire un angle, en avançant la pile du milieu d'environ deux toises du côté du courant.

Grubenmann avait d'abord combiné la charpente de ce pont pour ne former qu'une seule arche, mais on le força à construire une pile dans le milieu. Il fut exécuté avec tant de précision et de solidité, que le milieu se soutenait à dix-huit pouces au-dessus de la pile. Ce ne fut que quelques années après qu'il eût éprouvé tout le tassement dont il était susceptible, qu'il fut réuni à la pile, tel qu'il est représenté par les figures 1 et 3.

Ce pont, qui, par sa hardiesse et sa belle exécution, passait pour un chef-d'œuvre de charpente, fut brûlé lors de la mémorable campagne de l'an 7, ou 1800, après avoir existé solidement pendant trente ans.

Les ponts de maçonnerie construits sur les grandes routes doivent être d'une solidité à toute épreuve, d'un abord commode ; ils doivent surtout présenter aux eaux une évacuation aisée, et un passage libre à la navigation, si la rivière en est susceptible ; c'est pourquoi il faut donner aux ponts au moins autant de largeur que cette rivière aura de largeur d'eau vive, dans le temps de ses plus grandes crues ; rien de si dangereux que de resserrer les eaux courantes, à cause de leur renflement du côté d'amont, qui causerait une cataracte difficile, et même dangereuse pour le passage des bateaux, ce qui pourrait occasionner des forts affouillemens capables de dégrader le pied des piles et des culées.

La question du débouché qu'on doit donner aux ponts est extrêmement importante, et leur durée dépend en très-grande partie de sa solution plus ou moins exacte. Malheureusement cette question est semblable à toutes celles qui tiennent aux sciences physico-mathématiques : on est obligé d'employer, pour la résoudre, des élémens fautifs, et qui laissent toujours quelque incertitude aux résulats qu'on obtiendra, jusqu'à ce qu'une suite d'expériences nombreuses et authentiques ait entièrement éclairci cette matière.

On peut, par un simple aperçu, connaître la quantité d'eau qui peut passer dans une rivière sur laquelle on a un pont à construire.

Les rivières n'augmentent et ne diminuent que parce qu'il pleut plus ou moins ; il y a des pays où il pleut plus que dans d'autres. La quantité de pluie qui tombe à Paris, suivant M. Delahire, est d'environ dix-neuf pouces, année commune. M. de Pontbriand, qui a fait de pareilles observations dans son château près Saint-Malo, a trouvé vingt-quatre pouces six lignes ; et le père Fulchiron, à Lyon, a trouvé trente-six pouces neuf lignes. Si l'on joint ces quantités bien différentes, on aura une réduction de vingt-six pouces neuf lignes d'eau qui tombe sur la surface de la terre depuis Lyon jusqu'à Saint-Malo, pendant une année. Le vent, le soleil, la terre, les plantes, etc. consomment une bonne partie de cette eau ; le restant coule dans le penchant des vallons, dans les ruisseaux, dans les rivières et dans la mer, et passe sous les ponts qu'on construit sur les rivières.

Si l'on mesure sur une bonne carte l'étendue de pays qui ramasse toutes les eaux qui coulent dans une rivière sur laquelle on a bâti un pont, on trouvera, par exemple, que celles qui passent dans le fleuve du Rhône sous le pont du Saint-Esprit, viennent d'une étendue de pays qui a deux mille huit cents lieues carrées ; celles du Pont-Royal, à Paris, d'une étendue de pays de mille sept cents ; celles du Tibre, à Rome, de mille cent ; celles de la Garonne, à Toulouse, de quatre cent quarante ; et celles de la Tamise, à Londres, de quatre cent trente. Par ce moyen, on peut voir la différence de tous ces fleuves plus ou moins grande, et le plus ou moins d'eau qu'ils peuvent donner. Si l'on cube l'étendue des lieues carrées, que nous venons de rapporter à raison de vingt-six pouces neuf lignes de hauteur, on aura la quantité de toises cubes d'eau qui passe tous les ans sous ces ponts, distraction faite, ainsi que nous l'avons déjà observé, de tous ce que les vents, le soleil, les plantes, etc. peuvent dissiper.

Ces remarques générales semblent d'abord pouvoir servir à celui qui projette un pont, afin de régler l'ouverture des arches, d'après le plus ou moins de pluie, ou d'après l'étendue du terrein que les rivières parcourent. Mais ces données sont bien incertaines si, d'ailleurs, elles ne sont pas appuyées par d'autres faits, et sur-tout par le voisinage des ponts bâtis sur la même rivière. Alors on a soin de mesurer, pendant les crues, la section du fleuve au passage de ces ponts, et d'observer la vitesse de l'eau et la chute qui se forme ordinairement en amont. Au moyen des comparaisons fournies par ces données, on peut quelquefois fixer le nouveau débouché d'une manière assez exacte : mais s'il n'existe aucun pont au-dessus ou au-dessous de celui qu'on veut construire, on se trouve réduit uniquement, pour résoudre ce problème, aux règles indiquées par M. Gauthey, dans son *Traité des Ponts,* règles que nous allons exposer, et qu'il est d'ailleurs utile d'employer dans tous les cas, quand elles ne devraient offrir qu'un moyen de vérification.

Une observation importante, et à laquelle il faut avoir beaucoup d'égard, est celle qui nous fait connaître le temps que la quantité d'eau surabondante qui donne lieu à une crue, met à s'écouler par le lit du fleuve, ou de la vîtesse avec laquelle se fait cet écoulement. On sait que cette vîtesse dépend, en grande partie, de la pente de la rivière, et comme cette pente diminue ordinairement à mesure que l'on s'éloigne de la source du fleuve, il s'ensuit que la même masse d'eau qui aura coulé très-rapidement dans les montagnes où la rivière prend sa source, et où elle n'est encore qu'un torrent, mettra d'autant plus de lenteur à parcourir le reste de son cours, qu'elle approchera davantage de la mer ou du fleuve où cette rivière va se rendre. Ainsi, en admettant qu'elle ne reçoive point d'affluens considérables, et que le fond ait par-tout une égale consistance, si l'on construit deux ponts sur le cours de cette même rivière, il faudra donner à celui que l'on placera le plus près de sa source, un plus grand débouché qu'à l'autre, puisqu'ils doivent donner tous deux passage à la même crue, et que cette crue mettra, par exemple, deux jours à s'écouler par le premier, tandis qu'elle en mettra huit à passer sous le second.

On sait que pour évaluer la quantité d'eau qui coule dans un fleuve, il faut multiplier la surface de la section par la vîtesse moyenne. Le premier de ces deux élémens du calcul est toujours facile à connaître avec une exactitude suffisante, mais il n'en est pas de même du second : on est obligé de le déduire d'une manière plus ou moins approchée de la mesure des vîtesses de quelques-uns des filets d'eau dont la rivière se compose, et particulièrement de la vîtesse que l'on observe à la surface et au milieu du courant.

Je ne citerai pas les nombreuses expériences

de M. Dubuat, je n'exposerai point ses formules ni celles de M. Prony, parce qu'elles ne nous apprennent rien de certain sur les moyens de déduire la valeur de la vîtesse moyenne d'un cours d'eau, de celle que l'on observe à la surface et au milieu du courant : toutes les expériences faites par ces savans sont, pour ainsi dire, des expériences de cabinet ; et il est très-probable que l'on commettrait de grandes erreurs, si l'on voulait asservir la marche rapide d'un grand fleuve à des formules déduites de ces petites expériences.

A l'époque des grandes crues, qui est celle qu'il faut choisir pour prendre les élémens du calcul de la quantité d'eau que roule le fleuve ces eaux sont ordinairement débordées, et s'étendent des deux côtés sur une grande surface où elles coulent lentement, tandis qu'elles ont une vîtesse considérable dans le milieu du courant. Il faut choisir, s'il est possible, un endroit de la rivière où les eaux se trouvent encaissées, et où pendant les crues elles ne débordent pas considérablement. On pourra aussi prendre la section et la vîtesse de l'eau au passage d'un pont, s'il en existe près de l'emplacement où l'on projette d'en élever un.

On voit combien les moyens que nous possédons jusqu'à présent pour obtenir directement la valeur de la vîtesse moyenne d'un fleuve, sont bornés et sujets à entraîner à des erreurs plus ou moins considérables. Comme il doit exister une certaine relation entre la section, la pente et la vîtesse d'un courant, et qu'il est toujours possible de mesurer la pente et la section, la valeur de la vîtesse s'en déduirait naturellement, si cette relation était bien connue ; mais elle ne l'est qu'à-peu-près, et cet à-peu-près peut suffire cependant pour fixer dans un pont le débouché, relativement à la masse des eaux du fleuve, observant de ne pas donner à ce débouché trop d'étendue, car s'il est trop grand, il pourrait se former sous quelques arches des attérissemens qui, ayant acquis avec le temps assez de consistance pour résister à l'action du courant, obligeraient, dans une grande crue, les eaux à se porter de préférence sous les arches qui seraient restées libres, et exposeraient leurs piles à être affouillées.

D'après ces premières données, l'ingénieur doit, s'il est en son pouvoir, choisir l'emplacement le plus convenable pour établir son pont, en cherchant le local où il y ait le moins de difficultés à vaincre, celui qui lui paraît le plus solide, le moins susceptible de se comprimer ou d'être affouillé par le courant du fleuve.

Lorsque l'emplacement du pont est déterminé il faut lever le plan du local.

Ce plan doit marquer l'étendue de l'eau, celle des graviers, s'il y en a, les bords de la rivière et les chemins, ou les rues qui aboutissent ou doivent aboutir à ce pont.

On projette sur ce plan le pont dont il s'agit, ayant toujours le soin de poser l'axe du pont perpendiculairement sur la rivière qu'il doit traverser, et jamais de biais, afin que la direction du courant soit parallèle aux faces latérales des piles. Cependant si on est forcé de le faire de biais, soit parce qu'on ne peut pas changer la direction du chemin, soit qu'il faudrait établir un nouveau lit à la rivière, il ne faut pas hésiter à le faire de biais; il faut seulement alors plus de sujétion dans la coupe des pierres.

La position du pont déterminée, on fait les sondes de deux toises en deux toises.

Le sondage se fait avec une perche divisée en toises et pieds, ou en mètres et millimètres, au bout de laquelle on scelle un poids de plomb, si le courant de l'eau le demande; ou, au défaut de perche, on se sert d'un boulet de canon attaché au bout d'une corde qu'on a auparavant divisée.

On se sert, pour opérer, d'un bateau qu'on assure par un cable qui traverse la rivière, ou par des grosses cordes que l'on amarre au bord à des arbres ou à des piquets plantés exprès.

Les sondes de l'eau étant faites et rapportées sur le plan, elles servent à dresser le profil de la rivière. Ce profil doit marquer au juste la hauteur de ses bords, les différentes profondeurs de l'eau indiquées par le sondage et la ligne dessous l'eau, et indiquer ce qui est gravier ou rocher.

On marquera aussi par des lignes les différentes hauteurs de l'eau, les basses, les moyennes et les plus grandes : ces lignes seront parallèles entr'elles, et lavées d'un trait de couleur d'eau.

Le profil ainsi levé, on fera faire une sonde de fer de la longueur nécessaire, pour pouvoir sonder au-dessous de la profondeur de l'eau; cette sonde a en tête un gros anneau, au travers duquel on passe les bras d'une tarrière plus ou moins grande, pour la tourner; elle a au-dessus une tête pour pouvoir la battre et la faire entrer jusqu'à un fond de consistance, au travers et au-dessous du gravier; elle a, outre cela, son bout barbelé fait en pointe à quatre angles, de manière qu'ayant été enfoncée jusque sous le gravier, dans le roc ou autre terrain de consistance, on la tourne à plusieurs reprises, pour emporter dans ses barbelures quelques parties de ce terrain, afin que l'ingénieur puisse juger de sa nature, et prendre ses précautions en conséquence.

Ces sondes deviennent inutiles, lorsque l'on rencontre du gravier trop gros, et des cailloux que la sonde ne peut pas écarter. Pour lors, on se sert d'un pieu de chêne arrondi, fait de brin d'arbre le plus droit, de trois jusqu'à six pouces de diamètre, selon la profondeur du terrain à sonder; on arme son bout d'une lardoire, pour pouvoir écarter les cailloux, et sa tête d'une frète, pour qu'il puisse résister aux coups de la masse.

Quand on a reconnu la consistance de tous les terreins, sables, terres, roc, etc. on travaille sûrement sur le profil qu'on en a fait; on y dresse le projet du pont, soit qu'il soit de maçonnerie ou de charpente, et on sait pour lors quelle longueur doivent avoir les pilotis et les pieux qu'on y enfoncera, pour ensuite en déterminer les grosseurs et en faire l'estimation. Ce travail préparatoire étant fait, et après s'être bien assuré de la hauteur des plus grandes inondations, on fixe, trois pieds au-dessus, l'intrados des arches du pont qu'on veut projeter, ou bien les travées des poutrelles, si c'est un pont de bois. On règle ensuite à quelle profondeur on peut percer les fondemens des piles.

Mais avant, il faut déterminer la forme que l'on veut donner aux arches; savoir: le plein cintre, l'anse de panier, ou l'arc de cercle.

Les arches en plein cintre sont les plus anciennement usitées; ce sont celles qui présentent le plus de solidité et de facilité dans la construction, mais elles ont l'inconvénient d'obstruer considérablement le passage de l'eau.

Les arches en anse de panier ont l'avantage de donner aux eaux beaucoup de débouché, sans augmenter considérablement la hauteur, et offrent, quand les deux diamètres ne sont pas très-inégaux, presque autant de solidité et de facilité dans la construction que le plein cintre.

Les arches en arc de cercle présentent deux cas différens : dans le premier, les naissances de l'arc sont plongées dans l'eau, comme au pont du Saint-Esprit, ce qui ne procure pas un débouché aussi facile que l'arche en anse de panier.

Dans le second cas, les naissances de l'arc sont posées sur des pieds droits, comme au pont de la Concorde : cette forme offre la plus grande surface possible au débouché de la rivière, mais elle a l'inconvénient de donner à la poussée latérale des voussoirs une pression considérable qui tend, non pas à renverser les culées, mais à les faire glisser horizontalement.

En général, toutes ces formes sont bonnes, lorsqu'elles offrent un débouché suffisant pour le volume d'eau qui doit passer sous le pont; il faut joindre à ces formes la gothique, comme celle des arches du pont de Pavie (Pl. XLIV, fig. 4). L'architecte y a introduit des ouvertures dans les tympans, qui facilitent le débouché des eaux; autrement, cette forme a l'inconvénient de diminuer beaucoup le débouché.

Quand la forme de l'arche est déterminée, on doit fixer sa grandeur d'après la largeur de la rivière, la hauteur de ses bords, et la grandeur des bateaux qui doivent passer dessous, si la rivière toutefois est navigable.

La grandeur des arches doit être aussi proportionnée à l'endroit où le pont est établi. Si c'est un fleuve rapide, si c'est un torrent, il faut donner beaucoup de largeur aux arches, afin de ne pas multiplier les piles, qui resserrent les eaux, augmentent la rapidité de leurs cours, et donnent lieu à des affouillemens.

Il est fort indifférent que toutes les arches d'un pont soient égales entr'elles, ou que leurs ouvertures diminuent progressivement depuis celles du milieu jusqu'à celles qui joignent les culées. Cependant il est à préférer qu'elles soient toutes égales ; l'effet en est plus beau, et il en résulte une économie dans la charpente des cintres, puisque l'on peut se servir pour les derniers cintres des mêmes bois employés pour les premiers. Il faut disposer la voie du pont de manière que les eaux pluviales ne séjournent pas sur le pont, et que les ruisseaux aient assez de pente pour l'écoulement des eaux. Cela peut se faire, quoique les arches soient de la même ouverture, en plaçant leurs naissances à des hauteurs qui vont en décroissant, depuis le milieu jusqu'aux extrémités du pont.

Il est néccessaire, ainsi que je l'ai déjà dit, de laisser aux arches une hauteur suffisante, pour que, dans les grandes crues, les corps étrangers, tels que les arbres, que la rivière peut entraîner, puissent passer sous les voûtes. Le *minimum* de cette hauteur est, quand les arches sont égales, d'un mètre environ ; quand elles sont inégales, cette hauteur peut être comprise entre 70 centimètres et 1 mètre 40 centimètres.

On n'a rien à dire sur la largeur des ponts, qui ne doit être déterminée que par l'espèce de chemin pour lequel il est construit. Si c'est dans une grande ville, il faut lui donner beaucoup de largeur. Le Pont-Neuf, à Paris, l'un des plus passagers de l'Europe, a 10 toises (19,490) de largeur, et la circulation n'est point gênée.

M. Gauthey pense qu'à un pont de route de troisième classe, il suffit de donner quatre à cinq mètres, sur-tout s'il n'est pas très-long ; que pour une route de seconde classe, la largeur doit être de six à sept mètres, et neuf à dix mètres pour un pont construit pour une route de première classe.

Je viens de parler de la forme à donner aux arches, mais je dois dire un mot sur la manière de tracer les arches en anse de panier, la seule qui forme quelques développemens, et je citerai celle dont on s'est servi pour l'épure des arches du pont de Neuilly.

Après avoir fixé le rayon FB (Pl. LV, fig. 23) du premier arc, à partir des naissances, on a pris sur le prolongement du petit diamètre AD une distance CE, qu'on a fait arbitrairement triple de CF, et qui pouvait, d'ailleurs, avoir avec cette ligne, tout autre rapport. Ayant ensuite partagé CE en cinq parties égales, et CF en cinq parties qui fussent entr'elles dans le rapport des nombres 1, 2, 3, 4, 5, et joint les points de division par les lignes LF, MG, NH, OI, EK, on a pris pour centres des différens arcs qui composent l'anse de panier, les points E, P, Q, R, S, F qui se trouvent aux intersections respectives de ces lignes.

La difficulté de tracer sur l'épure en grand, d'une manière parfaitement exacte, la courbe que l'on a projetée, quand elle est composée de plusieurs arcs de cercle, a fait proposer différentes manières de décrire les anses de panier, dans lesquelles cet embarras disparaît presque entièrement.

Les charpentiers emploient ordinairement, pour raccorder les deux côtés d'un angle AED (Pl. xxxix, fig. 11) une courbe, dont le tracé consiste à partager les deux côtés de l'angle en un même nombre de parties égales, et à joindre les points de division par des lignes qu'on regarde comme des tangentes à la courbe, et qui, en les supposant infiniment rapprochées, déterminent chacun de ses points par leurs intersections successives; et, faisant la même opération pour l'angle BFD, on aura une portion de courbure égale à la première, et qui achevera la description de l'arche ADB.

On a depuis long-temps remarqué que la courbe tracée par la méthode précédente était une portion de parabole, dont le sommet est situé entre les points A et D : elle donne beaucoup plus de débouché qu'une anse de panier composée de trois arcs de cercle, ou un plein cintre, qui seraient construits sur les mêmes axes : ainsi, elle offre de l'avantage, tant sous ce rapport que sous celui de la facilité de sa description.

Je vais encore indiquer la méthode de tracer mécaniquement une demi-ellipse (Pl. LV, fig. 24.). Ayant tracé sur le parquet d'une chambre ou sur une table une ligne AB de cinq à six pieds de longueur pour servir de grand axe, on la divisera en deux également au point D, et à ce point on élevera la perpendiculaire DC, dont la longueur doit avoir le même rapport avec la ligne AB, que la hauteur de la voûte dans œuvre, qu'on se propose de faire, aura avec sa largeur; ensuite il faut tirer les lignes CE et EF, en sorte qu'elles soient chacune égales à la moitié du grand axe AB, afin d'avoir les points E et F qui seront les foyers de l'ellipse : après cela, l'on aura de la ficelle bien fine et bien unie, ou un cordon de soie, et on prendra dans cette ficelle ou ce cordon, une longueur qui soit parfaitement égale à l'axe AB, on attachera les deux extrémités de cette longueur aux points E et F, et on se servira d'un poinçon pour tenir la ficelle tendue, avec lequel on tracera en même temps la courbe AGHB, en allant du point A au point C, et du point C au point B; car l'on entend bien que cette ficelle doit glisser autour du poinçon G, et qu'elle doit être toujours également tendue. Cette manière de tracer l'ellipse est très-commode; j'ai cru devoir la rapporter, quoiqu'elle soit très-connue.

L'ellipse étant tracée, il faut faire une échelle, et avoir égard à la quantité des toises ou mètres qu'on veut donner à la largeur de la voûte : si c'est, par exemple, vingt-quatre pieds, je divise la ligne AB en quatre parties égales, et une de ces parties étant divisée en pieds, pouces, lignes ou mètres et millimètres, on connaîtra la valeur des lignes qu'on sera obligé de tracer dans l'ellipse. Par exemple, si on avait quelque raison pour abaisser du point H, pris sur la courbe, la perpendiculaire HI à l'axe AB, on pourra avec l'échelle trouver la valeur de la coupée DI, et de l'ordonnée IH, en pieds, pouces, lignes, etc. aussi exactement qu'on peut le désirer dans la pratique.

Il nous reste maintenant à examiner l'épaisseur que l'on doit donner aux culées pour résister à la poussée des voûtes. Cette question sur laquelle presque tous les savans ont travaillé, est résolue par le fait, c'est-à-dire par l'expérience, plus certaine que leurs formules. Leurs écrits reposent sur une hypothèse qui n'est pas confirmée par cette expérience si nécessaire dans nos travaux; en sorte qu'on peut les reléguer parmi les recherches de pure spéculation, très-curieuses à la vérité, mais sans aucune utilité pour la pratique. En effet, dit M. Boistard, dans son excellent mémoire sur la *Stabilité des voûtes*, tous les auteurs supposent que les voûtes sont composées de voussoirs parfaitement polis, sans aucun frottement, et qui glisseraient sur leurs joints, si les forces qui sollicitent le système ne se détruisaient pas mutuellement ; d'où il suit que, dans les voûtes en berceau, le profil doit s'élargir, à mesure que les voussoirs approchent de la ligne horizontale, et que ces voussoirs doivent être infinis aux naissances : tel est le résultat auquel les conduit leur théorie, que l'expérience dément journellement. Pour trouver les épaisseurs des pieds droits, ces auteurs admettent que la partie supérieure de la voûte glisse d'un seul morceau sur les joints de rupture, et tend à pousser, comme un coin, la partie inférieure, sans considérer que s'il en était ainsi, la partie supérieure, au lieu d'agir toujours pour renverser les culées, serait retenue dans un grand nombre de cas par la force du frottement sur son point d'appui, et tendrait à affermir les culées sur leur base, loin de les renverser. A la vérité, plusieurs de ces auteurs ont reconnu l'inexactitude de leur hypotèse, entr'autres M. Prony, qui a démontré qu'en ayant égard au frottement, les formules se trouvent dégagées de toute expression infinie ; et

Couplet, de l'Académie des sciences, qui, dans la seconde partie d'un mémoire imprimé sur les voûtes, a considéré les voussoirs comme des corps rudes, et déterminé l'épaisseur uniforme d'une voûte demi-circulaire et en arc, et la résistance des pieds droits. L'hypothèse de Couplet est conforme aux résultats de l'expérience, quant à la manière dont les voussoirs sont retenus les uns à côté des autres, mais non quant à la rupture des voûtes, qu'il suppose avoir toujours lieu au sommet et au milieu des reins : ainsi, les formules qu'il a données, doivent encore être rejetées. Voyez *Voussoirs*.

Cet exposé très-rapide de ce qu'on a écrit sur la statique des voûtes, fait voir combien nos connaissances sont peu avancées sur cette partie; loin de connaître les conditions nécessaires à l'équilibre d'une suite de voussoirs, nous n'avons pas même de formule qui renferme l'expression exacte de la poussée contre les pieds droits, et la question si importante de l'épaisseur des culées, d'une utilité si journalière, est restée jusqu'à présent sans solution.

M. Boistard, qui a fait de nombreuses expériences, et qui a considéré la chose sous son vrai point de vue, en admettant dans les observations le frottement et l'adhérence des mortiers pour quelque chose, a cherché à évaluer l'effet qu'ils étaient susceptibles de produire.

Il est résulté de ses observations, appuyées de l'expérience, que l'adhérence du mortier est proportionnelle à sa surface; que le temps après lequel on détache les pierres influe peu, à moins qu'il ne soit extrêmement long, sur la valeur de cette adhérence, qui est aussi grande après le premier mois qu'après les premières années ; qu'elle peut être évaluée à 14,217 liv. par mètre carré pour le mortier de chaux et sable, et à 7,558 liv. pour le mortier de chaux et ciment, ces valeurs ne pouvant être regardées que comme des résultats approchés, parce qu'elles doivent nécessairement varier beaucoup, en raison des qualités des matières dont les mortiers sont composés. A l'égard du frottement, M. Boistard a également cherché à déterminer ses effets, et il a trouvé que le rapport des frottemens à la pression était constant, et qu'en prenant la plus petite valeur donnée par les expériences, ce rapport pour une pierre piquée ou bouchardée, glissant sur une pierre semblable, ou, ce qui est à-peu-près la même chose, sur une superficie de mortier durcie à l'air, était égal à 0,76, ou environ quatre cinquièmes.

Bélidor a abordé plus franchement la question, en donnant, d'après l'expérience, une méthode pour déterminer l'épaisseur des piles et culées des ponts, selon la largeur des arches, tant en plein cintre que surbaissées du tiers.

Je vais rapporter ce qu'il dit à ce sujet dans son *Architecture hydraulique*. « Lorsque la hauteur des « pieds droits n'est que d'environ six pieds, et que « les arches sont en plein cintre, l'expérience a « fait voir qu'il suffisait de donner aux piles, pour « l'épaisseur, la sixième partie de la largeur des « mêmes arches, en y ajoutant deux pieds, c'est-« à-dire, que les piles des arches de six toises « doivent avoir huit pieds d'épaisseur prise au-« dessus de la dernière retraite, et celles de huit « toises de largeur, auront leurs piles de dix pieds « d'épaisseur. »

Cependant, comme pour les arches d'une grandeur extraordinaire, on peut borner l'épaisseur des piles à la sixième partie de la largeur des mêmes arches, pour ne point passer subitement à la supression totale des deux pieds que nous venons de dire qu'il fallait ajouter à ce sixième, on ne pousse cette augmentation que jusqu'aux arches de huit toises, après quoi, l'on réduit par gradation les deux pieds, en les diminuant de trois pouces par toise d'augmentation ; c'est-à-dire, par exemple, que pour une arche de douze toises, qui exigerait, selon la règle précédente, des piles de quatorze pieds d'épaisseur, voyant que celle de huit toises est augmentée de quatre, qui, à raison de trois pouces de diminution pour chacune, font un pied, le retranchement des deux dont il s'agit, réduit les piles à n'avoir que treize pieds d'épaisseur; par conséquent, en suivant la même règle, les arches de seize toises donneront seize pieds pour l'épaisseur de leurs pieds-droits, parce que la diminution de trois pouces sur chacune des huit toises d'augmentation, réduira les deux pieds à zéro. Comme il n'en est plus question pour les arches suivantes, celles qui seront de vingt toises auront leurs piles de vingt pieds d'épaisseur, ainsi des autres.

Pour les arches surbaissées du tiers qui n'auraient aussi qu'environ six pieds de hauteur de pied-droit, il convient de donner à l'épaisseur de leur pile le cinquième de leur diamètre, plus deux pieds, jusqu'à huit toises d'ouverture, et de diminuer ensuite ces deux pieds, à raison de trois pouces par toise d'augmentation, comme l'on vient de l'expliquer; en sorte que pour douze toises trois pieds, les piles doivent avoir quinze pieds d'épaisseur.

A l'égard des culées, leur épaisseur est aisée à déterminer, dès que l'on a une fois celle de la première pile qui leur répond, puisqu'il ne s'agit que d'y ajouter le sixième de la même épaisseur; c'est-à-dire, par exemple, que si celle de cette pile était de huit pieds, il faudrait y ajouter un pied quatre pouces, afin d'avoir neuf pieds quatre pouces pour l'épaisseur de la culée.

Lorsque les culées tiennent à des quais, il faut les faire sur le même alignement, pour ne point rétrécir sans nécessité le lit de la rivière; au reste, si l'on avait à soutenir de part et d'autre des culées, les terres d'un grand chemin, on y ajouterait des murs d'épaulement, que l'on accompagnerait d'autres murs en aile, évasés sur un angle d'environ trente degrés d'ouverture, observant d'en terminer le dessus en glacis, pour faire le talus des mêmes terres.

On fait aussi des évasemens au bout des ponts, pour donner plus d'aisance à leur abord; alors il convient que ces évasemens soient sur des trompes ou panaches qui partent du milieu des premières arches, en les évasant sur un angle de 45 degrés.

L'épaisseur des arches à leur clef, doit être égale à la vingt-quatrième partie du diamètre de celles qui sont au plein cintre; lorsqu'elles sont surbaissées, on donne à cette épaisseur la douzième partie du rayon qui a servi à tracer le grand arc ou l'arc supérieur, et l'on ajoute un pied au total; cette épaisseur sera suffisante, que la pierre soit dure ou tendre; la dernière est, à la vérité, moins forte, et semblerait exiger plus d'épaisseur; mais aussi elle pèse moins à-peu-près dans le même rapport.

Quant à la largeur des ponts, elle doit être relative à leur usage; si c'est un pont d'une arche de dix à douze pieds d'ouverture, il convient de la prolonger sur toute la largeur du chemin, eût-il soixante pieds, parce que la dépense ne sera guère plus grande que si on la bornait à la largeur ordinaire, à cause qu'on épargne les murs d'épaulement, qui coûtent autant et plus que la prolongation de la voûte.

Il n'en est pas de même pour les ponts composés de plusieurs arches, dont on borne la largeur à trente pieds d'une tête à l'autre, y compris les trois pieds pour l'épaisseur ensemble des deux parapets; mais si ces ponts sont destinés pour la commodité d'une grande ville, les cinq toises de largeur serviront principalement pour le passage des voitures, indépendamment des banquettes qu'il convient de faire à droite et à gauche, dont chacune aura neuf pieds de largeur.

On verra par la description de plusieurs ponts, dont j'ai parlé au commencement de cet article, les variations qui peuvent exister dans la mesure des différentes parties dont ils sont composés, et les ingénieurs choisiront celles qui leur paraîtront les plus convenables.

J'ai donné une idée générale des maximes préliminaires qu'il convient d'avoir en vue pour former le projet d'un pont de maçonnerie. J'ai donné un modèle de devis qui peut servir de base à tous les devis de ce genre, en y faisant entrer les modifications que les circonstances des lieux exigeront. Il ne me reste plus qu'à rapporter la marche que l'on doit suivre dans l'exécution, et c'est Bélidor qui va encore me l'indiquer.

Pour parvenir à fonder sous l'eau, on enveloppe une pile et sa culée correspondante, et quelquefois deux piles de suite, par un batardeau assez éloigné de l'ouvrage que l'on veut établir, pour pouvoir placer commodément les machines destinées aux épuisemens. On fait ordinairement l'épaisseur de ces batardeaux égale à la profondeur de l'eau que l'on a à soutenir, quand elle n'excède pas neuf pieds, après quoi on ajoute un pied à l'épaisseur de neuf pour chaque trois pieds que l'eau aura de plus en profondeur ; c'est-à-dire, par exemple, que si elle avait 12, 15, 18, 21 et 24 pieds de profondeur, on donnerait 10, 11, 12 et 13 pieds d'épaisseur aux batardeaux que l'on fait d'ailleurs assez élevés pour être garantis des crues ordinaires, de la hauteur desquelles on doit être bien informé. Voyez *Batardeau*.

L'espace compris par les batardeaux étant épuisé, on fait les excavations pour l'emplacement de la culée et des piles que l'on a entrepris, donnant au moins six pieds de largeur de plus à ces excavations, pour la liberté de la manœuvre ; ensuite on trace l'ouvrage le plus exactement qu'il est possible, ayant égard à la grandeur qu'il faudra donner aux empattemens que pourront exiger les retraites de deux pouces, qu'auront chaque assise de maçonnerie établie dans l'eau, dont la dernière doit affleurer la superficie des plus basses eaux.

Ayant fait les sondes nécessaires pour juger de la qualité du fond, on prendra garde, qu'à moins qu'on ne rencontre un banc de roc d'une épaisseur suffisante, et par-tout d'une égale solidité, pour asseoir les fondations, il faudra indispensablement les piloter, et les établir sur de bons grillages. Voyez *Fondations*.

Tous les pilots ayant été récépés de niveau, on les coiffera de chapeaux ou traversines, dont la longueur excédera de six pouces les pilots de bordage, et on en remplira les intervalles avec de la maçonnerie; cette grille sera recouverte par une seconde composée de longrines, chacune posée au-dessus d'une file de pilots encastrée avec les traversines. On continuera de garnir de maçonnerie toutes les cases, jusqu'à l'arasement des longrines, dont le dessous sera callé à coup de masse, pour que nul endroit ne porte à faux. Ce grillage sera ensuite recouvert d'une plate-forme de quatre pouces d'épaisseur, bien clouée et chevillée.

L'ouvrage arrivé à ce terme, on tracera la position de la première assise relativement aux retraites qu'il doit y avoir jusqu'au nu du corps de la pile; on en usera de même pour les culées et les murs d'épaulement, et les quais; après quoi, on établira la première assise de pierre de taille, composée alternativement de carreaux et boutisses; les boutisses ayant au moins trois pieds de queue, et les carreaux deux pieds de lit Ces pierres seront coulées, fichées et jointoyées en mortier de chaux et ciment ; derrière cette première assise et dans tout ce qui reste de la superficie des piles et autres murs, seront posés de gros libages les plus jointifs que faire se pourra, et de même hauteur que les pierres de parement posées à bain de mortier de chaux et de ciment, et tous les joints bien remplis d'éclats de pierre dure, le tout arasé avec le même mortier.

Les pierres de parement de cette première assise seront cramponées les unes aux autres avec des crampons de fer scellés en plomb ; indépendamment de ces crampons, il en sera mis encore au derrière de chaque pierre de parement pour la lier avec le libage, et toutes les autres assises seront conditionnées de même, ainsi que celles des culées et murs d'épaulement, jusqu'à la superficie des basses eaux, qui est la hauteur où se terminera la dernière assise, après avoir laissé deux pouces de retraitre pour chacune ; alors on n'emploiera plus de mortier de ciment que pour le parement, parce qu'il suffira de remplir le derrière, au-dessus des basses eaux, de gros moellons, avec mortier de chaux et sable.

Pendant que l'on élevera les premières assises des piles et culées, on pourra, si on le juge nécessaire, former autour de leur parement des *crêches*, dont l'usage est excellent pour en assurer et conserver le pied ; on battra une file de pilots à quatre pieds de distance des mêmes paremens, espacés de trois pieds d'un cintre à l'autre, ayant d'ailleurs les mêmes dimensions que ceux du pourtour des piles, chacun chaussé d'un sabot à quatre branches, du poids de vingt livres, enfoncé de manière qu'ils affleurent le dessus de la pénultième assise. Ces pilots ayant été récépés, on pratiquera à leur tête des tenons pour recevoir un cours de chapeaux de dix à douze pouces de grosseur, observant que les pièces de ces chapeaux soient jointes ensemble par des entailles à queue d'aronde, liées avec des plate-bandes de fer, ayant des crochets au bout, encastrés dans l'épaisseur du bois ; on enfoncera intérieurement tout le long, un cours de palplanches de douze pieds de longueur et de quatre pouces d'épaisseur.

Pour donner plus de force à ces crêches et empêcher leur écartement des piles et culées, il faudra, de six pieds en six pieds d'intervalle, les y lier avec des tirans de fer de quinze lignes de grosseur, lesquels seront coudés par le bout, pour embrasser le chapeau en manière de crochet, et il faudra faire l'autre bout des mêmes tirans assez longs pour pouvoir être scellé sur les pierres de parement, à l'aide d'un crochet, ou bien on y fera un œillet pour les retenir chacun avec une ancre.

Ces crêches étant achevées, on en nettoyera le fond jusqu'au-dessous de la plate-forme du corps de la pile, après quoi on en remplira le vide en bonne maçonnerie avec libage ou gros moellon posé en mortier de chaux de ciment, jusqu'au-dessous de chaque chapeau. On couronnera cette maçonnerie par un parquet de bonnes dalles bien taillées et dressées, chacune assez longue pour occuper la largeur de la crêche depuis le chapeau jusqu'à la pile; toutes ces dalles seront bien coudées, fichées et jointoyées en mortier de chaux et ciment, observant qu'elles affleurent le dessus du chapeau, et qu'elles aient trois pouces de pente en partant de la pile.

Toutes ces choses ayant été bien observées, on fera attention en élevant les piles et les culées, de laisser dans chaque assise, à distance égale, cinq encorbellemens pour porter autant de fermes destinées à former les cintres. Ces encorbellemens seront de la hauteur de trois assises; savoir: la première au-dessus des basses eaux saillira de sept pouces, la seconde de quatorze, et la troisième de vingt-un à vingt-deux.

On aura grande attention, quand on sera parvenu à la hauteur de la naissance des arches, que les assises de parement pour les piles et culées soient taillées conformément à la courbe qu'on aura tracée pour les voûtes, observant que toutes les pierres des têtes qui feront parties des mêmes naissances, soient liées avec les avant et arrière-becs.

On fait des ponts entièrement de briques, et qui sont d'une grande solidité. J'en ai fait exécuter plusieurs sur la Mouillone, dans le ci-devant Languedoc; on pose la brique en coupe, comme si c'était de la pierre de taille, en lui faisant suivre le trait de l'épure qu'on a déjà tracé. Il faut que les briques soient bien cuites, et le mortier bon et très-fin, et sur-tout que les travaux ne traînent point en longueur, pour que les matériaux ne souffrent pas. Le beau pont de Toulouse peut servir de modèle en ce genre; les arêtes et les encognures sont en pierres de taille.

Tous les matériaux qui doivent être employés dans la construction des ponts de maçonnerie, doivent être exposés à l'air un hiver et un été, pour rejeter au bout de ce temps-là toutes les briques ou les pierres de taille qui n'auront pas été à l'épreuve du chaud et du froid, et les ingénieurs ou conducteurs doivent les examiner avec soin, et faire sur-le-champ casser ou écorner les pierres et briques qui ne sont pas de recette.

Il me reste à parler des ponts de fer, invention moderne fort ingénieuse, mais qui ne présente pas, ce me semble, la solidité nécessaire à ces sortes de monumens. L'usage de ces ponts ne devrait avoir lieu que pour les établissemens particuliers, ainsi que cela se pratique chez les

Anglais, à qui nous devons cette découverte. Leur construction présente une certaine économie. Le premier pont de ce genre, construit en Angleterre, est celui de Coalbrook-Dal : il a été fabriqué en fer doux. *Voyez* le dessin (Pl. XLVII).

Cette planche représente le système et l'assemblage de ce pont, construit sur la rivière de Severn.

Sur le massif de la première culée en maçonnerie, sont placées des semelles de fer *aa* de 4 pouces (0 mèt. 11 cent.) d'épaisseur, servant de base, avec des mortaises dans lesquelles sont des montans ou piliers appuyés contre la culée intérieure de la seconde arche. La naissance des arcs *cc* porte sur la semelle *aa*, laquelle est composée de deux pièces, et est liée à la partie supérieure par une queue d'aronde rivée dans une clef de fer et à vis : chacun des quarts de cercle a 70 pieds (22 mèt. 7 cent.) de longueur développée; les petits arcs *ee* passent au travers des montans par des ouvertures pratiquées pour cet effet, et vont aboutir par des mortaises au couronnement ou plinthe *gg*, servant de support à la grille; dans la plate-forme et aux piliers *hh*, les traverses *ii*, le cercle *i* et les tasseaux *mm*, servent à lier ensemble les pièces principales, de manière à entretenir dans le pont une solidité parfaite. Le contre-vent en diagonale *nn*, la moise horizontale *ooo* et la corniche *pp* servent à ce même but, en liant ensemble les fermes et les piliers dans la direction contraire. Tout le pont est recouvert par un chapiteau en fer, formant plinthe *p* saillante sur les têtes de l'arche. Au-dessus est posée la balustrade ou grille en fer fondu ; la chaussée du pont, composée d'argile et de scorie de fer, a 24 pieds (7 mèt. 80 cent.) de largeur. Le diamètre de l'arche est de 100 pieds 6 pouces anglais (31 mèt. 40 cent.), et la hauteur, depuis les basses eaux jusqu'au-dessous de la clef, est de 56 pieds (18 mèt. 20 cent.).

Payne conçut l'idée de faire couler des blocs de fonte qui, n'étant pas compressibles, offraient la résistance convenable. C'est en 1790 qu'il fit le premier essai d'une forme de quatre-vingt-dix pieds de rayon ; il réussit parfaitement.

M. Wilson en fit construire un en fonte de fer d'une seule arche, formée du segment d'un cercle, dont l'ouverture est de deux cent trente-six pieds. Chacun des blocs dont cette arche est composée, représente un voussoir évasé, dont les côtés portant les uns contre les autres, sont assemblés par des boulons de fer, et acquièrent ainsi toute la solidité désirable. Les vides de ces voussoirs métalliques leur donnent de la légèreté, et la ténacité du métal, combinant toutes les parties ensemble, rend moins nécessaire le calcul rigoureux de l'extrados et de l'intrados, si indispensable dans les ponts de pierre d'une certaine grandeur, ce que l'expérience de la confection de ce pont que nous allons décrire, d'après un Mémoire de Wilson, a démontré.

La construction de ce pont, dont l'ouverture est plus grande qu'aucune autre connue dans l'univers, a été commencée vers la fin de septembre 1793, et terminée dans le mois d'août 1796. Le premier passage sur ce pont eut lieu en présence d'une foule innombrable de personnes accourues des points les plus éloignés de l'Angleterre, pour jouir de ce spectacle.

L'arche de ce pont est, comme je viens déjà de le dire, le segment d'un cercle, dont l'ouverture est de deux cent trente-six pieds; la hauteur, depuis le niveau des basses eaux, est de soixante pieds, et le sinus verse de trente-quatre. L'arc est très-surbaissé, et la hauteur, depuis la clef jusqu'à la rivière, est assez grande pour que des bâtimens de deux à trois cents tonneaux puissent naviguer au-dessous, à cinquante pieds de chaque culée, avec autant de facilité qu'au centre, qui a quatre-vingt-quatorze pieds de hauteur à marée basse, sous clef. Il y a toujours au milieu de la rivière suffisamment d'eau pour la navigation.

Le pont consiste en six fermes, distantes de cinq pieds l'une de l'autre. Au-dessus et à chaque côté, on a placé des cercles de fer de diverses dimensions, pour rendre le chemin de niveau. Ces six fermes ont été assemblées en dix jours: il ne fut pas nécessaire de construire un cintre, comme dans la construction des ponts de pierre; un échafaud très-simple a servi à sa confection. Les fermes sont recouvertes de madriers de chêne, garantis de la pourriture par une couche de ciment composé de goudron et de chaux. Sur ce plancher, on a établi le chemin avec un mélange de marne et de pierres calcaires, recouvert d'une forte couche de gravier. La largeur totale du pont est de trente-deux pieds. A chaque côté se trouve un trottoir en pierre de taille, avec un garde-fou ou grille de fer d'un travail très-élégant, orné, de distance en distance, de colonnes qui soutiennent les reverbères.

Le Pont-des-Arts est le premier en France dont on ait formé les arches avec du fer, ou plutôt avec de la fonte : j'en donne le dessin (Pl. LII) tel qu'il fut d'abord projeté par M. de Cessart. Ce système a, dit-on, l'avantage sur le système adopté en Angleterre, d'économiser singulièrement la fonte. En effet, dans celui de Coalbrook-Dal, d'une seule arche, le poids de la fonte qu'on y a employée, s'élève à 757,000 livres, tandis que le poids de la fonte pour les neuf arches du Pont-des-Arts, ne monte pas à 600,000 livres. Il est vrai que le premier pont sert au passage des voitures, au lieu que le Pont-des-Arts n'est destiné qu'aux gens de pied; mais on est assuré par les experiences qui ont été faites, qu'en augmentant, ou le nombre des fermes, ou les dimensions des pierres qui les composent, il aurait été loin d'exiger autant de fonte, quoiqu'il soit cinq fois aussi long que le Pont-de-Coalbrook-Dal, et plus large dans le rapport, de 100 à 74.

D'autres espèces de ponts sont encore en usage : les ponts de bateaux, les ponts-tournans, les ponts-levis, etc. Ces derniers sont du ressort des ingénieurs militaires ; les ponts de bateaux sont en effet construits sur des bateaux, pour le passage des charrois, dans des pays où il n'est pas possible, soit par la profondeur des rivières, leur trop grande largeur ou leurs variations continuelles, d'en bâtir d'une autre espèce sans une très-grande dépense. Il y en a un à Rouen, construit de manière qu'il se démonte dans le temps des glaces ; il est composé de dix-huit à vingt bateaux, de chacun dix-huit pieds de largeur, sur neuf à dix toises de longueur.

Il faut remarquer que l'élévation de ce pont, variant selon la hauteur de la marée, et qu'en conséquence le châssis de charpente, s'élevant ou s'abaissant, il faut tantôt monter, tantôt descendre, pour y arriver.

Les ponts-tournans sont des ponts qui tournent sur un pivot, en tout ou en partie. J'en donne un pour exemple (Pl. L) : il a été projeté par M. de Cessart ; on peut l'établir à l'entrée de tous les bassins qui auraient depuis 36 jusqu'à 48 ou 56 pieds d'ouverture : on peut en modifier la construction selon le lieu ou l'usage auquel on le destine. Je crois devoir en donner la description, d'après le Mémoire de l'auteur.

Dans nos grands ports de la Manche, tels que le Hâvre, Cherbourg et Dunkerque, où les plus hautes mers ne montent que de 18 à 20 pieds, on a proportionné l'ouverture des bassins à cette hauteur d'eau, c'est-à-dire, à celle que prennent ordinairement les plus forts navires de commerce.

Cependant, comme quelques-uns de ces ports font partie des établissemens de la marine militaire, il serait prudent de prévenir les circonstances où de gros navires de guerre seraient forcés de s'y réfugier pour être radoubés, se trouvant trop éloignés de Brest.

Les nouvelles dispositions à faire dans ces ports, sont d'autant plus nécessaires que la France vient de se préparer la possibilité de rassembler des armées navales à Cherbourg.

Une frégate de 50 canons, armée en guerre, avec six mois de vivres, ne tire que 17 pieds 6 pouces d'eau.

Un vaisseau de 74 canons étant désarmé et vide de la moitié de son lest, ne tire également que 17 pieds 6 pouces. Il s'ensuit donc qu'une hauteur d'eau de 18 pieds pourrait strictement suffire, si la largeur entre les bajoyers des bassins pouvait permettre le passage de ces navires.

La largeur extérieure d'un vaisseau de 74 canons est de 45 pieds : celle d'une frégate de 40 canons peut passer par une ouverture de 40 pieds. Mais pour faciliter la manœuvre et ne rien opposer à la saillie des œuvres mortes des vaisseaux, ainsi que des agrès indispensables dont ils sont garnis pour la guerre, il faudrait donner à l'entrée de tous ces bassins au moins 50 pieds de largeur.

On regardait depuis long-temps les dimensions des ponts-tournans comme absolument déterminées par les largeurs de 40 ou 42 pieds, qui se trouvaient entre les bajoyers des grandes écluses; on n'osait pas même, dans la crainte de les rendre trop pesans, leur donner plus de 8 à 9 pieds de large dans les grandes villes, où la communication était indispensable pour les personnes de pied, les traîneaux ou les bêtes de somme. Tel était celui du Hâvre en 1776, lorsque je fus chargé de le réparer, ainsi que l'écluse du bassin.

L'assemblée des ponts et chaussées approuva le projet que je lui présentai en 1777, pour donner au nouveau pont-tournant 14 pieds de largeur, compris deux trottoirs, et 8 pieds de passage pour les grosses voitures. Je fis manœuvrer ce pont, la première fois, le 27 février 1778, et depuis quatorze années, il a été livré, sans avoir éprouvé aucun accident, aux commotions des voitures chargées de 4 à 5 milliers. Sa grande solidité consiste dans la disposition de quatre supports tournans que j'ai ajoutés à l'ancien système de charpente; mais le poids des volées, dans leur mouvement de rotation, comme on va le voir, fatigue infiniment les bois, et donne lieu à de fréquentes réparations.

Effectivement la longueur d'un pont-tournant de 40 pieds de passage entre les bajoyers, n'en a pas moins de 96 pieds pour les deux volées ensemble; c'est-à-dire, que chaque volée a 48 pieds de long, pour que le centre de mouvement, sur lequel porte sa masse d'environ 100 milliers, soit placé à 10 pieds au moins du parement des bajoyers. Il est donc certain que si l'on voulait augmenter la distance entre les bajoyers jusqu'à 42, 48, 50 et 56 pieds, il faudrait, pour trouver tous les avantages de la manœuvre et de la solidité, changer l'ancien système des ponts-tournans, afin de remplir les conditions suivantes:

Elles consistent: 1° à remédier à l'inconvénient de grandes volées et à leur peu de largeur; 2° à leur donner toute la solidité possible pour supporter les plus pesantes voitures; 3° à augmenter autant qu'on le jugera nécessaire l'ouverture entre les bajoyers pour le passage des frégates de 40 canons et des vaisseaux de 74, comme je l'ai dit plus haut. Il ne s'agirait donc, toutes choses égales d'ailleurs, que d'augmenter, en construisant les écluses, la largeur du radier, d'environ 8 à 10 pieds.

A l'inspection du modèle que j'ai disposé pour

un passage de 50 pieds, on aperçoit tous les avantages que je viens d'annoncer, et l'on reconnaît en même temps que ce système peut trouver son application non seulement dans nos ports de commerce de la Manche, comme Cherbourg, le Hâvre, Dieppe et Dunkerque, mais même dans les ports de l'Océan pour des vaisseaux de 100 canons, qui exigent, étant tout armés, 30 pieds de hauteur d'eau sur les radiers des formes ou écluses, avec une largeur de 56 pieds.

Description d'un pont-tournant d'une longueur moyenne de 48 pieds.

Pour rendre ce système plus général, je me suis attaché à lui donner la plus grande simplicité possible, à obtenir beaucoup de solidité, et à en rendre la manœuvre extrêmement facile.

En conséquence, j'ai disposé les volées pour être partagées en quatre parties, en observant que, quelque position qu'elles prennent dans leurs mouvemens circulaires, elles soient toujours soutenues à une extrémité par le pivot du poteau-tourillon, et à celle opposée par un support en charpente, qui, reposant sur le radier, est porté par quatre roulettes de bois de gaïac ou de bronze. Il résulte de ce système que le pont aura toujours huit points d'appui principaux, pour entretenir sa charpente dans la même situation, et soulager les colliers des poteaux-tourillons.

Je crois devoir examiner maintenant la situation la plus désavantageuse et la plus favorable d'un tel pont. La première aura lieu lorsque la mer sera totalement retirée et le radier découvert. Si l'on suppose alors le poids total du pont de 200 milliers, les huit points d'appui principaux seront chargés chacun de 25 milliers, et si dans ce moment il passait une voiture portant 12 milliers, ils porteraient 26,500 livres; mais les supports du milieu sont garnis, dans leur base, de quatre roulettes; chacune d'elles ne serait donc chargée que de 6,625 livres.

Pour se tranquilliser encore sur la solidité de ces roulettes, on peut se rappeler qu'un venteau d'une grande écluse pèse environ 50 milliers. Ce poids se partageant également entre le pivot du chardonnet et la roulette placée du côté du busc, cette roulette porte 25 milliers : or, dans ce cas, il se trouve quatre roulettes pour soutenir un poids de 26,500 livres ; elles ne seraient donc chargées, dans la situation la plus désavantageuse, que du quart environ du poids dont sont chargées les roulettes précitées.

De même, dans la situation la plus favorable, il est aisé d'apercevoir que la mer montant successivement jusqu'à 18 et 19 pieds de hauteur, la charpente du pont étant moins pesante que l'eau de la mer qu'elle déplace, surnagerait à volume égal, et aurait encore un excédant de force qui aiderait au soulagement des points d'appui chargés de la partie supérieure du pont.

D'après cet effet incontestable, je vais proposer un moyen nouveau pour faciliter l'ouverture et la fermeture du pont. L'expérience que j'ai de l'excellent service des tonnes, dont j'ai fait usage à Cherbourg pour transporter à une lieue en mer des cônes du poids de 2 millions, m'a mis à même de juger avec quel avantage je pourrais employer un moyen semblable pour supporter la totalité du pont au moyen de la pleine mer, ainsi qu'il est indiqué par le modèle. C'est ordinairement dans les plus hautes marées que les gros navires entrent dans les bassins ou en sortent : or, si le vide des tonnes est proportionné au poids total du pont, la manœuvre se fera, pour ainsi dire, d'elle-même, ou n'exigera que très-peu de force.

Quant aux observations qu'on peut faire sur les vases qui pourraient s'amonceler sur le radier, et qui s'opposeraient au mouvement des seize roulettes, je crois devoir rappeler que la mer baisse trois jours avant les nouvelles et pleines lunes, et neuf jours après. Les éclusiers pourront donc, dans les premières vives eaux, descendre sur le radier, nettoyer la totalité des vases, et rebattre, s'il est nécessaire, les cercles des tonnes. Les plus forts navires n'entrant et ne sortant que dans les plus hautes mers, ils auront trois jours de temps pour cette opération purement accidentelle.

La manœuvre de l'ouverture et de la fermeture d'un pont d'une longueur aussi grande que celle que je propose, m'a présenté des difficultés. Il était aisé d'opérer l'ouverture, au moyen des cordages appliqués à l'extrémité de chaque volée, pour les rapprocher contre les bajoyers ; mais il n'était pas facile de les renvoyer à leurs points de réunion, sans une complication de cordages qui pouvaient devenir nuisibles au passage des vaisseaux, dont la marche ne doit jamais éprouver d'entraves. J'ai donc pensé que je pouvais donner une disposition excentrique au pivot du poteau-tourillon, par un coude de six pouces, afin que pendant l'ouverture du pont, ce poteau s'éloignât peu-à-peu du bas des bajoyers, et que je pouvais en même temps relever le centre de gravité des volées du côté de leur extrémité, au moyen d'un plan incliné, sur lequel monteraient les roulettes, et dont la hauteur serait combinée avec la longueur du coude du pivot, de manière qu'il ne sortît jamais de sa crapaudine. Il en résultera, ainsi que le modèle le fait connaître, que ces quatre volées descendront par leur propre poids, et se replaceront dans leur première position, étant toujours, comme je l'ai dit, soutenues par des roulettes, sur le plan incliné, sans que ce mouvement puisse altérer la solidité de la charpente.

Je crois avoir suffisamment démontré que ce nouveau système de pont-tournant peut s'appliquer à toutes les entrées des bassins, même dans les ports militaires, où la mer monterait de trente pieds. Il ne s'agira que d'employer plus ou moins de tonnes, dont le vide soit proportionné à la pesanteur du pont.

Dimensions détaillées du pont-tournant.

Ce pont aura seize pieds de largeur de dehors en dehors, dont huit pieds pour les voitures, et deux trottoirs, de chacun quatre pieds de largeur, pour les personnes de pied; sa longueur entre les bajoyers sera de quarante-huit pieds.

Manœuvre de l'ouverture et de la fermeture du pont.

Les quatre volées seront rangées contre les bajoyers dans des chambres de retraite, où elles ne présenteront aucune saillie qui puisse nuire au passage des navires; elles formeront deux galeries de soixante-douze pieds de longueur chacune, avec une balustrade en dehors, pour contenir les spectateurs, et faciliter la manœuvre du hallage, opération qui exige beaucoup d'ordre, particulièrement pour les forts navires.

Les moyens simples que j'ai expliqués ci-dessus pour l'ouverture du pont, seront employés pour sa fermeture.

Poulie. s. f. Est une des cinq principales machines dont on traite dans la statique : elle consiste en une petite roue, qui est creusée dans sa circonférence, et qui tourne autour d'un clou ou axe placé à son centre ; on s'en sert pour élever des poids par le moyen d'une corde, qu'on place et qu'on fait glisser dans la rainure de la circonférence.

L'axe sur lequel la poulie tourne se nomme *boulon* ou *goujon*, et la pièce fixe de bois ou de fer dans lequel on le met, se nomme l'*écharpe*.

La poulie est donc une sorte de roue DOFE qui tourne autour de son essieu ; il passe autour de cette roue une corde PDOFEB, à laquelle on applique ordinairement la puissance qui agit ; on y attache aussi le poids qui doit être mu. Cette machine sert à changer les directions des puissances qui agissent, ou à augmenter leurs forces de mouvement pour mouvoir ou lever toutes sortes de poids.

On peut regarder la poulie comme l'assemblage d'une infinité de leviers fixés autour du même point C, et dont les bras sont égaux : et c'est cette égalité de bras qui fait que la puissance n'est jamais plus grande que le poids. Il est inutile d'avertir qu'il faut faire abstraction du poids et des frottemens des cordes ; car on conçoit aisément que moyennant ce poids et ce frottement, il faudra plus de cent livres d'effort pour enlever un poids de cent livres.

Les cordes ont une certaine roideur plus ou moins grande, selon leur épaisseur, et cette roideur fait beaucoup de résistance. La corde doit se courber d'autant moins vite que la poulie est plus grande, ce qui est cause qu'il y a aussi moins de résistance ; de sorte que les grandes poulies sont meilleures que les petites.

L'usage de la poulie est principalement de changer une direction verticale en horizontale, ou une direction qui devrait être de bas en haut, en une direction de haut en bas, et réciproquement : c'est principalement par-là qu'elle est avantageuse. En effet, supposons que plusieurs hommes veuillent élever à une grande hauteur un poids considérable, par le moyen d'une corde, en la tirant de haut en bas : si la corde vient à se rompre, la tête des ouvriers qui se trouveront dessus, sera dans un très-grand danger ; mais si par le moyen de la poulie, la direction verticale de la poulie est changée en horizontale, il n'y a plus rien à craindre de la rupture de la corde. La poulie est dans ce cas appelée *poulie de renvoi*, parce qu'elle sert à faire agir la puissance dans un sens différent de celui du poids.

Le changement de direction occasionné par la poulie, a encore cet autre avantage, que si une puissance a plus de force dans une direction que dans une autre, elle peut agir, par le moyen de la poulie, dans la direction favorable.

Par exemple, un cheval ne peut tirer verticalement, mais tire avec beaucoup de force dans le sens horizontal. Ainsi, en changeant la direction verticale en horizontale, on peut faire élever un poids à un cheval, par le moyen d'une poulie.

La plupart des poulies sont mal faites pour la commodité, car, pour qu'une poulie soit bonne, il faut que son essieu soit fixe dans la roue, et qu'elle tourne en même temps avec son essieu dans le trou de son écharpe : de cette manière, elle tourne bien rondement, et sans être cahotée ; et, quoiqu'elle vienne à s'user, elle ne laisse pas de tourner toujours rondement. Mais lorsqu'on perce la roue, et qu'on fait tourner la poulie sur un goujon, qui est tenu dans l'écharpe, il faut de nécessité qu'elle ait un peu de jeu, et il est alors impossible qu'elle puisse jamais tourner rondement, mais elle doit être cahotée ; plus elle s'use, plus aussi le mouvement inégal et le cahot augmentent, et c'est pour cela que ces poulies ne valent rien.

La poulie est principalement utile, quand il y en a plusieurs réunies ensemble. Cette réunion forme ce que l'on appelle un *moufle*. L'avantage de cette machine est de tenir peu de place, de pouvoir se remuer aisément, et de faire élever un très-grand poids avec peu de force. Voyez *Moufle*.

M. Fyoc, mathématicien, a inventé, il y a quelques années, une poulie mécanique, machine très-ingénieuse dont je vais donner la description.

Le corps de la *poulie mécanique,* à proprement parler, est un cylindre du diamètre qu'on aurait donné au fond de la gorge, et de la même épaisseur que celle qu'on lui aurait donnée, si elle avait été exécutée à l'ordinaire : ce cylindre est fixé sur un arbre qui porte les deux pivots; sur cet arbre, entre de chaque côté un petit plateau du diamètre nécessaire, pour former, au-dessus du cylindre dont nous venons de parler, une gorge dont les rebords aient une hauteur suffisante, pour bien contenir la corde qu'on veut y mettre : ces deux plateaux sont bombés du côté opposé à la surface, par laquelle ils s'appliquent au cylindre, et d'une épaisseur convenable; ils ont des entailles qui, partant d'une certaine distance du centre, vont se rendre à la circonférence; enfin, ils sont garnis, à leur surface interne, de rugosités, pour mieux saisir la corde; une espèce de fourche, attachée au haut de l'écharpe, et mobile sur des pivots, est continuellement pressée par un ressort contre les deux petits plateaux; de manière que chacune de ses dents, ou extrémités, s'engage dans les entailles des plateaux. Ceci bien entendu, on conçoit que quand on tire la corde dans le sens ordinaire, la fourche ne fait aucun obstacle au mouvement de la poulie ; mais qu'à l'instant où on la lâche, la fourche pressant, par l'effet du ressort, contre les plateaux qui sont bombés, et serrant, par ce moyen, la corde dans cette gorge artificielle, elle l'empêche de glisser, tandis que la poulie elle-même est arrêtée par les dents de la fourche, qui s'engagent dans les entailles de ces plateaux. Il y a un levier qui sert, dans l'occasion, à soulever les ressorts, pour en empêcher l'action. L'invention de cette poulie a obtenu l'approbation de l'*Académie des Sciences*, et a déjà été employée d'une manière avantageuse dans des établissemens publics.

Poussée. s. f. Effort que fait le poids d'une voûte contre les murs sur lesquels elle est bâtie. C'est aussi l'effort que font les terres d'un quai ou d'une terrasse, et le corroi d'un batardeau. Dans les voûtes, cet effort est celui que font les voussoirs, à droite et à gauche de la clé, contre les pieds-droits. Il est de la dernière importance de connaître cette poussée, afin d'y opposer une résistance convenable, pour que la voûte ne s'écarte pas. Ce n'est certainement pas une chose aisée que de déterminer cette poussée, qui dépend de la direction des voussoirs, c'est-à-dire, de la convexité de la voûte, abstraction faite de la liaison du mortier et du ciment. Je vais rapporter tout ce qui a été dit d'intéressant à ce sujet.

On trouve, dans les *Mémoires de l'Académie des Sciences*, année 1704, sur la figure de l'extrados d'une voûte circulaire, dont tous les voussoirs sont en équilibre entr'eux, qu'une voûte ou un arc demi-circulaire, étant posé sur les deux pieds-droits, et toutes les pierres ou voussoirs qui composent cet arc, étant faites et posées entr'elles, de manière que leurs joints prolongés se rencontrent tous au centre de l'arc, il est évident que tous les voussoirs ont une figure de coin plus large par haut que par bas, en vertu de laquelle ils s'appuyent, et se soutiennent les uns les autres, et résistent réciproquement à l'effort de leur pesanteur, qui les porterait à tomber. Le voussoir du milieu de l'arc, qui est perpendiculaire à l'horizon, et qu'on appelle *clé de voûte*, est soutenu de part et d'autre par les deux voussoirs voisins, précisément comme pour des plans inclinés; et par conséquent, l'effort qu'il fait pour tomber n'est pas égal à sa pesanteur, mais en est une certaine partie, d'autant plus grande que les plans inclinés qui le soutiennent sont moins inclinés; de sorte que s'ils étaient infiniment peu inclinés, c'est-à-dire, perpendiculaires à l'horizon, aussi bien que la clef de voûte, elle tendrait à tomber par toute sa pesanteur, ne serait plus soutenue, et tomberait effectivement, si le ciment, qu'on ne considère point ici, ne l'en empêchait. Le second voussoir, qui est à droite ou à gauche de la clé de voûte, est soutenu par un troisième voussoir, qui, en vertu de la figure de la voûte, est nécessairement plus incliné à l'égard du second, que le second ne l'est à l'égard du premier, et, par conséquent, le second voussoir, dans l'effort qu'il fait pour tomber, exerce une moindre partie de sa pesanteur que le premier. Par la même raison, tous les voussoirs, à compter depuis la clé de voûte, vont toujours en exerçant une moindre partie de leur pesanteur totale; et enfin, le dernier, qui est posé sur une surface horizontale du pied-droit, n'exerce aucune partie de sa pesanteur, ou, ce qui est la même chose, ne fait nul effort pour tomber, puisqu'il est entièrement soutenu par le pied-droit.

Si l'on veut que tous ces voussoirs fassent un effort égal pour tomber, ou soient en équilibre, il est visible que chacun, depuis la clé de voûte jusqu'au pied-droit, exerçant toujours une moindre partie de sa pesanteur totale, le premier, par exemple, n'en exerçant que la moitié, le second un tiers, le troisième, un quart, etc., il n'y a pas d'autre moyen d'égaler ces différentes parties, qu'en augmentant à proportion les masses qui les composent; c'est-à-dire, qu'il faut que le second voussoir soit plus pesant que le premier, le troisième plus que le second, et ainsi de suite, jusqu'au dernier, qui doit être infiniment pesant, parce qu'il ne fait nul effort pour tomber, et qu'une partie nulle de sa pesanteur ne peut être égale aux efforts finis des autres voussoirs, à moins que cette pesanteur ne soit infiniment grande. Pour prendre cette même idée d'une manière plus sensible et moins métaphysique, il n'y a qu'à faire réflexion, que tous les voussoirs, hormis le dernier, ne pourraient laisser tomber un autre voussoir quelconque sans s'élever; qu'ils résistent à cette élévation jusqu'à un certain point déterminé, par la grandeur de leurs poids, et par la partie qu'ils en exercent; qu'il n'y a que le dernier voussoir qui puisse en laisser tomber un autre, sans s'élever en aucune sorte, et seulement en glissant horizontalement; que les poids, tant qu'ils sont finis, n'apportent aucune résistance au mouvement horizontal; et qu'ils ne commencent a y en apporter une finie, que quand on les conçoit infinis.

M. de la Hire, dans son *Traité de Mécanique*, imprimé en 1695, a démontré quelle était la proportion selon laquelle il fallait augmenter la pesanteur des voussoirs d'un arc demi-circulaire, afin qu'ils fussent tous en équilibre : ce qui est la disposition la plus sûre que l'on puisse donner à une voûte, pour la rendre durable. Jusque-là les ingénieurs n'avaient eu aucune règle précise, et ne s'étaient conduits qu'en tâtonnant. Si l'on compte les degrés d'un quart de cercle, depuis le milieu de la clé de voûte, jusqu'à un pied-droit, l'extrémité de chaque voussoir appartiendra à un arc d'autant plus grand, qu'elle sera éloignée de la clé; et il faut, par la règle de M. de la Hire, augmenter la pesanteur d'un voussoir par-dessus celle de la clé, autant que la tangente de l'arc de ce voussoir l'emporte sur la tangente de l'arc de la moitié de la clé. La tangente du dernier voussoir devient nécessairement infinie, et par conséquent aussi sa pesanteur; mais, comme l'infini ne se trouve pas dans la pratique, cela se réduit à charger, autant qu'il est possible, les derniers voussoirs, afin qu'ils résistent à l'effort que fait la voûte pour les écarter, c'est ce qu'on appelle *la poussée*.

M. Parent a cherché quelle serait la courbure extérieure, ou l'extrados d'une voûte, dont l'intrados serait circulaire, et tous les voussoirs en équilibre par leur pesanteur, selon la règle de M. de la Hire; car il est clair que tous ces voussoirs, inégaux dans une certaine proportion, feraient en-dehors une certaine courbure régulière; il ne l'a trouvée que par points, mais d'une manière fort simple; de sorte que, par sa méthode, on pourrait assez facilement construire une voûte, dont on aurait la certitude que tous les voussoirs seraient en équilibre.

Un avantage considérable de la recherche de M. Parent, c'est qu'il a découvert en même temps la mesure de la poussée de la voûte, ou quel rapport a cette poussée avec le poids de la voûte. On savait seulement que cet effort était très-grand, et on y opposait de grosses masses de pierres ou culées, plutôt trop fortes que trop faibles; mais on ne savait pas précisément où il fallait s'arrêter.

Bélidor nous a donné des règles plus précises, pour déterminer l'épaisseur des pieds-droits des voûtes de toutes sortes d'espèces, par le seul calcul des nombres. Je vais en rapporter quelques-unes, en supprimant, selon mon usage, toutes les formules algébriques qui servent de base aux opérations que je vais rapporter.

Trouver l'épaisseur des pieds-droits d'une voûte en plein cintre, pour être en équilibre avec la poussée qu'ils ont à soutenir.

Quand on veut connaître l'épaisseur qu'il faut donner aux pieds-droits d'une voûte de telle figure qu'elle puisse être, soit en plein cintre, elliptique, etc., il faut d'abord être prévenu de quatre choses essentielles; la première, la largeur et la hauteur de la voûte dans œuvre; la seconde, l'épaisseur de cette voûte à l'endroit des reins: la troisième, la figure extérieure; et la quatrième, la hauteur des pieds-droits. Ensuite, il suffit de savoir un peu de géométrie pratique et la racine carrée, pour trouver le reste.

On propose une voûte en plein cintre, dont

l'extrados serait circulaire (Pl. LV, fig. 27) : **on suppose** que la hauteur B*s* des pieds-droits est de 15 pieds, le rayon AB de 12, et l'épaisseur de la voûte de 3 pieds; par conséquent, le rayon AE ou AF sera de 15 pieds. Cela posé, pour trouver l'épaisseur PS des pieds-droits, il faut se proposer quatre opérations.

Pour la première, il faut chercher la superficie des deux cercles, qui auraient pour rayon AB et AE (c'est-à-dire, 12 et 15 pieds), prendre le quart de leur différence, et l'on aura 64 pieds carrés, qu'il faut diviser par la hauteur du pied-droit, c'est-à-dire par 15, et le quotient donnera 4 pieds 3 pouces 4 lignes, que nous nommerons *premier terme*.

Pour la seconde, il faut ajouter au rayon AC, la moitié de l'épaisseur de la voûte, pour avoir la ligne AL de 13 pieds 6 pouces, qu'il faut carrer, et prendre la moitié du produit, c'est-à-dire, 91 pieds 1 pouce 6 lignes, et en extraire la racine carrée, qu'on trouvera de 9 pieds 10 pouces, et qu'on ajoutera à la hauteur du pied-droit, et l'on aura 24 pieds 10 pouces, que nous nommerons *deuxième terme*.

Pour la troisième, il faut ajouter ensemble le premier et le second terme, c'est-à-dire, 4 pieds 3 pouces 4 lignes, et 24 pieds 10 pouces, pour avoir 29 pieds 1 pouce 4 lignes, qu'on multipliera par le premier terme, 4 pieds 3 pouces 4 lignes, et le produit donnera 124 pieds 6 pouces 4 lignes, pour la valeur du troisième terme.

Enfin, pour la quatrième opération, il faut extraire la racine carrée du troisième terme, j'entends de 124 pieds 6 pouces 4 lignes, qui est à-peu-près 11 pieds 1 pouce 8 lignes, et en soustraire la valeur du premier, c'est-à-dire, 4 pieds 3 pouces 4 lignes ; la différence, qui est 6 pieds 10 pouces 4 lignes, sera l'épaisseur qu'il faut donner aux pieds-droits.

Trouver l'épaisseur qu'il faut donner aux pieds-droits des voûtes surbaissées.

Ayant une voûte elliptique, comme dans la figure 28, dont on connaît le demi-axe BH et HD, on commencera par diviser le quart d'ellipse BD en deux également, au point L, duquel on abaissera sur DH et HB les perpendiculaires LK et LV, dont on cherchera la valeur avec le secours de l'échelle ; et supposant que BH soit de 12 pieds, et HD de 8, on trouvera que LK ou VH est de 7 pieds 6 pouces, et LV ou KH de 6 pieds 3 pouces ; et faisant la hauteur BS du pied-droit de 15 pieds, comme à l'ordinaire, il faut, pour en avoir l'épaisseur, se proposer cinq opérations.

Pour la première, il faut dire : Comme le carré de DH de 64 pieds est au carré de BH de 144 pieds ; ainsi, la ligne KH, de 6 pieds 3 pouces, est à la ligne KA, qu'on trouvera de 14 pieds 9 lignes ; c'est le premier terme dont nous avons besoin.

Pour la seconde opération, il faut chercher la superficie des deux ellipses, dont la première aurait pour demi-axe BH et HD, de 12 pieds et de 8, et la seconde, pour demi-axe, HE et HG, de 15 et de 4, parce qu'on suppose que la voûte a encore 3 pieds d'épaisseur ; on retranchera la petite ellipse de la grande, et on prendra le quart de la différence, que l'on trouvera de 54 pieds, qu'il faut diviser par la hauteur du pied-droit ; le quotient sera de 3 pieds 2 pouces 4 lignes, pour le second terme.

Pour la troisième opération, il faut ajouter la ligne LV, qu'on a trouvée de 6 pieds 3 pouces, à la hauteur du pied-droit, pour avoir 21 pieds 3 pouces, qu'il faut multiplier par le premier terme, 14 pieds 9 pouces, et diviser le produit par la valeur de KL, LK, qui est de 7 pieds 6 pouces ; le quotient sera d'environ 41 pieds 10 pouces, pour le troisième terme.

A l'égard de la quatrième, il faut ajouter le second terme au troisième, pour avoir 41 pieds 10 pouces, qu'on multipliera par la valeur du second, c'est-à-dire, par 3 pieds 2 pouces, et le produit sera à-peu-près de 144, pour le quatrième terme.

Enfin, la cinquième opération se fera en extrayant la racine carrée du quatrième terme ; ce qui sera de 12 pieds, de laquelle il faut soustraire le second, 3 pieds 2 pouces 4 lignes ; et la différence donnera 8 pieds 9 pouces 8 lignes, pour l'épaisseur des pieds-droits.

Trouver l'épaisseur qu'il faut donner aux culées des ponts de maçonnerie, pour soutenir en équilibre la poussée des arches. (Pl. LV, fig. 29.)

Voulant faire un pont composé d'une arche en plein cintre BDI, il faut élever sur le cintre A la perpendiculaire AG, et diviser le quart de cercle BD en deux également, par le rayon AF ; ensuite, mener la ligne MK, parallèle à EA, en sorte qu'elle passe par le point L, milieu de l'épaisseur FC de l'arche, et alors elle déterminera la hauteur la plus convenable qu'il faut donner à la culée MPSQ. En supposant le rayon AB de 36 pieds, l'épaisseur FC ou GD de 6 pieds, et la hauteur BS de 12, on trouvera l'épaisseur PS de la culée, en faisant les quatre opérations suivantes :

Pour la première, il faut carrer la ligne AL de 39 pieds, prendre la moitié du produit, et en extraire la racine, qu'on trouvera de 27 pieds 7 pouces, pour avoir la valeur de chaque côté LV ou VA, du triangle rectangle LAV, et l'on aura en même temps la partie BV de 8 pieds 5 pouces, qu'il faut écrire à part, parce qu'on en aura besoin dans la troisième opération; ensuite, ajouter ensemble les lignes LV et BS, pour avoir la hauteur MP de la culée de 39 pieds 7 pouces, qui sera le premier terme.

Pour la seconde, il faut chercher la valeur des deux cercles des rayons de AD et AG, c'est-à-dire, de 36 et de 42 pieds, en prendre la différence, et la huitième partie de cette différence, qu'on trouvera de 184 pieds carrés, qu'il faut diviser par le premier terme, 39 pieds 7 pouces; et le quotient donnera 4 pieds 7 pouces 9 lignes, pour le second terme.

Pour la troisième, il faut soustraire la partie BV de 8 pieds 5 pouces, qu'on a trouvée dans la première opération, du premier terme, 39 pieds 7 pouces; doubler la différence 31 pieds 2 pouces, et l'on aura 62 pieds 4 pouces pour le troisième terme.

Enfin, pour la quatrième, il faut ajouter le second terme, 4 pieds 7 pouces 9 lignes, au troisième, 62 pieds 4 pouces, pour avoir 66 pieds 11 pouces 9 lignes, qu'on multipliera par le second terme, et extraire la racine carrée du produit 311 pieds, qu'on trouvera de 17 pieds 7 pouces 9 lignes, de laquelle retranchant le second 4 pieds 7 pouces 9 lignes, la différence sera 13 pieds, pour l'épaisseur de la culée, que l'on doit augmenter d'un sixième, pour que la puissance résistante soit beaucoup au-dessus de celle qui agit ; ce qui donnera à la culée 15 pieds 2 pouces.

Je terminerai cet article par une table, pour régler l'épaisseur à donner aux revêtemens de maçonnerie, qui soutiennent des terrasses, chaussées, quais, etc. Cette table a pour base les calculs de deux célèbres ingénieurs, Vauban et Bélidor. Elle doit suffire à ceux qui sont chargés des travaux de ce genre, et leur épargnera la peine de faire de longs et pénibles calculs.

La première colonne comprend toutes les hauteurs des murs, depuis dix jusqu'à cent, allant en progression arithmétique, dont la différence est 5, c'est-à-dire, que le premier nombre appartient à un mur qui aurait 10 pieds de hauteur, le second à celui qui en aurait 15, le troisième à celui qui en aurait 20, et ainsi de suite, jusqu'à 100, faisant attention que cette hauteur ne doit être comprise que depuis la retraite jusqu'au cordon, aux revêtemens qui soutiennent un parapet, parce que l'on fait abstraction du petit revêtement, et que tous ces revêtemens sont supposés avoir pour talus, du côté du parement, la cinquième partie de leur hauteur, l'autre côté étant élevé à-plomb.

La seconde colonne comprend les puissances équivalentes à la poussée des terres que doit soutenir un revêtement de terrasses, de quais, de chaussées, etc., afin que dans les occasions où l'on aurait besoin de connaître cette poussée, on la trouve ici sans faire aucun calcul; ainsi, si l'on voulait savoir, par exemple, quel effort font les terres rapportées derrière un revêtement de 30 pieds de hauteur, ou, ce qui revient au même, quelle serait la force de la puissance qui agirait au sommet du revêtement, et qui serait équivalente à la poussée de toutes les terres qui agissent derrière le revêtement, depuis le haut jusqu'en bas, on cherchera, dans la première colonne, le nombre 30, et l'on prendra dans la seconde celui qui lui répond, que l'on trouvera de 52 pieds 6 pouces 4 lignes, qu'on doit regarder comme équivalent à des pieds provenans d'une coupe de maçonnerie, parce qu'on a fait la réduction de ceux des terres, afin de pouvoir les comparer avec les profils de maçonnerie, ou les poids qui les expriment.

La troisième colonne contient, comme la seconde, un nombre de pieds, pouces, etc. (carrés), qui expriment aussi la poussée des terres, mais différemment, parce qu'on y a compris celles du parapet.

La quatrième colonne donne l'épaisseur que chaque revêtement doit avoir au sommet, par rapport à sa hauteur, pour être en équilibre par son poids avec la poussée des terres; ainsi, voulant savoir l'épaisseur qu'il faut donner au sommet d'un revêtement qui aurait 30 pieds de hauteur, il n'y a qu'à chercher dans la première colonne le nombre 30, et l'on regardera dans la quatrième le nombre qui lui répond ; on trouvera 4 pieds 9 pouces 8 lignes, pour ce que l'on demande ; ainsi des autres.

La cinquième colonne comprend l'épaisseur des mêmes revêtemens, avec cette différence qu'au lieu d'être en équilibre avec la poussée des terres, comme dans la quatrième, les épaisseurs qu'on y donne appartiennent à des revêtemens, dont la résistance serait au-dessus de l'équilibre, d'un quart de la force de la poussée des terres ; c'est-à-dire, par exemple, que si un mur de 30 pieds de hauteur est en équilibre avec 200 toises cubes de terres, en ne lui donnant que 4 pieds 9 pouces 8 lignes au sommet, comme dans la quatrième colonne, il pourrait en soutenir 250, si on lui donnait l'épaisseur qui se trouve dans la cinquième, qui est de 5 pieds 11 pouces 1 ligne.

La sixième colonne donne l'épaisseur du sommet des revêtemens à la hauteur du cordon, dans le cas où ils soutiendraient un parapet.

Les termes de la quatrième, cinquième et sixième colonnes, servant à donner l'épaisseur du sommet des revêtemens, on n'a pas parlé de celle que doivent avoir leur base, parce que, pour la trouver, on n'a qu'à ajouter à celle du sommet, la cinquième partie de la hauteur du revêtement qu'on veut élever ; par exemple, si l'on ajoute

6 pieds à 4 pieds 9 pouces 8 lignes, l'on aura 10 pieds 9 pouces 8 lignes pour l'épaisseur que doit avoir sur la retraite un revêtement qui aurait 30 pieds de hauteur, et qui, selon la quatrième colonne, serait en équilibre avec la poussée des terres.

Si l'on voulait chercher l'épaisseur d'un revêtement dont la hauteur ne se rapporterait pas précisément avec quelques-uns des termes de la première colonne, dont la progression n'est que de cinq en cinq; par exemple, d'un revêtement de 26 ou 27 pieds de hauteur, on prendra l'épaisseur; il faudra ajouter l'épaisseur qui répond à 30 pieds avec celle qui répond à 25, et prendre la moitié de la somme, c'est-à-dire, 4 pieds 9 pouces 8 lignes, avec 4 pieds 7 lignes, pour avoir 8 pieds 10 pouces 3 lignes, dont la moitié est 4 pieds 5 pouces 1 ligne. Si l'on avait 28 à 29, on pourrait prendre l'épaisseur qui répond à 30, quoiqu'elle soit un peu plus forte qu'il ne faut.

Table pour régler l'épaisseur qu'il faut donner aux revêtemens de maçonnerie qui soutiennent les terrasses (1).

Hauteur des revêtemens.	Valeur des puissances qui sont équivalentes à la poussée des terres qui n'ont point de parapet.	Valeur des puissances qui sont équivalentes à la poussée des terres avec parapet.	Epaisseur du sommet des revêtemens qui sont en équilibre avec la poussée des terres sans parapet.	Epaisseur du sommet des revêtemens dont la résistance est au-dessus de l'équilibre d'un quart de la poussée.	Epaisseur des revêtemens qui sont en équilibre par leur résistance avec des terrasses qui soutiennent un parapet.
pieds.	pieds. po. lig.	pieds. po. lig.	pieds. po. lig	pieds. po. lig	pieds. po. lig.
10	6 5 0	15 7 0	1 9 1	1 11 6	3 8 4
15	13 9 4	27 1 4	2 6 2	2 9 11	4 6 8
20	23 11 0	41 5 0	3 3 5	3 8 3	5 4 6
25	36 6 0	57 6 0	4 0 7	4 6 7	6 1 2
30	52 6 4	74 4 0	4 9 8	5 4 9	6 9 0
35	71 0 0	95 3 4	5 6 11	6 3 1	7 4 8
40	92 3 0	117 8 0	6 3 10	7 1 6	8 1 2
45	116 3 0	142 7 0	7 1 3	7 11 10	8 7 11
50	143 1 0	170 1 0	7 10 5	8 10 0	9 3 0
55	172 8 0	200 3 0	8 7 6	9 8 4	9 11 10
60	205 0 4	233 1 0	9 4 9	10 6 8	10 9 1
65	240 2 0	271 10 0	10 2 0	11 5 1	11 4 3
70	278 1 0	306 9 0	10 11 0	12 3 4	12 0 8
75	318 9 0	347 10 0	11 8 3	13 1 8	12 9 1
80	362 3 0	391 7 6	12 5 4	14 0 0	13 5 6
85	408 6 1	438 6 0	13 2 7	14 10 3	14 2 1
90	457 6 0	487 3 8	13 11 9	15 8 6	14 10 9
95	526 10 6	556 10 6	14 8 10	16 6 11	15 7 5
100	563 11 0	594 10 0	15 6 1	17 5 3	16 4 2

On a beaucoup écrit depuis Bélidor sur la poussée des terres, mais je crois devoir m'en

---

(1) Je n'ai point ajouté à cette table la valeur des nouvelles mesures ; on en trouvera le rapport dans une table à l'article Mesure.

tenir à cette table, que les ingénieurs peuvent modifier d'après l'expérience et la nature des terres qu'ils ont à soutenir. Je ne puis cependant m'empêcher de citer la formule graphique de M. Prony, idée ingénieuse qui donne le moyen non seulement de vérifier les résultats numériques, mais dispense même d'en chercher, et offre une méthode fort commode et très-facile pour tracer le profil des murs de revêtement capables de résister à la poussée des terres qu'ils ont à soutenir.

Instruction pratique sur une méthode aussi simple que facile, pour déterminer les dimensions des murs de revêtement.

« Si un parement de mur, en forme de parallélogramme rectangle, ayant deux de ses côtés horizontaux et les deux autres verticaux, retient des terres dont la surface supérieure soit horizontale, et qui, libres et fraîchement remuées, prendraient un *talus* dont l'inclinaison, rapportée à la verticale, serait A, on déterminera, dans ces terres, le solide de plus grande poussée, en les coupant par un plan qui renferme la base horizontale du parallélogramme, et qui partage l'angle A en deux parties égales.

On peut voir dans mes *recherches*, etc., précédemment citées, l'usage que j'ai fait de cette propriété pour rendre les expériences plus faciles et plus concluantes, les calculs qu'offrent les cas de pratique plus expéditifs et plus sûrs; mais pour donner à ces *recherches* toute l'utilité dont elles sont susceptibles, j'ai voulu dégager entièrement leur application de l'embarras du calcul, et la réduire à des procédés purement graphiques; c'est l'objet de la *formule graphique* jointe à cette instruction, au moyen de laquelle les ingénieurs pourront vérifier leurs résultats numériques, se dispenser même d'en chercher, et qui, en général, offrira aux constructeurs peu ou nullement instruits de l'analyse algébrique, une méthode fort commode et très-facile pour tracer des profils de murs de revêtement capables de résister à la poussée des terres qu'ils ont à soutenir.

Précautions à prendre pour la conservation de la formule graphique, et données dont son usage suppose la connaissance indispensable.

Je conseille à ceux qui feront usage de ma *formule graphique* de commencer par la coller sur du carton, en prenant des précautions pour que sa surface demeure toujours bien lisse; les différentes modifications qu'elle éprouve quand elle est humectée, tant chez l'imprimeur en taille-douce que par la colle qui la pénètre, affectant de la même manière toutes ses parties, n'en changent pas sensiblement la proportion.

Cette précaution prise, il sera bon de se servir, pour les tracés indiqués ci-après, de papier transparent, connu sous le nom de *papier serpente*, appliqué sur la *formule graphique*, et fixé de manière à ne pas changer de position pendant tout le temps de l'opération.

On pourra aussi faire ces tracés sur du papier ordinaire, en prenant les mesures sur la *formule graphique*, et les transportant sur ce papier. On ménagera ainsi la figure ou *type original* qui, si on y en traçait immédiatement les lignes de construction, pourront devenir extrêmement confuse, et aurait souvent besoin d'être renouvelée.

On est toujours censé connaître les pesanteurs spécifiques tant des terres que de la maçonnerie et l'inclinaison du talus que prennent les terres lorsqu'elles sont fraîchement remuées; ensuite la hauteur du mur de revêtement depuis le dessus de la plate-forme de fondation jusqu'au cordon étant donnée, je suppose qu'on a déterminé, d'après des considérations particulières, les talus que doit avoir ce mur, tant du côté extérieur que du côté des terres (je parlerai, dans la suite de mes recherches, de quelques conditions, d'après lesquelles ces talus doivent être fixés), et le tracé du profil du mur dépend de la connaissance de son épaisseur au cordon; c'est à la détermination de cette épaisseur que la *formule graphique* est principalement destinée.

Il faut distinguer deux cas dans l'usage de cette formule ; savoir :

1° Le cas où le mur est destiné à soutenir un fluide ou des terres tellement délayées qu'elles agissent sensiblement à la manière des fluides ;

2° Le cas où les terres que le mur de revêtement doit soutenir se trouvent susceptibles de conserver un talus dont on connaît la valeur lorsque les terres sont fraîchement remuées.

Opération commune aux deux cas.

On prendra parmi les échelles de mètre, qui sont de part et d'autre du parallélogramme ABCD, celle qu'on voudra adopter pour le tracé du profil du mur qu'on veut faire ; il sera convenable de prendre la plus grande de celles qui permettront de placer la ligne supérieure de ce profil entre HN et AB (ce qui sera toujours possible lorsque le mur aura plus de 11 décimètres), afin que les cotes prises au compas soient plus exactes.

Chacune des échelles se trouvant répétée de part et d'autre de ABCD, il sera fort aisé de mener une parallèle à DC, passant par le point de l'échelle adoptée qui répond à la hauteur du mur au-dessus de la plate-forme de fondation ; en sorte que DC représentent le dessus de la plate-forme de fondation, la parallèle dont je viens de parler représente l'horizontale menée à l'*arrasement* du dessus du cordon. C'est sur cette horizontale, que j'appellerai *horizontale supérieure*, qu'il s'agit de trouver deux points, dont la distance respective soit égale à l'épaisseur du mur au sommet. Je nommerai la portion de l'*horizontale supérieure* comprise entre ces deux points, *ligne du sommet;* celui de ces points qui est du côté du parement vu, *point antérieur de la ligne du sommet;* et celui de ces mêmes points qui est du côté des terres, *point postérieur de la ligne du sommet.*

PREMIER CAS.

Le mur est destiné à soutenir un fluide, ou des terres tellement délayées, qu'elles agissent sensiblement à la manière des fluides.

Ce cas présente quatre sous-divisions relatives à la forme du mur ou à l'inclinaison de ses paremens intérieur et extérieur :

1° Les deux paremens du mur sont élevés sans talus ou *à-plomb;*

2° On forme un talus du côté extérieur ou sur le parement vu du mur, l'autre parement étant élevé à-plomb ;

3° On forme sur les deux paremens, vu et intérieur du mur, des talus égaux ;

4° On forme les paremens, vu et intérieur du mur, des talus inégaux.

Voici les tracés relatifs à ces diverses circonstances :

1° *Les deux paremens du mur sont élevés sans talus ou à-plomb.* Supposez que la ligne AD représente le parement vu ou extérieur du mur, l'intersection de cette ligne AD et de l'*horizontale supérieure* représentera le *point antérieur de la ligne du sommet.*

pour trouver *le point postérieur de la ligne du sommet,* on cherchera combien de fois la centième partie du poids spécifique de la maçonnerie est contenue dans le poids spécifique de l'eau ou des terres; supposons qu'elle y soit contenue quatre-vingts fois, le *point postérieur* cherché de la *ligne du sommet* sera à l'intersection de l'*horizontale supérieure* et de celle des lignes tracées dans le quadrilatère FBML, qui répond à la division cotée 80, au-dessous de ces mots : *lignes des pesanteurs spécifiques.*

Ayant ainsi déterminé la *ligne du sommet,* et le profil transversal du mur étant, par hypothèse, un parallélogramme rectangle, tout est parfaitement connu dans les dimensions de ce mur;

2° *On forme un talus du côté extérieur ou sur le parement vu du mur, l'autre parement étant élevé à-plomb.* Ce talus doit être exprimé par le rapport de sa base à sa hauteur; évalué en centièmes parties de cette hauteur; supposons qu'il soit de $\frac{8}{100}$, on tracera, comme ci-dessus, l'*horizontale supérieure,* et le *point antérieur de la ligne du sommet* se trouvera à l'intersection de cette *horizontale supérieure* et de celle des lignes tracées dans le quadrilatère AEGH, qui répond à la division n° 8 au dessous de ces mots : *ligne de talus des murs.*

Il faut bien prendre garde, en cherchant cette ligne, que les trente divisions de la ligne AE sont chacune sous-divisées en deux parties, et que la huitième division dont je viens de parler, répond effectivement à la seizième de ces parties ; mais les *divisions entières* se distinguent des autres en ce que le *traits* qui les terminent sont doubles en longueur des *traits* qui terminent les demi-divisions ; ces demi-divisions servent lorsque le talus est donné en centièmes et demi-centièmes ; ainsi dans le cas où le talus, au lieu d'être de $\frac{2}{100}$ serait de $\frac{2}{100}$ et demi, le *point antérieur de la ligne du sommet* serait à l'intersection de l'*horizontale supérieure* et de celle des lignes comprises dans le quadrilatère AEGH, répondant à la demi-division qui suit immédiatement la huitième division entière du côté de E.

Le point postérieur de la ligne du sommet se détermine par le même procédé indiqué article 9, pour le cas où les deux paremens du mur sont élevés à-plomb.

La ligne du sommet ainsi déterminée, on mènera, de son *point antérieur,* une ligne droite au point D ; de son *point postérieur* une perpendiculaire sur DC, on aura un trapèze dont la base se trouvera sur DC, et dont le côté supérieur sera la *ligne du sommet,* les deux autres côtés étant la ligne menée du *point antérieur* en D, et la perpendiculaire abaissée du *point postérieur* sur DC; ce trapèze sera le profil transversal du mur de revêtement;

3° *On forme sur les paremens, vu et intérieur du mur, des talus égaux.* Tracez l'*horizontale supérieure* comme précédemment; ensuite supposons que chacun des talus égaux soit de 8|100; ajoutez à cette valeur de talus sa moitié, vous aurez 8|100 et sa moitié 4|100 égaux à 1|2100; prenez parmi les lignes tracées dans le quadrilatère AEGH celle qui répond à la division entière, côté 12, l'intersection de cette ligne et de la *ligne du sommet* sera le *point antérieur de la ligne du sommet.*

Le *point postérieur de la ligne du sommet* se détermine par le même procédé indiqué art. 9, pour le cas où les deux paremens du mur sont élevés à-plomb.

La *ligne du sommet* ainsi déterminée, on mènera de ses points *antérieur* et *postérieur* deux lignes droites ayant sur DC l'inclinaison que comporte le talus commun des paremens; ces deux lignes prolongées jusqu'à leur rencontre avec DC, la partie de DC comprise entre les points de rencontre et la *ligne du sommet* formeront un trapèze qui sera le profil transversal du mur de revêtement;

4° *On forme sur les paremens, vu et intérieur du mur, des talus inégaux.* Tracez l'*horizontale supérieure* comme précédemment; supposons ensuite que le talus du parement vu soit de 8|100 et celui du parement du côté des terres de 6|100 ; dites le talus du parement extérieur 8|000, plus la moitié 3|100 du talus parement intérieur valent 11|100, et vous aurez le *point antérieur de la ligne du sommet* à l'intersection de cette *ligne du sommet* et de celle des lignes tracées dans le quadrilatère AEGH, qui répond à la division cotée 11.

Le *point postérieur de la ligne du sommet* se détermine toujours comme je l'ai expliqué à l'art. 9.

DEUXIÈME CAS.

Les dimensions qui résultent des constructions indiquées depuis l'article 9 jusqu'à l'art. 12, donnent le *maximum* d'épaisseur des murs de revêtement, et quoiqu'elles soient particulièrement applicables aux fluides, il sera prudent, pour être dans une parfaite sécurité contre tous les évènemens, de les employer, même dans les cas où les terres fraîchement remuées, se maintiennent sur un certain talus ; on conçoit en effet que ce talus peut provenir du degré de *dessication* où se trouvent les terres au moment de l'expérience, et que ces mêmes terres, imbibées et délayées, comme elles sont souvent dans le cas de l'être derrière un mur de revêtement, prendraient un talus beaucoup moindre, et quelquefois insensible.

On sait aussi qu'une lame d'eau verticale peut

s'introduire dans un vide occasionné par la *retraite* des terres, séparées, par cette *retraite,* du mur de revêtement, qui se trouvera ainsi soumis à la poussée d'un fluide, etc.

Mais lorsqu'on sera bien assuré qu'aucune de ces circonstances ne peut avoir lieu, et que dans celles qu'on peut regarder comme les plus défavorables, il existera toujours une ligne de talus naturel, sur laquelle les terres remuées et libres pourraient se tenir, les dimensions, en épaisseur, du mur de revêtement seront susceptibles de réductions, dont il résultera des économies qui méritent qu'on y ait égard.

Ce second cas présente les mêmes sous-divisions que le premier, dont chacune exige l'opération préliminaire de l'art. 7, après laquelle on procède de la manière suivante :

1° *Les deux paremens du mur sont élevés sans talus ou à-plomb.* Déterminez le *point antérieur de la ligne du sommet,* comme à l'art. 9, et le *point postérieur* de la manière suivante.

Les talus des terres étant donnés par le rapport de sa base à sa hauteur, on sait toujours combien la hauteur contient de fois la millième partie de la base; supposons donc que le rapport donné de cette hauteur à cette base, soit celui de 471 à 1000; je cherche sur la ligne C N le nombre 471, et je vois qu'il est à l'extrémité d'une ligne dirigée sur le centre D, dont l'autre extrémité, terminée au quart de cercle K T, porte le nombre 36, et je la désignerai par la ligne 471·36.

Supposons, de plus, que la pesanteur spécifique de la maçonnerie soit les 80|100 de celle des terres; par la division cotée 80 sur la ligne T C, j'élève une perpendiculaire à la ligne D C; je la prolonge jusqu'à ce qu'elle rencontre la ligne 471·36, et je nomme la portion de cette perpendiculaire comprise entre D C et la ligne 491·36, *ligne de plus grande poussée*. Je porte la *ligne de plus grande poussée* sur la ligne A B, de manière que son origine soit en A, son extrémité répondant à un point intermédiaire entre A et B; de cette extrémité, je mène une ligne droite au point D; l'intersection de cette ligne droite et de l'*horizontale supérieure*, sera le *point postérieur de la ligne du sommet*.

Ayant ainsi déterminé les *points antérieur* et *postérieur* de la *ligne du sommet*, cette ligne et la hauteur du mur sont deux des côtés du parallélogramme rectangle, qui, par hypothèse, forme le profil du mur;

2° *On forme un talus du côté extérieur, ou sur le parement vu du mur; l'autre parement étant élevé à-plomb*. Déterminez le *point postérieur de la ligne du sommet*, comme à l'article 15 qui précède, et faites tout le surplus de la construction comme à l'article 10;

3° *On forme sur les paremens vu et intérieur du*

mur des talus égaux. Déterminez le *point postérieur de la ligne du sommet*, comme à l'article 15, et exécutez le surplus de la construction comme à l'article 11 ;

4° *On forme sur les paremens vu et intérieur du mur des talus inégaux.* Déterminez le *point postérieur de la ligne du sommet*, comme à l'article 15, et exécutez le surplus de la construction comme à l'article 12.

Construction d'une formule employée fréquemment par les ingénieurs qui ont à déterminer les dimensions d'un mur de revêtement.

L'équation de mes *recherches*, etc., dérive d'une manière de résoudre le problème de la poussée des terres, qui, ainsi que je l'ai fait voir en rapportant cette équation, conduit à une solution incomplète et empyrique. J'ai cependant observé que la formule qui renferme cette solution pouvait avoir des applications utiles ; elle conduit, lorsqu'il s'agit de la poussée de l'eau ou de celles des terres extrêmement *coulantes*, aux mêmes résultats, sensiblement, qu'on trouverait d'après les règles énoncées depuis l'article 9 jusqu'à l'article 18 ci-dessus. Mais à mesure que le talus naturel des terres est plus incliné à l'horizon, elle fournit des épaisseurs qui surpassent celles données par les règles renfermées dans les art. 13 et suivans, jusqu'à l'art. 18. On trouve donc en général, par cette équation ou ses dérivées, plus d'épaisseur que par les équations où l'on a égard au frottement, à la cohésion, etc., et moins d'épaisseur que par celles où ces circonstances sont négligées, c'est-à-dire, des valeurs moyennes qu'on peut employer avec sécurité, lorsqu'on est bien assuré que dans aucune circonstance le talus naturel que prendraient les terres, si elles n'étaient pas retenues, n'excédera celui introduit dans le calcul. J'ai cru, d'après ces motifs, devoir joindre à la construction graphique des équations qui se déduisent de ma théorie, celle d'une formule employée fréquemment par d'habiles ingénieurs, et en faveur de laquelle on peut même citer l'assemblée des ponts et chaussées, qui a approuvé un rapport où elle était donnée comme règle de calcul.

Je suivrai dans l'exposition du procédé graphique les mêmes divisions que précédemment, dont chacune exige l'opération préliminaire de l'art. 7.

1° *Les deux paremens du mur sont élevés sans talus ou à-plomb.* Déterminez le *point antérieur de la ligne du sommet*, comme à l'article 9, et le *point postérieur* de cette ligne de la manière suivante :

Supposons que le rapport de la hauteur du talus naturel des terres à la base de ce talus, soit celui de 510 à 1000, je cherche le nombre 510 dans le secteur D K T D, et je le trouve répondant à 30 degrés, ce qui m'apprend d'abord que l'angle du talus des terres avec l'horizon est de 30 degrés ou 30,100 du quart de cercle.

Supposons encore que le rapport de la pesanteur spécifique des terres à celle de la maçonnerie, soit celui de 77 à 100, je prolonge le rayon D·510 ou D·30 jusqu'à sa rencontre avec celui des cercles concentriques compris dans l'espace T C H K, qui répond en T C et en H K au n° 77; du point de rencontre de ce cercle avec le rayon D·30, j'abaisse une perpendiculaire sur D C, et je nomme la distance du pied de cette perpendiculaire au centre D, *cosinus réduit de l'angle de talus*.

Je porte le *cosinus réduit de l'angle de talus*, sur la ligne A B, de manière que son origine soit au point A, son extrémité répondant à un point intermédiaire entre A et B; de cette extrémité, je mène une ligne droite au point D; l'intersection de cette ligne droite et de l'*horizontale supérieure* sera le *point postérieur de la ligne du sommet*.

Ayant ainsi déterminé la *ligne du sommet*, cette ligne et la hauteur du mur seront les deux côtés du parallélogramme rectangle qui, par hypothèse, doit former le profil du mur;

2° *On forme un talus du côté extérieur ou sur le parement vu du mur, l'autre parement étant élevé à-plomb*. Déterminez le *point postérieur de la ligne du sommet*, comme à l'article 20 qui précède, et exécutez le surplus de la construction comme à l'article 10 ;

3° *On forme sur les paremens, vu et intérieur du mur, des talus égaux.* Déterminez le *point postérieur de la ligne du sommet*, comme à l'art. 20, et exécutez le surplus de la construction comme à l'art. 11 ;

4° *On forme sur les paremens, vu et intérieur du mur, des talus inégaux.* Déterminez le *point postérieur de la ligne du sommet*, comme à l'art. 20, et exécutez le surplus de la construction comme à l'art. 12.

Du cas où la surface supérieure des terres que le mur de revêtement doit soutenir, est chargée d'un poids distribué uniformément sur cette surface.

La surface supérieure du terrein que le mur de revêtement doit soutenir, peut être chargée d'un pavé, d'un recouvrement de dalles de pierres, d'un trottoir, etc. Il est bon d'avoir égard à cette cause d'augmentation de la poussée, et on peut le faire sans changer la moindre chose aux constructions précédentes.

Pour éclaircir ceci par un exemple numérique qui servira de modèle ou de règle générale dans tous les cas, supposons que, pour un mur dont la hauteur doit être de 10 mètres, les terres pèsent 1500 kilogrammes le mètre cube, la maçonnerie

1875 kilogrammes, et que la surface supérieure du terrein soit chargée de 321 1|2 kilogrammes par mètre carré. On aurait, en procédant comme ci-devant, cherché, pour déterminer le *point postérieur de la ligne du sommet*, le nombre de centièmes contenu dans 1500|1875, qui est 0·80, et employé la division 80 de F B ou de T C ; mais, dans le cas où chaque mètre carré de la surface du terrein porte 312 1|2 kilogrammes, il faut diviser le triple de ce poids ou 937·5 par le nombre 10 de mètres que contient la hauteur du mur, ajouter le quotient 93·75 à 1500, ce qui donne pour la somme 1593·75, et chercher combien il y a de centièmes dans $\frac{1593·75}{1875}$; on trouvera qu'il y en a 85, et on substituera la division 85 de F B ou de T C à la division 80, qu'on aurait employée si la surface du terrein n'avait été chargée d'aucun poids ; c'est-à-dire, qu'il faudra attribuer aux terres une pesanteur spécifique égale à celles qu'elles ont naturellement, plus à trois fois le quotient du poids porté par l'unité de la surface supérieure de ces terres divisé par la hauteur du mur, et employer cette pesanteur spécifique ainsi augmentée, de la même manière qu'on a employé précédemment la pesanteur spécique naturelle des terres.

De la réduction qu'on peut faire à l'épaisseur d'un mur de revêtement, lorsqu'on élève un parapet au-dessus de ce mur.

Les constructions précédentes supposent que le mur n'est élevé que jusqu'à la surface supérieure des terres qu'il a à soutenir ; mais il arrive souvent qu'on bâtit au-dessus de ce mur un parapet qui en augmente le poids. Il aurait été facile de disposer l'opération graphique de manière que les dimensions du profil obtenu convinssent à la condition de l'élévation de ce parapet ; mais il est infiniment plus commode et plus simple de former d'abord le profil comme s'il n'y en avait pas, et de faire ensuite, pour trouver la diminution d'épaisseur relative au parapet, le calcul arithmétique suivant, qui est tellement élémentaire et aisé, que tout homme sachant médiocrement les quatre règles de l'arithmétique, pourra le pratiquer sans la moindre difficulté.

Voici la règle de calcul qu'on pourra suivre dans tous les cas. J'appelle *talus total* d'un parement de mur, le produit de la hauteur de ce mur (depuis le dessus de la plate-forme de fondation jusqu'à l'arrasement supérieur du cordon), par le rapport entre la base et la hauteur du talus (ou par le talus sur l'unité de hauteur) ; ainsi un mur ayant 6 mètres de hauteur, et le rapport de la base à la hauteur du talus d'un de ses paremens étant 0,08 (ce qui donne 0,08 de talus par mètre de hauteur), le *talus total* de ce parement sera 6 × 0,08 ou 0,48. Cette définition posée, pour trouver la diminution qu'on peut faire, eu égard au parapet, sur l'épaisseur d'un mur dont le profil est construit par les méthodes précédentes : *ajoutez le talus total du parement extérieur, ou vu à la demi-épaisseur du parapet; multipliez la somme par l'aire de la section transversale de ce parapet; divisez ce produit par un autre produit composé de deux facteurs, dont l'un est la hauteur du mur, et l'autre l'épaisseur de ce mur à sa base, diminuée de la moitié du talus total de son parement intérieur; le quotient sera la diminution cherchée d'épaisseur.*

EXEMPLE.

	mètres.
La hauteur du mur est supposée égale à.	6,000
Le talus du parement extérieur, ou vu, de.	0,080
Le talus du parement intérieur, ou du côté des terres, de.	0,065
L'épaisseur du mur sur la plate-forme de fondation, ou à sa base.	3,170
La hauteur du parapet.	1,000
L'épaisseur du parapet.	0,400

Il résulte de ces données, que le talus total du parement vu est égal à 6 × 0,08, ou 0,48, à quoi ajoutant la demi-épaisseur 0,2 du parapet, la somme sera 0,68, qui, multipliée par l'aire $\overset{\text{mètre}}{1} \times 0,4$, ou 0,4 de la section transversale du parapet, donne le produit 0,272. Ensuite, la différence entre l'épaisseur 3,17, à la base, et le demi-*talus* total $\frac{6 \times 0,065}{2}$, ou 0,195 du parement intérieur, est 2,975 dont le produit, par la hauteur 6 du mur, égale 17,850. Divisant 0,272 par 17,85, le quotient 0,0152 indique que, eu égard au parapet, on peut diminuer l'épaisseur du mur, trouvée par les règles précédentes, tant à la base qu'au sommet, de 15 millimètres. Cette réduction ne mérite pas qu'on y ait égard ; mais il est bon que les praticiens sachent la calculer, et d'ailleurs elle peut être plus considérable dans les murs de petite dimension.

Il faudra, dans la règle précédente, mettre *zéro* pour la valeur du talus du côté des terres, si le parement qui répond à ce talus est élevé à plomb, et *zéro* pour la valeur des deux talus, si les deux paremens sont élevés à-plomb.

Du degré de précision de la méthode graphique exposée dans cet écrit.

On conviendra, sans doute, que la méthode graphique exposée dans cet écrit, ne laisse rien à désirer quant à la simplicité et à la commodité ; il me reste à faire voir qu'elle a toute l'exactitude qu'on doit désirer dans ce genre d'opérations.

La planche ayant été dessinée et gravée avec beaucoup de soin, et les échelles qui sont de part et d'autre du parallélogramme ABCD, permettant de donner à tous les profils qu'on y tracera, 4 ou 5 décimètres de hauteur, il faudrait, vu la grande proportion des échelles de ces profils, mettre au *trait* avec une inattention ou une maladresse extrême, pour que l'erreur du compas sur une épaisseur de mur, à la base ou au sommet, fût 1|100 de cette épaisseur; et aucun dessinateur tant soit peu instruit ne conviendrait qu'il peut faire une pareille erreur, qui cependant mérite peu d'attention dans des déterminations de cette espèce.

Il reste donc à évaluer l'exactitude théorique des règles données pour la construction graphique des profils, c'est-a-dire (relativement à l'objet de pratique que j'ai en vue), à donner un moyen de calculer commodément et exactement la différence entre les résultats numériques que donnent ces règles, et ceux fournis par les for- formules analytiques rigoureuses, dans lesquelles on ne néglige aucune des quantités qui peuvent avoir la petite influence sur les valeurs cherchées, quoique ces quantités ne méritent pas qu'on y ait le moindre égard dans la pratique, et ne servent qu'à alonger les calculs en pure perte.

J'observe d'abord que lorsque le mur est élevé

sans talus ou *à-plomb* des deux côtés, la construction graphique coïncide parfaitement avec la formule analytique; le terme de correction ne pourrait donc s'appliquer qu'aux murs en talus, et voici un procédé de calcul très-simple, pour trouver ce terme dans toutes les hypothèses de talus.

Ayant construit un profil de mur de revêtement d'après les méthodes précédemment exposées, on trouvera l'épaisseur à ajouter tant à la base qu'au sommet, pour sommet, pour rendre les dimensions de ce profil conformes à celles données par les formules analytiques rigoureuses, en faisant le calcul suivant.

Carrez le talus total du parement vu et le talus total du parement intérieur; retranchez du premier carré, le quart du second, et divisez la différence par six fois l'excès de l'épaisseur du mur à la base, sur la moitié du talus total du parement intérieur; le quotient sera l'épaisseur additionnelle cherchée.

Il est bon de remarquer que cette formule, dans le cas où les résultats numériques qu'elle donnerait mériteraient qu'on y eût égard, favoriserait la solidité, parce qu'elle donne un terme de correction qui pêche un peu par excès. Ce n'est pas dans la recherche de ce terme que consiste sa principale utilité, car on s'assurera aisément que la correction, ainsi que je l'ai annoncé, est trop petite pour qu'on doive y avoir égard;

mais son usage le plus intéressant est de rendre sensible l'avantage des murs *en talus*, sur ceux à paremens verticaux, et faire voir comment, à égale *stabilité* ou résistance au *renversement*, les premiers exigent moins de maçonnerie que les seconds. Je donnerai ailleurs de plus grands détails sur cette propriété.

EXEMPLE.

	Mètres.
Un mur est supposé avoir une hauteur de................,........	8,000
Son talus extérieur est, par mètre, de..	0,080
Son talus est de...............	0,060
On trouve par les constructions graphiques précédentes, son épaisseur à la base de................	3,250

Le *talus total* extérieur $= \times 0,08 = 0,64$,
dont le carré............. $= 0,4096$
Le *talus total* intérieur $= 8 \times 0,06 = 0,36$,
dont le carré divisé par 4..... $= 0,0324$

Différence........... $0,3772$

La moitié $0,18$ du talus total intérieur retranchée de la base $3,25$, donne $3,07$ dont le sextuple $= 18,42$; ainsi l'épaisseur additionnelle cherchée $= \dfrac{0,3772}{18,07} = 0,0209$, c'est-à-dire, 20 ou 21 millimètres. Cette correction ne mérite pas qu'on y ait égard, et la construction graphique a toute l'exactitude nécessaire ; on parviendra à un résultat semblable dans tous les cas applicables à la pratique des constructions.

Des sous-divisions des lignes de talus et de pesanteur spécifique.

J'ai supposé dans tous les exemples numériques donnés précédemment, que les rapports des bases aux hauteurs des talus des murs et ceux des pesanteurs spécifiques de la terre et de la maçonnerie, étaient exprimés exactement en centièmes, et que les rapports des hauteurs aux bases des talus de terres, se trouvaient donnés en millièmes justes. S'il en était autrement, on pourrait, dans les diverses parties de la figure où se trouvent les divisions relatives à ces rapports, employer celles de ces divisions dont les nombres correspondans approchent le plus de ceux fournis par les données particulières d'après lesquelles on doit construire ; autrement, il faudra imaginer que l'intervalle entre deux divisions quelconques, est sous-divisé en 10, 20, etc. parties ; et que des lignes droites sont menées de ces sous-divisions au centre commun D ; on obtiendra ainsi des lignes de construction autant et même beaucoup plus rigoureusement exactes qu'il n'est nécessaire pour ce genre de construction.

Les *lignes de pesanteur spécifique* tracées sur la

planche donnent les rapports entre les pesanteurs spécifiques de la terre et de la maçonnerie, depuis 60|100 jusqu'à 90|100, et comme la valeur effective de ce rapport est assez communément 80|100, on peut supposer que ses variations, pour différentes terres et différentes natures de matériaux de construction, seront renfermées dans les limites 60|100 et 90|100 ; cependant, si des cas extraordinaires donnaient des rapports qui sortissent de ces limites, la *formule graphique* n'en serait pas moins applicable ; il suffirait dans ces cas, de continuer les divisions égales de FB, soit dans le prolongement de FB du côté de B, soit dans la partie FE, de mettre, aux nouveaux points de divisions, des numéros relatifs au rang qu'ils occuperaient par rapport à ceux compris entre F et B, et de tirer de chacun de ces points, des lignes droites tendantes au centre D, et arrêtées au quart de cercle HGLMPC.

Construction de la formule graphique.

Je terminerai cette instruction en donnant les proportions exactes des diverses parties de la *formule graphique*, en faveur de ceux qui, voulant ou en renouveler ou en multiplier les exemplaires, ne seraient pas à même de s'en procurer de gravés. Il faut éviter, dans des cas pareils, de prendre des mesures au compas sur des exemplaires fatigués et altérés par l'usage qu'on en aurait fait, et qui doivent seulement servir de modèle pour disposer toutes les parties de la figure, et comprendre parfaitement la description suivante.

Il est inutile d'entrer dans aucun détail sur les échelles placées de part et d'autre du parallélogramme rectangle ABCD; leur construction est manifeste à l'inspection de la figure, et leur usage a été expliqué précédemment; chacune de ces échelles est divisée dans toute l'étendue d'une ligne droite égale à AD.

J'ai donné au côté AD du parallélogramme ABCD, un demi-mètre de longueur; on pourra lui en donner plus ou moins; mais dans tous les cas, si on suppose AD divisé en 100 parties, on aura

AD=BC=. . . . . 100 parties
AB=DC=. 55
AF=DT=. 45
AE= 30
FB=TC=KH=. 10
CN=DC=AB=. 55

Au moyen de ces cotes, on sera libre de refaire la figure dans telle proportion qu'on voudra, et il sera bon, pour faciliter la construction, de diviser d'avance en décimètres, l'échelle de 10 mètres, qui fournira ainsi les 100 parties de AD. Il faudra observer que les lignes droites, menées dans l'aire du parallélogramme ABCD, sont toutes, sans exception, dirigées sur le point D, et que les quarts de cercle renfermés dans la zone KHCT ont ce même point D pour centre commun. En se conformant d'ailleurs, pour les autres détails, à l'exemplaire qu'on aura sous les yeux, on pourra faire une copie de cet exemplaire parfaitement exacte, et préférable même à l'original, pour peu qu'il été altéré par l'usage ou par l'humidité.

Si on désire donner plus d'étendue à la ligne FB des pesanteurs spécifiques, cette addition à la *formule graphique* n'aura, ainsi que je l'ai déjà dit, article 27, aucun inconvénient; mais je pense qu'elle ne servirait qu'à surcharger la figure de lignes inutiles. »

Poutre. s. f. C'est la plus grosse pièce de bois dont on se serve dans la charpenterie.

La résistance totale de chaque poutre est le produit de sa base par sa hauteur.

Si les bases de deux poutres sont égales en longueur, quoique les longueurs et largeurs en soient inégales, leur résistance sera comme leur hauteur : d'où il suit qu'une poutre sur champ, ou sur le plus petit côté de sa base, résistera plus que posée sur le plat, et cela à raison de l'excès de hauteur que cette première situation lui donnera sur la seconde.

Pouzzolane. s. f. Sable d'un rouge de brique, admirable pour bâtir, et qu'on tire du territoire de Pouzzole, en Italie, près de Naples. On dit qu'on en trouve aussi en Auvergne; c'est un mélange de parties sableuses, terreuses et ferrugineuses, endurcies, liées et accrochées ensemble, jusqu'à la grosseur d'un pois, et desséchées par des feux souterreins. On s'en sert avec le plus grand avantage, pour construire dans l'eau. On y joint parties égales de sable, et quatre à cinq parties de chaux; on étend le mélange dans une grande quantité d'eau, et on l'emploie aussitôt; car la pouzzolane a la propriété de se durcir aussi promptement que la pierre à plâtre calcinée et fusée. On peut regarder ce sable comme une matière volcanique, produite par les feux des volcans qui ont ravagé le territoire de Pouzzole.

Pression. s. f. Est proprement l'action d'un corps qui fait effort pour en mouvoir un autre.

La pression se rapporte également au corps qui presse et à celui qui est pressé.

La pression de l'air sur la surface de la terre est égale à la pression d'une colonne d'eau de même base, et d'environ 32 pieds de haut, ou d'une colonne de mercure d'environ 28 pouces.

La pression de l'air sur chaque pied carré de la surface de la terre, est d'environ 32 fois 70 livres, ou 2,240 livres, parce que le poids d'un pied cube d'eau est d'environ 70 livres.

Puisard. s. m. Est en général un trou par où les eaux s'écoulent; il y en a de différentes constructions, relativement à leurs usages. Pour les eaux des combles, on en pratique en forme de puits dans le corps d'un mur, ou dans le noyau d'un escalier à vis revêtu de plomb, ou d'un tuyau de fonte ; ou bien, au milieu d'une cour, on construit un puits à pierres sèches, dont l'ouverture supérieure est couverte d'une pierre trouée, où se rendent les eaux pluviales : ces deux espèces de puisards répondent ordinairement à un aqueduc souterrein.

Il y a aussi des puisards d'aqueduc ; c'est un trou pratiqué dans un endroit d'un aqueduc, pour vider l'eau d'un canal, lorsqu'il y a des réparations à faire.

On appelle *puisards de source* des puits faits de distance en distance, pour ramasser l'eau des sources, et ces puits se communiquent par des pierres qui conduisent l'eau dans un même réservoir.

Puits. s. m. Est un trou profond, fouillé d'àplomb dans la terre, jusqu'au-dessous de la surface de l'eau ; on a soin de revêtir le pourtour de ce trou en maçonnerie.

Puits forés. C'est un puits où l'eau monte d'ellemême jusqu'à une certaine hauteur, de sorte qu'on a seulement la peine de puiser l'eau dans un bassin où elle se rend, sans qu'on soit obligé de la tirer ; cela est fort commode, mais on ne peut pas malheureusement faire de ces puits quand on veut. On va en juger par leur construction. On creuse d'abord un bassin, dont le fond doit être plus bas que le niveau, auquel l'eau peut monter d'elle-même, afin qu'elle s'y épanche. On perce ensuite avec des tarières un trou de trois pouces de diamètre, dans lequel on met un pilot garni de fer par les deux bouts. On enfonce ce pilot avec le mouton autant qu'il est possible, et on le perce avec une tarière de trois pouces de diamètre, et environ un pied de gouge ; c'est par ce canal que doit venir l'eau, si on a enfoncé le pilot dans un bon endroit. De là, on conduit l'eau dans un bassin avec un tuyau de plomb.

On fait beaucoup de ces puits forés en Flandres, en Allemagne et en Italie. M. Bélidor, dans la *Science des ingénieurs*, dit en avoir vu un au monastère de Saint-André, à une demi-lieue d'Aix, où l'eau est si abondante, qu'elle donne plus de cent tonneaux par heure : cette eau s'élève à dix ou douze pieds au-dessus du rez-de-chaussée, et retombe dans un grand bassin, par plusieurs fontaines qui font un bel effet.

En plusieurs endroits du territoire de Bologne, en Italie, il y a aussi des puits forés, mais on les construit différemment. On creuse jusqu'à l'eau, après quoi, on fait un double revêtement, dont on remplit l'entre-deux d'un couroi de glaise bien pétrie ; on continue de creuser plus avant, et de revêtir comme dans la première opération, jusqu'à ce qu'on trouve des sources qui viennent en abondance; alors on perce le fond avec une longue tarière, et le trou étant achevé, l'eau monte, et remplit non seulement le puits, mais se répand encore sur toute la campagne, qu'elle arrose continuellement.

QUA

Quadrature. s. m. Manière de carrer ou de réduire une figure en un carré, ou de trouver un carré égal en surface à l'une ou à l'autre de ces figures; il ne s'agit que de trouver leur aire ou superficie, et de la transformer en un parallélogramme rectangle.

Il est facile ensuite d'avoir un carré égal à ce rectangle, puisqu'il ne faut pour cela que trouver une moyenne proportionnelle entre les deux côtés du rectangle.

Quadrature du cercle, est la manière de trouver un carré égal à un cercle donné. Il se réduit à déterminer le rapport du diamètre à la circonférence. Archimède est un des premiers géomètres qui s'en soit occupé, et il a trouvé que ce rapport est comme 7 à 22.

Quarré, ou *carré*. s. m. Figure de quatre côtés égaux, et dont les angles sont aussi égaux.

Pour trouver l'aire d'un carré, il faut multiplier l'un des côtés par lui-même; le produit sera l'aire du carré. Un carré a ses quatre angles droits. Les côtés sont par conséquent perpendiculaires les uns aux autres. La diagonale la divise en deux parties égales; elle est incommensurable avec les côtés.

Le rapport des carrés est en raison doublée de leurs côtés. Par exemple un carré dont le côté est double de l'autre, est quadruple de cet autre carré.

Quart de cercle. s. m. Instrument de bois ou de cuivre. Son rayon est ordinairement de 12 ou 15 pouces ; sa limbe circulaire est divisée en 90 degrés, et chacun de ces degrés est divisé en autant de parties égales, que l'espace peut le permettre diagonalement ou autrement. Sur un demi-diamètre sont attachées deux pinnules immobiles, et au centre est suspendu un fil avec un plomb. On attache aussi quelquefois au centre une règle mobile, qui porte deux autres pinnules semblables à l'index d'un télescope. Sur la surface inférieure de l'instrument est un genou, au moyen duquel on peut lui donner toutes les situations dont on a besoin.

On conçoit facilement qu'il faut donner au quart de cercle différentes positions, selon les différentes situations des objets que l'on observe ; ainsi, pour mesurer les hauteurs ou profondeurs, il faut que son plan soit situé perpendiculairement à l'horizon, et pour prendre les distances horizontales, qu'il y soit parallèle.

De plus, on peut prendre de deux manières les hauteurs et les distances, c'est-à-dire, par le moyen des pinnules fixes et du plomb, et par le moyen de l'index mobile.

Pour mesurer la hauteur d'un objet, ou sa profondeur avec les pinnules fixes et le fil à-plomb ; par exemple, la hauteur d'une tour, placez verticalement le quart du cercle, et regardez par la pinnule qui est près de la circonférence, en dirigeant l'instrument, jusqu'à ce que l'œil aperçoive le sommet de la tour au travers des pinnules : alors la portion de l'arc, interceptée entre le fil et le demi-diamètre, où sont fixées les pinnules, fait voir le complément de la hauteur de la tour au-dessus de l'horizon, ou sa distance au zenith, et l'autre portion de l'arc interceptée entre le fil et l'autre demi-diamètre, montre sa hauteur même au-dessus de l'horizon.

Le même arc donne pareillement la quantité de l'angle formé par le rayon visuel, et par une ligne horizontale parallèle à la base de la tour.

Pour mesurer les profondeurs, il faut remarquer que l'œil doit être placé au-dessus de cette pinnule, qui est proche le centre du quart de cercle.

La hauteur ou la profondeur de l'objet étant ainsi déterminée en degrés (que nous supposerons 35° 35′), et la distance du pied de l'objet au lieu de l'observation étant mesurée avec un très-grand soin (distance que nous supposerons de 47 pied), rien ne sera plus facile ensuite que de déterminer en pieds ou en toises cette hauteur ou cette profondeur par les règles ordinaires de la trigonométrie.

Car nous avons ici dans un triangle, un côté donné, c'est-à-dire, la ligne ou la distance mesurée ; et de plus, nous connaissons tous les angles. En effet, celui de la tour étant toujours supposé un angle droit, les deux autres, pris ensemble, seront égaux à un droit; mais on a observé un angle de 35° 35', l'autre angle sera donc de 54° 25'.

Le cas proposé se réduit donc à celui-ci : le sinus de 54° 25' est 47 pieds, comme le sinus de 35° 35' est à un quatrième, c'est-à-dire, à $35\frac{1}{2}$, auxquels ajoutant la hauteur de l'œil de l'observateur que l'on peut supposer de 3 pieds, la somme $38p\frac{1}{2}$ exprime ou donne la hauteur de la tour proposée.

Pour prendre les hauteurs et les distances par le moyen de l'index et des pinnules; par exemple, la hauteur d'une tour dont la base est accessible, placez le plan de l'instrument à angles droits, avec le plan de l'horizon, et faites que l'un de ses diamètres y soit aussi parallèle, en vous servant du plomb, qui, dans ce cas, doit prendre tout le long de l'autre diamètre perpendiculaire au premier. Dans cette situation, tournez l'index jusqu'à ce que vous aperceviez le sommet de la tour, en regardant par la pinnule ; et l'arc du limbe du quart du cercle, compris entre le bord parallèle à l'horizon et l'index, donnera en degrés la hauteur de la tour, d'où il suit qu'en mesurant une base, et calculant, comme ci dessus, on en peut trouver la hauteur en pieds, ou si l'on ne veut pas employer le calcul trigonométrique avec les données, c'est-à-dire, avec l'angle observé, et la base mesurée, on fera sur du papier ou sur une carte, un triangle semblable au grand triangle imaginé dans l'aire ; alors, en portant la hauteur verticale de ce petit triangle sur une échelle bien exactement divisée en parties égales, on aura la hauteur de la tour.

Racinaux. s. m. Pièces de bois, comme des bouts de solives, ou plus plates et plus larges qu'épaisses, arrêtées sur des pilotis, sur lesquelles on pose les madriers ou plate-formes, pour porter les fondations dans les lieux de mauvaise consistance (Pl. XXII, fig. 16.)

Racinaux de grue. Pièces de bois creusées, qui font l'empattement d'une grue, dans lesquelles sont assemblés l'arbre et les arc-boutans.

Radier. s. m. C'est l'ouverture et l'espace entre les piles et les culées du pont, qu'on nomme autrement *bas radier.* C'est aussi un parc de pilotis et de palplanches rempli de maçonnerie, pour élever et rendre solide une plate-forme ou plancher garni de madriers et de planches, pour y établir un moulin, une écluse ou autre machine hydraulique.

Rampe. s. f. C'est la partie ascendante d'un chemin, comme pente est celle qui descend : cette différence est relative ; ce qui est rampe pour moi, est pente pour celui qui vient à moi. En France on ne cherche pas assez à éviter ces rampes difficiles qui arrêtent les voyageurs, leur font courir de très-grands dangers, et ruinent les chevaux. Pour éviter une dépense momentanée, on se prépare un entretien considérable pour l'avenir ; on tourne des montagnes, qu'on pouvait facilement réunir par un ouvrage d'art.

M. de Garipuy, directeur-général des ponts et chaussées du Languedoc, me fit part d'un projet de chemin où on était obligé de franchir deux montagnes très-resserrées, mais qui formaient entr'elles un abîme. Il avait évité ce passage, en tournant successivement les deux montagnes par des rampes et pentes très-fortes, et présentant à chaque pas des dangers, qui se multipliaient sur une largeur de mille toises. Je lui proposai de le franchir par la construction d'une arche en maçonnerie, en plein cintre, de 42 pieds d'ouverture, supportée sur des pieds droits de 100 pieds de hauteur, fondés par échelons sur le roc. Ce pont, avec le remblai et la percée à faire pour rejoindre le revers de la montagne, devait coûter deux cent quarante mille francs, et le tracé du chemin qui fut adopté, coûta cent cinquante mille francs, y compris les murs de soutenement, aqueducs, etc. La différence était en ma défaveur de quatre-vingt-dix mille francs, mais je n'avais à parcourir par mon projet que trois cents et quelques toises, et par l'autre, il fallait en parcourir mille, pour arriver au même point : or, je demande si l'entretien des murs de soutenement, des aqueducs, si les dommages multipliés par les éboulemens, si les ravins occasionnés à chaque averse, ne coûtèrent pas en réparations les quatre-vingt-dix mille fr., dans l'espace de dix ans. Je sais que M. de Garipuy fut très-fâché de n'avoir pas adopté mon projet, et le fils, qui penchait pour son exécution, me l'a répété souvent. Je cite ce fait, on en pourrait citer bien d'autres; et dans le département où je suis maintenant, j'ai été témoin plusieurs fois de ces mauvaises économies, au grand préjudice des voyageurs et du commerce.

Récéper. v. a. C'est couper avec la coignée, ou avec la scie, la tête d'un pieu ou d'un pilot qui refuse le mouton, et qu'il faut mettre de niveau. Voyez *Pieux.*

Recoupes. s. f. On appelle ainsi ce qu'on abat des pieux qu'on taille pour les équarrir; quelquefois on mêle du poussier ou poudre de recoupes, avec de la chaux et du sable, pour faire du mortier de la couleur de la pierre; et le plus gros des recoupes, particulièrement celles qui proviennent des pierres dures, servent à affermir le sol des chemins, des allées de jardin, etc.

Rectangle, ou *carré long*, s. m. Est une figure rectiligne de quatre côtés, dont les côtés opposés sont égaux, et dont tous les angles sont droits.

Pour trouver la surface d'un rectangle, il ne faut que multiplier le grand côté par le petit.

Régaler. v. a. C'est, après qu'on a enlevé les terres massives, ou achevé un remblai, mettre à niveau, ou selon une pente réglée, le terrain qu'on veut dresser.

On appelle *régaleur* ceux qui étendent la terre

avec la pelle à mesure qu'on la décharge, ou qui la foulent avec des battes.

Régulier. adj. Il n'y a dans la nature que cinq corps réguliers, savoir : l'hexahèdre ou le cube, qui est composé de six carrés égaux ; le tétrahèdre de quatre triangles égaux ; l'octahèdre de huit ; le dodécahèdre de douze pentagones, et l'icosahèdre de vingt triangles égaux.

Le tétrahèdre étant une pyramide, et l'octahèdre une double pyramide ; l'icosahèdre étant composé de vingt pyramides triangulaires, et le dodécahèdre un solide, compris sous douze pyramides à cinq angles, dont les bases sont dans la surface de l'icosahèdre et du dodécahèdre, et les sommets au centre ; on peut trouver la solidité de ces corps, par les règles que nous avons données au mot *pyramide*.

On a leur surface, en trouvant celle d'un des plans, au moyen des lignes qui la terminent (voyez *Triangle*), et en multipliant l'aire, ainsi trouvée, par le nombre dont le corps reçoit sa dénomination ; par exemple, par quatre pour le tétrahèdre, par six pour l'hexahèdre, etc. ; le produit donnera la surface de ces solides.

Reins, s. m. de l'arche d'un pont, c'est la maçonnerie de moellons qui remplit l'extrados de l'arche jusqu'à son couronnement, où l'on peut ménager des caves, et d'autres petits espaces, pour soulager la pile.

Rejointoyer. v. a. C'est remplir les joints des pierres d'un vieux bâtiment, d'une voûte, lorsqu'ils sont cavés, par succession de temps ou par l'eau, et les ragréer avec le meilleur mortier.

Relais. s. m. Il se dit des brouetteurs, lorsqu'ils se succèdent les uns aux autres, et se communiquent les brouettes pleines, pour en reprendre de vides.

Les relais doivent être établis à 15 toises (29.236) les uns des autres en plein terrein, et à 10 (19,490) en montant. Voyez *Transport*.

Remblai. s. m. C'est, dans les travaux de terrasses, toute partie formée de terres rapportées, soit pour garnir le derrière d'un mur de revêtement, soit pour applanir un terrein et lui donner une pente uniforme, soit pour former une levée.

Remplage. s. m. Se dit du milieu et de tout le gros du massif d'une maçonnerie, d'une fondation, du corps d'une pile, etc.

Repère. s. m. Marque certaine en un endroit fixe et déterminé, par laquelle on peut connaître les différentes hauteurs des fondations qu'on est obligé de couvrir; l'ingénieur, ou celui qui les fait faire, en doit rapporter le profil, et les ressauts et retraites, s'il y en a; y laisser même les sondes pour les justifier, s'il le faut, lors d'une vérification.

Retombée. s. f. C'est chaque assise de pierre en

voussoir qu'on érige sur la première, qu'on appelle *coussinet*, et qui, par leur pose, peuvent subsister sans cintre.

Revêtement. s. m. Appui de maçonnerie qu'on donne à des terres pour les empêcher de s'ébouler.

Si l'on élève des terres, comme pour faire une chaussée, etc., etc., ces terres, que je suppose qui auront la figure d'un parallélepipède, ne se soutiendront point en cet état, mais s'ébouleront; de sorte que leur quatre côtés verticaux, posés sur le plan horizontal et qui étaient des parallélogrammes, deviendront de figure triangulaire, ou à-peu-près, parce que la pesanteur des terres, jointe à la facilité qu'avaient leurs parties à rouler les unes sur les autres, les a obligées à se faire une base plus large que celle du parallélepipède primitif. Pour empêcher cet effet, on les soutient par des revêtemens qui sont ordinairement de maçonnerie.

Comme c'est pour une certaine force que les terres élevées en parallélepipède élargissent leurs bases, il faut que cette face, qu'on appelle leur *poussée*, soit combattue et réprimée par celle du revêtement, qui par conséquent doit être du moins inégale. Pour procéder par règle à la construction d'un revêtement, il faudrait avoir terminé cette égalité ou cet équilibre. Des terres coupées à plomb s'éboulent si peu, qu'à peine s'en détache-t-il quelques bottées en tout un an ;

et même cette petite quantité serait encore plus petite, si les premières parcelles avaient été soutenues et ne fussent pas tombées. Un mur n'a donc pas beaucoup de peine à soutenir ces terres, si on considère l'effort qu'elles font pour s'ébouler: mais elles en ont un beaucoup plus grand et très-violent, c'est celui qu'elles font pour s'étendre, lorsqu'elles sont bien imbibées d'eau, et c'est à quoi le mur de revêtement doit s'opposer.

Il est vrai que cette tendance des terres à s'étendre, doit agir en toute face, verticalement aussi bien qu'horizontalement, et que le mur ne s'oppose qu'à l'action horizontale ; mais il faut observer que la tendance verticale n'ayant pas la liberté d'agir, du moins dans toutes les couches inférieures de terres pressées par le poids des supérieures, toute la tendance verticale se tourne en horizontale, tant que la difficulté de soulever les couches supérieures est plus grande que celle de forcer le mur, et cela peut aller, et va effectivement fort bien.

De tous ces raisonnemens joints à l'expérience, il en est résulté des tables, mais qui sont très-imparfaites. Celle du maréchal de Vauban est trop forte pour nos travaux ; celle de Bulet a le même inconvénient, sur-tout pour les grandes hauteurs ; car, par ses proportions, quatre-vingts pieds de hauteur donneraient vingt-deux pieds au mur de revêtement à son sommet. Gauthier a donné aussi une table, et c'est celle à laquelle j'ai donné la préférence, et que je me propose de suivre, quoique je sois bien éloigné de la regarder comme bonne ; mais elle est à-peu-près démontrée par la pratique. *Voy.* l'article *Poussée*.

Je crois même qu'il n'est pas possible de rien déterminer de positif sur la résistance à opposer à la poussée des terres ; car les qualités des terres variant à l'infini, leur poussée varie à l'infini. Ainsi telle dimension d'un mur de revêtement, qui serait bonne pour soutenir la poussée d'un massif de terre glaiseuse, ne vaudrait rien pour une terre sablonneuse. Ces tables ne donnent donc que des approximations, et c'est à l'ingénieur à faire les changemens qu'il croira convenable dans l'application. Voyez *Poussée*.

Rouet. s. m. Assemblage de plusieurs pièces de bois de charpente à queue d'aronde, et circulaire en dedans, qu'on pose sur le bas-fonds pour recevoir le mur circulaire de maçonnerie d'un puits.

Roue. s. f. C'est une machine simple, consistante en une pièce ronde de bois ou d'autre matière, qui tourne autour d'un essieu ou axe.

La roue est une des principales puissances employées dans la mécanique ; elles sont simples ou dentées.

La roue simple est celle dont la circonférence est uniforme, et qui n'est point combinée avec d'autres roues ; telles sont les roues des voitures. Elles ont un mouvement double ; l'un progressif, l'autre circulaire ; la ligne tracée par ce mouvement circulaire est la courbe que les géomètres appelent *cycloïde*.

Dans les roues simples, la hauteur doit toujours être proportionnée à la hauteur de l'animal qui la fait mouvoir ; la règle qu'il faut suivre, c'est que la charge et l'axe de la roue soient de même hauteur que la puissance ; car si l'axe était plus haut que la puissance qui tire, une partie de la charge porterait sur elle ; et si l'axe était plus bas, la puissance tirerait d'un manière désavantageuse, et aurait besoin d'une plus grande force.

Les grandes roues sont d'un usage infiniment meilleur que les petites, j'entends par grandes roues celles dont le diamètre a 5 ou 6 pieds, parce que dans cette grandeur elles ont l'avantage d'avoir leur centre à-peu-près à la hauteur d'un trait de cheval ; ce qui met, dit M. l'abbé Nollet, son effort dans une direction perpendiculaire au rayon qui pose verticalement sur le terrein, c'est-à-dire dans la direction la plus favorable.

Outre qu'il est certain que les grandes roues s'engagent moins que les petites dans les inégalités de chemin, nous allons examiner avec M. Mussembroeck quelles sont les roues avec lesquelles un chariot peut être tiré plus commodément, lorsqu'il est posé sur des roues hautes ou basses, et qu'il doit être tiré par un chemin raboteux. Ces connaissances sont relatives aux travaux, et peuvent servir beaucoup dans l'exécution, pour faciliter les transports.

La ligne HH (Pl. LVI, fig. 10) représente le chemin ; BD l'inégalité du chemin par lequel les roues doivent être tirées ; KZXB est la grande roue, L*y*O*r* la petite route, qui heurtent l'une et l'autre contre DB. On conçoit que les cordes avec lesquelles elles sont tirées, passent par les essieux C et I, et dans une direction parallèle à l'horizon, comme CF, IG. Tout le poids qui se trouve sur le chariot presse les essieux, et est par conséquent en C ou en I, qui sont les centres de ces roues agissant également dans la ligne de direction CA ou IK. Lorsque ces roues sont mises en mouvement, elles tournent sur le point B de la hauteur BD, qui est par conséquent le centre du mouvement. Qu'on tire des essieux C et I des lignes droites, jusque sur le centre du mouvement B, et on aura CB, IB, qui représentent deux leviers, auxquels les puissances tirantes F et G se trouvent attachées ; mais parce que ces puissances agissent par des directions obliques sur les leviers, il faut tirer du point B des lignes perpendiculaires sur CF et IG, qui sont BO et BE : pour avoir la vraie distance des lignes de direction du centre du mouvement B, il faut aussi tirer de la même manière les lignes perpendiculaires sur CA et IK, qui sont

BA et BS ; on peut donc concevoir, que les poids reposans sur les essieux, sont sur les points A et S : on aura de cette manière deux leviers, ABE pour la grande roue, et SBO pour la petite roue ; de sorte que la charge est suspendue aux extrémités A et S, et que les puissances tirantes se trouvent en O et en E ; c'est pourquoi la puissance F sera A, comme AB est à BE, et la puissance G au poids S, comme SB est à BO. Mais BE est égal à CA, qui est le sinus de l'angle CBA, BE le sinus de l'angle BCA, de même que BO est égal à IS, et celui-ci est le sinus de l'angle IBS, et BS le sinus de l'angle BIS : maintenant, parce que l'angle aigu CBA est plus grand que IBS, et que BCA est plus petit que BIS, le sinus de CA à AB aura une plus grande proportion que IS à SB. Si par conséquent les puissances F et G ont des forces égales, la force du mouvement de F en CA aura une plus grande raison au poids en AB, que n'a G en IS au poids en SB ; par conséquent la puissance F transportera plus aisément la grande roue au-delà de l'inégalité DB, que la puissance G ne transportera la petite roue.

Le poids de la roue qui est suspendue en A sera toujours à la puissance tirante F, au-delà de l'inégalité DC, comme le sinus de l'angle, qui est fait par une ligne tirée de l'essieu C jusqu'à l'inégalité B, par une ligne parallèle à l'horizon, tirée du même point B, qui est BA, est au cosinus du même angle, c'est-à-dire comme AC est à AB.

La difficulté qu'a la roue pour se transporter au-delà des inégalités, augmente en plus grande proportion que n'est la hauteur des inégalités. En effet, ces hauteurs pq, BD sont comme le sinus verse, Kr, KS du cosinus de l'angle d'inclination, au lieu que la puissance est au poids comme le cosinus est au sinus de l'angle d'inclination, dont la proportion augmente plus vite que celle du sinus verse.

Il suit à présent de là que l'inégalité VT est aussi haute que le demi-diamètre de la roue KI; la puissance G, quelque grande qu'elle puisse être, ne pourra jamais tirer la roue dans la direc- IG, puisque SB venant à augmenter, BO devient plus petit, et perd sur la fin toute sa grandeur; mais la même puissance F, qui tire la grande roue XZ, pourra encore la transporter au-delà de VT, puisqu'elle doit seulement être à l'égard du poids comme Vm à Vn.

Les puissances G et F doivent d'abord employer leur plus grande force, lorsqu'elles commencent à lever les roues; mais aussitôt que la puissance G a un peu levé la roue yLr, c'est alors que diminue la longueur du levier BS, auquel le poids est suspendu, et BO, auquel la puissance tire, devient plus grand. Puisque BS devient continuellement plus petit et qu'il s'anéantit même sur la fin, il paraît clairement que la puissance G tirant continuellement, élève plus facilement le fardeau de la roue.

Il y a encore d'autres raisons pour lesquelles une grande roue est tirée beaucoup plus facilement qu'une petite, parce que le frottement sur l'essieu d'une grande roue, est à celui d'une petite roue, comme le diamètre de la petite roue est à celui de la grande roue.

La petite roue, comme je l'ai déjà dit, s'enfonce plus profondément dans les inégalités du chemin que la grande roue.

Lorsque la terre est humide, il faut que les deux roues, qui sont également chargées, fassent aussi sortir de l'ornière la même quantité de terre ; mais il faut pour cela que la petite roue s'enfonce dans la terre plus profondément que la grande roue, et elle doit être par conséquent soulevée plus haut que la grande roue.

Comme le frottement des roues sur leurs essieux est fort grand, et comme on ne peut tirer pour cette raison un chariot pesamment chargé qu'avec beaucoup de peine, on a pensé si on ne pourrait pas inventer une machine, qui fût faite de telle manière qu'il n'y eût presque point de frottement. C'est ce qu'on a trouvé en posant à terre, dans un endroit uni, deux rouleaux, et en mettant sur ces rouleaux, ou des planches, ou le fardeau même, lorsqu'il a une surface unie, car ce fardeau étant poussé, il fait bien rouler les rouleaux ; c'est de cette manière qu'un cheval peut tirer une pesante caisse de 80,000 livres, et au lieu qu'un cheval ne pourrait tirer autrement, qu'avec beaucoup de peine, un chariot chargé de 2000 livres.

Je renvoie à l'article *chariot,* où j'ai traité cette théorie avec plus d'étendue.

Il y a de ces rouleaux qu'on nomme *sans fin* ou *tours terriers*, parce qu'on les fait tourner par le moyen de leviers; ils sont assemblés sous un poulin avec des entre-toises ou des moises. On s'en sert très-utilement pour conduire de grands fardeaux, et amener de grosses pierres d'un lieu à un autre.

Les roues dentelées sont celles dont les circonférences ou les essieux sont partagés en dents, afin qu'ils puissent agir les uns sur les autres, et se combiner. Ce sont des leviers du premier genre multipliés, et qui agissent les uns par les autres.

La force de la roue dentelée dépend du même principe que celle de la roue simple.

La théorie des roues dentelées peut être renfermée dans la règle suivante. La raison de la puissance au poids, pour qu'il y ait équilibre, doit être composée de la raison du diamètre du pignon de la dernière roue, au diamètre de la première roue, et de la raison du nombre des révolutions de la dernière roue, au nombre des révolutions de la première, faite dans le même temps. Les roues dentelées avec leurs pignons ou lanternes, ne diffèrent pas beaucoup du vindas, et doivent être, pour cette raison, considérées de la même manière. On verra sans peine comment la puissance qui agit doit être à l'égard du poids ; par exemple, que RCA soit un essieu, autour duquel on entortille la corde AP, fig. 11, à laquelle est attaché le poids P de 30 livres ; que DBG soit une roue dentelée, posée autour de l'essieu précédent ; que le demi-diamètre CB de cette roue soit six fois plus grand que le demi-diamètre de l'essieu CA ; pour cette raison, un poids de 5 livres, suspendu à la dent B, sera en équilibre avec P, qui est de 30 livres ; soit le pignon E, dont les dents reçoivent celles de la roue DBG, alors les dents du pignon E seront pressées par le poids P, avec une force de 5 livres, car cette force agit de cette manière sur la dent B. Supposons maintenant que le demi-diamètre de ce pignon E soit EB, qui est une cinquième partie du diamètre EM de l'autre roue, avec ses barres ; il y aura donc alors une puissance en M, laquelle, ayant la force d'une livre, arrêtera le poids de 5 livres en B, et retiendra aussi, de cette manière, le poids P de 10 livres, qui est suspendu à l'essieu CA.

C'est ainsi qu'on doit concevoir les crics, et plusieurs autres machines semblables à des roues dentelées.

Sable. s. m. On donne en général ce nom à des corps secs, durs au toucher, graveleux, impénétrables à l'eau, et dont les parties ou masses ont peu d'adhérence entr'elles.

Le sable le plus grossier se nomme *gravier*, et est d'un excellent usage pour les routes.

Le sable le meilleur pour la maçonnerie est celui de mer ou de rivière. C'est un amas de petits cailloux arrondis, ou de cristaux transparens, dont souvent les angles ont disparu par le frottement. Voyez *Mortier*.

Sabot ou *lardoire*. s. m. Armature de fer dont on se sert pour la pointe d'un pilot.

Sas. s. m. Bassin de maçonnerie fermé par deux écluses et placé sur le canal, pour se rendre maître de la dépense des eaux et de la hauteur dont on voudra les élever, afin que les bateaux que l'on y fera entrer puissent passer de la partie d'amont dans celle d'aval, et réciproquement de celle-ci dans la première, par le jeu alternatif des écluses. *Voyez* Pl. xv.

La première chose qu'il faut considérer avant que de constater le dessin d'un sas, est de voir la capacité qu'il conviendra lui donner par rapport au nombre de bateaux qu'on voudra y faire passer à-la-fois ; ce qui dépendra de l'abondance des eaux dont on pourra disposer : un sas propre à recevoir deux bateaux, dépensera le double de celui qui n'en contiendra qu'un. Ainsi, quand on sera dans le cas d'économiser les eaux, il faut régler la capacité de chaque sas sur celle d'un des plus forts bateaux qui pourront naviguer sur la rivière ou le canal.

Je crois ne pouvoir mieux faire que de rapporter, d'après Bélidor, une partie des devis des sas, tel qu'il a été dressé pour ceux du canal de Picardie. La longueur totale AB de l'emplacement des deux écluses et du sas, depuis la face des premiers contre-forts, à l'entrée EF de l'écluse supérieure, jusqu'à l'extrémité IK du faux radier de la plus basse écluse, sera de 40 toises.

Le passage entre les bajoyers des portes aura 20 pieds 6 pouces de largeur.

L'entrée de l'écluse sera formée par deux pans coupés, qui auront 4 pieds d'évasement vers les digues, sur 6 pieds vers les portes.

Les contre-forts EF, qui feront face à l'entrée de l'écluse, auront 14 pieds 3 pouces de longueur, 2 pieds d'épaisseur à l'extrémité, et 4 pieds en racine.

Depuis l'angle du pan coupé entre les bajoyers jusqu'au renfoncement pour loger chaque battant des portes, il y aura 3 pieds de longueur.

Les renfoncemens auront 13 pieds de longueur, et 13 pouces de profondeur : ils régneront jusqu'à l'arrondissement des chardonnets, ou sur le centre du mouvement du pivot. Dans ce renfoncement on en pratiquera un autre de 4 pieds de largeur, et de 6 pouces de profondeur pour le logement de la vanne et de ses coulisses. Des chardonnets jusqu'au parement du mur de chute, il y aura 4 pieds de longueur, et 2 toises depuis l'à-plomb de ce mur jusqu'aux pans coupés du sas : ces pans coupés ou évasemens seront de 6 pouces, pour donner plus de jeu aux bateaux. La longueur du sas entre ces petits pans coupés sera de 20 toises, et sa largeur de 21 pieds 6 pouces; de l'extrémité du sas jusqu'aux chardonnets de l'écluse inférieure, il y aura 16 pieds de longueur, compris le renfoncement des portes; de ce point jusqu'aux pans coupés à la sortie des bajoyers, il y aura 16 pieds de longueur.

Ces pans coupés seront évasés sur une ligne de 11 pieds 7 pouces, prolongés de l'alignement du parement des bajoyers, et tournés perpendiculairement de 7 pieds 9 pouces vers les murs, qui seront faits parallèlement au canal.

Ces murs auront 6 toises de longueur jusqu'à l'extrémité du faux radier ; ils seront terminés en aile de part et d'autre vers les digues, et formeront les mêmes angles que les pans coupés : leur longueur sera de 3 toises 1 pied, pour gagner le haut du talus de la digue du canal.

Les bajoyers de l'écluse supérieure auront 8 pieds d'épaisseur, depuis le dessous de la chute, jusqu'au niveau du seuil, et 6 pieds seulement depuis le seuil jusqu'au-dessus de la tablette.

La hauteur des mêmes bajoyers sera de 7 pieds au-dessus du seuil : il sera fait un contre-fort D derrière chaque chardonnet, de 4 pieds de longueur, 5 pieds de largeur en racine, et 4 pieds en queue.

A l'extrémité des bajoyers, où commence le sas, il sera fait un autre contre-fort de 4 pieds de longueur, autant en racine, et 3 pieds au bout.

Les murs du sas auront 5 pieds d'épaisseur depuis la fondation jusqu'à la hauteur de la chute, et 4 pieds seulement jusqu'au couronnement. Cette différence sera divisée en deux retraites.

Ils seront fortifiés chacun de 7 contre-forts, espacés de 15 pieds de milieu en milieu, et semblables aux derniers ci-dessus.

Les bajoyers de l'écluse inférieure auront 8 pieds d'épaisseur jusqu'à la hauteur de la chute, et le reste sera réduit à 6 pieds : leur hauteur sera 16 pieds 8 pouces, ainsi que ceux du sas.

Chaque contre-fort des chardonnets sera comme ceux de la chute, et les autres comme ceux du sas.

Les murs des pans coupés, à la sortie de l'écluse, auront 5 pieds d'épaisseur jusqu'à la hauteur de la chute, réduite à 4 pieds au-dessus, et seront élevés à la même hauteur que ceux des bajoyers.

Les murs parallèles au canal, le long du faux radier, auront 4 pieds d'épaisseur, et se termineront en pente sur les murs en aile, qui auront 3 pieds d'épaisseur et 7 de hauteur, qui sera celle de la digue.

Après avoir fait l'excavation des terres dans l'emplacement des écluses et des sas, suivant la chute désignée, on fera la fouille de fondation 2 pieds au-dessous du fond du canal, dans la partie au-dessus de la chute, et de pareille profondeur au-dessous du fond du canal inférieur à la chute.

Cette fondation aura 6 toises 4 pieds de longueur, et 6 toises 6 pouces de largeur ; elle sera partagée en deux parties par le mur de chute, fondé 3 pieds au-dessous du fond du sas au canal inférieur.

Avant que d'établir la maçonnerie du mur de chute, on battra un file de palplanches VG attachées contre la ventrière I, pour former ladite chute ; ces palplanches auront 12 à 15 pieds de longueur, suivant la qualité du terrein plus ou moins dur.

Après avoir pris cette précaution pour soutenir les terres, on remplira la fondation supérieure de 15 pouces de hauteur de maçonnerie de moellon, posés en bain de mortier de chaux et sable. Sur cette maçonnerie on posera une grille de charpente, dont les traversines IC auront 9 et 10 pouces de grosseur; elles seront espacées de 3 pieds de milieu en milieu, et leur longueur sera de 25 pieds, afin qu'elles puissent entrer au moins 2 pieds sous les murs ; c'est pourquoi à l'évasement, elles auront 26 pieds de longueur réduite.

On remplira de pareille maçonnerie la fondation du mur de chute, qui aura 8 pieds d'épaisseur : celle de la partie basse sera de même remplie de maçonnerie à la hauteur de 15 pouces, sur laquelle on établira un grillage semblable au précédent.

Toutes ces traversines seront entaillées de deux pouces à l'endroit du nu du mur, pour recevoir une semelle H d'un pied de largeur, et de 6 pouces d'épaisseur, aussi entaillée de 2 pouces, laquelle fera la même figure a,b,c,d,e,t,g,h que le parement de la maçonnerie : elle s'élevera de 2 pouces au-dessus des traversines, pour arraser le premier plancher.

Lorsque la grille aura été établie de cette façon, l'intervalle entre les traversines sera rempli de maçonnerie de moellon plat ou de briques posées de champ, et arrasées par une couche de mortier de chaux et de ciment d'un pouce d'épaisseur, sur laquelle on établira le premier plancher de 2 pouces, qui sera recouvert d'un second de pareille épaisseur. On élevera ensuite le mur de chute, dont le parement sera de pierre de taille, dans lequel on placera trois racinaux O de 9 à 10 pouces de grosseur, et de 25 pieds de longueur : le premier sera placé au bas du mur à rase du plancher ; le second dans le milieu, et le troisième au sommet. On clouera sur ces racinaux un double bordage Z d'un pouce et deux d'épaisseur, qui couvrira le parement de pierre ; ce mur de chute sera monté à-plomb, à 15 pouces au-dessous du plancher supérieur. Comme la chute des eaux sera violente, on fera un double radier au pied du mur de chute, dont les traversines D auront 6 pouces d'épaisseur, un pied de largeur, et 20 pieds 6 pouces de longueur. Ces traversines seront attachées sur les premières CI avec de fortes chevilles de fer ébarbées, enfoncées à tête perdue : l'intervalle sera rempli de maçonnerie de briques posées en bain de mortier de chaux et ciment, dosé par moitié, et recouvert d'un double plancher F de 2 pouces d'épaisseur. Ce radier aura 15 pieds de longueur. Au-devant du radier de l'écluse supérieure, on établira une risberme SR posée sur une maçonnerie de 4 pieds de largeur, fondée 3 pieds au-dessous du fond du canal ; son double plancher sera attaché sur deux traversines de 9 à 10 pouces de grosseur, et de 6 toises de longueur : il y aura un pied de pente du côté du canal.

Le devant de la risberme sera bordé d'une file de palplanches SG de 6 pieds de longueur, de même que le radier contre lequel elle sera adossée : on en battra deux autres files au-dessous, l'une au pied du parement du mur de chute, et la dernière à l'extrémité du radier.

Sur le derrière de chaque traversine du premier radier sous la chute, on enfoncera six palplanches à distance égale pour la solidité de l'ouvrage, et trois seulement pour retenir les autres traversines appartenant au plancher du sas.

Lorsque les traversines auront été arrasées par la maçonnerie, on posera sur le mur de chute l'assemblage du busc de l'écluse supérieure; il sera composé d'un seuil L, de deux arbalétriers N ou V, et du poinçon M, assemblés par embrevement et renfort. Ce busc excédera le plancher de 8 pouces, pour servir de batté à la porte.

Le seuil aura 25 pieds de longueur, et 20 pouces de grosseur, et sera taillé à vive arête.

A 10 pieds 8 pouces 6 lignes du milieu de sa face supérieure, seront les centres des pivots des portes, dont les crapaudines seront encastrées dans les enfoncemens taillés dans le même seuil, sur 8 pouces de hauteur, et sur un diamètre de 11 pouces; le poinçon assemblé dans le milieu du seuil, saillira hors de l'alignement du centre des pivots, de 4 pieds 8 pouces, et formera avec les deux arbalétriers un angle obtus; ces pièces auront la même grosseur que le seuil.

Il sera fait des rainures de 4 pouces de largeur,

et 3 pouces de profondeur à 8 pouces au-dessous de la face supérieure du poinçon et des arbalétriers, pour recevoir les bouts du double plancher du radier. Derrière le seuil, sur le reste de l'épaisseur du mur de chute, on posera un double plancher de 2 pouces d'épaisseur, cloué sur les racinaux, l'un posé au sommet du mur, et l'autre le long du seuil, en sorte que ce plancher saille de 8 pouces au-delà de la surface du mur de chute, pour que son talus, qui doit être d'un pied, rejette les eaux au loin. Les murs de bajoyer seront élevés à-plomb en parement de pierre de taille, posée en mortier de chaux et ciment jusqu'au couronnement. Le corps de la maçonnerie, derrière les paremens, sera de bonne brique, posée en liaison, avec mortier de ciment, non pas en moellon, comme on a fait au canal de Picardie, où les eaux transpirent, quand le sas est plein, à travers les bajoyers, malgré les courois de glaise qu'on leur a adossés.

Le sommet de tous ces murs sera terminé par une tablette d'un pied de hauteur et un pouce de saillie ; et sur le reste de l'épaisseur de la maçonnerie, il sera posé un pavé au mortier de chaux et ciment, allant en pente du côté de la digue, pour l'écoulement des eaux.

Tous les contre-forts seront fondés aussi bas que les murs de l'écluse, avec lesquels ils seront parfaitement liés.

Les paremens de pierres de taille sur le mur de chute seront liés les uns aux autres par des agraffes de fer scellées en plomb; les chardonnets seront cramponnés de même, ainsi que les angles des enfoncemens, des évasemens et la tablette.

Les murs du sas seront fondés deux pieds au-dessous du fond du canal, comme ceux des écluses; la fondation régnera dans toute la longueur et largeur du sas, dans l'étendue de laquelle on posera des traversines de 25 pieds de largeur, et de 9 à 10 pouces de grosseur, chacune retenue par trois palplanches. Ces traversines seront espacées de 4 pieds de milieu en milieu, avec semelles pour recevoir la première assise de pierre de taille.

Cette fondation sera remplie de maçonnerie à fleur des traversines, sur lesquelles on attachera un plancher simple de 2 pouces d'épaisseur, et bien joint.

Les murs seront élevés à-plomb, en parement de pierre de taille, à la hauteur de 5 pieds; ils seront continués en moellons piqués jusqu'à la tablette.

On placera des chaînes de pierres de taille de 12 en 12 pieds, composées de pameaux et boutisses, alternativement, posées bien à-plomb, et faisant une liaison régulière dans leur face; les boutisses auront deux pieds et demi, et les pameresses 1 pied 6 pouces de longueur de parement; chaque assise sera de même hauteur, afin que le parement de moellon piqué puisse se raccorder sans crochet avec les chaînes. Le derrière de ces murs sera garni de maçonnerie de brique en mortier de ciment, comme aux bajoyers de l'écluse précédente, pour le même motif qui subsiste ici encore davantage, vu la poussée que l'eau tire de la hauteur que lui donne la chute pour pénétrer cette maçonnerie.

La construction de l'écluse inférieure sera de même que celle d'en haut, à la réserve qu'il n'y aura pas de mur de chute, et que la différence du niveau du plancher devant le seuil à celui de derrière, sera de huit pouces, à cause de la battée des portes.

A la sortie des bajoyers de cette écluse, il sera fait une prolongation de radier de 6 toises, dont les traversines auront 6 toises 4 pieds de longueur, et 9 à 10 pouces de grosseur, espacées comme celles du sas, et assurées par des palplanches, chacune de 6 pieds de longueur; le vide sera rempli d'un bon couroi de glaise. On attachera sur ces traversines un plancher simple de 2 pouces d'épaisseur, pour empêcher les eaux, qui sortiront du sas avec violence, de faire des affouillemens.

Les murs qui régneront le long de ce faux radier seront fondés comme les autres, et élevés en parement de pierre de taille jusqu'à la tablette, et le dessus pavé de petits cailloux en mortier de chaux et ciment.

Les portes de l'écluse supérieure auront 6 pieds de hauteur, et celles de l'écluse inférieure en auront 15, pour soutenir les eaux du canal au-dessus de la chute. *Voyez* article *Porte*.

Sécante. s. f. D'un arc ou de l'angle que cet arc mesure, est le rayon qui, passant à l'une des extrémités de l'arc, va, étant prolongé, remonter la tangente.

Segment. s. m. D'un cercle; c'est la partie du cercle comprise entre un arc et sa corde, ou bien, c'est une partie d'un cercle comprise entre une ligne droite, plus petite que le diamètre, et une partie de la circonférence.

Segment d'une sphère, est une partie d'une sphère terminée par une portion de la surface, et un plan qui la coupe par un endroit quelconque hors du cercle. Voyez *Sphère*.

Il est évident que la base d'un segment de sphère est toujours un cercle, dont le centre est dans l'axe de la sphère.

Pour trouver la solidité d'un segment de sphère, retranchez la hauteur du segment du rayon de la sphère, et par cette différence, multipliez l'aire de la base du segment; ôtez ce produit de celui qui viendra, en multipliant le demi-arc de la sphère par la surface convexe du segment; divisez alors le reste par trois, et le quotient sera la solidité cherchée.

Semelle d'étaie. s. f. Pièce de bois couchée à plat sous le pied d'une étaie, d'un chevalement ou d'un pointal, pour servir à assurer le pied d'un échafaudage.

Seuil. s. m. est la pierre ou la pièce de bois qu'on met au bas de la baie d'une porte, entre ses tableaux, sans excéder le nu du mur, et qui quelquefois a une feuillure, pour servir de battement à la porte mobile.

— *d'écluse*, est une pièce de bois posée au fond de l'eau en travers d'une écluse ou d'un pertuis, entre les bajoyers, pour appuyer par le bas les portes ou les aiguilles.

Singe. s. m. Machine composée d'un treuil, qui tourne par des manivelles autour de deux solives en forme de croix de Saint-André, et qui sert à enlever de gros fardeaux.

Sinus. s. m. d'un arc, est une ligne tirée de l'extrémité de cet arc perpendiculairement sur le rayon ou le diamètre, qui passe par l'autre extrémité du même arc. Cette ligne est aussi le sinus de l'angle mesuré par l'arc. Ainsi, la perpendiculaire AP (Pl. LVI, fig. 12), abaissée de l'extrémité de l'arc AB, sur le rayon BC, qui passe par l'autre extrémité B de cet arc, s'appelle *le sinus de l'arc* AB, ou *de l'angle* ACB.

La partie BP du rayon, comprise entre le sinus et l'extrémité de l'arc, s'appelle *sinus verse*.

La partie BD de la perpendiculaire à l'extrémité du rayon, interceptée entre ce rayon BC et le rayon CA prolongé, s'appelle la *tangente de l'arc* AB ou *de l'angle* ACB.

La ligne CD, qui n'est autre chose que le rayon CA, prolongé jusqu'à la tangente, s'appelle *sécante de l'arc* AB ou *de l'angle* ACB.

Les sinus des complémens sont appelés *co-sinus;* pour avoir en nombre la valeur des sinus, on prend le rayon pour l'unité, et on détermine la valeur des sinus, des tangentes, des sécantes, et parties du rayon.

Dans les tables des sinus, on conçoit le rayon comme divisé en 10,000,000 parties; on ne va jamais plus loin pour déterminer la quantité de ces sinus et de ces tangentes. Ainsi, comme le côté d'un hexagone soutient la sixième partie d'un cercle, et est égal au rayon, de même aussi le sinus de 30 degrés est 500,000.

Puisque le rayon de tout cercle est divisé dans le même nombre de parties égales, il faut que les parties d'un petit rayon soient moindres que les parties d'un grand : c'est pourquoi les tables des sinus, dans lesquelles on trouve combien chaque sinus contient de parties, à proportion du rayon, ne fait pas connaître la grandeur absolue de ces sinus; mais seulement leur grandeur relative ; c'est-à-dire, le rapport qu'ils ont entr'eux : par exemple, quoique l'on trouve que le sinus d'un angle de 30 degrés soit de 500,000 parties, en supposant le rayon divisé en 10,000,000 parties, on ne sait pas pour cela quelle est la grandeur réelle de ce sinus ; on connaît par exemple que le sinus de 30 degrés est la moitié du sinus de l'angle droit, puisque le premier est de 5oo,ooo et l'autre de 10,000,000. Il en est des sinus comme des arcs ; on ne connaît pas la grandeur absolue des arcs, quoique l'on connaisse le nombre des degrés qu'ils contiennent ; ainsi quoique l'on sache qu'un arc est de 20 degrés, on ne sait pas pour cela combien il a de pouces ou de pieds, à moins qu'on ne connaisse d'ailleurs la grandeur absolue de la circonférence.

Mais quoiqu'on ne connaisse pas la grandeur absolue des sinus, cela n'empêche pas qu'on ne puisse trouver la grandeur absolue des côtés d'un triangle dont on connaît un côté et les angles : car si dans un triangle on connaît deux angles et un côté, on trouvera les sinus des angles par les tables. Or, les sinus sont proportionnels aux côtés opposés aux angles ; par conséquent, si le sinus de l'angle opposé au côté connu, est le double de l'autre sinus, le côté connu sera aussi le double du côté cherché ; ainsi si le côté connu est de 5o toises, le côté qu'on cherche sera de 25 toises. Il faut dire la même chose des tangentes et des sécantes. Ces réflexions suffisent pour faire connaître l'usage des sinus. On ne se sert plus guère des sinus des tangentes et des sécantes, pour les calculs de la trigonométrie. On a substitué à la place les logarithmes des nombres, qui expriment les parties de ces lignes. Voyez *Logarithme*.

Solide. s. m. En tout corps qui a trois dimensions, longueur, largeur et profondeur; c'est dans la maçonnerie un massif qui est plein.

Comme tous les corps ont les trois dimensions, solide et corps sont comme synonymes.

Un solide est terminé par plusieurs plans ou surfaces.

Les solides réguliers sont ceux qui sont terminés par des surfaces régulières et égales. Tels sont le tétahèdre, l'hexaèdre ou cube, l'octahèdre, le dodécahèdre et l'isocahèdre.

Les solides irréguliers sont ceux dont les surfaces sont irrégulières et inégales. Tels sont le cylindre, le cône, le prisme, la pyramide, le parallelépipède, etc.

On appelle *cubature* d'un solide *la mesure de l'espace qui est renfermée par ce solide.*

Tout cube et tout parallelépipède se mesure en multipliant la superficie de sa base par sa hauteur.

Si le parallelépipède dont on veut avoir la cubature est oblique, il faudra multiplier sa base par sa hauteur à-plomb; car la hauteur d'une figure est toujours la perpendiculaire tirée de son sommet à sa base prolongée, s'il est nécessaire.

Si le parallelépipède est creux, il faut soustraire le vide de sa cubature.

La solidité de quel prisme que ce soit, se trouve en multipliant le plan qui lui sert de base par sa hauteur.

Le solide d'une pyramide se trouve en multipliant la superficie de sa base par le tiers de sa hauteur, ou le tiers de sa base par la hauteur entière, parce que ce corps est toujours le tiers d'un prisme qui aurait même base et même hauteur.

Si la pyramide est tronquée, on ajoute la quantité des superficies haute et basse ; on prend la moitié de leur produit, qu'on multiplie par toute la hauteur.

Le tétrahèdre se mesure comme la pyramide, puisqu'il n'est autre chose qu'une pyramide régulière.

L'exahèdre se mesure comme le cube.

L'octahèdre doit être considéré comme deux pyramides dont la base est carrée ; de sorte que multipliant ce carré par le tiers de la ligne qui va d'une pointe à son opposé, on aura sa solidité.

Le dodécahèdre se mesure en multipliant sa superficie extérieure par le tiers de la ligne, qui tombe du centre de ce solide à-plomb sur l'une de ces places.

L'icosaèdre se mesure en multipliant sa superficie extérieure par la sixième partie de la hauteur de ce corps régulier, ou, ce qui est la même chose, par le tiers de la ligne tombant du centre de l'icosaèdre à-plomb sur la base.

La solidité d'un cylindre, ou colonne ronde ou ovale d'égale grosseur, se trouve en multipliant sa base circulaire par sa hauteur.

Si le cylindre était creux, il faudrait retrancher la quantité du vide du solide total.

La solidité d'un cône étant égale au tiers d'un cylindre, qui aurait même base et même hauteur, il s'ensuit que, pour avoir le contenu d'un cône, on doit multiplier la base circulaire par le tiers de sa hauteur.

Si le cône est tronqué, ou recoupé par un plan parallèle à sa base, on ajoute le produit des surfaces hautes et basses; on prend la moitié de leur produit, qu'on multiplie par toute la hauteur.

Si les cylindres ou cônes étaient renflés dans leur milieu, on les considère comme deux cônes tronqués, et on opère en conséquence.

Sommier. s. m. C'est la première pièce d'une plate-bande, laquelle porte à plein au sommet du pied-droit, où elle forme le premier lit en joint, et l'appui de la butée de clavaux pour les tenir suspendus sur le vide de la baie, d'où ils ne peuvent s'échapper qu'en écartant les sommiers ou coussinets. La coupe, ou inclinaison de leur lit en joint sur l'horizon, est ordinairement de 60 degrés, parce qu'on a coutume de la tirer du sommet d'un triangle équilatéral.

Sphère. s. f. Est un corps solide contenu sous une seule surface, et qui a dans le milieu un point qu'on appelle *centre,* d'où toutes les lignes tirées à la surface sont égales.

Une sphère est égale à une pyramide dont la base est égale à la surface de la sphère, et la hauteur au rayon de la sphère.

Une sphère est à un cylindre circonscrit autour d'elle, comme 2 est à 3.

Le cube du diamètre d'une sphère est un solide que contient la sphère à-peu-près comme 300 à 157. On peut donc par là mesurer à-peu-près la solidité d'une sphère.

La surface d'une sphère est quadruple de l'aire d'un cercle décrit avec le rayon de la sphère.

Le diamètre d'une sphère étant donné, trouver sa surface et sa solidité, 1° il faut trouver la circonférence du cercle décrit par le rayon de la sphère. Multiplier ensuite cette circonférence par le diamètre, le produit sera la surface de la sphère; multiplier la surface par la sixième partie du diamètre, le produit sera la solidité de la sphère.

Surbaissé. adj. Se dit de tout arc, arche ou voûte, qui a moins de hauteur que la moitié de sa largeur.

Tablette. s. f. C'est l'amortissement en pierre de taille d'un garde-fol de pont, disposé de plat et non arrondi, ni à deux pentes au-dessus, qu'on nommerait pour lors *bahu*.

Tailleur de pierre. s. m. Est celui qui taille, qui façonne les pierres, après qu'elles ont été tracées par l'appareilleur, suivant les mesures et proportions de la place à laquelle elles sont destinées.

Témoin. s. m. C'est, dans les déblais des terres, les parties du terrein qu'on laisse exprès de distance en distance, pour connaître quelles étaient ses différentes hauteurs, lorsqu'on en veut faire le toisé.

Tangente. s. f. C'est une ligne droite qui touche un cercle; de manière qu'étant prolongée de part et d'autre, elle ne se coupera jamais. Tangente de l'arc, ou de l'arc que cet arc mesure, est la ligne droite élevée perpendiculairement au bout du diamètre, lequel passe à l'une de ses extrémités de cet arc, et prolongée jusqu'à ce qu'elle rencontre le rayon du centre, qui, passant par l'autre extrémité du même arc, est aussi prolongé.

Terre franche. s. f. Est celle qui est grasse sans gravier, et dont on fait dans quelques endroits du mortier et de la bauge.

— *Massive*. Est celle qui est solide sans vide, et qu'on réduit au mètre cube pour estimer le travail et le prix de la fouille.

THE

Terre naturelle. Est celle qui n'a point encore été éventée ni fouillée.

— *Rapportée.* Est celle qui a été transportée d'un lieu à un autre.

—*Jectice.* Est celle qui a été fouillée et remuée.

Il est essentiel d'avoir égard à la tenacité plus ou moindre de ces terres pour fixer le prix de la fouille.

Testu. s. m. Outil de maçon qui sert à démolir; c'est un gros marteau dont la tête est carrée, et l'autre extrémité pointue.

Théorie des fleuves. s. f. De toutes les connaissances nécessaires à un ingénieur, il n'en est peut-être pas de plus importante que la théorie du cours des eaux. Le gouvernement consacre à cette partie de l'administration beaucoup de soins et de dépenses, comme à une des principales causes de la navigation et du commerce. C'est en étudiant le cours des eaux dans le lit des torrens et des fleuves, qu'on apprend à les dompter et à les retenir dans de justes bornes pour le plus grand avantage de l'agriculture.

Tout ce qui a été écrit jusqu'à ce jour sur cette matière, ne nous donne rien de bien positif. Comment déterminer par des raisonnemens des effets qui varient à l'infini? comment calculer par des formules algébriques ce qui ne peut être assujetti à aucun calcul? Le volume des eaux, leur rapidité, la nature des terreins de leur cours, qui change pour ainsi dire à chaque instant, empêcheront toujours que la théorie des fleuves ne devienne une science positive. Il ne peut donc être donné que des idées générales, fruit de l'étude d'hommes instruits qui ont passé une grande partie de leur vie à observer le cours des eaux pour les assujettir à nos lois, à nos besoins, à nos caprices mêmes.

Mon intention n'est pas de donner ici une théorie complète, mais un simple aperçu. Je m'étendrai davantage dans un ouvrage sur la navigation intérieure, où je rassemblerai toutes les connaissances relatives à la théorie des fleuves.

Presque toutes les eaux qui forment les fleuves et les rivières viennent des montagnes, et par conséquent acquièrent d'abord une vitesse accélérée à raison des diverses hauteurs d'où elles se précipitent. Mais une fois parvenues dans la plaine, leur cours est plus réglé, et leur vitesse dépend alors de la résistance que présente le fond, et des sinuosités des bords, qui sont autant de causes propres à détruire la plus grande partie de la vitesse acquise, causes qu'un ingénieur ne saurait trop étudier; il doit aussi connaître approximativement la quantité d'eau qui alimente un fleuve, quantité qui est presque toujours en proportion avec la superficie du terrein que ce fleuve parcourt.

C'est une erreur de croire que les fleuves n'ont

de vitesse qu'à cause de la pente de leur lit, puisque l'énergie de l'eau suffit pour lui en donner, pourvu que vers son origine la surface de l'eau soit régulièrement plus élevée que celle du lieu où elle déterminera son cours; alors plus le volume qui doit couler sur le même lit horizontal sera considérable, et plus sa vitesse sera grande.

L'expérience nous apprend que les fleuves approfondissent et élargissent leur lit à proportion de la force que l'eau a pour les corroder; c'est-à-dire que si son action est supérieure à la résistance du terrain, elle en détachera des parties qu'elle entraînera avec d'autant plus de véhémence, qu'elle aura plus de hauteur; que si au contraire la ténacité se trouve supérieure à la force de l'eau, elle coulera simplement sur son lit sans y faire de progrès marqués. On peut donc conclure que, quand les fleuves se sont formés, ils ont creusé leur lit en profondeur et largeur aussi long-temps qu'ils ont trouvé un fond sur lequel leur force a pu s'exercer; mais que la ténacité devenue plus grande, tandis que la hauteur de l'eau a diminué en s'étendant en largeur, il est survenu une sorte d'équilibre entre les forces agissantes et les résistantes, qui a déterminé la largeur et la profondeur de leur lit, en suivant les seules lois de la nature.

En général, dans tous les courans possibles, on doit distinguer, dit M. Fabre, dans sa *Théorie des Fleuves*, leur force et la résistance qui la contrarie. La force du courant est le produit de la masse par sa vitesse réduite, et cette vitesse est toujours plus ou moins grande suivant la pente. Cette même force exerce son action sur le fond et sur les bords, soit tout à-la-fois, soit séparément. La résistance du fond peut résulter, 1° de la grossièreté et de la pesanteur spécifique des matériaux qui le composent; 2° de la petitesse de la pente, qui, suivant les circonstances, peut s'anéantir et même se changer en contre-pente; 3° du degré de tenacité des matières qui composent ce fond. Celle des bords dépend, 1° de leur direction relativement à celle du courant; 2° de la grosseur et du poids des matériaux qui les composent; 3° enfin du degré de tenacité et d'adhésion à ces mêmes matériaux. Si la force du courant est inférieure ou égale à la résistance, tout rentrera dans le même état; mais si elle est plus grande, il y aura du changement dans le fond et dans les bords, le plus fort devant l'emporter sur le plus faible par la destruction de l'équilibre; et dans ce cas, le courant ne cessera d'agir que lorsque sa force sera devenue moindre par la résistance.

Outre ce principe fondamental, il y en a encore trois qui, ainsi que le précédent, servent de base à la théorie des fleuves.

1° **Un courant quelconque tend toujours à sui-**

vre la ligne droite, selon la direction de son mouvement;

Un courant tend toujours à s'établir à l'endroit le plus bas, ou dans celui où il y a le plus de pente;

3° Si un courant trouve divers obstacles sur son passage, il établira son cours où il trouvera le moins de résistance.

Il faut considérer trois causes principales qui concourent à établir le lit des fleuves; la première, la qualité des matières dont le fond et les rives sont composées; car il est évident que les terres sablonneuses céderont plus facilement à la force de l'eau, que celle de craie, et celles-ci plus que la pierre ou le tuf; la seconde vient de la situation du lit, car plus il y aura de pente, plus le même volume d'eau aura de force pour le creuser; la troisième, qui est la principale, vient de la profondeur de l'eau, puisque plus elle sera grande, plus elle aura de quantité de mouvement pour corroder le fond.

Il est à remarquer que, dans un fleuve uniformément dirigé, dont le fond est homogène, mais susceptible d'être entamé, l'eau doit creuser davantage dans le milieu que vers les rives, sur-tout si ce fleuve n'a que peu de largeur; le frottement contre les mêmes rives retarde la vîtesse de l'eau qui les touche immédiatement, et celle-ci les autres parties contiguës, ainsi de suite, toujours de moins en moins jusque vers le milieu de la rivière, où est ordinairement ce qu'on appelle *le fil de l'eau*, qui se distingue du reste par un cours plus rapide. On voit que cela ne peut arriver sans que cette même rapidité ne produise sur le fond un effet plus marqué dans son milieu que sur les côtés.

Les fleuves qui coulent sur un fond composé de gravier, conservent rarement la même direction, parce que, poussant irrégulièrement devant eux le gravier, il s'amasse souvent en si grande quantité à certains endroits, qu'après avoir formé des bancs, ceux-ci forcent le courant à se détourner de son chemin ordinaire ; venant ensuite à rencontrer un terrein d'une faible résistance, il se creuse un nouveau lit, le plus souvent composé de plusieurs bras, qui donnent lieu à la naissance des îles occasionnées par les attérissemens, qui sont cause des sinuosités que le fleuve forme par la suite.

Bélidor, dans son *Hydraulique*, indique toutes les causes qui peuvent changer successivement le lit des fleuves ; je ne les rapporte point ici, parce que ces causes varient à l'infini. Il suffit que l'ingénieur chargé de la surveillance des travaux relatifs à la navigation d'un fleuve, réfléchisse bien sur ces travaux avant de les ordonner : il ne peut trop étudier les plus petites causes des variations qui arrivent au cours des eaux, parce que les plus petites causes déterminent souvent de grands effets. *Voyez* les articles *Eau*, *Epi*.

Toise. s. f. Mesure dont on se servait en France pour le mesurage des travaux ; on y a substitué le mètre.

On dit maintenant *mètre courant*, *mètre carré*, *mètre cube*.

Toisé. s. m. C'est l'art de calculer les dimensions des ouvrages, c'est-à-dire leurs dimensions et leurs solidités. Je renvoie, pour ce toisé, aux articles où l'on donne la manière de mesurer la surface et la solidité des corps, à l'article *Bois*, pour le mesurage des bois.

Pour mesurer ce que contient d'eau un bassin, une pièce d'eau, un réservoir ;

Il faut d'abord considérer quelles sont les figures de leur superficie ; si elles sont rectangulaires, on multipliera la longueur par la largeur, etc. ; si elles sont circulaires, on la mesurera suivant le rapport de 14 à 11, en carrant son diamètre ; et par une règle de trois, on trouvera la superficie, et l'on multipliera ensuite sa superficie par sa hauteur, ce qui donnera le cube total de votre réservoir.

Pour savoir combien de muids d'eau contient un réservoir, on dira : Si une toise cube donne vingt-sept muids d'eau, ce que l'expérience a fait connaître, combien donnera le cube total du réservoir ? il ne s'agira que de multiplier ce cube total par 27.

Le toisé des terres qu'on transporte d'un lieu

à un autre, ou, pour mieux dire, de l'espace que ces terres occupaient avant d'être transportées, se fait en multipliant la base de l'atelier par une hauteur moyenne à toutes les différentes hauteurs : le produit de cette multiplication sera la solidité.

Je suppose que cette base soit de 352 toises 3 pieds, j'ajoute en une seule quantité toutes les hauteurs particulières que j'ai eu soin de marquer sur le profil des terres recoupées, de même que les hauteurs de tous les témoins ou petites pyramides qui sont laissés de distance en distance dans l'atelier, et on divise le produit de toute leur addition, que je suppose être de 47 pieds 8 pouces, par la quantité des hauteurs prises au profil et aux témoins, c'est-à-dire, par 13, le quotient 3 pieds 8 pouces, sera la hauteur commune de tout l'atelier, avec laquelle multipliant les 352 toises 3 pieds, superficie de la base, on aura un produit de 215 toises 2 pieds 6 pouces pour la masse des terres enlevées.

Comme les espaces dont on enlève les terres sont rarement unis par-dessus, et qu'au contraire il y a souvent des inégalités, cela fait que plus on prend de hauteurs particulières, et plus la pratique est juste.

Pour le toisé des voûtes, on n'a pas besoin de distinguer les voûtes à plein cintre de celles qui sont surbaissées.

Les voûtes à plein cintre ont pour arc un demi-cercle, c'est-à-dire, que la flèche est égale à la moitié de la corde; et les voûtes surbaissées sont celles dont la flèche est moins longue que la moitié de la corde; mais pour toiser l'une ou l'autre, on multiplie la valeur de son arc par la longueur de la voûte, c'est-à-dire, par la distance qu'il y a depuis l'entrée jusqu'au fond, prise du milieu en milieu, au produit de quoi on ajoute le tiers de la multiplication pour les reins de la voûte, ce qui suppose que la voûte se mesure à la toise carrée.

Lorsqu'on la veut mesurer à la toise cube, on les toise comme pleines, du quel produit on ôte le vide.

Tourillon. s. m. C'est une grosse cheville de fer qui sert d'essieu à toute chose qui tourne.

Transport. s. m. Déplacement de matériaux d'un lieu à un autre.

C'est un objet important de fixer dans les devis le prix du transport des matériaux, pour que le gouvernement ne soit pas trompé, et que les entrepreneurs ne soient pas lésés.

Il faut, pour fixer le prix des transports, avoir égard à trois choses : aux prix locaux des denrées qui déterminent le prix de la main-d'œuvre, aux longueurs des distances, et aux pentes ou rampes qui se trouvent dans la distance à parcourir. Il faut bien encore avoir égard au poids des matériaux dont on fait le transport. Je donne ici une table qui m'a presque toujours servi pour fixer mes prix; mais avant, je vais exposer les principes sur lesquels je l'ai déterminée.

Un fort cheval peut, en travaillant constamment, faire en plaine dix voyages, à 2000 mètres ou toises, ce qui fait 40,000 mètres 10,000 toises, et autant pour le retour, donne 40,000 mètres ou 20,000 toises, ou dix lieues par jour.

Un tombereau conduit par un seul cheval ne peut porter que six à sept pieds cubes; il faut donc quatre voyages pour porter un mètre cube.

Maintenant si je veux fixer le prix de transport de pierres ou cailloux, à 2000 mètres, je dois m'informer du prix local des ouvriers et des denrées, et j'évalue à 4 fr. 50 cent. par jour le prix du louage de l'homme, du cheval et du tombereau. C'est à-peu-près le prix moyen en France.

Table des prix de transport, basés sur les principes ci-dessus, depuis 200 jusqu'à 2000 mètres, de 100 en 100 mètres, le prix de la journée à 4 fr. 50 cent. (1).

DISTANCES.	PRIX.	
Mètres.	francs.	cent.
200	»	28
300	»	42
400	»	57
500	»	71
600	»	85
700	1	00
800	1	14
900	1	28
1000	1	42
2000	1	84
4000	3	50

Il faut considérer maintenant les talus des rampes, car on sent bien qu'un cheval ne peut pas parcourir une aussi grande distance, toute chose égale d'ailleurs, sur un chemin qui lui présente une montée rapide, que dans la plaine.

(1) Il ne s'agit que de prendre des nombres proportionnels pour les quantités intermédiaires.

Selon M. de Saint-Sauveur, un cheval peut tirer 500 pesans sur un chemin roulant, et par mon calcul forcé, je lui en fais tirer plus de 900 ; car le mètre cube de pierre dure, pèse ordinairement de 3 à 4000 : s'il porte un mètre en trois voyages, chaque tombereau sera donc chargé de 1000 à 1200.

D'après non seulement la théorie des plans inclinés, mais les expériences faites par MM. Saint-Sauveur, Gauthier, etc., si l'inclinaison du plan de la chaussée que doit parcourir la voiture est de 10 degrés, il faut deux chevaux ou décharger la voiture de moitié; si l'inclinaison est de 20 deg., il faut trois chevaux, et toujours la même proportion, et cela revient à ce principe physique, que la puissance doit être au poids comme le sinus de l'angle que forme le plan incliné avec l'horizon, est au cosinus de l'angle, qui est formé par la puissance qui tire, et par le plan incliné.

Il faut donc ajouter au prix des transports de la table ci-dessus, et les augmenter à raison du plus ou moins d'inclinaison de la rampe et de sa longueur. On sent bien que toute cette pratique n'a pas besoin d'une exactitude géométrique, ce sont des données générales d'après lesquelles l'ingénieur peut baser les prix de ses devis.

Un cheval ne peut pas travailler constamment; les chemins sont plus ou moins rouagés et difficiles, les journées plus ou moins longues, selon les saisons où les travaux sont exécutés, etc.

Trapèse. s. m. C'est une figure plane, terminée par quatre lignes droites inégales.

Trapézoïde. s. m. Est une figure irrégulière, ayant quatre côtés, qui ne sont pas parallèles entr'eux. Le trapézoïde diffère du trapèse, en ce que ce dernier peut avoir deux côtés parallèles, au lieu que le trapézoïde n'en a point.

Travée de pont. s. m. C'est une partie du plancher d'un pont de bois contenue entre deux fils de pieux, et faite de poutrelles, soulagée quelquefois par des liens et contre-fiches, dont les entravons sont recouverts de grosses dosses ou madriers, pour porter le couchis. Voyez Pont.

Travons, sommiers. s. m. Ce sont, dans un pont de bois, les maîtresses pièces qui en traversent la largeur autant pour porter les travées des poutrelles, que pour servir de chapeau aux files de pieux qui forment la palée.

Treuil. s. m. Tour, vindas, c'est la machine dont on se sert communément pour tirer l'eau des puits; elle sert aussi à sortir les pierres des carrières, *voyez* Pl. LVI, fig. 14. Il y en a certains où on adopte un tambour, dans lequel on fait marcher des hommes, qui, par leur pesanteur, font lever le fardeau qui est suspendu à l'essieu. Voici de quelle manière on pourra concevoir leurs forces de mouvement. Selon Mussembroeck, que AFB soit un tambour concave, de manière qu'on puisse faire marcher un homme dedans (c'est la même chose si l'on emploie pour cet effet des animaux), qui fasse effort pour l'avancer vers H, K, S, B. Lorsqu'il sera arrivé en H, la ligne de sa pesanteur sera en HO, et il agira par conséquent comme s'il était suspendu au point O, dont la distance au centre du mouvement est CO; c'est pourquoi il faut que, pour faire équilibre avec P, les forces de mouvement de l'homme soient égales à celle du poids P : que l'on nomme la pesanteur de l'homme H, les forces de mouvement égales seront $H \times CO = P \times DC$; et ceci étant mis en proportion, on aura H, à P :: DC, CO. Si l'homme s'avance davantage jusqu'en K, il agira par sa pesanteur dans la direction de la pesanteur KE, et de cette manière il sera suspendu comme au point E, étant plus éloigné qu'auparavant du centre du mouvement C, c'est pourquoi il pourra alors par sa pesanteur lever un plus grand poids P. S'il avance encore davantage jusqu'en S, il agira dans la direction de la pesanteur QS, et il sera pour cette raison comme suspendu au point Q, qui est encore plus éloigné de C, c'est pourquoi il pourra par sa pesanteur lever un fardeau encore plus pesant P qu'auparavant. S'il peut maintenant s'avancer davantage comme jusqu'en B, il se trouvera à la distance la plus éloignée de C, où il puisse parvenir, et il lèvera alors le fardeau le plus pesant qu'il lui est possible de lever.

On a en divers endroits des roues, sur lesquelles les hommes peuvent marcher en dehors. On fiche des anspects ou barres dans la roue, afin que les hommes puissent la tourner plus facilement. On fiche ces barres de deux manières : la première de ces manières est qu'elles soient comme des rayons allongés de la roue. Lorsque les ouvriers agissent à l'aide de ces barres, c'est comme si la roue en était d'autant plus grande; de sorte que son demi-diamètre est la distance au centre du mouvement, jusqu'à l'endroit sur lequel ils appliquent la main. Il se trouve en Hollande plusieurs grues qui sont faites de cette manière, mais on fiche aussi ces barres de travers dans la roue ; de sorte qu'elles sont posées perpendiculairement sur le plan de la roue, aussi près du bord extérieur qu'il est possible, afin que l'ouvrier tenant ferme une barre avec ses deux mains puisse y être comme suspendu, et faire tourner ainsi la roue par la pesanteur de son corps. Souvent on se contente de ficher dans le cylindre des bancs pour le tourner : la roue ne fait que ce que font les bancs ; mais on conçoit qu'il y en a une infinité dans une roue.

On se sert utilement de ces machines pour élever les vannes des écluses, lorsqu'elles ont à vaincre une grande résistance ; dans l'exemple que j'en vais citer, la résistance qu'oppose la vanne est diminuée du quart par l'usage des poulies mouflées qui y sont adaptées.

Il y a dans l'intérieur du fort Nieulet de Calais, une écluse à plusieurs voies, chacune fermée par sa vanne particulière. (Pl. xxxv, fig. 1234.) Ces vannes de 7 pieds $\frac{1}{2}$ de largeur sur 13 de hauteur, servent à évacuer les eaux du pays quand la mer est basse, et à la soutenir lorsqu'elle monte, afin de l'empêcher de passer outre ; ce qui fait que la face qui lui est opposée est plus ou moins chargée dans un temps que dans l'autre ; mais comme on ne les lève que pour laisser écouler les eaux douces, dont la hauteur commune sur le radier de l'écluse est d'environ 5 pieds : c'est cette poussée que nous allons considérer. Pour en faire l'estimation, il faut multiplier $7\frac{1}{2}$ par 5, et le produit $37\frac{1}{2}$ par $2\frac{1}{2}$, moitié de la hauteur de l'eau ; il viendra environ 95 pieds cubes, chacun pesant 70 liv.; la poussée sera de 6,650 liv., dont la moitié donne 3,325 pour le frottement de cette vanne contre ses coulisses ; à quoi ajoutant 1,500 livres pour sa pesanteur propre, la résistance sera de 4,825 livres. Il faut huit hommes pour lever cette vanne, parce que les roues auraient dû avoir 9 à 10 pieds de rayon au lieu de 4 ; elles ne sont pas proportionnées aux poids dont elles doivent faciliter la levée.

Le moyen de remédier au désavantage est de

TRI 533

doubler chacune des poulies S, c'est-à-dire, d'en attacher encore deux derrière les premières, et d'employer des cables plus longs ; alors les poulies d'en haut serviront fort utilement, et la puissance se trouvera soulagée de moitié.

Triangle. s. m. C'est une figure comprise entre trois lignes ou côtés, et qui par conséquent a trois angles.

La ligne perpendiculaire qu'on mène de la pointe d'un angle sur la base, se nomme la *hauteur d'un triangle ;* si cette perpendiculaire tombe en dehors du triangle, il faut prolonger la base du côté où tombe cette perpendiculaire.

Le triangle considéré par rapport à ses côtés, est équilatéral si ses trois côtés sont égaux, isocèle s'il n'a que deux côtés égaux, et scalène si les trois côtés sont inégaux ; considéré par rapport à ses angles, il est rectangle s'il a un angle droit, ambligone ou obtusangle s'il a un angle obtus, et acutangle si ses trois angles sont aigus.

Pour mesurer un triangle, c'est-à-dire, pour avoir sa superficie, il faut multiplier la base par sa hauteur, la moitié du produit est sa superficie.

Si la superficie d'un triangle est divisée par la moitié de sa base, le quotidien est la hauteur. Les triangles d'un triangle quel qu'il soit valent deux angles, c'est-à-dire 80 degrés.

Trigonométrie. s. f. C'est une partie de la géométrie, qui enseigne à connaître les côtés et les angles d'un triangle, dont on connaît déjà deux angles et un côté, ou deux côtés et un angle, ou enfin les trois côtés.

Comme il y a des triangles sphériques et des triangles rectilignes, on divise la trigonométrie en deux parties, dont l'une traite des triangles sphériques, on l'appelle *trigonométrie sphérique;* l'autre considère les triangles rectilignes, on l'appelle *trigonométrie rectiligne.*

La trigonométrie est de la plus grande nécessité dans la pratique; c'est par son secours qu'on vient à bout de la plupart des opérations de la géométrie pratique : elle est fondée sur la proportion mutuelle qui est entre les côtés et les angles d'un triangle ; cette proportion se détermine par le rapport qui règne entre le rayon d'un cercle, et certaines lignes que l'on appelle *cordes, sinus, tangentes* et *sécantes.* Voyez *ces mots.*

Le principe fondamental de cette trigonométrie, consiste en ce que les sinus des angles sont entr'eux dans le même rapport que les côtés opposés.

Vis. s. f. Est une des cinq puissances mécaniques dont on se sert principalement pour élever ou presser.

On donne particulièrement ce nom à un cordon ou arête, entortillé de haut en bas autour d'un cylindre, de manière qu'il y a par-tout une distance égale entre chaque pas de la vis : on lui donne le nom de *vis extérieure ;* mais si la canelure est creusée de la même manière, en rond, dans une concavité, on l'appelle alors *matrice* ou *écrou.* Ce cordon a une base plate, qui tient au cylindre, il finit en dehors en pointe, et est aussi quelquefois par-tout de la même épaisseur : on donne au premier le nom de *vis triangulaire,* et au dernier celui de *vis carrée.*

Pour se servir de cette machine, on doit avoir toujours deux vis qui tournent l'une dans l'autre, la vis extérieure dans l'écrou ; et il faut alors que l'un des deux reste ferme, tandis que l'autre tourne autour d'elle : il n'importe que ce soit l'une ou l'autre qui soit ferme.

On emploie la vis pour lever des corps pesans, pour en presser d'autres, et aussi pour les mettre en mouvement.

Les vis triangulaires sont ordinairement faites de bois, mais les carrées ne servent que pour le métal : ces dernières sont plus fortes, moins sujettes au frottement, et comme elles s'engagent l'une dans l'autre plus aisément, elles s'usent moins, et par conséquent durent plus long-temps.

Si une puissance tourne une vis autour d'une autre avec une direction parallèle à la base du cylindre, cette puissance devra être alors au poids, qui est posé sur la vis, et qui doit être mu, comme la distance entre deux cannelures situées l'une près de l'autre, est à la circonférence du cercle de la base.

En effet, l'hélice n'est autre chose qu'un plan incliné AC, entortillé autour d'un cylindre. La puissance qui tourne la vis avec une direction parallèle à la base, fait la même chose que la puissance P (Pl. LV, fig. 32) qui pousse le plan incliné AC dans la direction BA, et qui fait lever de cette manière le poids X.

Vis d'Archimède, c'est un tube ou canal creux qui tourne autour d'un cylindre, de même que le cordon spiral dans la vis ordinaire.

Le cylindre est incliné à l'horizon sous un angle d'environ 45 degrés : l'orifice du canal est plongé dans l'eau. Si par le moyen d'une manivelle on fait tourner la vis, l'eau s'élève dans le tube spiral, et se déchargera dans le bassin.

L'invention de cette machine est si simple et si heureuse, que l'eau monte dans le tube spiral par sa seule pesanteur. En effet, lorsque l'on tourne le cylindre, l'eau descend le long du tuyau, parce qu'elle s'y trouve comme sur un plan incliné.

Cette machine est fort propre à élever une grande quantité d'eau avec une très-petite force. (Pl. XXVI, fig. 3.)

Une seule vis ne suffit pas quand il s'agit d'élever l'eau à une hauteur considérable, parce que cette vis étant nécessairement inclinée, ne peut porter l'eau à une grande élévation, sans devenir elle-même fort longue, et par-là très-pesante, et sans courir les risques de se courber, et de perdre son équilibre; mais alors on peut, avec une seconde vis, élever l'eau qu'une première a fournie, et ainsi de suite.

Voussoir. s. m. C'est une pierre propre à former le cintre d'une voûte, taillée en espèce de coin tronqué, dont les côtés, s'ils étaient prolongés, aboutiraient à un centre où tendent toutes les pierres de la voûte. Voyez *Poussée.*

FIN DU TROISIÈME ET DERNIER VOLUME.

ERRATA.

TOME PREMIER.

Pag. 111, lig. 4, Villiam Roi, *lisez* J'en donne la description.
460, 22, on les palce, *lisez* on les place.

TOME DEUXIÈME.

116, 18, se forment, *lisez* se ferment.
431, 4, M. Pancton, *lisez* M. Poncton.
481, 28, M. Pietet, *lisez* M. Pictet.

TOME TROISIÈME.

41,* 11, d'Ambes, *lisez* d'Ambès.
id. 24, Corrèz, *lisez* Corrèze.
45, 24, Jauson, *lisez* Janson.
481, 4, l'aire, *lisez* l'air.
483, 9, largeur, *lisez* longueur.
498, 7, des devis, *lisez* du devis.
506, 25, pameaux, *lisez* carreaux.
id. 28 et 29, pameresses, *lisez* panneresses.

Extrait du Catalogue des Livres qui se trouvent chez J. G. DENTU, *Imp.-Lib.*, *rue du Pont de Lodi*, n° 3;
Et au Palais-Royal, galeries de bois, n°ˢ 265 et 266.

GÉOGRAPHIE MODERNE, *rédigée sur un nouveau plan*, ou *Description historique, politique, civile et naturelle des Empires, Royaumes, Etats; et leurs Colonies, avec celles des Mers et des Iles de toutes les parties du monde*, par J. PINKERTON et C. A. WALCKENAER, revue, corrigée et considérablement augmentée, principalement d'articles sur les langues, par *L. Langlès*, membre de l'Institut, l'un des administrateurs-conservateurs de la Bibliothèque impériale, etc. Précédée d'une Introduction à la Géographie Mathématique et Critique et à la Géographie Physique, ornée de cartes et planches, par *S. F. Lacroix*, membre de l'Institut et de la Légion d'honneur, etc.; suivie d'un Précis de Géographie ancienne, par *J. D. Barbié du Bocage*, membre de l'Institut, Professeur de géographie et d'histoire à l'Université impériale, etc.; accompagnée d'un atlas grand in-folio, dressé par *P. Lapie*, ingénieur-géographe de première classe au Dépôt de la Guerre, d'après les autorités les plus récentes; avec une liste des meilleures Cartes et livres de Voyages. — Iʳᵉ et IIᵉ livraisons, formant deux volumes in-8, sur papier carré fin, prix, avec les cartes en noir grand in-folio, 19 fr.
Le même, avec les cartes coloriées, 20 fr.
Papier vélin superfin, dont il y a très-peu d'exemplaires, 48 fr.

La première livraison contient l'Introduction à la Géographie-Mathématique, etc.; la deuxième contient la description de l'Asie, jusques et compris l'Empire des *Barmas*.

ABRÉGÉ DE GÉOGRAPHIE MODERNE, rédigé par les mêmes auteurs; 1 vol. in-8. de 1300 pages, orné de 11 cartes coloriées, dessinées par MM. Arrowsmith et Lapie: ouvrage conforme à la division politique de l'Europe en 1811, et adopté pour l'instruction des Écoles impériales militaires de France, 12 fr.
Relié très-proprement en basane, dos brisé, 14 fr.

RECHERCHES sur l'origine et les progrès des Scythes ou Goths, servant d'introduction à l'Histoire ancienne et moderne de l'Europe; traduit de l'anglais de J. PINKERTON; 1 vol. in-8, orné d'une Carte du monde connu des Anciens, et gravée par *Tardieu*, 6 f.
Idem. vélin satiné, carte coloriée, 15 f.

CLINIQUE CHIRURGICALE, ou Mémoires et Observations de Chirurgie clinique, et sur d'autres objets relatifs à l'art de guérir; par Ph. J. Pelletan, Chirurgien consultant de LL. MM. II. et RR., Chevalier, Membre de la Légion d'honneur et de l'Institut de France, Chirurgien en chef de l'Hôtel-Dieu, etc., etc., etc.; 3 vol. in-8 sur pap. fin d'Angoulême, ornés de cinq planches dessinées et gravées par d'habiles artistes; 21 fr.

VOYAGE en Allemagne et en Suède, contenant des observations sur les phénomènes, les institutions, les arts et les mœurs, des anecdotes sur les hommes célèbres, et le tableau de la dernière révolution de Suède ; par M. Catteau ; 3 vol. in-8º sur pap. fin, 12 fr.
VOYAGES dans *l'Amérique méridionale*, par don Félix de AZARA ; 4 vol. in-8º et atlas in-4º 42 f.
Le même, pap. vélin, 84
Il y a quelques exempl. où les oiseaux et quadrupèdes sont coloriés d'après nature, 130 f.
VOYAGE EN ESPAGNE, par TOWNSEND ; 3 vol. in-8º et atlas in-4º 30 f. — Pap. vélin, 60 f.
VOYAGES AU PEROU, faits dans les années 1791 à 1794 ; 2 vol. in-8º et atlas in-4º 18 f. — Pap. vélin, 36 f.
OSSIAN, fils de Fingal, traduit par Letourneur ; nouvelle édition, augmentée d'un grand nombre de poésies ; 2 v. in-8, fig. et portrait d'Ossian, 12 fr. — Pap. vél. superfin, 24 f.
SERMONS inédits du P. Bourdaloue, publiés par l'abbé Sicard ; 1 vol. in-12, 3 fr. —*Le même*, in-8º 5 f.
PARIS dans le dix-neuvième siècle, pour faire suite au Tableau de Paris de Mercier, ou réflexions d'un observateur sur l'esprit public, la société, les ridicules, les femmes, les journaux, les théâtres, etc. Par P. Jouhaud, avocat ; 1 vol. in-8º 5 f.
COURS ELEMENTAIRE *d'Histoire universelle ancienne et moderne*, rédigé sur un nouveau plan, ou lettres de madame d'Ivry à sa fille ; par mademoiselle M. de B.... Dédié à S. A. I. et R. madame Mère. Dix vol. in-12 sur pap. fin, ornés de 2 belles cartes de géographie ancienne et moderne, 30 f.
Cet ouvrage a été adopté par S. E. le grand-chancelier de la Légion d'honneur, pour les grandes Maisons impériales.
LETTRES HISTORIQUES, politiques, philosophiques et particulières de Henri Saint-John, lord vicomte BOLINGBROKE, depuis 1710 jusqu'en 1736 ; totalement inconnues en France, dont seulement une partie a été publiée en Angleterre, dans des ouvrages différens, en langue anglaise ; collection imprimée sur les originaux de la main de BOLINGBROKE, contenant les secrets de la négociation de la paix d'Utrecht, avec une foule de détails très-variés sur l'histoire, la morale, la philosophie, la littérature et l'érudition, éclaircis par des explications ou notes sur les principaux personnages dont il est question dans ces lettres, qui sont précédées d'une notice historique sur Bolingbroke, d'une chirographie ou copie figurée de son écriture, et du portrait très-ressemblant de cet illustre anglais ; publiées par M. le général Grimoard, éditeur des Œuvres de Louis XIV, etc. ; 3 vol in-8º de 1500 pages, sur caractères neufs, pap. fin d'Angoulême, 18 fr.
Il a été tiré quelques exemplaires en papier vélin, 36 fr.
SOUVENIRS D'UN HOMME DE COUR, ou *Mémoires d'un ancien Page* ; contenant des anecdotes secrètes sur Louis XV et quelques-uns de ses ministres, sur les femmes, les mœurs, etc., etc.; suivis de notes historiques, critiques, littéraires ; écrits en 1788, par ****..2 vol. in-8º, sur pap. superfin, caractères neufs, 10 f.

ŒUVRES COMPLÈTES DE P. J. BITAUBÉ, 9 v. in-8°
L'ILIADE ET L'ODYSSÉE D'HOMÈRE, 5ᵉ édit., revue, corrigée avec le plus grand soin, et augmentée de plusieurs remarques; ornée du portrait d'Homère, gravé par Saint-Aubin; du bouclier d'Achille, et de la Carte homérique, pour servir à l'intelligence du texte (1), et d'une Notice sur la vie et les écrits de Bitaubé, et de son portrait.
JOSEPH, 7ᵉ édition, revue et corrigée, 1 vol.
LES BATAVES, nouvelle édition entièrement refondue.
HERMAN et DOROTHÉE, traduit de l'allemand de Goëthe; suivi de plusieurs Mémoires sur la littérature des anciens.
Prix des 9 vol. brochés et étiquetés . . . . . 45 f.
Pap. grand raisin, ... 70
Pap. carré vél. d'Annonay, ... 90
Pap. gr. raisin vélin superfin, *dont il n'a été tiré que très-peu d'exemplaires*, ... 135
Il y a quelques exemplaires, avec les eaux-fortes et les portraits avant la lettre, ... 150
LEÇONS élémentaires de Chimie, à l'usage des Lycées; ouvrage rédigé par ordre du Gouvernement; par P. A. Adet; 1 gros vol. in-8°   6 f.
ABRÉGÉ de l'histoire de Russie, depuis son origine jusqu'au traité de paix de Tilsit; 2 vol. in-12 ornés de la carte de la Russie,   5 f.
LEÇONS élémentaires de Botanique, à l'usage des Cours publics et particuliers et des Ecoles ou Lycées; par J. C. Philibert; 1 vol. in-8°   6 f.
Le même, orné de 10 planches coloriées,   8 fr.
HISTOIRE naturelle abrégée du ciel, de l'air et de la terre, par *le même*; 1 vol. in-8° grand-raisin, orné de 11 planches,   7 fr. 50 c.
AVENTURES DE TELEMAQUE, avec les notes mythologiques de F. Noël; 4 vol. in-18 ornés de 25 gravures et d'une carte pour servir aux voyages de Télémaque et d'Ulysse, 10 f.
Pap. vélin,   20 fr.
Le même, avec les notes critiques et historiques,   12 f.
Pap. vélin,   24 f.
TELEMACHIADOS libros XXIV e gallico sermone Fénélon, in latinum carmen transtulit Stephanus-Alexander Viel. Un vol. in-12,
HISTOIRE critique de la République romaine, par Pierre-Charles Levesque; 3 vol. in-8° 15 fr. — Pap. vélin, 30 f.
LE GÉNIE de Bossuet, ou Recueil des plus grandes pensées et des plus beaux morceaux d'éloquence répandus dans tous les ouvrages de cet écrivain; 1 vol. in-8° 5 f.— Pap. vél. 10 f.
L'ESPRIT des Orateurs chrétiens, ou la Morale évangélique; extrait des ouvrages de Bossuet, Bourdaloue, Massillon, Fléchier et autres célèbres orateurs; 2 vol. in-12,   5 f.
FAUNE PARISIENNE, ou histoire abrégée des Insectes,

---

(1) Cette Carte, qui n'a point encore paru, sera aussi donnée aux personnes qui prendront les trois derniers volumes, pour complèter les anciennes édit. d'Homère.

d'après la méthode de Fabricius, contenant la description d'un grand nombre d'espèces et de genres nouveaux; précédée d'un discours renfermant un abrégé d'Entomologie; par C. A. WALCKENAER. Deux gros vol. in-8.° planches, 12 f.

LETTRES ATHENIENNES, ou Correspondance d'un agent du roi de Perse, à Athènes, pendant la guerre du Peloponèse; traduites de l'anglais par A. L. Villeterque; nouv. édit., 4 v. in 12, ornés de douze portraits et d'une belle carte de la Grèce, grav. par Tardieu, revue par M. Buache, 12 f.
Il reste quelques exemplaires de l'édition in-8.° 3 v. 18
— Idem, papier vélin superfin d'Annonay, 36

VOYAGE AU CAP DE BONNE-ESPÉRANCE, contenant l'histoire de cette colonie, depuis sa fondation jusqu'en 1795, la description géographique et celle de toutes les productions du pays, etc, etc.: par Robert Percival; trad. de l'angl. par P. F. Henry. 1 vol. in-8.°, pap. fin, 5 f.
Idem, pap. vélin d'Annonay, 10

VOYAGE à l'île de Ceylan, fait dans les années 1797 à 1800, contenant l'histoire, la géographie et la description des mœurs des habitans, ainsi que celle des productions naturelles du pays; par Robert Percival; suivi de la Relation d'une ambassade envoyée en 1800, au roi de Candy. Trad. de l'anglais par P. F. Henry. Deux vol. in-8.° ornés de cartes, 10 f.
Idem, pap. vél. 20

VOYAGES de Frédéric Hornemann, dans l'Afrique septentrionale; suivi d'Éclaircissemens sur la géographie de l'Afrique, par le major Rennell. Traduit de l'anglais, par ***, et augmenté de notes et d'un Mémoire sur les Oasis, par L. Langlès. Deux vol. in-8.° ornés de cartes gravées par B. Tardieu, sous la direction de M. Buache, 9 f.
Idem, pap. vélin d'Annonay, 18

VOYAGE EN HONGRIE, précédé d'une description de la ville de Vienne et des jardins impériaux de Schœnbrun, publié à Londres en 1797, par Robert Townson; traduit de l'angl. par Cantwel. Trois vol. in-8.°, ornés de la carte générale de la Hongrie, et de 18 planches gravées en taille-douce, 15 f.
Idem, papier vélin, 30

VOYAGE aux Indes orientales et à la Chine, fait par ordre de Louis XVI, dans lequel on traite des mœurs, de la religion, des sciences et les arts des Indiens, des Chinois, des Pégouins et des Madégasses, etc. Par SONNERAT, édition publiée d'après le manuscrit autographe de l'auteur; augmentée d'un précis historique sur l'Inde, depuis 1776 jusqu'à nos jours, de notes et de plusieurs mémoires inédits, par M. Sonnini. Quatre vol in-8.° et atlas de 140 planches, représentant les mœurs et usages des Indiens, leurs divinités, une grande quantité d'oiseaux, fleurs, fruits, etc., 60 fr.
Le même, pap. vélin d'Annonay, 120
Le même ouvrage, format in-4.° pap. superfin d'Angoulême, avec les planches en regard du texte, 90
Il en a été tiré un très-petit nombre, papier superfin vélin, in-4.°, toutes les planches coloriées, 300

MELANGES DE LITTERATURE; par J. B. A. *Suard*, secrétaire perpétuel de la classe de la langue et de la littérature françaises de l'Institut; 5 v. in-8.°, sur carré fin, 2.e édit. 21 f.
Idem papier vélin d'Annonay, 42
Les tomes IV et V, 9 f.   Pap. vél. 18
RECHERCHES sur plusieurs monumens celtiques et romains, principalement sur les peuples Cambiovicenses de la carte Théodosienne, dite de *Peutinger*; etc. etc., par M BARAILON, correspondant de l'Institut de France, etc. Un vol. in-8.°, 6 fr.
ŒUVRES *complettes de Vauvenargues*, nouvelle édition, augmentée de plusieurs ouvrages *inédits*, et de notes critiques et grammaticales, précédées d'une notice sur la vie et les écrits de Vauvenargues, par M. SUARD; 2 vol. in-8.°, sur papier fin d'Angoulême, 10 fr.
Pap. vélin d'Annonay, 20
Lettres choisies de Voiture et Balzac; suivies des Lettres choisies de Montreuil, Pélisson et Boursault, précédées d'un discours préliminaire et d'une notice historique sur ces écrivains; 2 gros volumes in-12, sur pap. carré fin d'Auvergne, 6 f.
Papier vélin d'Annonay, 12
NOUVEAU VOYAGE *dans la haute et basse Egypte*, en *Syrie, et dans le Darfour*, contrée où aucun Européen n'avait encore pénétré, etc.; fait depuis 1792 jusqu'en 1793, par G. W. Browne; traduit de l'anglais sur la seconde édition, par J. *Castéra*. Deux vol. in-8.° ornés de cartes, vues, plans, etc. Pap. fin, 17 f.   — Pap. vélin, 24 f.
HELIOGABALE, ou esquisse morale de la dissolution romaine sous les Empereurs, 1 gros vol. in-8.° orné d'une belle gravure dessinée par *Guérin*, 6 f.   *id.* vélin, 12 f.
VOYAGE DE LA TROADE, fait dans les années 1786 et 1787, par J. B. Lechevalier; troisième édition, considérablement augmentée. Trois vol. in-8.°, ornés d'un Atlas de 37 planches gravées par les premiers artistes, 25 f.
Papier grand-raisin, belles épreuves, 35
Pap. double, façon Hollande, 1.res épreuves, cartonnés, 40
Papier grand-raisin double superfin vélin, fig. avant la lettre, cartonnés à la *Bradel*, 66
VOYAGE *de la Propontide et du Pont-Euxin*, avec la carte générale de ces deux mers, etc. etc; par le même. Deux vol. in-8.° 9 f. —Pap. vél. 15 f. *Idem*, avec les cartes enlum. 21 f.
VOYAGES *d'Alexandre Mackenzie*, dans l'intérieur de l'Amérique septentrionale, faits en 1789, 1793 et 1798, à la mer Glaciale et à l'Océan Pacifique; avec un Tableau du commerce des pelleteries dans le Canada; traduits de l'anglais par J. CASTÉRA, avec des notes du vice-amiral Bougainville. Trois forts vol. in-8.° ornés de cartes et portraits, revues par M. B*uache*, 16 f.   *Idem*, papier vélin d'Annonay, 32 f.
—Le même ouvrage, en *anglais*, 2 v. in-8.° cartes et portrait, 16
DES DIVINITES GENERATRICES, ou *du culte du Phallus chez les anciens et les modernes*, etc., par Dulaure; 1 vol. in-8°, pap. fin, 5 f.   *Idem*, papier vélin, 10 f.

VOYAGE *à la côte occidentale d'Afrique*, fait dans les années 1786 et 1787 ; contenant la description du Congo ; suivi d'un voyage au cap de Bonne-Espérance, par *L. Degrandpré.* Deux vol. in-8.° ornés de 11 superbes figures, cartes, et du plan du cap de Bonne-Espérance, 12 f.

VOYAGE dans l'Inde et au Bengale, par *le même*, 2 vol. in-8° ornés de 7 belles gravures, plans, etc. 10 f.

VOYAGE *dans la partie méridionale de l'Afrique*, fait en 1797 et 1798, par *John Barrow*, contenant des observations sur la géologie, l'histoire naturelle de ce continent, etc ; traduit de l'angl. par le même, avec des notes. Deux vol. in-8.° ornés d'une très-belle carte d'Afrique, 10 f. Pap. vélin, 20 f.

2.e VOYAGE, *du même*, en AFRIQUE ; 2 vol. in-8.° ornés de 8 belles cartes, 12 f.   Pap. vélin, 24 f.

OBSERVATIONS sur le voyage de BARROW à la Chine, en 1794 ; imprimé à Londres en mai 1804 ; lues à l'Institut par M *Deguignes*, résidant de France à la Chine, 1 fr. 50 c.

VOYAGES *Phsiques et Lythologiques dans la Campanie* ; suivis d'un Mémoire sur la Constitution physique de Rome, etc. etc.; par *Scipion Breislak* : traduits par le général *Pommereul.* Deux vol. in-8 ° ornés de 6 belles cartes enluminées, 12 f. Il a été tiré quelques exemplaires sur papier vélin, 24

VOYAGE *en Hanovre*, fait en 1803 et 1804 ; 1 gros vol. in-8o, 5 f. 5o c.   —*Idem*, pap. vélin, 11 f.

DICTIONNAIRE géographique, par Vosgien, nouvelle édition augmentée de 600 articles, jusqu'au traité de Vienne ; 1812, 7 fr. 5o c.

HISTOIRE de Schinderhannes et autres brigands, dits *garotteurs ou chauffeurs*, etc. ; 2 vol. in-12, fig. 5 fr.

VIE *polémique de Voltaire*, et histoire de ses proscriptions ; suivie des pièces justificatives, par G***Y ; 1 vol. in-8.°, 4 f.
— *Idem*, papier vélin, 8

SOIRÉES DE FERNEY, ou Confidences de Voltaire, recueillies par un ami de ce grand homme, et publiées par D***X. 1 vol. in-8.° 4 f.   *Idem*, papier vélin, 8 f.

DE L'IMPOSSIBILITÉ *du Système astronomique de Copernic et de Newton*, avec cette épigraphe : *L'algèbre est le précipité de la pensée humaine ; la vérité n'est point dans des amplifications de trigonométrie* : mendaces filii hominum in stateris. Par L. S. Mercier, membre de l'Institut de France. Un vol. in-8.°, pap. fin d'Auvergne, 4 f. 5o c.

VOYAGE PHILOSOPHIQUE *à Margate*, ou Esquisses de la nature : trad. de l'angl. de *G. Kaëte*. 1 v. in-8.°, fig. 4 f.

ESSAIS DE POESIES, par *Fonvielle* ainé, de Toulouse, 2 vol. in-18, sur grand-raisin, 3 f.

MÉMOIRES *de Marie-Françoise Dumesnil*, célèbre actrice du Théâtre-Français, en réponse aux Mémoires d'Hypolite Clairon ; 1 vol. in-8.°, orné du port. de *M. F. Dumesnil*, 4 f.

ROUTE DE L'INDE, ou Description géographique de l'Egypte, la Syrie, l'Arabie, la Perse et l'Inde ; par *P. F. Henry*, 1 vol. in-8.°, avec une carte géographique, 5 f.

TRAITÉ ÉLÉMENTAIRE d'Anatomie et de Physiologie par J. B. F. Léveillé, docteur en Médecine de la Faculté de Paris, professeur d'Anatomie, de Physiologie et de Pathologie, etc. 4 vol. in-8 sur papier fin.

Cet ouvrage formera 4 volumes, divisés en quatre parties, dont on publie aujourd'hui les deux premières. 10 fr.

VOYAGE EN GRÈCE, par *J. L. S. Bartholdy*, fait dans les années 1803 et 1804; 2 vol. in-8, ornés de 15 planches et d'une carte de la Grèce, dressée par P. Lapie, 12 f.
Pap. vél. d'Annonay, 24 fr.

Rapport historique sur les progrès des sciences en France depuis 1789, et sur leur état actuel, présenté à S. M. l'Empereur et Roi par les trois classes de l'Institut, 3 vol in-8. grand raisin, 12 fr.
Le même, papier vélin, 18 fr.
Le même, in-4, 15 fr.
Le même, vélin, 21 fr.

Nota. Chacun de ces rapports se vendent séparément.

Bible (la) de la jeunesse, ou histoire de l'ancien et du nouveau Testament, avec des explications édifiantes, par le sieur de Royaumont, nouvelle édition, ornée de 72 fig. en taille-douce, 4 vol. in-18, 12 f.

Etrennes lyriques, anacréontiques, pour l'année 1811, rédigées par M. Cholet de Jetphort, vingtième année, 1 vol. in-12, pap. superfin d'Annonay, ornée d'une jolie gravure, 2 f. 50 c.

La Maltéide, ou le siége de Malte par Soliman II, empereur des Turcs, poème en 16 chants, par N. Halma, jeune, 1 vol. in-8, sur gr. raisin superfin, 6 f.

Nouveau Système de navigation, ayant pour objet la liberté des mers pour toutes les nations, et la restauration immédiate de notre commerce maritime, au sein même de la guerre actuelle, par M. Ducrest, 1 vol. in-8, 2 f.

Conseils aux propriétaires de terres, de maisons, et de rentes sur l'Etat, et moyens indiqués pour que chacun conserve son capital et son revenu, par M. D. M., Référendaire en la Cour des Comptes, 50 c.

Réponse aux reproches que les gens du monde font à l'étude de la botanique, lue à la Société des sciences physique, médicale et d'agriculture d'Orléans; par Auguste de Saint-Hilaire, in-8, 75 c.

Recherches, expériences et observations physiologiques sur l'homme dans l'état de somnambulisme naturel, et dans le somnambulisme provoqué par l'acte magnétique. Par M. de Puységur; 1 vol. in-8, 6 f.

Mémoires pour servir à l'histoire et à l'établissement du magnétisme animal, 2e édition, par *le même*; 5 fr.

Du Magnétisme animal, considéré dans ses rapports avec diverses branches de la physique générale, 1 vol. in-8, par *le même*, 5 f.

THÈMES ANGLAIS, ou théorie pratique de la langue anglaise, ouvrage propre à faire marcher la théorie de front avec la pratique; par Martinet; 1 vol. in-8 3 fr.

Histoire civile et commerciale des Indes occidentales, depuis leur découverte par Christophe Colomb jusqu'à nos jours; par Bryan Edwars; seconde édition, augmentée de l'Histoire de Saint-Domingue, depuis l'expédition des Français dans cette colonie, jusqu'à la mort du général Leclerc; 1 volume in-8, carte, 6 f.

Les amours épiques, poëme en six chants, contenant la traduction des épisodes sur l'amour, composés par les meilleurs poètes épiques; par F. A. Parseval Graudmaison, membre de l'Institut de France; 2ᵉ édition, entièrement refondue, précédée d'un discours préliminaire; augmentée de deux mille vers, et suivis de plusieurs morceaux traduits d'Homère, de Milton et de l'Arioste; 1 vol. in-8. sur papier fin d'Angoulême, caractère petit-romain neuf, orné d'un portrait gravé, 5 f.

Papier vélin d'Annonay, 10 f.

Des cultes qui ont précédé et amené l'idolâtrie ou l'adoration des figures humaines, etc., par J. A. Dulaure; 1 vol. in-8, 5 f.

Œuvres de Fenouillot de Falbaire, contenant l'Honnête criminel, le Premier navigateur, les Deux avares, le Fabricant de Londres, l'École des mœurs, les Jammabos ou les moines japonais; édition ornée de 14 gravures et du portrait de l'auteur; 2 vol in-8, 10 f.

Œuvres complètes de Gresset; nouvelle édition, augmentée de pièces *inédites* qui ne se trouvent pas dans les précédentes; 3 volumes in-18, 6 f.

Les mêmes, papier vélin d'Annonay, gravures, 12 f.

Papier grand raisin vélin superfin satiné, figures, 3 volumes in-12, 18 f.

Essais de Morale et de Politique de Bacon, 2 vol in-18, 2 f.

Papier vélin, 4 f.

Les Deux Bossus, ou le Bal du Diable, par *Charlemagne*, 60 c.

Le Monde Incroyable, par le même, 40 c.

Épitre à l'auteur de la Petite Ville, par le même, in-8.°, 70 c.

Mémoires de Gibbon, pour servir de complément à l'histoire de la décadence de l'Empire romain, par le même auteur, 2 gros vol. in-8, 10 f.

Recherches sur la science du gouvernement, traduit de l'italien de Gorani, 2 vol. in-8. 9 f.

Philosophie du bonheur, par Delille de Sales, 2 v. in-8, pap. vélin, ornés de belles gravures, 20 f.

Médecine du Voyageur, par Duplanil, traducteur de la médecine domestique, 3 vol. in-8, 10 f.

École de la Miniature, ou l'art d'apprendre à peindre sans maître, 1 vol. in-12, 2 f 50 c.

L'Épouse rare, ou le modèle de douceur, de patience et de constance, 1 vol. in-12, 1 f. 50 c.

Art (l') de composer facilement, et à peu de frais, les liqueurs de table, les eaux de senteurs, et autres objets d'économie domestique, par Bouillon-Lagrange; 1 vol. in-8. 7 f.

Histoire des expéditions d'Alexandre, par P. Chaussard; 3 vol. in-8, et 1 vol in-4 de 13 planches, 36 f.

ALINE DE RIESENSTEIN, par Auguste Lafontaine 4 v. in-12, 8 fr.
BARNECK ET SALDORF, ou le triomph de l'amitié, par le même; 3 vol. in-12, 6 fr.
NOUVELLE (la) ARCADIE, par le même; 4 v. in-12, 8
LES SOIREES BRETONNES, ou la famille de Keraloon; 3 vol. in-12 fig. 6 fr.
ALBERT ET ERNESTINE, ou le pouvoir de la maternité, 2 vol. in-12, 4 fr.
MONASTERE (le) de Saint-Columba, ou le chevalier des Armes rouges; 3 vol. in-12, 5 fr.
ROSE et Albert, ou le tombeau d'Emma, par madame Keralio-Robert; 3 vol. in-12, 5 fr.
TOMBEAU (le) mystérieux, ou les familles de Hénarès et d'Almanza; 2 vol. in-12, 4 fr.
FLEETWOOD, par W. Godwin; 3 vol. in-12, traduit de l'anglais, par M. Villeterque, 6 f.
ELMONDE, ou la Fille de l'Hospice, par *Ducray-Duminil*. 5 vol. in-18, ornés de jolies gravures, 6 f.
JULES, ou le Toit paternel, par *le même*; 4 vol. in-12 ornés de jolies gravures, 8 f.
LE PETIT CARILLONNEUR, par le même; 4 vol. in-12, figures, 8 fr.
LE BRIGAND DE VENISE; par *Lewis*, auteur du *Moine*; 1 vol. in-12, 2 f.
LES ORPHELINES de Werdenberg, par le même, 4 v. f.
LUCIE OSMOND, ou le danger des Romans, 1 v. fig. 2
HISTOIRES, Nouvelles et Contes moraux, par M. de Sevelinges, traducteur de Werther, 2 f. 50 c.
MALEDICTION (la) ou l'Ombre de mon père, par mistriss Bennet, 5 vol. in-12, 10 f.
HENRY SAINT-LEGER, ou les caprices de la fortune; 3 vol. in-12, 5 f.
LE JOUR DE NOCES, 3 vol. in-12, 5 f.
CONSTANCE DE LINDENSDORFF, ou la tour de Wolfenstadt, 4 vol. in-12, 8 f.
SAVINIA RIVERS, ou le danger d'aimer, 5 vol. in-12, 9 f.
LA FORET DE HOHENELBE, ou Albert de Weltzlar, 5 vol. in-12, 9 f.
CONTEUR (le) DE SOCIETE, ou les trésors de la mémoire; 2 vol. in-12, 4 fr.
ALIDE ET CLORIDAN, 2 vol. in-12, fig. 4 f.
CHARLES DE FLEVAL, 2 vol. in-12, 3 f.
NARCISSE ou le Château d'Arabit, par le même, 3 v. fig. 5 f.
MAURICE, *ou la maison de Nantes*, roman, par J*** D**; 3 vol. in-12, 5 f.
JULIE DE SAINT-OLMONT, *ou les premières illusions de l'amour*, roman français, par Madame ****; 3 vol. in-12, 6 f.
AMELIE *de Tréville*, par la même; 3 vol. in-12, 5
RELIGIEUSE (la) ET SA FILLE, 2 vol. in-12, 4 f.
SOEUR (la) DE LA MISERICORDE, 4 v. in-12, 8 f.
L'INCONNU, ou la Galerie mystérieuse, 5 v. in-12, fig. 10 f.

L'Abbaye de Lussington, traduit de l'anglais de M. Rou-
vière, 3 vol. in-12. (Très-joli roman.) 6 f.
Le Père et la Fille, par mistriss Opie, 1 v. in-12, fig., 2 f.
Adelina Mowbray, par le même; 3 vol. in-12, 6 f.
Vie de Samuel Richardson, avec l'examen critique de ses ouvrages et des événemens qui ont influés sur son génie; par
madame BARBAUT; traduit de l'anglais par *J. J. Leuliette*,
1 vol. in-8, 4 fr.
Lettres sur la Silésie, écrites en 1800 et 1801, durant le cours
d'un voyage fait dans cette province; par J. Quincy Adams,
ministre plénipotentiaire des Etats-Unis et du Congrès. Traduit de l'anglais, par *J. Dupuy*; 1 vol. in-8, orné d'une
carte, dressée par *P. Lapie*, 6 f.
Œuvres complètes d'Etienne Falconet, adjoint à recteur de la
ci-devant Académie de Peinture de Paris, honoraire de celle
de St-Pétersbourg, etc. Troisième édition, revue, corrigée
par l'auteur, et ornée de son portrait, 3 gros vol. in-8, 15 f.
Géographie physique de la Mer noire, de l'intérieur de
l'Afrique et de la Méditerranée, par *A. Dureau-de-Lamalle*,
fils; accompagnée de deux cartes colorées, dressées par
J. N. Buache. Un gros vol. in-8, 6 f.
Tableau historique et politique du commerce des Pelleteries
dans le Canada, depuis 1608 jusqu'à nos jours; par *Alexan-
dre Mackenzie*, traduit de l'anglais par *J. Castéra*. Un vol.
in-8, orné du portrait de l'auteur, 4 f.
Voyage en Portugal, fait depuis 1797 jusqu'en 1800, par
M. LINK; 3 vol. in-8, carte, 15 f.
Papier vélin, carte sur papier d'Hollande, 30 f.
Le Voyage de *Hoffmansegg*, formant le 3e volume, se vend
séparément, 5 f.
Almanach des Prosateurs, pour 1807 et 1808, ou Recueil de
pièces fugitives en prose; 2 vol. petit in-12, 4 f.
Répertoire du Théâtre français, 23 vol. in-8, 76 fig. 150 f.
Papier vélin, gravures avant la lettre, 300 f.
Voyage au Sénégal, fait dans les années 1785 et 1786, par
Durand; 2 gros volumes in-8, atlas in-4, cartonné, de
44 planches ou cartes, 27 f.
Le même ouvrage, format in-4, 30 f.
Il y a quelques exempl. in-8, papier vélin, et atlas in-4, 54 f.
Voyage à l'ouest des monts Alléghanys, dans les Etats de
l'Ohio, du Kentucki et du Tennessée, et retour à Charles ou
par les Hautes-Carolines; par F. A. MICHAUX, M. D.,
1 vol. in-8, carte, 6 f.
Le guide des Mères, ou manière d'allaiter, d'élever, d'habiller
les enfans, de diriger leur éducation morale, et de les traiter
de la petite vérole, par *Hugh Smith*, 1 vol. in-12, 1 f. 50 c.
Histoire des Wahabis, vulgairement connus sous le nom de
Wéhabites, 1 vol in-8 3 f. 60 c.
Dictionnaire portatif des mécaniques, ou définition, description abrégée et usage des machines, instrumens et outils employés dans les sciences, les arts et les métiers; par L. Cotte,
seconde édition. 3 f. 50 c.